U0943170

中国国家起源研究的理论与方法丛书

《孔子家语》新证

宁镇疆 著

中西書局

序

2004年，我应约为山东曲阜杨朝明博士的《孔子家语通解》写序，曾说该书的问世，"正好顺应了当前学术界要求深入研究《家语》的趋势"。十几年过去了，探索中国传统文化渊源的潮流更为发展拓大，为了更好地理解作为传统文化主流的儒学，再进一步认识《家语》的必要尤觉凸显。宁镇疆博士的这部近作《孔子家语新证》适逢其会，所以我很愿意在这里说上几句，作为对读者的推荐。

《孔子家语新证》是系统研究《家语》的一部精心之作。举凡《家语》一书有关的各个方面，书内都有详细的分析，作出了有价值的论断。对于前人未能充分讨论的一些重要问题，例如今本《家语》的版本变迁等等，宁镇疆博士也都一一详加论究，于读者甚有裨益。

宁镇疆博士的这部书有不少特别体现作者苦心孤诣的部分，我想举出的是关于《家语》"互见"问题的论证。大家知道，《家语》长期以来被定谳为“伪书”，其遭指摘的罪状，最重要的就是内容有许多地方与大小戴《礼记》和刘向《说苑》、《新序》等书雷同或者相似，也即所谓“互见”，这种现象被归结为《家语》对诸书的剽窃。清人陈士珂作《孔子家语疏证》，曾经罗列这种“互见”之例，但未能提出论据来辨解。宁镇疆博士则于《新证》书中安排了较大篇幅，仔细作出说明，是非常精彩的，希望读者不要错过。当然，这部《新证》值得推介之处还有不少，我以上所说仅是举例而已。

我在这里想讲的是，宁镇疆博士这部《孔子家语新证》，固然是针对《家语》一书的十分专门的著作，但是仔细读来，书的学术价值和意义实际并不限于《家语》的性质、传流这一书一事。这部书的工作，很多地方所涉及的，不只是《家语》本身，而是可以逐类而及，广推到其他类似典籍的考辨中去。我认为《新证》这部书之所以能取得明显的成果，恐怕正是由于作者经常在思考有关的方法论性质问题的缘故。书中这些地方，也是我希望读者注意的。

研究《家语》一书的难处，在于可用作凭借的前人成说太少。这在很大程度上是由于该书早在唐朝便已遭受怀疑，伪名已成共识，故此很少人费心钻研。即以清代盛行考据学风之际，值得读的有关著作也不过范家相、孙志祖、陈士珂等数家。直到近年，在西汉阜阳双古堆、定县八角廊简牍中间，发现所谓《儒家者言》，系《家语》的原型，《家语》的研究才得到学术界的关注。宁镇疆博士《新证》这部著作的印行，一定会引起更多学者致力于《家语》的研究，对儒学的历史考察有更多的新贡献。

李学勤

2016年8月3日 於中

序

2004年，我应约为山东曲阜杨朝明博士的《〈孔子家语〉通解》写序，曾说该书的问世，“正好顺应了当前学术界要求深入研究《家语》的趋势”。十几年过去了，探索中国传统文化渊源的潮流更为发展拓大，为了更好地理解作为传统文化主流的儒学，再进一步认识《家语》的必要尤觉凸显。宁镇疆博士的这部近作《〈孔子家语〉新证》适逢其会，所以我很愿意在这里饶舌几句，作为对读者的推荐。

《〈孔子家语〉新证》是系统研究《家语》的一部精心之作。举凡《家语》一书有关的各个方面，书内都有详细的分析，作出了有价值的论断。对于前人未能充分讨论的一些重要问题，例如今本《家语》的版本变迁等，宁镇疆博士也都一一详加论究，于读者甚有裨益。

宁镇疆博士的这部书有不少特别体现作者苦心孤诣的部分，我想举出的是关于《家语》“互见”问题的论证。大家知道，《家语》长期以来被定谳为“伪书”，其遭指控的罪状，最重要的就是内容有许多地方与大小戴《礼记》和刘向《说苑》、《新序》等书雷同或者相似，也即所谓“互见”，这种现象被归结为《家语》对诸书的剽窃。清人陈士珂作《孔子家语疏证》，曾经罗列这种“互见”之例，但仍未能提出论据来辩解。宁镇疆博士则于《新证》书中安排了较大篇幅，仔细作出说明，是非常精彩的，希望读者不要错过。当然，这部《新证》值得推介之处还有不少，我以上所说仅是举例而已。

我在这里还想讲的是，宁镇疆博士这部《〈孔子家语〉新证》，固然是针对《家语》一书的十分专门的著作，但是仔细读来，书的学术价值和意义实际并不限于《家语》的性质、传流这一书一事。这部书的工作，很多地方所涉及的，不只是《家语》本身，而是可以连类而及，推广到其他类似典籍的考辨中去。我认为《新证》这部书之所以能取得明显的成果，恐怕正是由于作者经常在思考有关的方法论性质问题的缘故。书中这些地方,也是我希望读者注意的。

研究《家语》一书的难处,在于可用作凭借的前人成说太少。这在很大程度上是由于该书早在唐朝便已遭受怀疑,伪名已成共识,故此很少有人费心钻研。即以清代盛行考据学风之际,值得读的有关著作也不过范家相、孙志祖、陈士珂等数家。直到近年,在西汉阜阳双古堆、定县八角廊简牍中间,发现所谓《儒家者言》,系《家语》的原型,《家语》的研究才得到学术界的关注。宁镇疆博士《新证》这部著作的印行,一定会引起更多学者致力于《家语》的研究,对儒学的历史考察有更多的新贡献。

李学勤

2016 年 8 月 3 日伏中

目　录

出土文献及新材料编

传本及版本编

流传及学术史编

经学及理论编

诸书“互见”编

前　言

《孔子家语》（下简称《家语》）一书，虽然汉志著录于论语类，但今本《家语》从问世之初即屡遭怀疑，至清乾嘉时期“伪书”说遂基本成为学界共识，标志便是范家相《家语证伪》与孙志祖《家语疏证》两部著作的先后问世。尤其是后一书，甚至被认为是抓住了王肃作伪的“真赃”实据，故虽有陈士珂《孔子家语疏证》持不同意见，但并不占主流。20世纪七八十年代以来，随着河北定州八角廊汉简《儒家者言》、阜阳双古堆汉墓木牍章题的陆续发现并公布，学界对该书的认识遂迎来历史性转折。最乐观者，甚至认为该书价值可以超越《论语》，在研究孔门师生的资料中居于首要地位。《家语》地位的这种戏剧性变化，几乎是三十年来由于出土文献发现导致很多“问题”古书纷纷“翻案”的一个缩影，而其间牵涉的对古书性质、体例的认识以及疑古、辨伪方法论等问题，更使对此书的研究已经远超传统辨伪学的范畴，拥有更加广泛和深远的意义。

笔者最初接触《家语》一书，是由于《老子》一书的研究。出土文献的两次发现（最近公布的北京大学所藏汉简本则是第三次），使我们有机会探讨《老子》一书的形成过程问题。虽然两书无论就性质还是成书时代看，差别都很大，但就成书过程看又存在一些共性的东西，于是由《老子》一书的研究进而尝试探讨《家语》一书的形成问题，并试图观察这些共性的东西在多大程度上能构成古书形成过程中具有通约性的原则。最初的研究主要涉及与《家语》一书“互见”的三宗出土文献：八角廊汉简《儒家者言》、阜阳双古堆汉墓木牍、上博竹书《民之父母》，这也构成了本书最初的几篇成果。但实际上三宗出土文献中，前两宗性质较为近似，所对应的《家语》篇目内容相对也较为集中，所以仅仅由对它们的研究来观察《家语》一书的性质只能说管中窥豹，代表性是不太够的。尤其是，定州、阜阳简牍所对应之《家语》多为“掌故短章”,但《家语》一书中尚有不少中心主旨突出的“长篇大论”,两者形式上差异很大,因此要对《家语》全书的性质作准确的界定,视野显然不能仅仅局限于出土文献所对应的内容。另外,通过前期对出土文献与《家语》一书的比较研究,我们也认识到,《家语》一书的研究是个系统工程：出土文献虽然一定程度上给《家语》以“底气”,但如此一来清代辨伪学者的工作又需要作怎样的反思呢？如果清代学者的指责不实,那由该书所牵涉的郑玄、王肃之间的那些经学争论的是非呢？而一旦我们要对《家语》作全面的研究,首先要面对的基本问题就是：该书好的版本在哪里？历史上又有怎样的传本？清代学者辨伪《家语》一书,一个基本的观点就是认为《家语》“剿袭”他书,这成为他们对于《家语》与其他文献“互见”关系的基本结论,现在我们如果要重新考察此书,这一问题同样横亘在面前,那就是如何看待《家语》与其他文献之间为数众多的“互见”。现在由出土文献大量发现所催生的关于古书形成和体例的新认识能否对这种“互见”关系有新的理解？这些问题一方面都切关《家语》研究的某一侧面,另一方面又彼此牵连,如果孤立地看,哪个都无法获致完美的解决。正有鉴于此,才有本书整体架构的酝酿和设计。我们希望在新材料及由新材料所催生的对古书形成及体例新认识的基础上,能够对《家语》一书有一个全面、深入的探讨。

对照上面所提问题,我们把需要重点研究的内容作了进一步细化,主要包括以下几个方面：首先,要对出土文献与《孔子家语》进行深入、全面的比较研究。以出土文献为参照,对今本《孔子家语》的材料来源、“历时态”形成过程进行详尽的考察,在此基础上对《家语》一书的性质给以重新的估量。其次,是对《家语》流传史进行研究。这包括对汉志论语类文献归类内涵的再评估,对注疏所引《家语》以及唐、宋间《家语》流传形态的研究等。再次,与《孔子家语》相关的经学史问题的再探讨。它包括以下内容：《家语》之文及王肃注与王氏《圣证论》的比较研究,郑玄、王肃的经学论争等。复次,对前人特别是清代范家相、孙志祖、陈士珂等人《家语》研究成果的再评价,总结他们的研究得失,为古书体例和古书年代学积累更多的案例和经验。最后,则是《家语》与《礼记》、《说苑》、《韩诗外传》等传世文献之间的“互见”关系研究。此项工作的目的就是试图廓清《家语》一书在材料来源上与这些文献的关系，弄清楚《家语》一书的选材标准和组织理念。上述内容一方面彼此牵连，但另一方面各自又是相对独立的专题。因此，在实际的研究及最终成果中我们也是依不同专题进行几大板块设计，各个板块之间先后顺序的设想如下：本书既以"《孔子家语》新证"为题，首先我们就要关注材料之"新"，所以"出土文献及新材料"便列为第一部分；以下便是根据《家语》研究所涉及问题的深入程度依次安排，最基础的"传本及版本"问题列为第二部分；探讨该书"流传及学术史"方面的问题列为第三部分；由《家语》一书衍生的经学及深层的理论问题放在第四部分；最后则是超越《家语》一书，关注《家语》与其他文献之间的关系，即所谓诸书"互见"问题，此即为本书第五编主要关注之内容。

在上述五个专题板块中，每部分都是围绕几个关键问题展开。为充分贯彻本书"新证"之主旨，对于研究问题之设计，或求材料之"新"和"全"，或求视角之新颖和方法之独特。如第一部分"出土文献及新材料编"，除了关注非常著名的三宗出土材料，还对性质近似"新材料"的敦煌写本材料进行重点研究。尤其是写本唐以前的时代特征，对我们认识今本《家语》早期的流传形态非常有价值。第二部分虽然主要关注今本《家语》的版本源流，但"今本"之前还有个"汉志本"甚至"古本"《家语》的问题，其时《家语》的流传显然用"版本"一词是无法概括的。而"传本"与"版本"并举，一方面可以充分凸显《家语》书纵向的演变线索，另一方面也利于揭示"古本"与"今本"之间的不同内涵。至于辟出专文讨论复旦大学图书馆所藏《家语》版本，主要是因为复旦此本所据之何孟春《孔子家语注》本，实是何氏在宋本极稀见的情况下根据"节略"之王广谋本参以己意而成，而王广谋本在宋本稀见的情况下又广为流布，甚至学者以为世间已无宋本，转而以此本当"今本"。所以，对此本性质的揭露无疑可以帮助我们更好地认识今传宋本的价值。第三部分"流传及学术史编"，主要关注今本《家语》由唐至宋的流传形态，以及早期学者对该书性质的认识和看法。对于前者，主要通过《家语》佚文问题来考察，这方面前人罕有关注；对于后者，则主要通过对王肃《圣证论》一书体例及论说特点、唐代经疏对《家语》一书的评论来考察，这两方面也是前人没有做过的。第四部分“经学及理论编”主要关注与《家语》相关的经学及理论问题。经学方面，我们选取郑玄、王肃分歧严重且后世聚讼纷纭的郊祀问题作为考察重点，在新的材料和认识的基础上尝试观察《家语》一书在王肃证据系统中的确切地位；理论方面，首先是把《家语》辨伪与伪古文《尚书》辨伪一案比较研究，指出在方法论上前者其实是对后者的“模拟”和“移植”，这样既找出了《家语》辨伪学的思想源头，又同时指出了经典辨伪学“范式”自身存在的问题。另外，我们还在古书年代学和古书形成理论研究有长足推进的背景下，对《家语》的成书过程及性质谈了我们的看法。第五部分对《家语》与其他文献之间“互见”问题的探讨，则是选取与《家语》“互见”内容最多的《礼记》、《说苑》作为比较考察的重点。尤其是，我们的考察不再像以往的研究那样局限于某一篇或某一章，而是尽可能有一宏观的、通盘的考虑，特别是有更多的“互见”案例作为支撑。而且，在综合《家语》与其他文献之间“互见”研究的基础上，我们又总结出“互见”研究的类型学区分模式，这既是“互见”研究的现实需要，某种程度上也是对古书体例的一种新的理论探讨。这种类型学区分对于准确界定《家语》与其他文献之间的关系，特别是《家语》自身的材料性质，无疑将会提供有力的方法论支持。

最后要向读者说明的是，本书中各篇专题论文的完成历时十余年。十余年间，《家语》研究也日新月异。本次结集成书，对其中完成较早者进行了一定程度的修订，但绝大部分还是保持了原貌。原因在于，虽然十余年来《家语》相关研究不乏推进，但很多问题依然尚待厘清，而作为一家之说，笔者旧时所论似乎仍有并存的价值。

出土文献及新材料编

本部分共收论文6篇，分别是《八角廊汉简〈儒家者言〉与〈孔子家语〉相关章次疏证》、《阜阳双古堆一号木牍与〈孔子家语〉相关之章题考证》、《上博竹书〈民之父母〉与〈礼记〉、〈孔子家语〉相关篇章的比较研究》、《英藏敦煌写本〈孔子家语〉的初步研究》、《由英藏敦煌写本说今本〈孔子家语·郊问〉服制及相关问题》、《英藏敦煌写本〈孔子家语〉校记》。八角廊《儒家者言》及阜阳双古堆汉墓木牍均属汉墓所出，性质也比较接近。从对它们的研究看，一方面可证今本《家语》确有早初之处，但另一方面今本《家语》又存在不少后人润饰、整理的痕迹，此种情况昭示了今本《家语》性质的复杂性。《民之父母》系出于战国中期偏晚墓葬，虽亦见于《家语》，但独立成篇，这一点与八角廊《儒家者言》及阜阳汉墓木牍所代表的"掌故短章"明显不同。从《礼记》、《家语》相关内容与《民之父母》的比较研究看，《家语》所见文本最劣，尤以"错简"为最突出现象。这虽进一步证明了由八角廊《儒家者言》及阜阳双古堆木牍研究所证明的《家语》在流传过程中的讹误，但《家语》文本与《礼记》的诸多不同，又适足以说明传统学者率尔指《家语》剿袭《礼记》也是错误的，该书自有其独立的材料来源。① 敦煌《家语》写本虽然早已发现，但由于长期缺乏专门的研究，且其材料性质也异乎传世文献，故也列入"新材料"。对此写本的研究，使我们对唐以后《家语》一书在流传过程中出现的诸多问题有不少新的认识。

① 本书关注与《孔子家语》关联之出土文献，多系篇幅较大或材料较多者。另外，晚近出土文献中尚有零星、不成系统的与《家语》相关之语句，对此邬可晶有较好分析，读者可以参看，邬说见其《〈孔子家语〉成书时代和性质问题的再研究》（复旦大学2011年博士学位论文）第一章第五节。该论文现已出版：《〈孔子家语〉成书考》，中西书局2015年。读者可参看。以下若未作说明，所引邬文均指其博士论文。

八角廊汉简《儒家者言》与《孔子家语》相关章次疏证*

1973年,在河北定县(今定州)八角廊40号汉墓出土了大批竹书。[①] 就中有与今《孔子家语》等书内容相合者,整理者定名为《儒家者言》,共得二十七章,[②]其中见于今本《家语》的共有十章。《儒家者言》的出土,特别是其中十章见于今本《家语》,使学者对今本《家语》的看法大有改观。本文拟通过对其中与今本《家语》对应的十章的梳理,指出这样一个事实:《儒家者言》的出土并不能"一揽子"解决历史上关于《家语》的诸多争论,传统观点指此书为王肃造伪确属过时之论,但较之出土文献甚至其他传世文献,今本《家语》在不少地方确实存在明显的后人改动痕迹。《儒家者言》诚然一定程度上证明了今本《家语》的价值,但其实更能证明的是《说苑》一书的价值:较之《家语》,《说苑》保存了材料的更多原始面貌。

1.《儒家者言》第二章

子赣(贡)问孔子曰赐为人下如不知为 910

下孔子曰[为人下者其犹土乎种]710

[得五谷焉厥(掇)之得甘泉焉草木植]1069

禽兽伏焉生人立焉死人入焉多 708

---

* 本文原刊于《古籍整理研究学刊》2004年第5期。

① 《河北定县40号汉墓发掘演示文稿》,《文物》1981年第8期。

② 参见《〈儒家者言〉释文》,《文物》1981年第8期。本文《儒家者言》释文俱从该文。

□其言为人下者其犹土乎930

此章文字见于《说苑·臣术》、《孔子家语·困誓》、《荀子·尧问》、《韩诗外传》卷七。另外,《春秋繁露·山川颂》还对其进行了节引,如"生人立,禽兽伏,死人入,多其功而不言"。

简文"赐为人下",《家语》作"赐既为人下矣",多一"既"字。① 但《说苑》、《荀子》、《韩诗》皆同简文。另外,1977 年出土的阜阳双古堆一号木牍② 章题之23 为"子赣问孔子曰赐为人下",显然也是讲此段内容,但我们看其亦无"既"字。准此,《家语》增一"既"字离原貌较远。

简文"得五谷焉,厥(撅)之得甘泉焉,草木植……禽兽伏焉,生人立焉,死人入焉,多",《说苑》作"种之则五谷生焉,掘之则甘泉出焉,草木植焉,禽兽伏焉,生人立焉,死人入焉"③。可以看出,二者除了"得五谷"与"五谷生"、"得甘泉"与"甘泉出"有细微差别外,大致相同。《荀子》及《韩诗》除了个别字词差异外,最大的不同是句子顺序作了调整:简文及《说苑》先"谷"后"泉",而《荀子》及《韩诗》却正相反。《家语》的顺序同《荀子》、《韩诗》,但文字改动、增衍又颇有甚于二书者。其文为"汩之深则出泉,树其壤,则百谷滋焉,草木植焉,禽兽育焉,生则出焉,死则入焉"④。"生人"、"死人"作"生则"、"死则";"汩"当系自《荀子》"扫"字讹来。将"五谷"改成"百谷"也流于想当然。另外,还有增文如"其壤"等。不难看出,《家语》很多地方"标新立异",其实都是为了把事情说得更具体、更丰富(比如增"其壤"、把"五谷"说成"百谷"等),而简文与《说苑》大致相同,应该是这则故事的原始面貌。下面更多的例子将证明,《家语》这种表述得更具体、更丰富的倾向,是整理者编辑《家语》的一个突出特征。

---

① 本文《家语》之文,依同文书局本,参之以《四部丛刊》本、汲古阁本。

② 关于阜阳简牍的有关情况可参《阜阳汉简简介》,《文物》1983 年第 2 期。本文所引阜阳木牍之文,俱见胡平生《阜阳双古堆汉简与〈孔子家语〉》,《国学研究》第七卷,北京大学出版社 2000 年。

③ 向宗鲁《说苑校证》,中华书局 1987 年,第 52—53 页。

④ 同文书局本"汩"讹作"泪",当据他本改正。

简文"□其言。为人下者,其犹土乎",《说苑》作"多其功而不言,为人下者,其犹土乎",差异主要在首句。《说苑》为"多其功而不言"。但简文前面还有一"多"字,这样合起来就是"多□其言",与《说苑》的"多其功而不言"差别并不大。① 此句《荀子》为"多其功而不息",王引之以"息"乃"悳"之误,而"悳"为古"德"字,故原文当为"不德",而以"不言"为非。② 今从简文及《说苑》看,王说非是,且《韩诗》、《春秋繁露》亦作"不言",尤可证。王氏引《系辞传》"有功而不德",释此处之意,庶几当之。但"不德"诚不若"不言"来得直接,且"不言"一向是儒家特别是孔子所推崇的治世境界。③《家语》此处"不言"作"不意"。"不意"当是"不息"之讹,王引之云此处《家语》本于《荀子》,其实有明显的《家语》"伪书说"的成见,我们只能说《家语》此处与《荀子》所见关系较近。另外,《家语》此处还将散文改成了对偶句"多其功而不意,宏其志而不容",改动之后文章虽已乖谬甚远,④但在语言形式上却由于形成了对仗,因而显得丰富而有气势。这正是我们上文提到的"更具体、更丰富的倾向"。另外,简文"为人下者其犹土乎",《说苑》、《韩诗》基本相同,但我们看《家语》作"为人下者,以此"。"以此"当是对前文"其犹土乎"的概括和简省,因为在包括《家语》在内的各本中前文已有一"其犹土乎"。《家语》的处理显然是为了避免重复,这也是文献整理中的常见"套路",虽然"理性"了不少,但却失去了其他诸本的朴质和生动。

2.《儒家者言》第三章

曾折援[木击曾子□]2490

---

① 我们推测简文此处可能残掉两字,拟为"功不",这样连起来就是"多功不其言",与《说苑》的"多其功而不言"非常接近。

② 参见王先谦《荀子集解》,中华书局1988年,第552页。

③《论语·阳货》引孔子言:"天何言哉? 四时行焉,百物生焉,天何言哉?"

④ 不论是"不言"还是"不德",均有功成身退、谦恭不争之意,甚至《荀子》的"不息"也包含有不计名利、踏实做事之类的内容,而《家语》的"不意"就晦涩得多,至于"宏其志而不容",就更加迂曲了。

者参得罪夫₌[①]子₌得毋( )(病)乎退而就 611,1853

曰参来勿内[也曾子自]1127

之未尝可得也小箠则待笞大 1839

□怒立壹(殪)而不去杀身以[□父□]2487

之民与 312

杀天子之民者其罪 1864

此章见于《说苑·建本》、《家语·六本》、《韩诗外传》卷八。

简文"曾折援[木击曾子□],""曾折",《家语》、《说苑》、《韩诗》俱作"曾皙",整理者引《史记》、《白水碑》,参以简文,认为"晳"乃"皙"之误字,良是。简文"援木",《家语》为"建大杖",《说苑》作"援大杖",《韩诗》则作"引杖"。[②] 就"杖"字看,《说苑》、《家语》、《韩诗》三家皆同;而就"援"字看,只有《说苑》尚存古貌。

简文"者参得罪夫₌子₌得毋( )(病)乎退而就",《家语》对应部分为"'向也,参得罪于大人,大人用力教参,得无疾乎?'退而就房,援琴而歌……",《说苑》作"'曩者,参得罪于大人,大人用力教参,得无疾乎?'退屏鼓而歌……",简文"夫子",《说苑》、《家语》俱作"大人"。另外,较之简文,《说苑》、《家语》都多了一个"用力教参"的环节,这都表明它们依据的传本是很接近的。简文"退而就"与《说苑》"退屏鼓而歌"差异较大,但却与《家语》"退而就房"非常接近,这是为数不多的《家语》异乎众本却独与简文契合的例子,看来其确有来历,这将为我们最终评价它的成书提供重要的参照。

简文"之未尝可得也小箠则待笞大","箠",《家语》从"木"作"棰",但《说苑》、《韩诗》同简文作"箠"。古代"木"旁与"竹"旁常相混用,所以此处并无实质性不同。"待笞",《说苑》无"笞",而《家语》作"过",但《韩诗》同简文亦有"笞"。这说明《韩诗》行文虽较简省,但某些字词也会保存下早初

---

① 此为简牍所用重文符号,下同。

② 《韩诗》行文较简省,每章的侧重点是后面的引《诗》,所以前面对故事的铺叙往往不作过多纠缠,行文上并不苛求"面面俱到"。

的痕迹，这同今本《家语》虽经多次整理但也会有原初痕迹一样，是不必讳言的。

简文“□怒立壹(殪)而不去杀身以[□父□]”，“立壹(殪)”，《说苑》作“立体”，《韩诗》为“拱立”，独《家语》作“殪”，似与简文同出一源。按“殪”有“死”义，联系到上文曾子的“仆地”、“有顷，乃苏”，则这里的“殪”指的是昏死过去。这样看来，简文、《家语》较之《说苑》、《韩诗》于义显然更胜。这又是一条《家语》较古初的例子。不过，简文“不去”，《说苑》、《韩诗》皆同，而《家语》作“不避”，则去古又远。

简文“之民与”，应该是个反问句，它实际上对应《说苑》的“汝非天子之民邪”，《韩诗》作“汝非王者之民邪”，都是反问句。《家语》作“汝非天子之民也”，反问的意味就较弱。

简文“杀天子之民者其罪”，“其”字《家语》、《韩诗》都有，同简文。《说苑》无有，当属脱漏。

3.《儒家者言》第六章

□渔者曰天暑而得[弓][之不□□]760

将祭之□[乎孔子曰]128

该章见于《说苑·贵德》、《家语·致思》。另外，阜阳章题木牍一号之28“孔子之楚有献鱼者”，也是该章内容。

简文“天暑而得[弓]”，《说苑》作“天暑市远，卖之不售”，《家语》作“天暑市远，无所鬻也”。较之简文，俱增“市远”二字。简文“[弓]”残掉，整理者鉴于其从“弓”，疑为“粥”字，甚是。“粥”为“鬻”之声旁，而“鬻”有“卖、售”义，这样看来，《家语》之“鬻”实存古貌。《说苑》虽用“售”，但不如《家语》来得古初。不过，从简文“之不□□”看，简文此处句式与《说苑》的“卖之不售”接近，而与《家语》之“无所鬻也”相差甚远。《家语》似乎对句子重新进行了组织。从该章反映的情况看，《家语》与《说苑》实互有优劣。

4.《儒家者言》第七章

[闲处]喟然叹曰铜鞮柏 1123

者周公旦聂(摄)天下之[政] 782

也夫有道乃无下于天下[哉] 578

此章见于《说苑·尊贤》、《家语·贤君》。

简文"铜鞮柏……",《说苑》为"铜鞮柏华而无死",是一个假设性的条件句。此句《家语》为"向使铜鞮柏华无死",虽然也是假设性的条件句,但却是通过在前面增加"向使"来实现的(后面省去"而")。竹简虽然后面有残损,但从前面"铜鞮柏"之前并无"向使"看,简文的句子组织应该与《说苑》接近。不用"向使"之类假设词而径用"而"表假设意,为先秦古书所习见,①此处简文及《说苑》所见即是其例,而《家语》的改头换面,恰说明整理者已对此用法不太熟悉,必欲改成浅白的习见之例。

简文"周公旦聂(摄)天下之[政]",《说苑》为"周公旦制天下之政",二者基本相同,而《家语》则为"周公旦居冢宰之尊",与简文、《说苑》差异明显。《家语》强调"居冢宰之尊",推尊周公的意思是显而易见的。正基于此,《家语》也省去了简文、《说苑》中周公之名"旦",这种处理与其将"仲尼"改成"孔子"的动机是一样的,不过是为尊者讳,这在《家语》的整理中是一项突出而系统的工作(关于这一点,从阜阳双古堆汉墓木牍章题与《家语》的比较中,就看得尤其分明,参见本书后一文)。这都表明《家语》"后起",而且很可能是在儒家或孔子地位得到尊崇的环境下作了改动。这对我们认识《家语》的成书应该是很有启发的。

简文"夫有道乃无下于天下[哉]",《说苑》作"夫有道而能下于天下之士,君子乎哉",《家语》作"恶有有道而能下于天下君子哉"。从简文的"乃无"及《家语》的"恶有"看,它们都应该是反问句,这一点与《说苑》有明显的

① 参见杨树达《词诠》,中华书局 1965 年,第 464 页。

距离，论者据此认为简文与《家语》较近似，而《说苑》似有较大的改动，是有道理的。①

5.《儒家者言》第八章

于太庙右陛之前有[铜]825

□其□如明(铭)其背[□□₌□₌]844

[之为人也多]言多过多事多患也604

此章见于《说苑·敬慎》、《家语·观周》。

简文"于太庙右陛之前有[铜]"②，《说苑》作"孔子之周，观于太庙。右陛之前，有金人焉"。简文前后有残损，但就保存下来的文字看，与《说苑》基本无别。但《家语》与它们比较起来，却较多差异："孔子观周，遂入太祖后稷之庙。堂右阶之前，有金人焉。"《家语》此处是"观周"、"入"庙，而《说苑》则是"之周"、"观"庙，从简文仅存的"于太庙"看，也应该是"观"庙("观于太庙"可通，"入于太庙"则有语病)，而且前面应该是残去了"之周"的内容。从文义逻辑上看，先"之周"再去"观庙"是比较符合情理的，也就是说简文、《说苑》的处理应该是原始面貌。《家语》显然又经过了后人的调整。这一点阜阳木牍的章题也可以证明。阜阳一号章题木牍之46为"孔子之周观大(太)庙"，明显也是"之周"、"观庙"的顺序。另外，《家语》将简文及《说苑》的"太庙"说成"太祖后稷之庙"③，同样是突出了"具体化"的倾向，当出自后人的改动。这一点，我们仅从版本校勘的角度同样可以作出判断，因为阜阳章题木牍中明显也应是"太庙"。特别是阜阳简牍为西汉初年，而八角廊简为西

① 邬可晶《〈孔子家语〉成书时代和性质问题的再研究》，复旦大学2011年博士学位论文，第33页。

② "铜"字各本作"金"，简文残损，仅余"金"旁，整理者补为"铜"字。

③《金楼子》亦同。《金》书为梁元帝之作，盖其曾见《家语》乎？敦煌卷子有《家语》残卷，"民"字不避唐讳，论者(王重民《敦煌古籍叙录》)以为当系六朝写本，惜乎仅存《郊问》与《五刑解》，无法窥知全豹也。

汉中叶，这说明“之周”、“观庙”的顺序和“太庙”在西汉这一百多年的历史中始终是主流传本的模样，而《家语》的“标新立异”，当出自后人的改编。此外，《家语》“堂右阶之前”的“堂”与“阶”，较之简文及《说苑》具体、细化了不少，这同样是“具体化”的倾向。

简文“如明（铭）其背□□₌□₌”，从后面的重文符号看，应该就是《说苑》的“戒之哉！戒之哉”，而《家语》的简省与上文将“其犹土乎”改为“以此”，都反映了精炼化的倾向。这同样是在对文献整理、重组的过程中，可以预期的处理。

另外，简文“多言多过，多事多患也”，《说苑》为“无多言，多言多败；无多事，多事多患”，《家语》与《说苑》基本相同。简文虽较《家语》、《说苑》为简省，但性质上与我们上文提到的《家语》为求精炼而作的简省是不同的。因为其上文云“……之为人也”与《家语》、《说苑》上接的“古之慎言人也。戒之哉！戒之哉”明显不同，反映了此处为别一种组织，当是出自不同传本所致。

6.《儒家者言》第十一章

子曰犊主泽鸣晋国之贤□923，963

闻君子重伤□627

此章见于《说苑·权谋》、《家语·困誓》以及《三国志·刘廙传》注引《新序》。另外，《史记·孔子世家》、《孔丛子》对此事亦有记载。

简文“子曰：‘犊主泽鸣，晋国之贤□……’”，《说苑》为“孔子曰：‘夫泽鸣犊犨，晋国之贤大夫也。’”“犨”与“主”音近可通，①因此“犊主”实即“犊犨”，这样看来，简文与《说苑》基本相同（只是人名顺序有差异）。《三国志·刘廙传》注引《新序》二人作“犊犨、铎鸣”，“铎”当是“泽”近似致误，也就是说这里对二人姓名的记载和简文、《说苑》基本一致，此当为原始面貌。

① 整理者已指出此点，见《〈儒家者言〉释文》。

《史记·孔子世家》作“窦鸣犊、舜华”，《家语》为“窦犨鸣犊、舜华”，二书明显为同一系统。二书的“窦”，实源自《新序》系统的“铎”，因为“窦”、“铎”声近。这样看来，《史记》所见实际上漏掉了“犊犨”的“犨”，也就是说，《史记》系统的“窦鸣犊”，实际上还是部分保存原貌。但是司马迁或者说这个本子的始作俑者已弄不清这些人名的具体所指，因见有缺漏，遂妄增“舜华”来凑数。这样一来，这里实际上就包含了三个人的名字，下文仍云“两人”，[①]正说明了这种糊涂。《家语》“犨”字保留了下来，但顺序已颠倒，且仍存“舜华”，犹曰“二人”，同样已不晓这些人名的含义。

简文“闻，君子重伤□”，《说苑》作“丘闻之，君子重伤其类者也”。简文前后有残损，然就所存看，二者差别并不大。《家语》、《史记》对应部分作“何则？君子违伤其类者也”，《家语》、《史记》“何则”已不具备简文、《说苑》“听闻”（“闻”）的原始表述。《家语》“重”作“违”，《史记》作“讳”，“违”当是“讳”之讹，二者同出一源也是很明显的。“重伤”与“讳伤”均有“慎伤”的意味，而“违伤”则去之甚远。此处“何则”及“讳”与“违”更说明《家语》、《史记》所用材料为同一系统。它们较之简文及《说苑》本文已有改动。

另外，此则故事《说苑》与《家语》、《史记》所载还有一处差异。《说苑》中是先提赵简子欲杀泽鸣、犊犨及孔子事，然后再谈孔子对赵简子杀泽鸣、犊犨一事的评论。是《家语》等书“为尊者讳”舍去了欲杀孔子事，还是其他原因呢？八角廊简此章保存太少，无法知道是否有欲杀孔子的内容。阜阳一号章题木牍之12为“孔子临河而叹”，胡平生认为即对应此章。[②] 果如斯，则说明在阜阳简中后半部是单独成章的，只是到了《说苑》那里才合并成一章，或者让两章前后衔接。这样的例子《说苑》中还有一些，下文还会提到。如此说来，《家语》、《史记》的不载欲杀孔子事，似乎不是出于“为尊者讳”，而是它们所见即为后半单独成章的本子，故而胡平生倾向认为《家语》、《史记》与阜阳木牍接近。笔者认为，阜阳木牍与《说苑》的差异虽然反映了两章

---

① 《史记·孔子世家》下文云：“须此两人而后从政。”

② 见前揭胡平生文。

到一章的变化，但《家语》、《史记》所见，却不会是阜阳木牍那样后半单独成章的本子。因为阜阳木牍章题均是一章的前几个字，但我们看无论是《家语》还是《史记》，在"临河而叹"前都还有一些文字。如按阜阳木牍章题的命名规则，《家语》该章就应题为"孔子自卫将入晋"，而非"临河而叹"。所以，我们认为《家语》、《史记》所见，并非是像阜阳简这样原初的本子。其隐去赵简子欲杀孔子事，实际上还是基于"为尊者讳"的调整。

7.《儒家者言》第十二章

之匡间(简)子欲杀阳虎孔子[似]之666

□□孔₌子₌□舍子路怒奋[戟]欲下725

子止之曰何[仁义之不意□□]644

诗书不习礼乐不修则是丘之罪715

阳虎如为阳虎则是非丘□905

此章见于《说苑·杂言》、《家语·困誓》、《韩诗外传》卷六。另外，《庄子·秋水》篇亦有相关记载。

简文"之匡"，《说苑》、《家语》为"之宋"，而阜阳一号章题木牍之4为"孔子之匡"，与简文同。另外，《庄子·秋水》云"孔子游于匡，宋人围之数匝"，依稀与"之匡"近，《韩诗》则简省为"孔子行"。我们认为《儒家者言》、阜阳木牍的"之匡"为原貌，《说苑》、《家语》的"之宋"其实别有原因。《说苑》云"孔子之宋，匡简子……"，其中"匡简子"的称呼甚为无当："匡"地何曾有过"简子"？①《说苑》这么说当是据有脱漏的本子改的。我们看《儒家者言》此处云"……之匡间(简)子欲杀阳虎"，如果从"之"处断句，后面就正是"匡简子"——与《说苑》一样。所以我们认为，《说苑》的样子很可能是参

① 前引邬可晶之文，以"韩简子"、"赵简子"之称证"匡简子"也未必非是。今按，此说不可从。虽然"简子"之称理论上前面可以加任何国名或地名，但匡地蕞尔一隅，显无法与韩、赵大国相比；再者，欲杀阳虎，孔子似之这样的著名历史典故，也框范了具体的时空和人事，且典籍多见，这也决定了他不可能是别的什么"简子"，邬说见其文第37页。

考了在“之”前面有残缺的本子。因为有残缺，所以要妄添“之宋”。不过，“匡简子”还是依稀保留了原来的面貌，而《家语》作“匡人简子”就差一些。且《家语》也说“之宋”，明显与《说苑》属同一系统。

简文“间(简)子欲杀阳虎，孔子似之”，《说苑》为“匡简子将杀阳虎，孔子似之”，《韩诗》为“简子将杀阳虎，孔子似之”，三者基本相同。但我们看《家语》中则不见“杀阳虎”事，径为“匡人简子以甲士围之”，且下文也没有言及阳虎。《家语》当是故意隐去(杀阳虎就要引出杀孔子，这显然于“尊”不“讳”)。但隐去是不合理的，因为没有简子将杀阳虎而“孔子似之”，则甲士围之就因失去理由而顿显突兀。简文及《说苑》所见当为原貌。

简文“□□孔₌子₌□舍”多有残缺，但从末一字“舍”判断，当即《说苑》的“甲士以围孔子之舍”，《韩诗》为“带甲以围孔子舍”。《家语》无“舍”，只是笼统地说“围之”，显然不如《说苑》及《韩诗》。

简文“子路怒奋戟欲下”，《说苑》作“子路怒，奋戟将下斗”，《韩诗》为“子路愠怒，奋戟将下”，三者基本相同，只是《说苑》衍“斗”而《韩诗》衍“愠”而已。《说苑》将“下”衍成“下斗”，也更具体。《家语》为“子路怒，奋戟将与战”，将“下”径改为“与战”，突出了“具体化”的倾向，但意思很平淡，失去了原来“下”的具体和形象。作为文献整理过程中的重组，这里还提供了两种性质完全不同的模型：无论是《说苑》的衍“斗”，还是《韩诗》衍“愠”，都是在保留原始文献基本意义元素(《说苑》存“下”衍“斗”，《韩诗》存“怒”衍“愠”)的情况下，无关大局的改动，目的是让意思更加丰满；而《家语》的改动则是连基本意义元素(“下”)都不要(可能《家语》重组者所见本已无“下”)，索性重新设计文字。所以，就保存文献的原始面貌讲，《家语》的重组方式显然不如前两者。

简文“子止之曰：‘何仁义之不意□□’”，前面残掉“孔”字。《说苑》对应部分作“孔子止之曰：‘何仁义之不免俗也’”，差异在“意”与“免俗”。《韩诗》为“孔子止之曰：‘由！何仁义之不寡俗也’”。简文“意”当是“寡”之讹，形近致误。综合简文及《韩诗》，故书似当作“寡裕”。许维遹先生解“寡裕”

为少容忍，[1]甚切孔子批评子路的修仁义而任武力。不过，“寡”既有“少、缺”义，“裕”与“俗”形近，故而《说苑》的“不免俗”也说得过去：修仁义却任武力，子路的修养在孔子看来犹有未逮，故而说他“不免俗”。《家语》作“孔子止之曰：‘恶有修仁义而不免于世俗之恶者乎’”，也取“不免俗”义，本之《说苑》。但《说苑》、《韩诗》行文朴质，《家语》则表述详尽，有明显的“解释”倾向（将“仁义”铺展成“修仁义”，“不免俗”铺展成“不免于世俗之恶”），简直就像是前两者的“传”。这又是我们上文提到的《家语》整理的“具体化”倾向。

简文“阳虎如为阳虎，则是非丘”，简文前后都残损。《说苑》作“若似阳虎，则非丘之罪也”，《韩诗》为“若我非阳虎，而以我为阳虎，则非丘之罪也”。《韩诗》两次提及“阳虎”，应该与简文接近。[2] 不过，《说苑》的处理也讲得通，这应该反映了不同传本的面貌。此处《家语》根本没有提及“阳虎”事，同上文的不言“阳虎”，前后可谓“一致”。此处差异有两点值得注意：一是简文、《韩诗》虽然文字有错讹，但毕竟提到了“阳虎”，从这个角度讲还是要比《家语》更接近原貌；二是《家语》前后“一致”不提“阳虎”，这已不是脱简所能解释的，不可能前后这么巧地都脱去了有关“阳虎”的内容。这只能反映《家语》进行了重组，这种“重组”既大胆——彻底地将有关“阳虎”的内容清除出去，而且还有相当的“系统性”——前后“一致”地清除。这都是其“后起”的证据。

8.《儒家者言》第十三章

君子之道四彊（强）于行弱于辞□965

此章见于《说苑・杂言》、《家语・六本》。[3]

简文残缺甚多。《说苑》对应的部分作“回，若有君子之道四：强于行

---

① 许维遹《韩诗外传集释》，中华书局1980年，第227页。

② 笔者推测简文前面似当如《韩诗》般作“若我非”，这样连下文就是“若我非阳虎，如为阳虎”，庶几可通。“如为阳虎”隐有“欲加之罪”的意思。

③ 另外，依学者研究，阜阳一号木牍章题34亦与此章有关，参郭永秉《阜阳汉简考释两篇》，《文史》第93辑，中华书局2010年。

已，弱于受谏，怵于待录，慎于持身”，《家语》为“回有君子之道四焉：强于行义，弱于受谏，怵于待录，慎于治身”，与《说苑》基本相同，属同一系统。但是从意思上看，诚如整理者所言，简文所见于义“较长”①：“强于行、弱于辞。”即在行动上刚健直行，在言语上不夸饰“巧言”，甚至“君子讷于言”，这才是所谓“君子之道”。《说苑》、《家语》“行已”、“行义”虽勉强可通，但“弱于受谏”却于理难洽：别人的话都听不进去，又如何“君子”呢？《说苑》、《家语》当有讹误。另，《家语》“行义”可能本之《说苑》的“行已”而有讹误。我们看《家语》中“行已”之说还所在多有：《家语・六本》“行已有六本焉”、《家语・子路初见》“孔蔑问行已之道”。

9.《儒家者言》第十四章

何中(仲)尼曰交取亲 966,668

10.《儒家者言》第十五章

路行辞于也 458

孔=子=曰曾(赠)若以车乎 38

言乎子路请以言孔[子曰不强不]706

以上两章同见于《说苑・杂言》、《家语・子路初见》，阜阳木牍一号章题之 19、44 亦分别对应以上两章。另外，学者亦注意到上海博物馆藏竹书尚有《子路初见》一篇，部分内容与此亦相关，惜乎尚未公布。②

---

① 见《〈儒家者言〉释文》。

② 濮茅左先生在《关于上海战国竹简中“孔子”的认定——论〈孔子诗论〉中合文是“孔子”而非“子上”》(《中华文史论丛》第 67 辑，上海古籍出版社 2002 年)一文曾透露了上博此篇的部分内容，如“子路游于齐，中退而复问于孔子曰：‘交亲而取亲，为之如何？言约而足用也，为之如何？……’”，其中“交亲而取亲”、“言约而足用”云云，显与《说苑》、《家语》相关内容同源。以上情况，可参前揭邬可晶之文，第 41 页。另外，将上博简此处内容与《家语》比较研究，还可参张岩《〈孔子家语〉之〈子路初见〉篇、〈论礼〉篇研究》，清华大学历史系 2004 年硕士学位论文，第 12 页。

文字方面，无论《说苑》还是《家语》，与简文都基本相同。但这不等于没问题，相反，此处的问题还相当大，那就是所关涉的古今传本章的分合并不一样，由此凸显了文献流传过程中的因承和改异。这两部分在《家语》中是合为一章的，但在《说苑》中却是分作两章。整理者鉴于《儒家者言》一称"中（仲尼）"，一称"孔子"，①故而将它们如《说苑》般分作两章，这是审慎和正确的。阜阳简发现以后，更证明了这一点。阜阳木牍一号之 19 章题为"子路辞中尼敢问新交取亲"，正对应《儒家者言》第十四章；而阜阳木牍一号之 44 章题"子路行辞中尼中尼曰曾女以车"，正对应《儒家者言》第十五章。阜阳木牍的处理更明白地证明了这两部分当初确确实实是两章。不仅如此，从阜阳木牍章题的序号（19 与 44）看，这两章当初相隔甚远，并不是如《说苑》般前后相次。就像有论者所说，阜阳木牍反映的章题的编排次序，尚有明显的"随意性"。② 这样一来，我们就可以看清这两部分的演变线索：起初是渺不相关的两章，到《说苑》那里它们被放到一起（我们无法判断在八角廊汉简中它们的章序关系），前后相次，最后到了《家语》这里干脆被合并成一章。拙文《古书章次问题浅说——古书成书系列研究之一》对这一演变线索另有分析，读者可以参看。③ 这样一种演变线索是文献梯次演进的生动范例，也再一次揭示了《家语》在文献创生中较次一级的地位。而且，《家语》最终能将两章合并，《说苑》先将两章放到一起是关键的一环。虽然两章在表述上有共同之处，但如没有《说苑》预作章序上"拉近"的工作，很难设想《家语》的整理者也会这么巧地将这样的两章合并。从这个意义上说，我们认为《家语》的编者应该是见过类似《说苑》这样的材料的。

---

① 《说苑》中两处都称"仲尼"，就此而论，《说苑》的材料甚至比八角廊汉简还要早出。缘其所以，刘向编《说苑》曾见中秘之材料。中秘之书，久藏秘府，远离流传领域，故能"独善其身"，所以较多保存古貌。而八角廊简为随葬之物，当为墓主生前所传习，由于长期浸染于流传之途，自然不免于后人的改动。

② 韩自强、刘海超、韩朝《西汉汝阴侯一号木牍〈儒家者言〉章题释文》，"百年来简帛发现与研究暨长沙吴简国际学术研讨会"会议论文，2001 年 8 月。

③ 《新出土文献与中国古代文明研究国际学术研讨会论文集》，朱渊清主编，上海大学出版社 2003 年。

实际上,《家语》的合并还有更值得注意的细节。《家语》虽合并两章,但在两部分的顺序安排上却进行了颠倒。在阜阳简中,是“新交取亲”章在前,而“赠汝以车”章在后。《说苑》虽说将两章放到了一起,但仍然是先“新交取亲”章,后“赠汝以车”章,犹存古貌。《家语》的合并首先是将这两章顺序颠倒过来,而不是简单地捏合。其所以如此,《家语》是有特殊考虑的。我们看在《家语》相当“新交取亲”的部分中,孔子的话增加了这样的内容:“汝所问也,在五者中矣。”而所谓的“五者”就是“赠汝以车”部分中回答子路的内容。实际上,在孔子这两部分的答话中也确实具有一贯的、相通的内容。如“赠汝以车”章的“不忠无亲,不信无复,不恭失礼”与“新交取亲”章的“……其忠也;……其信也;……其礼也”,故而《家语》将“赠汝以车”章前置,就有明显的统摄后章的意味。因此,《家语》增加的那句话,实际上是为这种“统摄”增加一点形式上的链条。这种“链条”还包括两部分之间的“子路曰:‘由请终身奉之。’”章序的颠倒及一些形式“链条”的增加,其意图不过是为整合这两章,甚至也可以说是“处心积虑”地让合并以后的章更像“一章”,这同样说明《家语》编辑者的工作是大胆、泼辣的。不过,必须承认,经《家语》的合并,这新的一章简直可说是“天衣无缝”。尤其是看出两者之间的“相通性”,更显出整理者的眼光。但这只是说明《家语》“整理”得好,在文献创生梯次上反而突出了其较次一级的地位。目前在古书年代学及古书成书的研究中,我们往往把类似《家语》这种经过整理的文章学上的优,与版本学上的优混为一谈,简单地以文章学上的优,来论定版本学上的早出,这是非常危险的。

八角廊简共整理出27章,见于今本《家语》的即为上列10章。按照与传世文献的关系,可以将上述10章分成4类情况:

(1)只见于《家语》、《说苑》的,有第6、7、8、13、14、15章,共六章。

(2)见于《家语》、《说苑》、《韩诗》的,有第3、12章,共二章。

(3)见于《家语》、《说苑》、《韩诗》、《荀子》的,有第2章,共一章。

(4)见于《家语》、《说苑》、《新序》、《史记》的,有第11章,共一章。

可以看出,只见于《家语》、《说苑》且不见于他书的情况最多。另外,其他虽见于《韩诗》、《荀子》、《史记》等书,但也还是见于《家语》和《说苑》。就此而论,《儒家者言》应该与此二书密切相关。而且,《家语》与《说苑》始终"如影随形",也说明《家语》和《说苑》在性质或材料来源上,其实也是很接近的。特别是其中有6 例只见于此二书而不见于他书的情况,对我们认识二书的关系将更有启发性。另外,我们知道,今本《家语》的内容基本上都是关于孔子或孔门师生言论的。但我们注意到在这批简中,却有不少无关孔子或孔门师生的章,具体来说,其中的 5、17、18、19、20、22 章都是讲所谓的"诸国事"内容,不如今本《家语》纯粹。在孔安国的《孔子家语・后序》中曾提到《家语》最早的源头是所谓"孔子之语及诸国事、七十二弟子之言",到汉初吕氏所藏时,仍然是"(《孔子家语》)与诸国事及七十子之辞妄相杂错"。也就是说,最初与"诸国事、七十二弟子之言"混在一起的《家语》,从性质上说应该属于《说苑》一类的"说"类材料。这一点我们从阜阳简中就看得更加分明。[①] 这也提示我们,《家语》的成书应该就是逐渐从这些"说"类材料中"萃取"的过程。不过,虽然《儒家者言》还杂有"诸国事"的内容,但毕竟以孔门师生事居多,且无涉于孔门师生的章在思想倾向上也多符合儒家伦理。特别是《儒家者言》与《论语》同出一墓,恐怕也要作深层考量。所以我们认为《儒家者言》的性质可能介乎《说苑》与《家语》之间,这种性质使得它具有鲜明的过渡性:一方面内容上并不纯粹,还有"诸国事"之类的成分,但另一方面孔门师生言论在其中所占比重逐渐增加和突出。《家语》的最终成书应该就是这两方面此消彼长的结果。

自《儒家者言》发现以来,学界开始重新看待和评估《家语》一书的价值。从我们上面对与《家语》相关的十章所作的分析看,其中确实不乏能证明《家语》"原初"的痕迹,如对应于简本第 3 章的"退而就"、"殪"字,对应于简本

---

① 前揭胡平生文曾根据阜阳简牍对《家语》一书的性质提出如下看法,"……《孔子家语》仍是一个后起的书名,在先秦时,并不存在与《论语》并行的《孔子家语》书",而类似阜阳简牍那样的"说"类材料应该是《家语》和《说苑》的源头。这种看法使我们对《家语》一书的认识有很大的推进,值得关注。

第6章的“鬻”字，对应于简本第7章的反问句式等，这些地方《家语》均与传世文献不同，但却与简文密合，这无疑有力地证明了《家语》一书确实有比较古初的来源。清代《家语》辨伪学者如范家相、孙志祖等人，遇到《家语》与其他文献互见者，辄谓《家语》系王肃剽袭他书而来，上述《家语》异乎传世所有文献但却独与出土文献相合的例证，应该是对他们有力的驳斥。尤其重要的是，我们上面说《家语》、《说苑》两书“如影随形”，具有非常密切的关系，但即便如此，《家语》仍能在上述诸例中克存古貌，这说明虽然就宏观的层面上说，二书关系较近，但彼此仍具有相对的独立性，并非简单地机械相袭。

不过，虽然《家语》在上述3章中偶有早出之例，但其余7章却有更多的例证表明今本《家语》经过了后人的改动，有明显的“整理”痕迹。这种整理涉及字词的改动、句子的重新组织及章句的合并等。很多地方，《家语》不唯没有竹简古初，甚至比《说苑》都来得要晚。正鉴于此，当初何直刚先生才说“(《家语》)分章不相同，文字差别也比所有其他各书都大”①，这种评价应该说是审慎而中肯的。《家语》尽管来源较早，但《家语》的成书又是在对早期材料进行了重组的基础上形成的。比如在同见于《家语》、《说苑》的例子中，许多地方我们都已证明《说苑》为原貌，而《家语》则是经过了整理和重组的(这种“整理和重组”的始作俑者当即孔安国)。最有意思的是，我们发现《家语》可能在个别用字上古初，但一旦重组成句，却又显出晚出的特征。这种“点”上早出、“面”上晚出的情况，应该即是其来源较早但又经后人(孔安国)整理过的最好明证。因此，今天来看，《家语》一书显然不是传统认为的由王肃伪造，而是有较早来源的，但我们同样要重视《孔子家语·后序》中所提到的孔安国对《家语》材料的重新整理。关于这一点，本书“传本及版本编”诸文有进一步分析，可以参看。另外，从版本特征上说，《说苑》是一贯而稳定的，较多地与简文近似或相同，最具原初的特征。

另外要指出的是，细心的读者可能会注意到，《家语》为数不多的几处保留原初痕迹的例证，具有相当的“集中性”：同见于一章之中。例如，《儒家

---

① 何直刚《〈儒家者言〉略说》，《文物》1981年第8期。

者言》第三章简文“退而就”与《家语》“退而就房”非常接近，是《家语》的原初之证。而同章之中，简文“壹（殪）”也与《家语》的“殪”同出一源，同样是《家语》的原初之证。与《家语》这种原初之证的“集中”体现相对应，我们看《家语》与其他文献的对应，也表现出某种“集中性”。如《儒家者言》第十一章的“犊主泽鸣”，《史记·孔子世家》作“窦鸣犊、舜华”，《家语》为“窦犨鸣犊、舜华”，二书明显为同一系统。同一章中简文“闻，君子重伤□”，《家语》、《史记》对应部分作“何则？君子违（讳）伤其类者也”，二者同出一源也是很明显的。还有就是《家语》与《史记》在该章中都不提欲杀孔子事。《家语》在该章中多处与《史记》“一致”地对应，与上文原初之证的“集中性”有类似之处。这种“集中性”看似与我们上文提到的《家语》文本的“综合性”特征矛盾，其实却蕴涵着深刻的道理。那就是《家语》的整理者一方面参考了多种传本（这体现为“综合性”），但一旦作出选择，就决定了其所取之本是具体而集中的（这体现为“集中性”）。而所有这些参考、取舍之功，都再一次说明今本《家语》已远不是相对原始的初级文献，它是后人系统整理之后的产物。

阜阳双古堆一号木牍与《孔子家语》相关之章题考证*

1977 年安徽阜阳双古堆一号汉墓出土了大批简牍。① 就中一号木牍抄录大量古书之章题,其中很多章题多与向称“伪书”的《孔子家语》能够对应,一时引起学者极大的兴趣。2000 年胡平生在《阜阳双古堆汉简与孔子家语》一文(以下简称“胡文”)②中首次披露了相关简牍的释文,稍后,同样参与简牍整理的韩自强也在其《阜阳汉简〈周易〉研究》一书中,公布了相关简牍的释文,并有考证(以下简称“韩文”)。③ 他们的工作,为学者研究这批简牍打下了很好的基础。本文主要关注一号木牍中与《家语》对应之章题,现综合两家所见,就其中与《家语》相关的章题试作考证,并就《家语》一书形成及流传过程中的有关问题略陈固陋,以就正于方家。

正面(章题在木牍正反两面书写)

4④ 孔子之匡

此事系《论语·子罕》等篇所言“子畏于匡”之事,亦与八角廊汉简《儒家者言》第十二章内容对应,参见本书前文。此事《家语·困誓》作“孔子之

---

* 本文原刊于台湾《书目季刊》第四十二卷第一期(2008 年 6 月),另外,还曾以《〈家语〉的“层累”形成考论》为题部分刊于《齐鲁学刊》2007 年第 3 期。

① 《阜阳汉简简介》,《文物》1983 年第 2 期。

② 见《国学研究》第七卷,北京大学出版社 2000 年。以下凡引胡氏释文及论说均见是文。

③ 见该书“附录”,上海古籍出版社 2003 年。

④ 此为木牍章题序号,下同。

宋,匡人简子以甲士围之”。关于“之匡”与“之宋”的是非,我们前文已有分析,此不赘。需要提到的是,此事今《说苑·杂言》作“孔子之宋,匡简子将杀阳虎,孔子似之,甲士以围孔子之舍”,也是“之宋”,但《太平御览》卷三五六、三九六引《说苑》都作“孔子之匡,简子将杀阳虎”,这说明当初《说苑》亦与木牍同,作“之匡”,今本《说苑》实有讹误。

12 孔子临河而叹

此章见于《家语·困誓》,其文作“孔子自卫将入晋,至河,闻赵简子杀窦犨、鸣犊及舜华,乃临河而叹曰:……”,另外《说苑·权谋》、《史记·孔子世家》、《孔丛子·记问》以及八角廊汉简《儒家者言》第十一章都有内容与此相近。不过,依阜阳木牍的章题命名规则,章题都是拈取一章的前几个字,也就是说,阜阳木牍中,该章就是以“孔子临河而叹”为开头的,但我们看传世的《家语》、《说苑》等书在“临河而叹”[①]前却还有一段文字,看来木牍该章就内容上讲应比《家语》、《说苑》为少。还应注意的是,《说苑》该章开头云:“赵简子曰:‘晋有泽鸣,犊犨,鲁有孔丘,吾杀此三人,则天下可图也。’”而《家语》此章开头却只是讲孔子自卫将入晋,听到窦犨、鸣犊、舜华被杀的消息——又是没有简子欲杀孔子事。这与前文我们讨论的《家语·困誓》“孔子之宋”章故意隐去阳虎事一样,仍然是出于避讳。虽然做此种处理的始作俑者未可遽知,但看来这种对孔子的回护始终是一个刻意的、系统的要求,这也正与孔子“家”语的名称相吻合。个人以为,这种基于回护孔子的对原有材料的剪裁,孔安国等孔氏后人显然有比王肃更为强烈的“作案”动机。

13 孔子将西游至宋

胡文认为“疑即‘颜渊将西游于宋’”,因此主张此章对应《家语·贤君》“颜渊将西游于宋……”,另外还见于《说苑·敬慎》。但“西游”之人木牍作“孔子”,《家语》、《说苑》则为“颜渊”,明显不同,故而胡氏存疑。韩文则主

---

① 《说苑》作“临河而观”,“观”当为“叹”之误。

张此章对应《家语・贤君》"孔子见宋君",及《说苑・政理》"仲尼见梁君"[①]章。鉴于木牍中的"西游"环节,笔者以为胡氏之说可能更为近理。不过,韩氏的看法也有启发性:既然《家语》云"孔子""见宋君",那么对于胡氏意见中"孔子"与"颜渊"的矛盾,倒提示了一种解决可能,那就是木牍所见"孔子将西游于宋"可能确是原始面貌,而《家语》、《说苑》作"颜渊(回)"或为讹误。

14 鲁哀公问孔子当今之时

此章对应《家语・贤君》,其文为:"哀公问于孔子曰:'当今之君,孰为最贤?'"但相对来讲,与之最接近的仍然是《说苑》,我们看《说苑・尊贤》云:"鲁哀公问于孔子曰:'当今之时,君子谁贤?'"与木牍章题比较,《家语》脱"鲁哀公"之"鲁",可能无关宏旨,但"当今之君"与"当今之时"却是原则性的区别。《家语》刻意要说"当今之君",其意在突出国君中之贤者,而不是就全天下人立论,这也正与其"贤君"的篇题相合(此章又是《贤君》之首章,下一章开头又云"今之人臣,孰为贤","君"、"臣"正相对)。但笔者以为,木牍与《说苑》的"当今之时"当系本貌,而且,《说苑》之"君子"已足以表达"人君"的意思,[②]就此而言,《家语》之妄改实无必要。不过,值得注意的是,《家语》的下章讨论的是"今之人臣,孰为贤"问题,"人臣"与"君",恰成对应,因此就可以理解,《家语》的"当今之君"可能是为求与下章一律,此虽可见整理《家语》者之组织之功,但显然已不复木牍与《说苑》那样的原貌了。

15 孔子曰丘死商益

此章对应《家语・六本》,其文为:"孔子曰:'吾死之后,则商也日益,赐

---

① 学者多以"梁"为"宋"之误,其实是太从历史考证角度考虑问题。《家语》、《说苑》这类书内容上的一大特点就是"关公战秦琼"一类事很多,本无足怪。详参拙文《由出土文献再说〈孔子家语〉的性质及成书过程》,《孔孟学报》(台湾)第82期(2004年)。另,关于《家语》一书内容上的这个特点后文还有申说。

② 古书中以"君子"指"人君"的例子是很多的,如《孟子・滕文公上》:"君子之德,风也;小人之德,草也。"同书《离娄下》:"君子平其政,行辟人可也,焉得人人而济之?"

也日损……'"此章还见于《说苑·杂言》32章:"孔子曰:丘死之后,商也日益,赐也日损……"孔子之自称,《说苑》与木牍同,俱作"丘",但《家语》却作"吾",显然也是出于为尊者讳而作的改动。另外,值得注意的是,从木牍和《说苑》所见看,该章本来应该是独立的一章。而《家语》则又有合并。《家语》该章之外尚有"不知其子视其父,不知其人视其友,不知其君视其所使,不知其地视其草木",以及"与善人居,如入芝兰之室,久而不闻其香,即与之化矣"等讨论交友之道的内容。《家语》多出部分内容又见于《说苑·杂言》之46章,[①]也就是说,《家语》把本来两个独立的章进行了合并。清代孙志祖也说《家语》此章是"撮《说苑·杂言》篇二段为一"[②]。不过,《家语》的合并也有一定道理,原因就在于前面的"商也日益,赐也日损"与后面的部分同是讲交友之道,把这样具有相关性的两章合并确实显示了整理者举一反三的本领。但也要指出的是,细加分析,《家语》捏合这样两章还是让人感觉有点牵强:前面是谈卜商、端木赐或"与贤己者"处,或说(悦)"不若己者",因此产生对本人或益或损的结果,也就是说,它所关注的是在交友上到底是要交比自己强的还是比自己差的问题。但是,后面"不知其子视其父……"却只是就"一般的"交友之道发表评论,最后的"善人"、"不善人"则完全沦为对立的善、恶两极,这和开头讲的交友对象上的强弱其实并不是同类概念,正有鉴于此,清代范家相才说"不知其子一章,与上论商赐难以合并"[③],是非常正确的。这就说明,此处《家语》的强加捏合,是只关注表面现象,并没有深求两部分之间的关系。《家语》这种工作是否具有普遍性,值得我们重视。另外,《家语》为很好地捏合这两章,还增加了"曾子问"这样的情节,这是非常大胆的,当然目的也无非是让这样重组而成的一章更像"一章"。然而,我们感兴趣的是,为什么是曾子而不是其他人?——是顺手拈来?还是曾子确有关于交友之道的论述?《大戴礼记》的记载,使我们更有理由相信后者。

---

① 另外,《说苑·奉使》、《荀子·性恶》尚有与"不知其子视其父,不知其人视其友"等句大致对应之内容。

② 孙志祖《家语疏证》卷二,《续修四库全书·子部·儒家类》,上海古籍出版社2002年。

③ 范家相《家语证伪》卷四,《续修四库全书·子部·儒家类》,上海古籍出版社2002年。

《大戴礼记·曾子疾病》:“……与君子交,苾乎如入兰芷之室,久而不闻,则与之化矣。与小人游,贷乎如入鲍鱼之次,久而不闻,则与之化矣。”这说明《家语》的整理者对曾子的言论是非常熟悉的。不过,他此处也不是全盘接受《大戴礼记》的说法,因为从后面的“丹之所藏者赤,漆之所藏者黑”来看,他似乎主要根据的还是类似《说苑》这样的材料。当然,从今本《家语》所附孔安国的后序看,“家语”材料曾经一度“散在人间”,当有不同的传本,《家语》整理者所接触到的材料可能恰好兼具《大戴礼记》与《说苑》两方面的特点。有意思的是,本为曾子的话,但捏合成一章后,就成了孔子的话。既利用了曾子,又把著作权归于孔子——但这却又符合《说苑》中是孔子的话的面貌。我们因此应该承认,曾子的出现以及将最后的著作权归于孔子,是《家语》整理者很巧妙的做法。这应该引起我们的注意,某些言论在孔子师徒之间出现“著作权”纠纷的时候,《家语》整理者是否出于尊孔的原因都归之于孔子?最后要提到的是,《说苑·杂言》中“丘死商益”章、“将行无盖”章、“新交取亲”章、“赠汝以车”章是章序相连的连续四章,但木牍中只有“将行无盖”章、“新交取亲”章章序相连,我们认为这反映了《说苑》章序组织渐趋有机化,而且,这种“有机”可能有早期类似木牍这样的前期积累作为铺垫。在今本《家语》中,“丘死商益”章见《六本》篇,“将行无盖”章见《致思》篇,“新交取亲”章、“赠汝以车”章同见于《子路初见》,但被合并成了一章(论证见下文)。从两章到一章,说明在“有机性”上《家语》又较《说苑》往前推进了一步。虽然《家语》就“有机性”上讲是提高了,但这是以损害材料的原貌为代价的(比较而言,《说苑》的将相关章放到一起的“有机”处理,其实无涉材料内容的损害,而像《家语》这样合并多章就难免对原有内容分化整合),从古书成书的角度看,《家语》的整理显然要比《说苑》走得更远。

19 子路行辞中尼敢问新交取亲

此章见于《家语·子路初见》,其文为:“……子路曰:‘由请终身奉之。敢问亲交取亲若何?’”另外,此内容还见于《说苑·杂言》之34章“子路行,辞于仲尼曰:‘敢问新交取亲若何……’”,以及定州八角廊汉简《儒家者言》第十四章。[①] 比较来看,还是《说苑》与木牍接近,而今本《家语》则又有明显的重组和改动,关于这一点,前文对八角廊汉简的讨论已有初步分析。《说苑》不但文字与木牍基本一致,更重要的是,该章也是如木牍般独立成章的。但在今本《家语》中,该部分却并非独立成章。我们上面所引《家语》之文前面省略的部分,尚有“子路将行,辞于孔子,子曰:‘赠汝以车乎?……’”一段。有意思的是,《家语》前面的这部分,在《说苑》中也是独立成章的,而且就是《说苑·杂言》中相邻的35章。更巧的是,阜阳木牍后面的第44个章题正对应《说苑·杂言》的35章,这样看来,情况就非常明显了:无论是“新交取亲”章还是“赠汝以车”章,看来当初都是如木牍和《说苑》般独立成章的。《家语》则明显是两章捏合之后的面貌,而之所以会有捏合,这两章形式上的相关性是重要的原因。[②] 进一步支持我们这个判断的还有定州八角廊汉简《儒家者言》。该组简十四章为“新交取亲”章,而十五章即为“赠汝以车”章。虽然定州汉简缺乏分章的直接证据,但整理者认为“新交取亲”部分对孔子径称“仲尼”,而“赠汝以车”部分则屡称“孔子”,故而将它们作两章处理,是可信的。[③]

20　孔子行毋盖

此章见于《家语·致思》,其文谓:“孔子将行,雨而无盖。门人曰……”另外,《说苑·杂言》中亦有与此相关的一章:“孔子将行,无盖。弟子曰……”与木牍章题相比,《家语》多出了“雨”这样的“解释性”环节,以求

---

① 其文为“何中(仲)尼曰亲交取亲”。

② 两章开头都有“子路(将)行,辞于仲尼”字样。另外,《家语》捏合两章所做的主要工作便是在“新交取亲”章中增入“汝所问,苞在五者中矣”(《说苑》无此句)以照应“赠汝以车”章的“慎此五者”。元王广谋本《新编孔子家语句解》“赠汝以车”章单独成章,且未见“新交取亲”章,莫非王氏所见与今本有异?或者说今本两章合并的面貌是晚至明清以降才完成?但王广谋本属节略本,未足为据,且宋杨简《先圣大训》中所引已有“汝所问,包在五者中矣”,这说明两章合并是很早就完成的,并非后人所为。

③ 参见前文《八角廊汉简〈儒家者言〉与〈孔子家语〉相关章次疏证》。

为"盖"的出场提供铺垫。我们下文还会多次提到,这是《家语》编者重组《家语》的另一项重要内容。两相对比,仍然是《说苑》较《家语》与原本更近。

21 子曰里君子不可不学

见于《家语·致思》,其文为:"孔子谓伯鱼曰:'鲤乎,吾闻可以与人终日不倦者,其惟学焉。……故君子不可以不学,……'"木牍章题之"里",当为"鲤",即孔子之子孔鲤之借字,《大戴礼记·劝学》中"野哉"之"野"亦当为"鲤"之误写。这里实际上是孔子在教导伯鱼要重视学习。同样的内容还见于《说苑·建本》。有意思的是,在《家语》中本为一章之内容,在《说苑》中却是两章。兹不惮繁琐,俱列于下。

> 《说苑·建本》之 14 章:孔子曰:"可以与人终日而不倦者,其惟学乎!其身体不足观也,其勇力不足惮也,其先祖不足称也,其族姓不足道也,然而可以闻四方而昭于诸侯者,其惟学乎!诗曰'不僭不亡,率由旧章',夫学之谓也。"
>
> 《说苑·建本》之 15 章:孔子曰:"鲤,君子不可以不学,见人不可以不饰;不饰则无根,无根则失理;失理则不忠,不忠则失礼,失礼则不立。夫远而有光者,饰也;近而逾明者,学也。譬之如污池,水潦注焉,菅蒲生之,从上观之,知其非源也。"

《家语》为一章,《说苑》则为两章,何者为正?在阜阳木牍发现之前,这个问题几乎无法解决,因为无论哪一种都有合理性。但结合阜阳木牍所见,我们认为《说苑》两章的处理仍当是原始面貌。木牍既是章题,看来当初"君子不可不学"章确实是单独成章的,这就与《说苑》所见一致。另外,《大戴礼记·劝学》作"孔子曰:'野哉!君子不可以不学,见人不可以不饰。……'",也是单独成章的,尤可证。《韩诗外传》卷六之 15 章相当于《说苑·建本》之 14 章,也是单独成章的。再回过头来看《家语》的合并,我们也不得不承认,编者重组的工作很有眼光。因为原来的两章都是讲"学",在内容上有联系。[①] 尤其是在两部分之间加上关联词“故”,使两部分形成逻辑上的因果联系,更可见其重组之用心,也说明其合并是刻意的,是非常用心的行为。阜阳木牍中只见“君子不可不学”章,《说苑》中则出现两章并列的同为讲“学”的章,到《家语》中则干脆将两章合并成一章。这一系列事实透露出三个重要信息。一、就像我们多次提到的那样,从单章到多章,再到多章的合并,从古书形成的角度上讲,《家语》确实走得更远,处于最末一级,反映在文本特性上相对是比较晚的。从这个意义上说,《大戴》、《韩诗》作单独一章的处理,而且不让两章相连,甚至比《说苑》还要原初。或者说,阜阳木牍这样“零散”的章序集约特征还有更多的“别本”作为支撑。二、由单章到多章再到多章的合并,确实反映了和孔子言论有关的材料在汉代不断“集约化”的倾向,这恐怕也是《家语》最终能成书的深刻原因。三、我们认为《家语》的整理者很有可能是见过类似《说苑》这样的材料的,不然的话,他就不会这么巧地把本不相连的两章合并,也就是说,《说苑》先将两章拉近,即次序上前后相接,是一个前提性的关键步骤。今本《家语》所附孔序曾说其书曾一度“散在人间”,因此“好事者各以己意增损其言”,这其中可能即有将类似《说苑》的材料进一步向“集约化”推进的工作。不过,孔氏后人对别人工作的评价太低,而对孔安国的工作则不乏溢美的成分,所谓“与世所传者不同日而论”(见后序所附孔衍奏文)。我们下文还会提到,孔安国的整理恐怕也不能避免“以己意增损其言”的情况,而就保存文献的原貌来讲,他们显然都远逊刘向整理的《说苑》,这一点我们从木牍章题往往与《说苑》而非《家语》接近就可以看得很清楚了。

22　子曰不观高岸

此章见于《家语·困誓》,其文作:“孔子曰:‘不观高崖,何以知颠坠之

---

① 当然,这只是表面现象,其实本为独立的两章,在意思上还是有所扞格的,像范家相即云:“按下章以饰容为说,另是一意思,不当联合。”(《家语证伪》,卷二)这再次说明《家语》对有些章次的合并工作只能是初步的,有简单、生硬之嫌。

患……'" 木牍"岸",《家语》作"崖"。另外,《说苑·杂言》之20章即对应此章,其文为"孔子曰:'不观于高岸,何以知颠坠之患……'","岸"字同木牍。从木牍和《说苑》来看,该章本为独立一章,但现今丛刊[①]本《家语》却又存在合并:将其与前面的"孔子之宋"合并成一章。不过,丛刊本的合并应该系后来刻书者妄合,因为全书[②]本、同文书局本以及孙志祖、范家相、陈士珂本都没有合并。[③] 不过,这两章确实在内容上有相通之处:"孔子之宋"部分是讲孔子遭困于匡,而本章所谓的"不观高岸"、"不临深泉"、"不观巨海"显然也是强调"曾经沧海",才能"难为水"。有意思的是,《说苑·杂言》之17章是"孔子遭难陈、蔡之境,绝粮,弟子皆有饥色,孔子歌两柱之间……",18章是"孔子困于陈、蔡之间,居环堵之内,席三经之席,七日不食,藜羹不糁,弟子皆有饥色,读《诗》、《书》,治礼不休……",19章讲匡简子围孔子,20章"不临深渊,何以知没溺之患;不观于海上,何以知风波之患"。它们可以说都是围绕"厄难"来组织的,其"组织"的有机性是明显的。《说苑》的这种有机的章序组织板块在《家语》中也得到了一定程度的保留:《家语》"孔子之宋"章之前正是《说苑·杂言》之17章——这再次说明它们之间在材料上的相关性。与《说苑》不同的是,《家语》这样的有机板块唯独没有《说苑·杂言》的18章——而该章《家语》是把它放在《在厄》篇中。其实,从篇名来看,"困誓"、"在厄"其主旨是具有一致性的。《说苑》有机的四章放在一起,而《家语》偏偏把内容上同样相关的一章,异置于另一题旨近似的篇目下,我们认为这只能说明《家语》整理者所见材料虽与《说苑》有同,但仍存在一定差异;或者说二者虽为近缘,但彼此仍有一定的独立性。值得注意的是,木牍章题之4章对应《说苑·杂言》之19章,木牍章题之22章对应《说苑·杂言》之20章,也就是说,有机章次在木牍的时代章序上并不相连,或者说它们还比较零散,但到了《说苑》、《家语》中则有了较为有机的组织。

---

① 指《四部丛刊》,下同。

② 指《四库全书》,下同。

③ 不过,丛刊本的合并来源也很早。我们看元王广谋本即是合并的,这是否反映了丛刊本与王广谋本的亲缘关系,值得深究。

23 子赣问孔子曰赐为人下

此章见于《家语·困誓》，其文作："子贡问于孔子曰：赐既为人下矣……"另外，《说苑·臣术》之20章、定州八角廊汉简《儒家者言》之第二章都是此章内容，而《荀子·尧问》、《韩诗外传》卷七、《春秋繁露·山川颂》也都有与此相关的部分。关于此章，前文对八角廊汉简的讨论中已有详细论述，可以参看。

24 子曰自季宣子赐我

此章见于《家语·致思》，其文为："孔子曰：'季孙之赐我粟千钟，而交益亲……"另外，同样内容还见于《说苑·杂言》之第6章："孔子曰：自季孙之赐我千钟而友益亲，……"《家语》与《说苑》基本一致，它们与木牍章题主要的差异就是木牍之"季宣子"，二书称"季孙"。《孔丛子·记义》"季桓子以粟千钟食气夫子"，也当是指同一件事，韩文认为木牍之作"宣子"当系"桓子"之笔误，①可信，因鲁国季氏并无"宣子"之称。另外，今之《家语》各本均无"季孙"之前的"自"，当属脱漏，因为要强调季孙之赐与交友之间的关系，还是如木牍及《说苑》般有"自"为佳，何况《家语》下文"自南宫敬叔之乘我车也，而道加行"亦是有"自"。验之《太平御览》卷八三六及《锦绣万花谷》后集卷十八所引《家语》此章，均有"自"，说明此字宋世犹存，今本之漏盖后世传刻之失也。

反面②

25 子路问孔子曰治国何如

此章见《家语·贤君》，其文为："子路问于孔子曰：'贤君治国，所先者何？……'"另外，《说苑·尊贤》中亦有此章内容，其文作："子路问于孔子

---

① 参见韩自强《一号木牍〈儒家者言〉章题释文考证》，《阜阳汉简〈周易〉研究》，上海古籍出版社2004年，附录一。

② 此下章题，均为书写于木牍反面。

曰:'治国何如?'……"两相对比,仍是《说苑》与木牍更接近。《家语》将木牍与《说苑》的"治国何如",改成"贤君治国,所先者何",其突出贤人德政,并以此为急务的用意是很明显的。本章下文提到孔子解释晋国中行氏之灭,即由于在"尊贤"上出了问题,因此可以理解,《家语》的改动就是要开宗明义,把"尊贤"问题明白揭橥,一反旧文的含混不清,这同样是我们上文提到的"解释性"倾向,是《家语》整理者重组其书的一个鲜明特征。另外,孙志祖提到《说文系传》卷十二"邑部"引《家语》此章与今本异。[①] 其实,徐锴所引系理解之后以自己的话表述,并非像我们今人这样原文照引。我们看徐氏所述之意与今本此章基本一致,并不能说今本有什么异文或佚文。

26　子赣问中尼曰死[　][　]知毋[　]

胡文"死"后未释出,故对于其所对应之文献存疑。此章见于《家语·致思》,其文作:"子贡问于孔子曰:'死者有知乎? 将无知乎?'……"木牍"子赣"即"子贡",此为先秦及汉文献甚至出土文献所习见。此章还见于《说苑·辨物》,其文作:"子贡问孔子:'死人有知无知也?'……"从木牍漫灭处所占空间看,不可能容纳《家语》"死者有知乎? 将无知乎"这样两句话,倒是《说苑》的一句"有知无知"最有可能。如此种分析不误,那又适足以说明木牍与《说苑》的关系较近,而《家语》将"有知无知"推演成"死者有知乎? 将无知乎",仍然是试图说得明白些的"解释性"倾向。

27　子路持[　]孔子问曰[②]

此章对应《家语·好生》,其文作:"子路戎服见孔子,拔剑而舞之……"另外,《说苑·贵德》之28章"子路持剑,孔子问曰……"亦与此章对应。比较而言,仍然是《说苑》与木牍关系更密——几乎一字不差,而木牍残掉之字亦可据《说苑》补为"剑"。如果不是后半部分,《家语》此章前半与木牍、《说

---

① 孙志祖《家语疏证》,卷二。

② 此章胡氏多未释出,今从韩氏释文。

苑》可以说几无对应,而《家语》前半多出的部分可以说又是我们一再提及的“解释性”内容:“戎服见孔子”、“拔剑而舞之”相对于木牍及《说苑》干瘪而枯燥的“持剑”,形象虽说生动了不少,但却失掉了如木牍和《说苑》所载的原始面貌。

28　孔子之楚有献鱼者

此章见于《家语·致思》,其文作:“孔子之楚,而有渔者献鱼焉。”另外,《说苑·贵德》之20章、定州八角廊汉简《儒家者言》之第六章都是此章内容。《儒家者言》由于简册朽坏,我们无法窥见该章开头是否和木牍一致,但从《家语》及《说苑》看,应该讲文字差别并不大。但应该提到的是,《家语》中该部分内容同文书局本并非独立一章,它是与前面的“鲁有俭啬者,瓦鬲煮食食之……”合为一章,但其他诸本如孙志祖、范家相、陈士珂本都是分作两章。验之《太平御览》卷九三五及宋人潘自牧《记纂渊海》卷九九所引,都是将“献鱼”章单独引用,看来单独成章当系原貌。有的版本妄加合并,无非是感到前章孔子受“瓦鬲煮食”、“如受太牢之馈”与本章受鱼而将享祭,意义多有相通罢了。

32　子夏问中尼[　]渊之为人①

此章对应《家语·六本》,其文为:“子夏问于孔子曰:‘颜回之为人奚若?’”该章还见于《说苑·杂言》之22章:“子夏问仲尼曰:‘颜渊之为人也,何若?’”与木牍章题比较可见,《说苑》仍然更近古貌,《家语》又是将“中(仲)尼”改成了“孔子”。而且,《说苑》称“颜渊”也与木牍同,而《家语》直呼其名。所以,该章就保存古貌来说,《说苑》仍较《家语》为胜。

34　□□(孔子)曰回有君子之道

此章题原整理者只释出两字,后经学者进一步补释之后,知实亦与《家

① 胡文“渊之为人”未释出,但对此章出处的推测与韩氏同。

语》相关。[①] 由于该章题与42号章题在《说苑》、《家语》中为密相关联的两部分,我们放在下面一并讨论。

38 孔子闲处[②]气(喟)焉叹

此章见于《家语·贤君》,其文作:"孔子闲处,喟然而叹曰……"此外《说苑·尊贤》之21章、八角廊汉简《儒家者言》第七章,[③]都是此章内容。各本文字差别不大,基本一致。唯元王广谋《新编孔子家语句解》及明何孟春《孔子家语注》无"闲处",且《太平御览》卷四七五所引《家语》此章亦无此二字,看来此章面貌,《家语》似乎是有别本存在的。

41 孔子见季康子

此章对应于《家语·子路初见》,其文为:"孔子为鲁司寇,见季康子,康子不悦……"另外,该章还见于《说苑·政理》之46章:"孔子见季康子,康子未说,孔子又见之……"两相对比,还是《说苑》此章与木牍章题最为接近,而《家语》则增加了"孔子为鲁司寇"的环节。王肃于"康子"下注云:"当为桓子,非康子也。"盖因孔子为司寇事在定公十一年,其时康子尚未主政。所以,宋胡仔《孔子编年》卷二于此即云"孔子见季桓子,桓子不说"。不过,由于"孔子为鲁司寇"并不见于木牍及《说苑》,所以学者指出《家语》这种时间上的矛盾也就并不存在,因此认为《家语》的面貌当缘于后人的改动,可从。[④]另外,也要指出的是,《家语》、《说苑》书中内容很多都是"诸子百家语"式的"说"类材料,这类材料不太重视历史细节,而主要措意于人物的谈说内容,因此其内容很多都具有鲜明的"演义"色彩。这就提醒我们,对待这样一类材料,有时也不能过于以历史考证的眼光看问题。顾炎武《日知录》卷二五

---

① 参郭永秉《阜阳汉简考释两篇》(《文史》第93辑,中华书局2010年)及邬可晶《〈孔子家语〉成书时代和性质问题再讨论》,第61页。

② 胡本在"闲"后有"处"字,韩本脱漏,但其后附"摹本"则有。

③ 《儒家者言》该章开头残存文字为"[闲处]喟然叹曰铜鞮柏"。

④ 参邬可晶《〈孔子家语〉成书时代和性质问题再讨论》,第63页。

有“传记不考世代”条，即专门讲此类“关公战秦琼”现象，举证之丰富，可谓怵目惊心。自西汉以来，学者有意识地将《家语》与以《论语》为代表的记载了较为可信的孔门师生言论的文献适当区分，正反映了在这些学者看来，《家语》作为孔门师生言论记录在可信性上是有问题的，这一点应该引起我们充分注意。今天由于多宗出土文献与《家语》可以对应，固然使传统的“伪书”说不攻自破，但“书”之真并不简单对应“内容”之真。在这个问题上，笔者觉得应该把“书”的“历史”与“内容”的“历史性”分开来看。

42　中尼曰史鳝有君子之道三

此章见于《家语・六本》，其文曰：“（孔子曰）史鰌有君子之道三焉，不仕而敬上、不祀而敬鬼、直己而曲人。”现今丛刊本《家语》“君子”作“男子”，“男”当是“君”之讹误。除此之外，该章还见于《说苑・杂言》之31章，其文为：“仲尼曰：‘史鰌有君子之道三：不仕而敬上，不祀而敬鬼，直能曲于人。’”值得注意的是，对孔子的称呼，木牍和《说苑》都是直呼其名“仲尼”，而《家语》又是用了尊称“孔子”，可见这是整理者重组《家语》过程中一项重要而系统的工作，其动机是显而易见的。[①] 尤其需要引起重视的是，《说苑》在此章之前和之后的两章都是用“孔子”，唯独此章用“仲尼”，这说明刘向在整理《说苑》之类的材料时，并没有像《家语》整理者那样做这种系统的修饰工作，而比较能够忠实于类似木牍章题这样的原始面貌。进一步支持《说苑》比《家语》更近原貌的证据是，上文我们已提到，木牍第34号章题实即《说苑・杂言》的“回有君子之道”章，也就是说木牍和《说苑》这两章都是独立的一章，而《家语》则又将其与别章进行了合并。《家语・六本》实际上是将该章与其他两章进行了合并。一则为“回有君子之道四”章，再则为曾子闻孔子“三言”而“未之能行”章。有趣的是，《家语》合并的这三章同见于

---

① 另外，今本《家语》只有一处提到“仲尼”，其他则一概为“孔子”。而这一例用“仲尼”也是势属必然，那就是《家语・本姓解》中介绍孔子的家世、生平时提到：“……生孔子，名丘，字仲尼。”

《说苑·杂言》，而且章序相连，依次为29（曾子闻孔子“三言”）、30（“回有君子之道四”章）、31（“史鳝有君子之道三”章）。从木牍及《说苑》看，《家语》这种合并“晚出”的性质是没有问题的。在《说苑》中为相连三章，《家语》又将这三章进行了合并，就此而言，《说苑》与《家语》在材料来源上的密切联系是显而易见的。如果重组《家语》是王肃做的，那么王氏显然利用了《说苑》这样的材料；如果是孔安国完成的，那也说明孔安国利用的材料与《说苑》的很接近。然而我们从今本《家语》中很多王肃注文纠正原文之谬看，说王氏重组是很难想象的。[①] 不过，这种合并也同样有生硬、勉强之嫌。在《家语》中，整理者是刻意要将孔子对颜回、史鳝的评价组织成情景性的孔子对曾子教诲、曾子略述感受的样子。《家语》该章最后说：“（曾子曰）学夫子之三言而未能行，以自知终不及二子者也。”此“二子”显然意指颜、史二人，后来王肃作注也受了这种误导：“二子，颜回、史鳝也。”但这最后一句话《说苑》中并没有。所以，不是《说苑》为把章次拆开而故意删去，而是《家语》为把章次合并而“无中生有”。但恰恰是曾子相关内容的存在使得合并顿显生硬。从下文内容看，所谓的“三言”是孔子的话，更具体地说是讲孔子自己的，这和“君子之道四”、“君子之道三”分别是讲颜回、史鳝就存在矛盾。实际上，曾子所说孔子之“三言”：“见人之一善而忘其百非”、“见人之有善若己有之”、“闻善必躬行之，然后导之”，与上面对颜回、史鳝的评价都是风马牛不相及的，前人已看出它们之间的矛盾。像范家相即云：“其曰‘不及二子’云云，于夫子之‘三言’似不相蒙。”[②]这再一次说明《家语》整理者的工作是初步、生硬的。不过，孙志祖把合并三章归于王肃，则未必，因为王氏又为“二子”作注，这种自为其文又自为其注的行为，也未免太有故事性了。从王肃多处纠原文之谬看，这种情况应该说是不大可能的。退一步说，即便王肃真的是这样

① 如今本《家语·五刑解》“下官不识”，王肃注“识，宜为职，言其下官不称务其职”。在这里，王氏显然是在纠原文之谬。据笔者统计，王氏像这样只是在注中纠谬，而非径改原文，达十余处之多，这说明王氏还是相当谨慎的。其一字之慎尚且如此，又如何能说他重组甚至伪造全书？我们今天在探讨王氏与《家语》的关系时，这一点应该得到充分考虑。

② 范家相《家语证伪》，卷四。

处心积虑地作伪，这对于支持他自己的学说并没有什么价值，因为此处所涉及的事情实际是无关紧要的，也就是说，即便从作伪动机看也是值得怀疑的。《说苑》该章与上一章章序组织上的有机性，①说明尽管《说苑》无暇进行文字体例上的（将孔子、仲尼）统一，但在章序的有机处理方面还是做了些工作的，②尽管这不很完备。《说苑》中相邻的三章有两章见于木牍，且序号分别为 34 和 42，并不相连，也就是说木牍时代章的"集约化"和"有机性"还很低，但到《说苑》中则被组织成章序相连的三章（这三章是有明显关联的：29 章的"三言"、30 章的"君子之道四"、31 章的"君子之道三"），最后到《家语》中它们干脆被合并成了一章。这种"集约化"的不断推进，再次说明了《家语》在古书成书梯次上所处的位置。

44　子路行辞中₌尼₌曰曾汝以车

此章见于《家语·子路初见》，另外还见于《说苑·杂言》之 35 章、八角廊汉简《儒家者言》第十五章。我们上面在谈木牍第 19 个章题的时候曾经提到，该章及 19 章在《说苑》中是分为两章的，这也为阜阳木牍 19、44 两个独立的章题所证实，但在《家语》中两章却被合并成了一章，这显然是缘于后人的重组。还应提到的是，从两章的次序关系上看，阜阳木牍 19 和 44 这样的章题次序说明它们相隔甚远，并不相连，但到了《说苑》中它们却是两个次序相连的章（34、35），到了今本《家语》中则干脆合并成一章。关于它们之间的关联，前文对八角廊汉简的讨论已有详细分析，可以参看。而且，从两部分的次序看，无论是阜阳木牍还是《说苑》都是"新交取亲"章在前，"赠汝以车"章在后，《家语》中两部分的次序却进行了颠倒，这也是有特殊用意的。再者，为了把这两章捏合得更像"一章"，《家语》还增加了一些起到"链条"

① 都说到了"君子之道"。

② 章序有机化的处理，可能也并非由刘向来完成，也许他所面对的材料已经是初步有机化的本子。但鉴于阜阳木牍此处的章序组织还相对零散，所以我们推测《说苑》的这种章序处理应该晚于阜阳简牍。

作用的语句,[①]这些都表明其在古书形成梯次上是处于较末一级的。

45 卫人揰子路

卫人醢子路一事,见于《家语·曲礼子夏问》[②],其文作:"子路与子羔仕于卫,卫有蒯聩之难。孔子在鲁,闻之曰:'柴也其来,由也死矣。'既而卫使至,曰:'子路死焉。'夫子哭之于中庭,有人吊者,而夫子拜之,已哭,进使者而问故,使者曰:'醢之矣。'遂令左右皆覆醢,曰:'吾何忍食此。'"另外,《礼记·檀弓上》亦载:"孔子哭子路于中庭,有人吊者,而夫子拜之,既哭,进使者而问故,使者曰:'醢之矣。'遂命覆醢。"二书所记卫人醢子路事,"哭之中庭"以下基本相同。但木牍既以"卫人揰子路"为章题,就说明木牍中此章开头即为"卫人揰子路",但这无疑和《礼记》、《家语》均不一致。笔者推测:木牍所见,或者是此事的别一版本;或者"卫人揰子路"为提纲挈领之句,下文则与《家语》、《礼记》重复部分基本一致,而《家语》前面多出的部分恐亦当为增补的细述子路遭难缘由的"解释性"内容。

46 孔子之周观太庙

此章见于《家语·观周》,对应部分作"孔子观周,遂入太祖后稷之庙",另外,《说苑·敬慎》之25章也是此内容,其文作:"孔子之周,观于太庙……"八角廊汉简《儒家者言》第八章也是该章内容。他如《太公金匮》、《金楼子·戒子》对此章内容亦有记载。比较木牍和《家语》、《说苑》,我们发现它和《说苑》的关系仍然较密,关于这一点可参前文对八角廊汉简的讨论,此不赘。

以上所列木牍章题,均基本能够与《家语》对应。除此之外,胡、韩二文

---

① 比如"汝所问,苞在五者中矣",但孙志祖认为是王肃作了这样的合并,其实仍然是从王氏伪造《家语》的传统观点出发。孙说见《家语疏证》卷三。我们前面已经提到,王广谋本及何孟春本似乎并未合并,但既然二书有"节取"之嫌,故此处亦未可遽定。此处若是孔安国完成,则正印证了我们上文一再提到的孔氏对《家语》材料的重组和整理。

② 《四库全书》本为"子夏问",何孟春本亦同,而丛刊本、王广谋本则作"曲礼子夏问",当以后者为是。同文书局本为"子贡问",但从该篇开头数章多言"子夏问"看,同文书局本显非。

还认为一些章题“疑似”与《家语》对应，今综合两书所见，亦略作商榷。

7　中尼之楚至蔡

胡、韩二文均以此章即孔子遭厄陈、蔡之间事，故而认为《家语·在厄》、《荀子·宥坐》、《说苑·杂言》以及《韩诗外传》卷七等相关内容与之对应。但木牍明言有“之楚”这样的环节，那么《荀子·宥坐》之“孔子南适楚”就最为近之。但木牍云“至蔡”，而上举传世文献却都是“陈蔡”并称，严格来说，不甚对应。且上述诸篇即便言“陈蔡”事，也有多个版本，像《家语》之《在厄》、《困誓》二篇关于“陈蔡”之厄的记载就有三种。木牍此章具体为何，实难确指，姑存疑。

17　孔子见卫灵公[　]叹[①]且

胡文认为“疑即‘孔子于卫主雍雎’，见《说苑·至公》及《孟子·万章上》”。韩文则主张系《家语·贤君》之“卫灵公问于孔子曰……”。其实，就木牍所见而言，与胡、韩二氏之说均有距离，姑存疑。

18　子路之上趣也[②]

此章胡文主张“疑与‘子路治蒲’有关，见于《说苑·政理》、《家语·致思》”，韩文则认为“疑为佚文”。胡氏所言“子路治蒲”事，其实与木牍章题几无对应，不知胡氏何据。比较而言，还是韩氏的“佚文”说近是。

33　子曰虞为有礼矣

胡文疑即“孔子曰行身有六本”章，见于《家语·六本》、《说苑·建本》、《墨子·修身》等篇，而韩文则认为可能系佚文。胡氏的意见，显然是有鉴于《家语·六本》首章有文“……丧纪有礼矣，而哀为本……”，即“六本”中的

---

① 胡释为“难”。
② 胡本无“也”。

第二“本”。但仅“有礼矣”与木牍同,而前面的文字则差异很大,特别是《家语》此处属第二“本”,掐头去尾,这也与木牍章题为一章之首的要求不合,存疑可也。

35 [ ][ ]君子有三务

胡文“疑即‘孔子曰君子有三思’,见《家语·三恕》、《荀子·法行》”,韩文看法与胡氏同。《家语》此章作:“孔子曰:‘君子有三思,不可不察也。少而不学,长无能也;老而不教,死莫之思也;有而不施,穷莫之救也。故君子少思其长则务学,老思其死则务教,有思其穷则务施。’”可以看出,胡、韩二氏倾向于木牍对应该章,主要是其中“三务”与《家语》的“务学”、“务教”、“务施”相关。但由“务学”、“务教”、“务施”到“三务”,是提炼而来的,而依据木牍章题的命名规则,《家语》此章倒更可能是“子曰君子有三思”。更重要的是,《荀子·法行》对应部分作“……是故君子少思长则学,老思死则教,有思穷则施”——根本就没有三个“务”字。笔者因此觉得木牍“三务”很难说就与《家语》、《荀子》此章对应,亦存疑。

36 [ ][ ][ ]有死德三

此章胡文无说,韩氏则以为近《家语·五仪解》:“……人有三死,而非其命也。……”笔者按,此章题前面残缺不可识,而“死德三”与“三死”之对应,亦较牵强,姑存疑。

以上木牍章题明确对应今本《家语》的,共计有22个。按照《家语》各篇对应的多少,分别为《致思》篇5个、《困誓》篇4个、《贤君》篇4个、《子路初见》篇3个、《六本》篇3个、《好生》篇1个、《观周》篇1个、《曲礼子贡问》篇1个。落实到今本《家语》的篇目中,可以看出,它的分布是极不均衡的:总共只涉及8个篇目,但其中又以《致思》、《困誓》、《贤君》、《子路初见》、《六本》5篇最为集中,占到了80%以上。如果我们再联系河北定州所出《儒家者言》与《家语》的对应就会有更惊人的发现。《儒家者言》明确见于今本

《家语》的共计10章，这10章对应《家语》之《困誓》3个、《六本》2个、《子路初见》2个、《致思》1个、《贤君》1个、《观周》1个。它共涉及今本《家语》篇目6个，这6个篇目与阜阳木牍章题所对应的完全重合。而且，《儒家者言》以《困誓》、《六本》、《子路初见》三篇最为集中，而这三篇也是阜阳木牍章题对应最为集中的。以上事实至少可以使我们获得以下几点认识：首先，鉴于阜阳木牍章题与汉简《儒家者言》对应《家语》篇目基本一致，我们推测它们的性质是非常接近的，很可能是同一类材料或同一种书。其次，由于两类出土材料对应《家语》篇目分布极不均衡，尤以其中的3—5篇最为集中，如果这两批材料确属《家语》的早期形态的话，这种现象就不能不让我们思考：早期《家语》是否有如今本般林林总总多达44篇这么多篇目？可能会有学者认为两类材料均系抄本甚至摘抄本（目前的证据无法证实此点），并非原本，因此它们所见可能未足为据，但相距近一百年的两类材料都对应今本《家语》大致相同的篇目，这难道只是巧合？进一步支持我们这个怀疑的是《家语》这些篇的内容及形式。我们看两类出土材料所对应的《家语》篇目，它们的内容及形式都有个共同特点：篇目下所含之章均为一个个独立的小故事，形式一般都非常短促，绝没有像《家语》中《王言解》、《大婚解》、《五帝》、《郊问》这样独立成篇、几乎可以说是专题性论文的"长篇大论"。巧合的是，两类出土材料又往往同时对应《说苑》，特别是其中的《杂言》这样荟萃众多零碎片段而成的篇。如果我们顺着上面的思考作进一步的推测——假设早期《家语》真的没有今本这么多篇目，是不是所缺少的正是今本中的那些"长篇大论"？或者说今本《家语》的形成，即是在类似两宗出土文献这样的材料基础上，又汇集了若干"长篇大论"的篇而形成的？

木牍明确对应今本《家语》的22个章题，我们发现它们几乎也同时对应《说苑》的相关章次。《家语》与《说苑》这样的"如影随形"，说明它们的材料来源是很接近的，学者说它们都是取材于诸子百家语的"说"类材料，可谓不易之论。① 这也说明，今本《家语》所附孔安国序中说《家语》材料间有"游说

① 见前揭胡平生文。

之士各以巧意而为枝叶”，而且《家语》材料一度“与诸国事及七十二子辞妄相错杂”，还是符合事实的。不过，《家语》、《说苑》虽同时与木牍章题可以对应，但比较可知，与木牍章题最接近的其实是《说苑》而非《家语》。《说苑》虽在章序组织上较木牍章题有了一定的“有机性”，但章内之内容则很少变化，基本与木牍章题可以对应，而《家语》章内改动、重组之处则比比皆是，而且整理的幅度也比《说苑》要走得更远。这种情况应该启发我们思考《家语》与《说苑》两种文献不同的整理方式。从古到今，《说苑》多题“刘向撰”，现在看来并不准确：一则刘向是面对“中书”、“臣向书”、“民间书”这样的既有材料；再则从其与木牍章题基本一致看，刘氏整理绝少涉及章之内容的改动和重组，还是比较好地保存了材料的原貌，“编”之于“撰”显然更为确当。① 这提醒我们，较之《家语》而言，《说苑》材料的原初性及价值更应该得到重视。

《家语》对应木牍的 22 个章题，有多达 18 个都表明《家语》存在改动、重组的痕迹，这一点只要与《说苑》比较就一望可知。这些改动、重组为我们考察《家语》一书的形成及性质，特别是孔安国、王肃二人与此书的关系提供了绝佳的材料。总体而言，今本《家语》这些改动、重组有一个鲜明的特点，那就是“系统性”非常强，把一项要求贯彻始终，拥有明显的“全局”意识。这说明它的改动绝不是由于文本自然流传，出于“无意识”的点滴“修补”，而毋宁是一项非常用心的工作。这种“用心”尤其体现在它重组章句，以及捏合多章成一章的努力上。这种“系统”而“用心”的整理，概有以下诸端：

首先，是为尊者讳的“回护”处理。这方面既包括将“仲尼”改成“孔

① 关于《说苑》一书的性质，沈钦韩《汉书疏证》、余嘉锡《四库提要辨证》均认为刘向只是据旧材料编订，并非手著。但徐复观不同意此说，力主《说苑》系刘向“撰著”（参见徐复观《刘向〈新序〉、〈说苑〉的研究》，《两汉思想史》第三卷，华东师范大学出版社 2001 年）。今从《说苑》与木牍章题的比较看，徐氏之新解实妄，而沈、余二氏旧说确不可易。当然，这么说并不意味着今本《说苑》就没有刘向本人的“撰著”成分，像该书的一些篇开篇介绍本篇大义与主旨（纯粹论说的形式，而不是像其他章那样多以短小精悍的故事为依托）倒很可能是出自刘向之手，但这类内容为数很少。

子”,也包括将一些章于夫子不敬的内容(诸如“欲杀阳虎,孔子似之”之类)删去。这项处理是非常具有“系统性”的,尤其是“孔子之匡”章的前后“一致”地隐去“阳虎”,更可见其是刻意为之。如前所述,这种“回护”的处理,孔安国等孔氏后人显然比王肃有更为强烈的要求和动机。这方面我们从《家语》后序所录安国孙孔衍奏文对《家语》不乏溢美之词的评价看,亦可略窥端倪。

其次,是增加了很多“解释性”内容。这些“解释性”内容既包括相关背景的交代、细节的补充,也包括把原本呆板、枯燥的行文变成生动形象的叙述。经此处理,《家语》之文就较原来更加完善、丰满,也更生动,诚如孔衍奏文所称“典雅正实,与世所传者不同日而论”。但其实这只是“文章学”上的优势,而从版本学上说,无疑意味着其“晚出”(相对“原本”)。在近年来的古书年代学研究上,我们往往把古书“文章学”上的优势(诸如语意丰满、文从字顺、逻辑严密之类)简单等同于版本学上的“早出”,这是非常危险的。另外,如前所述,这些“解释性”环节仅涉及行文表述上的润色,而无关什么持论立说之宏旨。就此而言,传统说法谓《家语》系王肃伪造或“增加”借以驳难郑玄,虽然今天我们还无法就王肃与《家语》的关系作一准确判断,但我想他对《家语》的工作,肯定不会是上述“解释性”的内容,因为这些纯粹是“技术性”工作,在驳难郑玄上显然是帮不上忙的。

最后,是章次整合上的梯次推进。通过上面阜阳木牍章题与《家语》、《说苑》的比较,我们不止一次地看到:在木牍或《说苑》中单个或零散的章,《家语》往往将它们与其他章进行了合并,我们在做八角廊汉简《儒家者言》与《家语》的比较研究中,也同样发现了这个问题。也就是在章次的整合与组织上,《家语》显然要较木牍及《说苑》更为“有机”化,这也是其相对原材料较为“晚出”的又一证据。而且,在木牍、《说苑》及《家语》之间,我们还经常看到这种“有机”化梯次推进的轨迹:在木牍中是比较零散的章,到《说苑》中就把有关联的两章或多章组织成章序相连,最后到《家语》中又把若干章序相连的章合并成一章。笔者在做《老子》“早期传本”的研究中已经指出,这种“有机”化的梯次推进是某一类古书章句结构整合及成书的基本方式,具有很大的普遍性。[①] 现在看来,今本《家语》中部分篇章的形成也同样走的是这条路线。从上述梯次推进的轨迹中,我们也明显看到在"有机"化的推进上,上述《家语》内容显然比《说苑》走得更远,这同样意味着它的"晚出"。我们之所以说《家语》的上述材料特点是"部分篇章",是因为八角廊汉简、阜阳木牍所对应的今本《家语》内容相对集中,如上文所言,多见于《困誓》、《六本》、《子路初见》这样由零散、短小的故事组成的篇。而对于今本《家语》与《礼记》一书的"互见",我们又经常发现相反的情况:《家语》较之《礼记》更为全面和完整。这反映了《家语》一书在材料构成上的复杂特点(关于这一点,可参本书"诸书'互见'编"诸文)。当然,上述"晚出"的推进可能完成得也很"早",并非后来的王肃所为。这一方面是因为这种推进同样无涉什么立说之宏旨,另一方面,我们注意到即便是力挺《家语》的王肃本人,其实对于《家语》也不是全信的,甚至不乏批评之处,因此说其作伪或重组就是难以想象的。今全书本《家语・七十二弟子解》说颜回"三十一早死",王肃注谓:"此书久远,年数错误,未可详。校其年,则颜回死时孔子年六十一岁。然伯鱼五十先孔子卒,卒时孔子且七十。此谓颜回先伯鱼死,而《论语》云颜回死,颜路请子之车以为之椁。子曰:'鲤也死,有棺而无椁。'或为设事之辞。"[②]此段注文今丛刊本无有,但《史记・仲尼弟子列传》索隐引王肃之说与此正同,故此为王肃之说无疑。王氏明云"此书久远,年数错误",显然是在批评。[③] 虽则批评,但并没有以己意妄改和调整,因此可以说是相当谨慎的(后世怀疑其作伪者,正是失却对此细节的注意,流于简单粗暴)。这就说明上述章次合并这样大的动作,也不大可能是王氏所为,而毋宁就是与《家语》一书有极大干系的孔安国。我们上文已提到就"回护"孔子

---

① 参见拙著《〈老子〉"早期传本"结构及其流变研究》,学林出版社 2006 年。

② 王氏此处于颜渊卒年之致疑不无道理,晚近学者对此都是基本认同的,详参李启谦《孔门弟子研究》,齐鲁书社 1987 年,第 7 页。

③ 传统上对《家语》持"伪书"说者,一般说王肃是"自为其书,又自为其注",立说之"传奇性"令人瞠目。那么对此处王氏的批评《家语》本文,恐又可说"自为其误,又自为揭批"。成见若此,直不知其可也。

而言,孔氏显然比王肃更为可能,而重组章句这样大的动作我们也能找到孔氏所为的蛛丝马迹。今本《家语》后附孔安国的序文,称孔安国对世间流传的《家语》材料现状是很不满的:“好事者亦各以意增损其言,故使同是一事,而辄异辞”,所以才进行整理,方法就是:“以事类相次,撰集为四十四篇。”其中,“撰集”一词最值得玩味:它意味着孔氏并非只是对旧材料“集”或者“编”,还有自己“撰”的内容在里面,其孙孔衍在奏文中也称其祖所撰“与世所传者不同日而论也”。这无异于说孔安国已经以自己整理的工作,使得新成之《家语》较之材料来源面目全非了,也再次说明了孔氏的整理本与旧有的本子在版本上是划然有别的。[①] 正是基于这一点,我们认为今本《家语》确系经孔安国之手整理定型的,通过《家语》与阜阳木牍章题、《说苑》的比较可以发现,这种“整理”的痕迹可以说都昭昭具在。

不过,孔氏的这种“整理”可以说既“早”又“晚”:“早”主要侧重于绝对的时间线索,它是早在西汉就由孔安国完成的,并非后来的王肃所为;“晚”则主要强调其相对原材料所做的重组,是立足于不同传本之间的横向比较,即它与同时期存在的其他《家语》材料相比改动很大,尤其存在章句重组这样有违原材料面貌的事实,这又表明它是“晚起”的。这种既“早”又“晚”的特征,可以说很好地诠释了当前《家语》一书的尴尬现状:由于其绝对年代的“早”,说明它也保存了不少比较原初的材料,因此与出土文献多有印证,故而“伪书”之说渐渐然归于沉寂;但由于其部分内容版本学上的“晚”,因此妄加改动甚多,不只与出土文献,即便与某些传世文献相比也大为逊色。这不止贻“伪书”说者以口实,也令“翻案”者气短。就此而言,孔安国的重组和整理,简直是帮了“倒忙”的。

另外,上面提到《家语》最初是脱胎于诸子百家语这样的“说”类材料,因此,其中内容很多并非实录,甚至连孔安国都说它们“颇有浮说,烦而不要”,“其材或有优劣”(见《家语》所附孔氏后序)。这恐怕主要是就其材料来源立论。面对这样的材料,孔氏可能也是很为难的:一方面它们很多都被打上

---

① 关于这一点,参见本书“传本及版本编”中《〈孔子家语〉“传本”流变刍议》一文。

“孔子”的标签，但另一方面又“颇有浮说”。——何所去从？我们认为孔氏最终的态度仍然是“信”超过了“疑”，这从其序中说“实自夫子本旨”就可略窥端倪。而孔氏所能做的，恐怕就是类似上面“解释性”工作的补苴和弥缝，从这个角度上说，今本《家语》简直也可以说是“层累”、渐进形成的。因此，我们可以这样说，正是入汉以后儒学地位日隆的大背景才导致《家语》最终从众多“说”类材料中独立出来，而正是由于脱胎于属“诸子百家语”式的“说”类材料，《家语》在内容及价值取向上才体现出一定的“多元化”色彩，这也恰是反郑学的王肃以之为应援而较多回旋的原因。但他恐怕没有想到，《家语》书中与其“重规迭矩”（见今《家语》前所附王肃序）的很多内容，可能本来就是“他山之石”，并非夫子本人的东西。① 而王氏对此类内容心有戚戚，是不是也注定了他会被正统经学家视为经学诠释史上对抗郑玄的“异数”？

① 《左传》哀公十四年“西狩于大野，叔孙氏之车子鉏商获麟”，孔颖达《正义》引《家语》“采薪于大野”，认为“采薪于大野”与《左传》之“西狩于大野”不合，且引《公羊传》“然则孰狩之？薪采者也”，与《家语》同，故而认为“《家语》虽出孔家，乃是后世所录，取《公羊》之说节之以成文耳”。孔氏以《家语》此处出公羊家之说，正印证了《家语》材料“层累”的“多元化”色彩（只不过这种“层累”倒并非晚至魏晋的王肃所为）。

上博竹书《民之父母》与《礼记》、《孔子家语》相关篇章的比较研究*

上博竹书《民之父母》，是上海博物馆藏战国竹书中之一篇，①该篇内容同时见于今本《礼记·孔子闲居》和《孔子家语·论礼》。一篇文献同时有三种文本，这给我们认识它的流传变异提供了绝佳的机会。今为讨论方便计，将三篇文献俱列于下，以作比较：

上博竹书《民之父母》②：[子]夏问于孔子："《诗》曰：'凯弟君子，民之父母。'敢问何如可谓民之父母？"孔子答曰："民[之]父母乎？必达于礼乐之原，以致五至，以行三无，以横于天下。四方有败，必先知之，其[可]谓民之父母矣。"

子夏曰："敢问何谓五至？"孔子曰："五至乎？物之所至者，志亦至焉；志之[所]至者，礼亦至焉；礼之所至者，乐亦至焉；乐之所至者，哀亦至焉。哀乐相生，君子以正，此之谓五至。"

子夏曰："五至既闻之矣，敢问何谓三无？"孔子曰："三无乎？无声之乐、无体[之]礼、无服之丧，君子以此横于天下。倾耳而听之，不可得而闻也；明目而视之，不可得而见也；而得既塞于四海矣。此之谓三无。"子夏曰："无声之乐，无体之礼，无服之丧，何诗是近？"孔子曰："善哉，商也！将可教诗矣。'成王不敢康，夙夜基命宥密'，无声之乐；'威仪迟迟，

---

* 本文原载于《上博馆藏战国楚竹书研究续编》，上海书店 2004 年。今对题目略有改动。

① 马承源主编《上海博物馆战国楚竹书（二）》，上海古籍出版社 2002 年。

② 竹书释文采用宽式，简文借字、异体字皆以通行字代之。

[不可选也’,无体之礼;‘凡民有丧,匍匐救之’,无服]之丧也。”

子夏曰:“异哉语也!美矣!宏矣!大矣!尽[于此而已乎?”孔子曰:“何为其然,犹有五起焉。”子夏曰]:“可得而闻欤?”孔子曰:“无声之乐,气志不违;[无]体之礼,威仪迟迟;无服之丧,内恕□悲。无声之乐,塞于四方;无体之礼,日就月将;无服之[丧],纯德孔明。无声之乐,施及子孙;无体之礼,塞于四海;无服之丧,为民父母。无声之乐,气[志]既得;无体之礼,威仪翼翼;无服[之]丧,施及四国。无声之乐,气志既从;无体之礼,上下和同;无服之[丧],以畜万邦。”

《礼记·孔子闲居》:孔子闲居,子夏侍。子夏曰:“敢问《诗》云‘凯弟君子,民之父母’,何如斯可谓民之父母矣?”孔子曰:“夫民之父母乎,必达于礼乐之原,以致五至,而行三无,以横于天下。四方有败,必先知之。此之谓民之父母矣。”

子夏曰:“民之父母,既得而闻之矣。敢问何谓‘五至’?”孔子曰:“志之所至,诗亦至焉。诗之所至,礼亦至焉。礼之所至,乐亦至焉。乐之所至,哀亦至焉。哀乐相生。是故,正明目而视之,不可得而见也;倾耳而听之,不可得而闻也;志气塞乎天地,此之谓五至。”

子夏曰:“五至既得而闻之矣,敢问何谓三无?”孔子曰:“无声之乐、无体之礼、无服之丧,此之谓三无。”子夏曰:“三无既得略而闻之矣,敢问何诗近之?”孔子曰:“‘夙夜其命宥密’,无声之乐也;‘威仪逮逮,不可选也’,无体之礼也;‘凡民有丧,匍匐救之’,无服之丧也。”

子夏曰:“言则大矣!美矣!盛矣!言尽于此而已乎?”孔子曰:“何为其然也!君子之服之也,犹有五起焉。”子夏曰:“何如?”子曰:“无声之乐,气志不违;无体之礼,威仪迟迟;无服之丧,内恕孔悲。无声之乐,气志既得;无体之礼,威仪翼翼;无服之丧,施及四国。无声之乐,气志既从;无体之礼,上下和同;无服之丧,以畜万邦。无声之乐,日闻四方;无体之礼,日就月将;无服之丧,纯德孔明。无声之乐,气志既起;无体之礼,施及四海;无服之丧,施于孙子。”

子夏曰:"三王之德,参于天地,敢问何如斯可谓参于天地矣?"孔子曰:"奉三无私以劳天下。"子夏曰:"敢问何谓三无私?"孔子曰:"天无私覆,地无私载,日月无私照。奉斯三者以劳天下,此之谓三无私。其在《诗》曰:'帝命不违,至于汤齐。汤降不迟,圣敬日齐。昭假迟迟,上帝是祗。帝命式于九围。'是汤之德也。天有四时,春秋冬夏,风雨霜露,无非教也。地载神气,神气风霆,风霆流形,庶物露生,无非教也。清明在躬,气志如神,嗜欲将至,有开必先。天降时雨,山川出云。其在《诗》曰:'嵩高惟岳,峻极于天。惟岳降神,生甫及申。惟申及甫,惟周之翰。四国于蕃,四方于宣。'此文武之德也。三代之王也,必先令闻,《诗》云:'明明天子,令闻不已。'三代之德也。'弛其文德,协此四国。'大王之德也。"子夏蹶然而起,负墙而立曰:"弟子敢不承乎!"

《孔子家语·论礼》:子夏侍坐于孔子,曰:"敢问《诗》云'恺悌君子,民之父母',何如斯可谓民之父母?"孔子曰:"夫民之父母,必达于礼乐之源,以致五至而行三无,以横于天下,四方有败,必先知之,此之谓民之父母。"

子夏曰:"敢问何谓五至?"孔子曰:"志之所至,诗亦至焉;诗之所至,礼亦至焉;礼之所至,乐亦至焉;乐之所至,哀亦至焉。诗礼相成,哀乐相生,是以正明目而视之,不可得而见;倾耳而听之,不可得而闻;志气塞于天地,行之克于四海,此之谓五至矣。"

子夏曰:"敢问何谓三无?"孔子曰:"无声之乐、无体之礼、无服之丧,此之谓三无。"子夏曰:"敢问三无,何诗近之?"孔子曰:"'夙夜基命宥密',无声之乐也;'威仪逮逮,不可选也',无体之礼也;'凡民有丧,扶伏救之',无服之丧也。"

子夏曰:"言则美矣!大矣!言尽于此而已?"孔子曰:"何谓其然?吾语汝,其义犹有五起焉。"子夏曰:"何如?"孔子曰:"无声之乐,气志[①]

① "志",同文书局本作"至",此据丛刊本改。

不违；无体之礼，威仪迟迟；无服之丧，内恕孔悲[1]。无声之乐，所愿必从；无体之礼，上下和同；无服之丧，施及万邦。既然，而又奉之以三无私，而劳天下，此之谓五起。”

子夏曰：“何谓三无私？”孔子曰：“天无私覆，地无私载，日月无私照。其在《诗》曰：‘帝命不违，至于汤齐[2]，汤降不迟，圣敬日跻，昭假迟迟，上帝是祗，帝命式于九围。’是汤之德也。”子夏蹶然而起，负墙而立曰：“弟子敢不志之。”

《孔子家语·问玉》：（孔子曰）“……天有四时，春夏秋冬，风雨霜露，无非教也；地载神气，吐纳雷霆，流形庶物，无非教也。清明在躬，气志如神，有物将至，其兆必先。是故天地之教，与圣人相参。其在《诗》曰：‘嵩高惟岳，峻极于天。惟岳降神，生甫及申。惟申及甫，惟周之翰。四国于蕃，四方于宣。’此文武之德。‘矢其文德，协此四国’，此文王之德也。凡三代之王，必先其令问。《诗》云：‘明明天子，令问不已。’三代之德也。”

其中《礼记》、《家语》划线的部分及最后《家语·问玉》篇所载，竹书无有，但由于其攸关《礼记》、《家语》两篇的形成，且为了更好地反映两篇之间的关联，我们也一并列出。三篇文献就“互见”的内容上看，主要是讲孔子与子夏关于“民之父母”、“五至”、“三无”、“五起”等问题的问答。抛开个别词句的差异，三文的重大不同在于以下几个方面，兹分别论之。

一、“正明目而视之，不可得而见也；倾耳而听之，不可得而闻也”的位置问题

在《礼记·孔子闲居》与《孔子家语·论礼》中，“正明目而视之，不可得

① “悲”，同文书局本作“哀”，此据丛刊本改。

② “齐”，同文书局本作“跻”，此据丛刊本改。

而见也;倾耳而听之,不可得而闻也”部分都是解释“五至”的,[①]而竹书《民之父母》却将其置于“三亡(无)”的后面,作为对“三亡(无)”的解说。两相比较,竹书的处理明显更合理。因为“不可得而见也”、“不可得而闻也”这种“无形”、“无声”的状态,恰好对应“无声之乐,无体之礼,无服之丧”的所谓“三无”,而《礼记》与《家语》将其置于“五至”的后面,迹近无的放矢。《礼记》、《家语》产生错误的原因明显是错简所致:[②]当“明目而见……”以下“整体”从原简中脱落出来的时候,这些“失位”的简才会在整理者没有深谙文义逻辑的情况下,错误地安排成《礼记》、《家语》这样的“错位”格局。这就意味着,《礼记》、《家语》的编者,并没有见到竹书这样组织严密、相对原始的本子,否则就不会重组得这样文理不通。他们所面对的,可能已经是简册多有缺失、零乱的传本,考虑到秦火及秦末战乱的影响,说它们“劫后余生”并不为过。[③] 需要说明的是,该篇文献在流传中,存在的错简远不止这一处,我们在下文具体涉及时还会提到。

另外,此处《礼记》与《家语》错误的“一致性”表明,它们应该是来自相同的本子。当然,也不排除一方袭取另一方的可能。还有,从语句顺序上看,竹书是先“耳”“闻”,再“目”“见”,[④]而《礼记》与《家语》次序却正好相反。这也是它们属同一系统的证据。

二、“五起”的构成问题

关于“五起”的问题,《民之父母》、《礼记》、《家语》三篇差别很大,这种差别可以说进一步展示了它们之间的传本差异。我们先来看一下《礼记·

① 该部分《家语》相对于《礼记》尚衍出“行之充于四海”一句,但无关大局。

② 陈剑也指出此点,见《上博简〈民之父母〉“而得既塞于四海矣”句解释》,《上博馆藏战国楚竹书研究续编》,上海书店2004年。

③ 朱彝尊《经义考》引罗壁云:“汉初典章简略,诸儒捃拾遗文片简与礼事相关者,皆非圣人之言。”

④ 竹书为“系耳而听之,不可得而闻也;明目而见之,不可得而见也”,按“系”当从今本作“倾”。

孔子闲居》对所谓“五起”的记载：

> 无声之乐，气志不违；无体之礼，威仪迟迟；无服之丧，内恕孔悲。
> 无声之乐，气志既得；无体之礼，威仪翼翼；无服之丧，施及四国。
> 无声之乐，气志既从；无体之礼，上下和同；无服之丧，以畜万邦。
> 无声之乐，日闻四方；无体之礼，日就月将；无服之丧，纯德孔明。
> 无声之乐，气志既起；无体之礼，施及四海；无服之丧，施于孙子。

这里“五起”的构成其实并不复杂，就是把上面的“三无”（“无声之乐”、“无体之礼”、“无服之丧”）分别作五组发挥。竹书“五起”内容与《礼记》基本相同，只是次序存在差异。[①] 如果将竹书“五起”次序依次列为：

1　<u>2　3</u>　<u>4　5</u>

那么《礼记》与之对应的次序就变为：

1　<u>4　5</u>　<u>2　3</u>

将两种次序对比我们就可以发现，如以竹书为参照的话，则《礼记》的次序表现为“有限性”错乱。说它“有限性”错乱，是指它也不是完全打乱，还是在一定程度上维持了竹书的那种次序，如4—5、2—3 这样局部同于竹书的排列。这种“有限性”错乱，又是一处《礼记》存在错简的证据。近年来，随着出土材料的大量涌现，我们有更多机会了解文献古、今本之间的错简，从而对错简发生的“规律”有一定程度的认识。其中最为常见的情况是：越是句子齐整、排比成文的时候，就越是容易出现错简。[②] 这也很容易理解，在排比成文的情况下，极有可能出现某一组或几组句子占一支简的情况，在各组逻辑关系并不是很密切的情况下，一旦有简脱失，就很难“复位”。此处《礼记》与《民之父母》次序上的差异就应当是错简的结果。然则，《礼记》与竹书何者存在错简呢？仍然应该是《礼记》。对此，该篇整理者濮茅左先生已经指出：最明

---

① 当然，其中也有个别字词存在差异，但这并不影响我们讨论。

② 比较一下简本与今本《缁衣》以及简本与帛书本《五行》，都很容易发现这种情况。

显的就是竹书“五起”最后一句“由内(族内)至外(族外),范围由小至大”①,非常有规律,而《礼记》的处理则显得杂乱无章。由此看来,在“五起”问题上,竹书当为原型,而《礼记》则是发生了错简的情况。

从上面来看,《礼记》与竹书“五起”的差别仅是次序的不同,而《家语》的“五起”就与它们存在重大差别。《家语》实际上只有“五起”中的两起,即第一组与第五组。那么,如何凑足“五起”之数呢?《家语》的办法是加上“三无私”:“既然,而又奉之以三无私,而劳天下,此之谓五起。”此处表明,与前面的错简不同,《家语》所看到的本子实际上存在脱简:在“五”存其“二”的情况下,为了前面的“五起”能够顺利收场,不得不拉上“三无私”来凑数。②传统《家语》辨伪学者鉴于《家语·论礼》与《礼记·孔子闲居》的互见,多谓《论礼》抄袭自《孔子闲居》,③但从此处《家语》名不符实的“五起”看,《家语》并非袭《礼记》而来,而是在未见《礼记》的情况下“闭门造车”的结果。这从侧面说明《家语》也是有独立来源的,绝非机械抄袭《礼记》而来,这一点我们在本书“诸书‘互见’编”中通过对《礼记》、《家语》“互见”内容的研究,已经有非常充分的证明,读者可以参看。不过,其“既然,而又”的起承转合,也使得“三无私”的出场非常自然。说明《家语》的编辑者在“因脱就简”的情况下,也刻意突出了“重组”的倾向,这较之错简的简单“位移”,应该说是非常大胆的。下文将会说明,这种“重组”是《家语》最具革命性的地方。

不过,《家语》此处与《礼记》差异如此之大,又如何解释我们上面提到的二者为同一系统呢?问题的关键是“三无私”。从上博竹书来看,讲完“五起”该篇就已结束,而且抄写、竹简形制等方面的信息也表明该篇是自成体

① 见马承源主编《上海博物馆战国楚竹书(二)》,第152页。

② 清孙志祖《家语疏证》(《续修四库全书·子部·儒家类》,第931册,第226页)于此也说“《家语》但言‘二起’,似合‘三无私’为‘五起’,非”,确属有见。

③ 参见孙志祖《家语疏证》,第226页;及范家相《家语证伪》(《续修四库全书·子部·儒家类》,第931册),第143页。

系、独立成篇的,[①]本不含所谓“三无私”的内容。而《礼记》、《家语》下文都有“三无私”,表明二者仍然属于同一系统,即它们后来又对其他篇章进行了兼并、整合,这就使它们与竹书之间有了一道鸿沟:如果说竹书为相对原初的一次文献的话,那么《礼记》、《家语》显然经过了再加工和创造,当属于次一级的文献。在它们中间,《家语》显然要更次一级:《家语》所见的类似《礼记》系统的传本,连“五起”都凑不齐,只好另起炉灶、另创新解。也就是说,《家语》编辑者面对的类似《礼记》系统的传本又有了脱简,而《礼记》版本的形成已经是竹书版本错简之后的“二手货”。[②] “三无私”是将它们维系在同一系统内的纽带,而在“五起”上的不同又表明在材料的史源学层级上[③]它们存在显著的差别。既有传承也有差异,这与我们在讨论八角廊汉简、阜阳木牍时所指出的“《家语》与《说苑》既关系较近同时又有一定独立性”是一致的。

在上面的论述中,我们用到了文献创生“梯次”这样的提法。随着出土文献的不断增多,我们注意到不少古书在流传过程中存在梯次演进的现

---

① 马承源主编《上海博物馆战国楚竹书(二)》,第151页。

② 杨朝明先生曾据先期公布的两支简,认为“上博简该篇(笔者按:即《民之父母》)和《礼记》的《孔子闲居》都本于《家语》”,这把《家语·论礼》的地位估计得太高。杨说见《〈礼记·孔子闲居〉与〈孔子家语〉》(《新出土文献与中国古代文明研究国际学术研讨会论文集》,上海大学出版社2003年)。我们下文将会证明,晚近出土的定州八角廊简及阜阳双古堆简牍,证明的其实主要不是《家语》的价值(或者说为《家语》翻案),而是《说苑》、《新序》等属于“说”类古书的价值。古《礼》之“记”类文献,也包括《家语》,原本都是来源于类似《说苑》、阜阳简牍的“说”类文献。刘向在整理、编成《说苑》、《新序》等书的过程中,只是依据“以类相从”、同类归并的原则,将这些“说”材料集合在一个相对统一的题旨之下,而并没有将它们大规模地合并、重组,故而它们在很大程度上保存着当初的面貌。但我们看《家语》的工作恰恰体现在“重组”方面,所以从文献创生梯次的角度讲,《家语》这些材料明显处在相对较次的级别,在时间上是晚起的。

③ 史源学为近世陈垣先生首倡之学,主要目的即为查清史料的最早出处,即所谓“史源”,辨明此后诸书之间的辗转相袭,故对同类史料之间的时序意识极为敏感。当然,陈氏亦强调史料渊源有时也可能是多线条的,故有“父子证”与“兄弟证”之别。笔者以为,陈氏之说对于我们分析古书尤其是“互见”现象之间的渊源关系,都颇具借鉴意义。关于陈氏史源学之论述,可参陈智超编注《陈垣史源学杂文》(增订本),生活·读书·新知三联书店2007年。

象：不同梯次之间的变化往往反映了古书再创造、重组的革命性内容。这也因此向我们展现了文献由所谓的“原本”向面目全非的所谓“别本”、“今本”演进的脉络。因此，确立文献形态“梯次”演进的概念，就有利于我们准确描述文献流传、演变过程中的梯次变化，从而对某一文献在演变链条中所处的位置给予恰当的估量。下文结合具体问题，我们还会有进一步的讨论。

三、关于“天有四时”一段的问题

“天有四时”一段，竹书无有，但《礼记·孔子闲居》中有，亦见于《家语·问玉》篇中，由于同样切关不同文本之间的关系，我们一并提出来讨论。实际上，在明确了《礼记》、《家语》相对于竹书是次级文献的前提下，这一段更有利于我们认识《礼记》、《家语》之间的版本梯次关系。换言之，上文我们曾论证《家语》相对《礼记》是更次一级的文献，现在则要证明“天有四时”一段的问题是否同样也反映了《家语》更次一级的地位。

《礼记》中，“天有四时”一段上承“三无私”，下附“子夏蹶然而起，负墙而立曰：‘弟子敢不承乎’”，来照应开头的“孔子闲居，子夏侍”，就构成了一篇首尾完整的师徒问答。比照竹书的原始和朴质，我们看这里《礼记》兼并其他篇章，以整合成组织有序的新篇的意图是非常明确的。《家语·论礼》篇在讲完“三无私”之后，就接以“子夏蹶然而起，负墙而立，曰：‘弟子敢不承乎’”，来结束师徒的问答。这表明：在将该篇整合成组织有序、首尾完整的新篇的意图上，《礼记》与《家语》是相同的，就这点来看，可以说它们也是属于同一系统的。但问题是，《家语》在该篇中已没有了“天有四时”一段的位置，该段被放到了《问玉》篇中，与讲《诗》、《书》、《乐》、《易》、《礼》、《春秋》品格的内容相衔接。因此这就需要辨明：“天有四时”一段是像《礼记》那样与“三无私”是“铁板一块”呢，还是本与《家语·问玉》的文字符契密合？抑或其本来就是独立成篇的，只是后来被《礼记》采入《孔子闲居》，而《家语》则将其采入《问玉》篇中？

其实,“天有四时”一段还见于《韩诗外传》,在韩诗中该段并不与他文相合并,[①]就此而论,韩诗所见本似乎是单独成章的。但韩诗行文自有其独特体例,即前面铺叙,后面引《诗》为证,而又以后面的引《诗》为重点。所以,其前面的叙述每多节取之例,[②]并不求文全义丰,作过多纠缠。所以韩诗的处理并不能充分说明其本来单独成篇。在笔者看来,此段本来就当如《礼记》的处理:和“三无私”相连成文。这主要有以下两点理由。

首先,从文义上看,此段讲“天有四时”、“地载神气”[③],而《礼记·孔子闲居》前面提到“参于天地”、“天无私覆,地无私载”,两者正相对应。而在《家语》中,该段却是上承《诗》、《书》等典籍品格的内容,两者渺不相关。比较而言,还是《礼记》的处理于理更胜。

其次,从行文的形式上看,该段引《诗》之后有评价,依次云:“此文武之德也”、“三代之德也”、“大王之德也”,[④]这与《礼记》前面讲“三无私”时所说的“是汤之德也”亦相照应,而《家语》的处理则又有不逮。如果说该段本来独立成篇,是后来《礼记》将其采入《孔子闲居》篇中,那么在内容和形式上衔接得这样天衣无缝,也未免太过巧合了吧。真实的情况只能是:《礼记·孔子闲居》的处理才是原始面貌。

另外,应该指出的是,该段在《家语·问玉》篇中有这样一句话:“是故天地之教,与圣人相参。”《礼记·孔子闲居》篇讲“三无私”的部分开头即云:“三王之德,参于天地。敢问何如斯可谓参于天地矣?”“与圣人相参”与“参

---

① 《韩诗外传》有的版本将此段析分为两章,详见许维遹《韩诗外传集释》,中华书局 1980 年,第 192 页。其实当以一章本为是,两章本的处理只是为了迁就韩诗每章先述说后引《诗》为据的形式,而此段两次出现“《诗》曰”,故有的版本作两章处理。

② 这方面将《韩诗外传》与《说苑》、《礼记》、《荀子》书比较就会看得很清楚。

③ 韩诗说“地载神气”几句,这正是其行文每多节取的有力证明。

④ 此三种“德”,《家语》依次为“文武”、“文王”、“三代”,《韩诗》又有脱漏,只存“文武”、“大王”两“德”。今按,此处系引《诗·大雅·江汉》“明明天子,令闻不已;失其文德,恰此四国”(齐诗“失”作“驰”,“恰”作“协”,见王先谦《诗三家义集疏》,中华书局 1987 年,第 984 页),依诗句顺序,《家语》的处理显然是颠倒了。而且前面既言“文武之德”,此又言“文王之德”,显有重复之嫌。此处《礼记》的处理仍当为原始面貌,而韩诗只是脱“三代之德也”而已。

于天地"亦相对应。此句《礼记·孔子闲居》与韩诗均未见,二书对应的部分作"天将时雨,山川出云"①。所以,我们怀疑《礼记》版本中当初也应该有"是故天地之教,与圣人相参"这句话,只是后来脱去,而改成"天将时雨,山川出云",幸赖《家语·问玉》篇保存了这点痕迹。

由上面的分析看,我们初步认为《礼记·孔子闲居》将"三无私"与"天有四时"一段合并是原始面貌,《家语》将"天有四时"一段放入《问玉》篇中,当系由《礼记》系统脱简所致,韩诗的处理可能亦当是秉承了"脱简"系统。虽然总体面貌上《礼记》要较《家语》、《韩诗外传》为原始,但这并不妨碍《家语》在局部上有优于《礼记》的地方,即如上文提到的"是故天地之教,与圣人相参"。这其实也不奇怪:同样经过了长期的流传,《礼记》也不可能没有变化。虽然在文献梯次上处于较高等级,但这并不意味着其细枝末节的变化都可以被次一级的传本"照单全收"。晚期之书有早期之证,通过近年来的出土文献与传世文献比较研究,这方面的例子可以说不胜枚举。这一规律与上面提到的文献梯次演进,可以说构成了古书流传史上的辩证内容。

以上是就竹书、《礼记》、《家语》三者所存在的重大差异所作的辨析。经此比较可以看出,竹书是最为原始的,《礼记》稍次,而《家语》最次。而由竹书这样原始的本子,向《礼记》、《家语》这些较次级本子梯次演进的直接原因是错简或脱简,对章句的有意识的重组和整理正是因之而起。而这种"重组和整理"又以《家语》来得突出和剧烈。实际上,不仅重大差异如此,一些细微的不同也同样反映了《家语》较次一级的地位,或者说"晚出"。兹试举一例:

竹书在讲"五至"时最后说"哀乐相生,君子以正",《礼记·孔子闲居》只存"哀乐相生",而《家语》则是"诗礼相成,哀乐相生"。乍一看,《家语》最合理:前面提到了"志"、"诗"、"礼"、"乐"、"哀",所以用"诗礼相成,哀乐相生"来总括就非常自然。但细加推敲,事情并不如此。因为这里的"五至"第

① 韩诗"将"作"降"。

一个是“志”[1],《家语》虽较竹书、《礼记》为全面,但仍有遗漏。实际上,此处的意思倒不在于面面俱到。作者的用意,其实只是拈取“五至”最后“二至”之“哀、乐”来点明“君既与民同其欢乐,若民有祸害,则能悲哀忧恤”这样的意思,[2]以此说明做到“五至”的好处,正所谓“吉凶与民同患”[3],如此则“君子以正”。由此可见,此处“哀、乐”具有总括意味(这可能也是在“五起”中它们被置于最后的原因),而不是像《家语》“诗礼相成,哀乐相生”那样简单地两两对应。况且,“哀”、“乐”明显是一个对反范畴,但“诗”、“礼”却无法构成对反。从这里来看,此处仍应该以竹书为原貌,《礼记》是脱去了“君子以正”,而《家语》妄加“诗礼相成”以求与“哀乐相生”形成整齐、对称之势,但却由于失察文理而弄巧成拙。[4]《家语》这种将散文改成对偶句的努力,是文献重组中的常见“套路”,差不多成了一种“规律性”现象,[5]这方面学者曾有专门论述。[6] 这也从一个侧面说明《家语》的重组走得更远。实际上,将散文改成对偶句,《家语》并不仅限于这一处。《礼记・孔子闲居》在“正明目而视之……”后总结说“志气塞乎天地”,但《家语》中又是一组对偶句:“志气塞乎天地,行之充于四海。”而我们看竹书此处却如《礼记》般只有一句“而得

---

① 竹书为“勿”。

② 《礼记・孔子闲居》孔疏,《十三经注疏》,中华书局1980年影印本。

③ 《易・系辞上》。

④ 廖名春、张岩以为《家语》之“诗礼相成”句更近原貌(《从上博简〈民之父母〉“五至”说论〈孔子家语・论礼〉的真伪》,《湖南大学学报》2005年第5期),但其前提是要把《家语》、《礼记》的“志”读为“事”,以求与《民之父母》的“物”相衔接,论者亦指出此说有过于“趋同”之虞(参邬可晶《〈孔子家语〉成书时代和性质问题的再研究》,第71页)。

⑤ 以《老子》为例,今本第二十五章“独立而不改,周行而不殆”为对偶句,但无论是马王堆帛书本还是郭店简本均无“周行而不殆”一句,说明其当初也是散文,今本的对偶句是后人补入的。又,今本三十章“师之所处,荆棘生焉;大军之后,必有凶年”实际上是分两次凑成的,简本中根本就没有这四组短句,而到了帛书本时就增出了前两句,后面两句尚无。而今本窜入“大军之后,必有凶年”,无论是从意思还是形式上讲,都是对称、整齐的。

⑥ 可参李零《银雀山简本〈孙子〉校读举例》,《〈孙子〉古本研究》,北京大学出版社1995年。另外,刘笑敢《从竹简与帛书本看〈老子〉的演变——兼论古文献流传过程中的聚集与趋同现象》(《郭店楚简国际学术研讨会论文集》,《人文论丛》特辑,湖北人民出版社2000年)论述内容也多与此类问题相关。

既塞于四海矣"[1]。这应当又是《家语》将散文改成对偶句的例子。

综上所述,我们认为关于子夏问孔子"民之父母"、"五至"、"三无"的记载,当以竹书所见最为原始。《礼记·孔子闲居》篇实际上是整合了两篇才成型,《家语》与《礼记》属同一系统,但也微有差异,尤其是多有脱简:前面"五起"脱去其三,后面又脱去"天有四时"一段(当然,此部分不像"五起"中"三起"那样"脱"得不见踪影,而只是失位无法复原,以至窜入《问玉》篇中)。总体而言,虽然《礼记》与《家语》属同一系统,但从《家语》明显的错简或脱简[2]来看,我们认为《家语》同样是有独立来源的,并非王肃向壁虚造。[3]不过,也正因为错简、脱简的存在,才有重新整理的必要,这包括拼凑、整合本来独立的部分,将散文改成对偶句以使文意更加丰满等。从文献梯次演进的角度看,这些都表明它处于更次一级的地位。

---

① 竹书"得既"实即为今本的"志气",本无多曲折,详参何琳仪《沪简二册选释》,简帛研究网(2003 年 1 月 14 日)。但对此学者多有异说,详参前揭陈剑文。

② 《孔子家语·后序》中,曾提到《家语》与"诸国事及七十子之辞妄相杂错",且"与《曲礼》众篇乱简合而藏之",凡此可说都与我们这里讲的"错简"不无干系。

③ 近来邬可晶综合了更多的材料,对《民之父母》与《礼记·孔子闲居》、《家语·论礼》之间的关系进行了更为深入的论证,也指出了《家语·论礼》一方面与《礼记·孔子闲居》同源,但另一方面又有一定独立性的事实,可参邬氏《〈孔子家语〉成书时代和性质问题再讨论》第一章第三节之讨论。

英藏敦煌写本《孔子家语》的初步研究*

晚近以来，随着河北定州八角廊汉简、安徽阜阳汉墓简牍的发现，特别是上海博物馆所藏战国楚竹书的陆续公布，学者发现《家语》中内容与出土文献多有印证，故而此书正越来越受到学者重视，对它的研究和重新评价也势在必行。然传世《家语》版本参差不齐，世间辗转传刻，鱼鲁豕亥之误尤多。因此，英藏敦煌写本《家语》的价值就不言而喻了。此本年代远迈今之所谓"影宋本"或"覆宋本"，不唯宋、明、清以来辨伪诸家没有得见，由于其久藏异域，即便近现代学者也无缘亲睹，罕有论及。本文拟结合英藏敦煌写本《家语》，对《家语》一书的流传谈一点不太成熟的看法，希望能对相关问题的研究有所助益。

一、敦煌写本《家语》的基本信息

英藏敦煌《家语》写本，①编号为 S. 1891，王重民先生最早作过介绍。②此本共存 73 行，除前两行有所残损外，其他都基本上保存完好、清晰可辨。这 73 行《家语》文字，对应今本《郊问》和《五行解》两篇，分别为《郊问》篇末 12 行、《五行解》全部。《五行解》篇完整，且有篇题，作"五行解第卅"，同一

---

* 本文原刊于《故宫博物院院刊》2006 年第 2 期。

① 参见台湾黄永武博士编《敦煌宝藏》，第 14 册，台湾新文丰出版公司 1985 年，第 350 页。

② 王重民《敦煌古籍叙录》，中华书局 1979 年，第 149 页。以下凡引王说，俱见该书。

行下还题有“孔子家语”和“王氏注”字样，当为书名和注者所属。其注文格式为在同一行中用双行小字注解，与同文书局、全书、丛刊等本并无二致。将其注文与传世《家语》的王肃注比较可以发现，二者在具体出注之处及注文内容等方面都基本一致，故所谓的“王氏注”，可以相信就是王肃的注。《五行解》篇末，正文仅占一行之半，此行余下部分题有“家语卷第十”。另外，在卷末的背面，还题有“家语传十”字样。关于此本的年代，王重民先生认为“民字不讳，殆为六朝写本”，无论如何，其早于唐代是可以肯定的。这不但表明它比现存的任何一个版本都要早得多，而且比目前我们能见到的唐代类书、注疏中所引《家语》也要早，其价值是不言自明的。

二、关于篇卷格局问题

此写本《家语》引起我们注意的，首先是它的卷数标列“家语卷第十”，因为这和传世《家语》的分卷明显不同。在传世本中，《家语》全书也只有十卷，而《郊问》、《五行解》两篇属于第七卷。

对于这种差异，王重民先生认为“十当是七字之误，盖分卷非与今本有异”。“十”与“七”字形的确容易相混，但在笔者看来，此处却并非为误字。理由主要有三点：首先，“十”字在此卷中出现了两次。除了此处之外，在此卷末背面还题有“家语传十”。① 其云“传”，盖因早期《家语》一类书甚至《论语》相对于“经”，都可谓“诸子传记”。而一曰“卷第十”，一曰“传十”，其为“十”明甚，故绝不可能是“七”字之误。② 其次，有迹象表明，此写本抄完之后，时人还做了一定的校勘工作，以补正脱误。最明显的是第43行，原文为“制量之度。有犯不孝之狱者，则饬朝觐之”，其中在“饬”字下有脱文，我们看到，抄手就在“饬”字右侧两行之间用小字补上了脱去的

① 邬可晶提到学者曾核对原卷，指“家语卷第十”系后人所题，若此说属实，则此条可置不论，邬说见《〈孔子家语〉成书时代和性质问题的再研究》，第140页。

② 王重民先生文中恰恰没有提到背面的“家语传十”。台湾黄永武博士编《敦煌宝藏》于目录一如卷子本文，径题“家语卷十”，是正确的。

“丧祭之礼;有犯□”[①],这显然有校对、勘正的工作在里头。如果此处“十”字真是“七”字之误,如此明显之失,抄校者竟然没有发现,也实在说不过去。最后,假若王说不误,那么卷子本就确实如今本般作“卷第七”,但我们看今本卷七包括了从二十八篇《观乡射》到三十二篇《礼运》这五篇,也就是说第三十篇《五刑解》并不是第七卷的结束。但是,敦煌本在《五刑解》篇末题“家语卷第十”,而且留下空白,不再接抄其他的内容,这就意味着敦煌本至此是一卷的结束(而二十九篇末尾却并没有“家语卷第十”字样),这与今本直到三十二篇才结束第七卷是矛盾的。这种情况说明,敦煌本的分卷方法与今本存在不同,换言之,“十”字不可能是“七”字之误。

其实,王氏此处的误字说,主要问题还是拿今本律写本。实际上,《家语》的分卷唐初与五代以下乃至今本有明显的不同。我们看《隋书·经籍志》云《家语》是二十一卷,而两《唐书》所载乃至今本都为十卷。长期以来,学者鉴于今本卷数与《隋书·经籍志》所载差异如此之大,似乎认为今本较之又有大的精简,甚至“删除”,以致面目全非。[②] 现在看来,这是个很大的误会。“二十一”与“十”的差异,其实只是分卷方法的不同,并不意味着它们各自包含的篇数有所增减。以今本来看,44 篇分作十卷,但各卷内所辖篇数并不一致,少则 3 篇,多的则达 7 篇,各卷规模不甚均衡。而且今本的这种分卷方法也找不出坚实的理由:各卷内部诸篇之间在意义或主题上并不具有必然的联系,有欠合理。然若把 44 篇按隋志的“二十一卷”划分的话,则各卷

---

① 末一字不可识,按今本“犯”字后当为“杀上之狱者,则饬”,这说明写本之抄手虽曾补漏,但并未竟其功,遂致不了了之。近来邬可晶博士提到学者或有识出“犯”后之字为“弑上之狱者,则饬”者,这可能是核对原卷或录自更完整本子的结果,从台湾黄永武博士编《敦煌宝藏》所录看,确实自“犯”后即不可识。邬说见其文第 130、132 页。

② 此说发端于明代何孟春。何氏未见完整之宋本,只及见王广谋的节略本,故而有此误判,尚可原谅。而清姚际恒时毛子晋访得之宋本已多有刊刻,姚氏之《古今伪书考》却仍从旧说,就殊为失察。

就相对均衡：每卷以平均大约两篇为常态。[①] 也就是说，隋志的“二十一”卷的分法，可能纯粹是从每卷所辖篇数的规模角度考虑的。还应指出的是，《郊问》、《五刑解》这两篇在写本中分别居于第二十九篇、第三十篇，这和今本完全一致。如果依传统的说法，今本的“十”卷相对于隋志的“二十一”卷是由于“精简”篇数所致的话，那么这种“精简”的幅度是很大的——删去了差不多二分之一，但我们看直到“二十九”、“三十”这样在今本中比较靠后的篇次，写本仍然与今本同，这就充分说明古、今本卷数的不同实际上是分卷方法有异，并不意味着《家语》的篇数有“精简”等结构性损伤。

三、从内容比较说到“唐本”与“宋本”的问题

篇卷格局的对照，只是就外在形制上在古、今本之间作的一个粗略比较。而古、今本之间更详细的差异，则是要通过两者的内容比较才能看得出。实际上，写本的出现，也为我们提供了验证今之“宋本”的机会。今之《家语》传本，多承自所谓“覆宋本”或“影宋本”。[②] 然年代久远，辗转翻刻，它们在多大程度上保持了原貌值得探究。写本虽留存不足两篇，但毕竟是实实在在的早期写本，且时代要早于唐，这就为我们考察“宋本”提供了绝佳的机会。

书以弥古为弥善。经比较可以发现，作为六朝写本，敦煌写本确实显示了与其身份相称的“优势”。有些地方，写本所载确实足以发千古之覆。如

① 这当然只是从宏观上作的粗略估计。不过，按照敦煌写本的分卷，第三十篇只到第十卷，平均一卷含三篇；而剩下的十四篇，按隋志则要分出十一卷，平均一卷只含一篇多一点，这与前面相比是不太均衡的。解释只能有一种：敦煌写本或隋志所见在第三十篇之前更多的是积“篇”成“卷”，而此后则很多是“单篇成卷”。我们注意到今本三十篇以后包含了许多篇幅较大的篇，特别是像第四十一篇《正论解》这样绝无仅有的“超大型”（今本十分之七的篇字数都在两千字以下，唯独《正论解》多达六千多字），不知这是否能支持我们“单篇成卷”的推测。但具体如何，文献不足征，实难质言了。

② 参本书“传本及版本编”中《今传宋本〈孔子家语〉源流考略》一文。

写本第21行“不仁,不仁[1]生于丧祭之礼不明。丧祭之礼,所以教”,如果联系上面第20行与下面第22行,则此处写本就为“不孝者生于不仁,不仁生于丧祭之礼不明。丧祭之礼,所以教仁爱也”,可谓文从字顺。但“不明”,今本无“不”字,“明”字连下读,作“不仁生于丧祭之礼,明丧祭之礼,所以教……”。“不仁生于丧祭之礼”殊为不通。写本存“不”字,“明”字连上读,“不仁生于丧祭之礼不明”就较为妥帖,此真写本之善也,王重民先生亦已指出。再如写本第65行“闻有谴发”,写本“有”,今本作“而”。清孙志祖《家语疏证》引《太平御览》卷六四一亦作“有”。[2] 由此可见,此处卷子本之“有”确系古貌,而《太平御览》等类书所引,实堪珍视也。写本不唯本文有诸多优于今本之处,即便是其中王肃的注,也多胜于今本。写本给人一个明显的感觉是王注更完整、更整饬,与之相较,今本的王注则多有残缺甚至改动之处。如第10行王注“大飨,祫祭先王也”,今本王注“先王”作“天王”。“天王”之说尤令人费解,“天”显然是“先”字之误。再如第60行“下官不识”,注云:“识,宜为职,言其下官不称其职,不斥其身。”[3]今本王注“识,宜为职”无,与此相应,今本原文也作“下官不职”,“识”既为“职”,则注文“识,宜为职”存在的话就不合适了,干脆删去。故而王重民先生于此云:“若不见卷子本,何由知宋人刻书,不但改经文,并改注语也!”从写本王注的“识,宜为职”看,王氏显然是在纠原文之谬,也让我们看到了真正的安国旧本,亦证《家语》系王氏伪造之说不确:如真系王氏伪造,此处何不径写作“职”呢?而王氏仅在注文中作出“识,宜为职”这样的判断,并没有妄改原文,较之宋人的草率和鲁莽,其严谨的态度是显而易见的。其一字之慎尚且如此,又怎么能说王氏伪造全书?再者像写本第2行“汜扫[4]清路,行者跸止”,第3行注文云“□□□扫□清路以新土覆故土上也。[5] 跸止,无复行也”,今本注为“汜,遍

① 此处两处“不仁”,写本原用重文符号表示。

② 《式训堂丛书》本。

③ 贾谊《新书·阶级》篇“识”正作“职”。

④ “汜扫”二字,写本都是残存左边偏旁,现据今本补出。

⑤ 此句“□”处残损不可识。

也;清路以新土,无复行之”。写本虽有残缺不可识之处,但与今本比较,仍可发现其差异是很大的:写本要详细、完整得多,而今本则过于简略,显然是有所脱漏。

写本尽管存在上述优点,但也有不足。那就是写本多用俗字或异体字,且由于抄写失谨,甚至还有错字。写本用俗字,如“靡”多写成“靡”,“煞”(杀)写成“敍”[①],“定”写作“㝎”等。写本之错字更是连篇累牍,让人不忍卒读。如“惰”误为“随”,“行”作“刑”,“序”误为“厚”,等等。如此多的错字,不只说明抄手的水平不够,更反映了其态度和精神有欠严肃。就此写本之错字及抄写失谨而言,它又不如今本。由此我们也能够理解上述写本较之今本为优的地方:今本较之写本流传已达数百年,像此等手民之误更是难以避免。无论是古写本还是今本,对于其中错漏,应以理性、历史的眼光来看待。古写本诚然值得珍视,但也没必要对今本苛责菲薄。因此,笔者还想顺便指出的另外一点是,尽管写本在个别地方较今本为优,但就总体而言差别并不大。如以其中的王肃注文为例,今本注文虽间或有残缺或改动,但就“出注”这一点来看,又与古写本完全一致:绝没有本来无注今本加注,或者本来有注今本完全删去的情况,这说明今本基本上还是保持了原貌。今本注文中产生上述错误,大概是由于原本有残缺,为求完整,只好试着补充,这也是我们今天整理古籍常见的方式,本出于不得已。

综合上面的研究,我们认为:就内容来看,虽然敦煌写本由于年代久远,保存了一些原初的面貌,因此个别地方具备了今本难以比拟的优势,但就总体而言,二者差别并不大。这也再次印证了我们上文讨论篇卷格局时的看法,那就是《家语》宋以来传本与唐代甚至更早时期的传本相比,并无结构性创伤。当然,个别文句的讹误、脱漏也是存在的,这对于任何一部古籍的流传来说都是难以避免的。这也说明,今之传本所承之“宋本”,的确来源有据,足堪信据。从这个意义上说,《家语》自六朝历唐、宋的流传链条始终不

① 张涌泉先生认为“敍”字“疑即‘煞(杀)的讹俗字’”,好像不太确定,盖未见敦煌《家语》此卷也。参见《汉语俗字丛考》,中华书局2000年。

曾“断裂”，这就决定了其内容、篇幅基本上是稳定、一贯的，并没有什么实质性的变化。唯一的分卷的不同也是换汤不换药，如上文所言仅仅是化零为整，是从篇幅适宜的角度考虑所作的调整，并不存在结构性创伤。

就上述而言，明清以来学者就《家语》的流传所提出的“唐本”与“宋本”的差异，有点言过其实。与此相关，我们还想谈一下唐人注疏、类书所引《家语》的问题。这也是学者提出“唐本”与“宋本”之别的主要依据，那就是唐人注疏中所引《家语》“今本或无”，因此才有“唐本”、“宋本”之异。笔者对此问题曾进行长期、专门的研究，篇幅所限，不容细论，只想谈谈两点印象。

首先要指出的是，唐人注疏中所引《家语》并不像我们现在这样严格地字词必较，暗引、节引可谓比比皆是，其中尤以类书为突出。像《艺文类聚》、《初学记》所引《家语》字句真正能与今本完全对验的很少，原因就在于它们多是暗引、节引之例。根据笔者的统计和研究，现存唐人著述中所引《家语》，绝大多数都能在今本中找到。如《艺文类聚》引《家语》55 处，《初学记》引《家语》39 处，《后汉书》李贤注引《家语》20 处，孔颖达《礼记正义》引《家语》14 处，都能在今本《家语》中找到，真正能称得上“佚文”的很少，所以我们看清人孙志祖所辑《家语逸文》也只有屈指可数的三条而已，①这就很说明问题。即使如此，有些“佚文”的身份也有待确认，有些则是误算。像程金造先生辑司马贞《史记索隐》引《家语》有一则云“《家语》作‘游过市’”，程氏引《文选》李善注相参证，末云“然今《家语》无此文”。实际上此条见于今《家语·七十二弟子解》，并非佚文。

其次要特别提到的是，唐人引《家语》，有时也兼引王肃的注，且也把王注视为“家语”，这反映了古人有称引经传、经说多称本经的习惯，②值得格外注意。如孔颖达《毛诗正义》卷十五引《家语》云：“今池水之大，谁知非泉焉?”此处实兼引《家语·致思》篇“譬之污池水，……孰知其源乎”的本文及

① 《读书脞录》卷四，光绪十三年醉六堂刻本。

② 说见王利器《古书引经传经说称为本经考》，《晓传书斋集》，华东师范大学出版社 2007 年。

王肃注。① 如果我们搜检唐人所引《家语》，目光只盯着《家语》本文，就会把此类注文视同佚文，实则不然。从此出发，我们习惯公认为《家语》佚文的也有重新检讨的必要：它们虽不见于《家语》本文，是不是有可能是王肃的注呢？如孙志祖所辑《家语》佚文有一条同样出自孔颖达《毛诗正义》卷十五引《家语》："纣政失其道，而执万乘之势，四方诸侯固犹从之，谋度于非道，天所恶焉。"此条虽不见于《家语》本文，但却与《家语·辨乐解》"众夹振焉而四伐，所以盛威于中国"下王注接近，王氏云："夹，武王四面会振威武；四伐者，伐四方与纣同恶也。""四方"与"四伐"，"诸侯固犹从之"与"与纣同恶"都非常接近，考虑到节引、暗引的因素，这里很可能就是引了王肃的注。另外，孔颖达《左传正义》卷一引沈氏云："《严氏春秋》引《观周》篇云：'孔子将修《春秋》，与左丘明乘如周，观书于周史，归而修《春秋》之经，丘明为之传，共为表里。'"孙氏亦将此视为《家语·观周》篇佚文。实际上，此条亦可疑。如此处真为《家语》之文，其何不径引《家语》本书，而据《严氏春秋》为说？考孔颖达正义引《家语》体例，或径云"家语"，或将书名和篇名连带标出，而绝没有径云篇名者，也就是说，这则材料即便在孔氏看来也未必是其时《家语》之文。退一步说，即便其真为《家语》佚文，那也不是唐、宋之间由篇幅"精简"所致，因为处于南朝的沈氏所云属转引《严氏春秋》，且不云《家语》，可能在当时的《家语》中就已无此内容。这种情况牵扯到《家语》的早期流传形态，特别是如何评价孔安国、王肃二人工作性质的问题，对此问题本书"传本及版本编"诸文有详细讨论，读者可以参看。总之，其不属于唐、宋之间由篇幅"精简"所致则是无疑的。

综上所述，笔者认为，从敦煌写本提供的信息看，《家语》在唐以后的流传链条并没有存在断裂的缺环，它的篇幅规模基本上是稳定的，唯一的分卷的不同也是换汤不换药，仅仅意味着每卷所含篇数的多少之异，并不存在篇目刊落等结构性创伤。我们并不否认《家语》在流传过程中可能会有"佚文"

---

① 王注为："源，泉源也。水潦注于池而生藋苇，观者谁知其非泉乎？"王注与孔颖达所引略有出入，其实此处孔氏是节引、暗引并用，文词并非完全对应是无足怪的。

的存在,但就目前学者所辑而言,大多其实并非“佚文”;而“佚文”很少甚至几近阙如的事实,实际上也在支持上文我们根据古、今本篇卷格局所作的分析:《家语》在唐以下的流传基本上是稳定的,并不存在篇目刊落等结构性创伤。就此言之,前人所谓“唐本”、“宋本”的区分有点言过其实,并没有多少实际意义。

由英藏敦煌写本说今本《孔子家语·郊问》服制及相关问题*

古代天子祀天之所服,《周礼·春官·司服》云:“王之吉服,祀昊天上帝则服大裘而冕。”但《礼记·郊特牲》却说:“祭之日,王被衮以象天。”二者似乎截然不同。信《周礼》者,每每指《礼记》记载为非;而郑玄干脆调和两说,分圜丘、郊祀为两祭,于是“大裘”与“衮”各自对号入座。[①] 不过,《孔子家语·郊问》篇所载祀天之所服,却是另外一种版本,其云“天子大裘而黼之,被衮象天”[②],这等于融合了前面两书,《家语》下文甚至还说“既至泰坛,王脱裘矣,服衮以临燔柴”。传统上由于视《家语》为“伪书”,对其记载,多不以为然,认为系王肃自出胸臆,或拼合《周礼》、《礼记》二书而成。实际上,《家语》此处记载不同版本间并不一致,更多与唐类书所引不合。本文拟利用英藏敦煌写本材料试图恢复《家语》此处记载的面貌,并进而指出今本都有不同程度的讹误。一旦我们弄清《家语》的记载及其真正内涵,《周礼》与《礼记》的矛盾也许可以获致比较合理的解释。

由于《家语》的记载很大程度上与《礼记》可资比对,为讨论的方便,我们先将《礼记》、《家语》关于祀天服制的内容具列于下:

---

* 本文原载于《齐鲁文化研究》总第10辑,泰山出版社2011年。

① 参孙志祖《家语疏证》卷五,《续修四库全书·子部·儒家类》,上海古籍出版社2002年。郑玄墨守《周官》天子祀天服裘之说,为此甚至还不惜指《礼记·郊特牲》“王被衮以象天”为“鲁礼”。正义疏不破注,亦云“鲁公得称王者,作记之人,既以鲁礼而为周郊,遂以鲁侯而称王也”,胶柱鼓瑟,何迂曲之甚!详参《礼记正义》,北京大学出版社1999年,第800—801页。

② 本文《家语》之文,除非特别注明,一般均据《四部丛刊》影印明黄鲁曾覆宋刊本。

《礼记·郊特牲》:"祭之日,王皮弁以听祭报,示民严上也。丧者不敢哭,不敢凶服,汜埽反道,乡为田烛。弗命而民听上。祭之日,王被衮以象天。戴冕璪十有二旒,则天数也。乘素车,贵其质也。旂有十二旒,龙章而设以日月,以象天也。天垂象,圣人则之,郊所以明天道也。"

《孔子家语·郊问》:"将郊,则天子皮弁以听报,示民严上也。郊之日,丧者不敢哭,凶服者不敢入国门,汜扫清路,行者必止,弗命而民听,敬之至也。天子大裘以黼之,被衮象天,乘素车,贵其质也,旗十有二旒,龙章而设以日月,所以法天也,既至泰坛,王脱裘矣,服衮以临燔柴,戴冕璪十有二旒,则天数也。"

将二者比较可知,郊祀服制部分,《家语》较《礼记》明显的特异之处,一为"天子大裘以黼之",一为"既至泰坛,王脱裘矣,服衮以临燔柴"。"大裘"本朴质,如何"黼之"? 这颇受后世学者的诟病。另外,《家语》的"脱裘"、"服衮"的次序,就是要先把里面的裘服脱去,再服衮服祀天,何其迂曲! 而且,以衮服祀天,明显与《周礼》之说不合,故而后世学者于此多有批评。范家相谓:"此据《周礼·司服》'王祀昊天上帝,服大裘而冕'有意添出。"①孙志祖曰:"王肃《圣证论》则谓天体无二: 郊即圜丘,圜丘即郊。遂圆融其说,撰为天子大裘被之道路,至泰坛则脱裘而服衮以临燔柴。其实于经传无所据也。"②

不过,《家语》传流既久,易生讹误,此处郊祀所服,古今版本就有重大不同。最明显的是"天子大裘以黼之,被衮象天",但很多版本前后都是"裘",即"天子大裘以黼之,被裘象天",如宋陈祥道《礼书·卷一》、宋杨简《先圣大训》、元马端临《文献通考》、清《五礼通考》所据《家语》,以及四库全书所收明汲古阁本、同文书局所据玉海堂影宋本。就此处王肃所注看,作二"裘"似近理:"大裘为黼文也,言被之大裘,其有象天之文,故被之道路,至大坛而脱

① 范家相《家语证伪》卷七,《续修四库全书·子部·儒家类》,上海古籍出版社 2002 年。
② 参前揭孙氏书。

之。”王注两处均言“大裘”,并且只有“被裘象天”,才能和“被之大裘,其有象天之文”相应。但问题是“裘”本朴质无文,如何能“象天之文”?《家语》版本上另外一大不同是下文对于“裘”、“衮”的“脱”、“服”次序。今各宋本及《玉海》都是“脱裘”、“服衮”。这样的次序同样也能得到王注的证明:“大裘被之道路,至泰坛而脱之。”从逻辑上讲,“脱裘”之后自然是“服衮”。不过,《礼记·郊特牲》正义云:“《周礼》圜丘服大裘,此及《家语》服衮冕,《家语》又云‘临燔柴,脱衮冕,著大裘,象天’。临燔柴,辍祭,脱衮,著大裘,象天。”① 依正义,倒是应该先“脱衮”,后“著裘”,这与传世宋本正好相反。当初孙诒让校勘十三经时,也注意到今本《家语》在“临燔柴”以下之“脱”、“服”次序与正义所引不同,但对于原因只说“未详”。② 另外,既然正义说“《周礼》圜丘服大裘,此及《家语》服衮冕,《家语》又云……”,那就说明他所看到的本子前文正与丛刊本同,即也是“天子大裘以黼之,被衮象天”,而不是宋人及今传很多宋本前后俱为“裘”的样子。也就是说,正义所见及丛刊本前面王之所服,应该是“裘”上袭“衮”的格局,这样来看,正义下文的“脱衮”、“著裘”次序也更合理:脱去外面的衮服,仅著裘服(并非重新再穿)以祭天,这与《周礼》的“王祀昊天上帝则大裘而冕”正相契合,设若像很多宋本那样“脱裘”、“服衮”,那就最终是以“衮服”祀天,这是与《周礼》明显矛盾的,后人也正由此攻击王肃任意穿凿。综合上述情况看,我们认为正义所见《家语》,当

---

① 阎步克先生将这段话全理解为魏博士张融的话,遂认为张融主张“脱衮服裘”,以与他所谓的主张“脱裘服衮”的王肃之说相区别,并推测张融之说出自久已失传的《当家语》(阎说见氏著《服周之冕——〈周礼〉六冕礼制的兴衰变异》,中华书局 2009 年,第 400 页注 2)。笔者按,阎说先入为主,臆测之处甚多。其实揆诸孔疏上下文,孔氏是转述张融之说,并非明引其文。试看其原文:“按张融谨按:郊与圜丘是一。又引韩诗说三王各正其郊,与王肃同。”“又引”云云,显然是孔疏在转述张融的观点,是孔疏的话,非张融原话。正因此,所以下文的“《周礼》圜丘服大裘,此及《家语》服衮冕,《家语》又云:临燔柴,脱衮冕,著大裘,象天”同样也不是张融而是孔疏的话。孔疏此言明显是有鉴于《周礼》服裘与《家语》的不同,那么其所见《家语》此处只能是“被衮象天”,阎说亦非(见阎著第 241 页)。而且,孔疏正是有感于《家语》前面说“被衮”但后面又说“脱衮,著大裘”,才用了略带疑惑的“又云”。阎氏为了自圆己说,率尔指此处之《家语》系隋志之《当家语》,武断有加,是缺乏根据的。

② 参上引《礼记正义》,第 798 页下注释③。

为其本貌,即前面为“天子大裘以黼之,被衮象天”,后面则为“脱衮”、“著裘”的次序。相反,宋人所见及今传宋本的模样,恐怕都存在讹误,而对于致误的原因,英藏敦煌写本可能正好提供了相关重要信息。

英藏敦煌《孔子家语》写卷系六朝写本,笔者在前文已有初步的考证。该本保存了《家语·郊问》后半及《五刑解》全部。《郊问》部分正好涉及我们上文讨论的服制问题。为讨论方便,兹将相关内容列出,同时附今本以资比较:

敦煌本:天子之大衮而黼(黼)之,被衮以象天。大衮而为黼文也,言被之于大衮上,以其象天之文,故被之于道路,至泰坛而脱之也。……**既至太坛,王脱衮矣,服衮以临燔柴**。

今　本:天子大裘以黼之,被衮象天。大裘为黼文也,言被之大裘,其有象天之文,故被之道路,至大坛而脱之。……**既至泰坛,王脱裘矣,服衮以临燔柴**。

其中大字为《家语》本文,而小字为王肃注。敦煌本的“天子之大衮而黼之,被衮以象天”,前后俱为“衮”,此字敦煌本写作“衮”,似乎和今传宋本以及我们上文所说的丛刊本、正义所引都不同。不过,事实并非如此简单。我们知道无论是哪种本子,下文是一定要有“裘”与“衮”之更替的,否则“脱”、“服”就无从谈起,但我们看敦煌写本下文仍然作“既至泰坛,王脱衮矣,服衮以临燔柴”,也就是说敦煌写本实际上把“裘”与“衮”一律都抄成“衮(衮)”。又脱“衮”,又服“衮”,这显然是误抄。① 因此,敦煌本中前面的文字就不能说一定是两个“衮”。那么其面貌到底为何呢?笔者觉得此处倒是王注能给我们提供重要的信息。今本王注“大裘为黼文也,言被之大裘,其有象天之文,故被之道路,至大坛而脱之”,按照这个说法,是大裘上再饰以“黼文”,象天,然后至太坛又脱之。但今本王注“言被之大裘”,敦煌本作“言被之于大衮

① 邬可晶《〈孔子家语〉成书时代和性质问题的再研究》(第138页)同样注意到了这个问题。

上”，虽是微小的差异，但意思却大不同：它表明按照敦煌写本，有“黼文”的并非“衮”服本身，而是被之于其上的东西；这里显然是“内＋外”的双重结构，而有“黼文”的，自然应该是“衮服”，里面的则应为“裘”。也就是说，如果不是抄手疏漏，将“裘”与“衮”都抄成“衮”，敦煌写本此处面貌亦应该为：“天子之大裘而黼之，被衮以象天。”同时，此处王注则应改正为：“大裘而为黼文也，言被之大裘上，其有象天之文，故被之道路，至大坛而脱之。”这样，下文也就应该为“脱衮”、“服裘”的次序。由此可见，正义所引确实信而有据。今本王注的这样一处小小的讹误，导致含义大为不同。而且，可能正是由于注文上的讹误，才导致后来很多本子被改成前后两“裘”的格局：注文既然讹为“被之大裘，其有象天之文”，那正文只能是“天子之大裘而黼之，被裘以象天”了。有学者同样注意到了敦煌本将今本的“裘”与“衮” 抄成同一字形，因此在复原敦煌本原貌时将上文提到的关键两处分别拟定为“天子大衮而黼之，被衮以象天”，前后俱为衮；下文为“脱衮”、“服裘”的次序，①这与笔者意见相同；但前一处“天子大衮而黼之”则与笔者的意见不同。衮服之上本有黼文，因此如此拟定似乎较“大裘而黼之”更有道理。但此说也面临如下两方面的问题：首先，《礼记》、《周礼》等文献中“大裘”习见，以区别于所谓“黼裘”、“狐裘”、“虎裘”等名目，但“大衮”之称却绝不见，这让人觉得殊有未安；其次，论者虽主“天子大衮而黼之，被衮以象天”，但也认为此处王注应该同敦煌本作“大衮而为黼文也，言被之于大裘上”，也就是说认同天子祀天之所服其实应该是“裘上袭衮”的格局，既如此，那么前一处还是应以“天子大裘而黼之，被衮以象天”为宜，这样王注的被衮袭裘才能落到实处，否则就成无源之水了。

《家语》本文既作“天子大裘而黼之，被衮以象天”，那么再来看王注就比较好理解了。“大裘而黼之”，朴质的“大裘”如何“黼之”？所以王注用了略带转折意味的“而”，作“大裘而为黼文也”②，今本王注漏掉“而”，不但韵味

---

① 邬可晶《〈孔子家语〉成书时代和性质问题的再研究》。

② “而”字此用法为典籍习见，详参杨树达《词诠》，中华书局1954年，第463页。

尽失,而且几成病句——“大裘为黼文也”,大裘如何能为黼文呢?如上文所言,依敦煌本王注,所谓“黼文”,其实是指“被之于大裘上”的东西,明显是别一物件。今本王注于此漏掉关键的“上”字,径言“被之大裘”,这与前面的“大裘为黼文也”一样,都给人要在大裘上再画以黼文的印象,这明显是错误的,学者已指出其中矛盾。现在幸有敦煌本证明,王氏本意,所谓“大裘而为黼文”并非指在大裘之上再饰以“黼文”,而是指“被之于大裘”之上的东西,应该即衮服。衮服与黼的关系,即如《诗·小雅·采菽》“玄衮及黼”,郑笺解为“黼,黼黻,谓绨衣也”,孔疏云:“绨在裳,言衣者,衣,总名也。”照此理解,所谓“黼”即指下裳刺有黼纹之衣。[①] 类似用法,金文中亦习见,如“玄衣黹屯”、“玄衮黼屯”,[②]所谓“黹屯”、“黼屯”,都指绣以文饰之绨衣。

另外,《家语》这样“裘上袭衮”的格局也合于古礼。[③]《礼记·玉藻》云“礼不盛,服不充,大裘不裼”,即在盛礼的场合,天子之裘及裼衣不能表露在外,必须“不裼”,即袭以他衣。[④] 天子祀天自属盛礼,不袭何待?另外,《礼记·玉藻》孔疏引《郑志》谓“大裘之上有玄衣”,金榜更指“玄衣”之上仍有“上衣”,且此上衣当即《郊特牲》“被衮以象天”之“衮”。[⑤] 金氏分“玄衣”、“上衣”为二,不确,但指“上衣”为“衮”则是(“玄衣”、“上衣”本一物而两名,文献及彝铭屡言“玄衮”可证)。宋绵初也说:“礼不表裘,大裘不裼,则大裘之上被以龙衮可知。”[⑥]有学者或谓“衮服”亦有数章之纹饰,这样的话,被之

---

① 何树环《西周锡命铭文新研》,台湾文津出版社 2007 年,第 114 页。

② 周代铜器铭文中所见之服饰,上引何树环一书曾列表统计颇详,参何著第 98—102 页。

③ 学者或从先入之成见出发,指裘上袭衮乃宋陈祥道为媚皇权而造说(参见阎步克《服周之冕——〈周礼〉六冕礼制的兴衰变异》,第 401—403 页),实未明古制。今按,陈氏并非创为新说,只是阐明古义而已。裘上袭衮之制,经清代江永、金榜等汉学大师掘发,早已昭于天下。

④ 可参钱玄《三礼通论》,南京师范大学出版社 1996 年,第 102 页。此外,王文锦对于“大裘不裼”的翻译,就是直接以天子祀天为例的,而其服制正是“裘上袭衮”之格局:“所以天子穿黑羔裘去南郊天,大裘外的衮服,其衣襟从不敞开,总让内美充实于内。”(《礼记译解》,中华书局 2001 年,第430 页)

⑤ 金榜《礼笺》卷三“裘”条,《清经解·清经解续编》,第 4 册,凤凰出版社 2005 年。

⑥ 参见孙诒让《周礼正义》,第 1621 页。孙氏本人也认同以衮袭裘之说,并因此批评郑君之误:“盖自郑误谓大裘不袭衮,其服无章,冕又无旒,与《郊特牲》文迕。”(见同书第 1626 页)

龙衮，如何能“充美”，即华美内蕴呢？清儒惠士奇就有此疑惑：“愚谓裘之裼也，见美也，见则美在外；服之袭也，充美也，充则美在中。裘质衮文，中裘表衮，是美在外也，谓之袭可乎？”①今人阎步克也说：“……可龙衮比大裘更华美，穿在外面，怎么是充美呢？”②实际上，依先秦礼制，礼服之裼、袭，即华美是外露还是充藏于内，向来都是指针对“裼衣”之美的不同处理，非指衮服。大概在古人看来，衮服虽亦有章饰，但与罩在裘服之上的裼衣之美还是不可同日而语的。尤其是，从材质上说，裼衣多以丝绢为之（《礼记·玉藻》所谓“锦衣以裼之”、“锦衣狐裘”、“玄绡衣以裼之”），轻薄如蝉翼（所以可作罩衣之用），其美更非衮服可比。阎氏直接持龙衮与大裘对比，明显就是忽略了“裼衣”。“裼衣”因为居于“裘”之上和“衮”之内，所以又可称“中衣”③，学者或将“裼衣”直接比附“衮衣”，也是不正确的。④ 所以，具体地说，郊天之礼天子最初所服实际上应该是“裘—裼衣—衮”这样的三重结构。另外，学者对裘上袭衮的格局，可能还会有裘、衮同冕的质疑，但清秦蕙田即已指出：“《郊特牲》‘王被衮以象天，戴冕，璪十有二琉’是大裘之冕，即五冕之衮冕，非别有一冕也。”⑤沈文倬先生亦早已提到：“凡冕冬皆用裘，祀天之礼，天子服大裘，仍以玄衣为袭。深味《司服》之文，亦未必以五冕之外复有裘冕，六冕之说殆出郑君臆断耳。”⑥天子郊天由于属盛礼，因此当祭之日就有“裘—裼衣—衮服”这样的服制安排，但当天子至泰坛，临燔柴祭天之时，就可以脱去衮服，仅服裘以祭天：“既至泰坛，王脱衮矣，服裘以临燔柴。”大裘本朴质，正合天道。《家语》此处虽未言及“裼衣”，但依理推之，此时“裼衣”亦当在

① 参见惠士奇《礼说》卷七“王祀昊天上帝大裘而冕”条，《清经解·清经解续编》，第2册。

② 阎步克《服周之冕——〈周礼〉六冕礼制的兴衰变异》，第404页。

③ 参金榜《礼笺》卷三“中衣裼衣”条，及钱玄《三礼通论》，第100—102页。

④ 参杨向奎《裼袭礼与“礼不下庶人解”》，《中国社会科学院研究生院学报》1998年第6期。笔者按：杨氏将“裼衣”讲成“衮衣”，实源于受存在讹误版本的惠士奇《礼说》的误导。杨氏引惠氏说为“裘质衮衣”，其实惠氏原文为“裘质衮文”，详参惠士奇《礼说》卷七“王祀昊天上帝大裘而冕”条。

⑤ 秦蕙田《五礼通考》卷四《吉礼》，景印文渊阁《四库全书》，第135册，第182—183页。

⑥ 参见沈文倬《觐礼本义述》，“释裨冕”节，《菿闇文存》，商务印书馆2006年，第400页。

脱去之列，否则“裼衣”示天，反而有违朴质之道。但相对于“裘”与“衮”而言，“裼衣”作为“衣”，实只具有从属地位，故《家语》无须特言之。

一旦我们厘清今本《家语》服制特别是王注上的问题，后世很多学者对《家语》相关问题的批评或可以涣然冰释。比如，按照今本王注“大裘为黼文也……其有象天之文”，明言要在本来朴质的裘服上再画出“黼文”，这让人感到非常奇怪，宋杨简即云“大裘无文，正合天道，而王肃曰大裘其有象天之文，殊未安”，惠士奇、孙诒让甚至批评王氏将大裘与黼裘混为一谈，①他们的说法可以说某种程度上都是受到了今本《家语》，尤其是存在讹误的王肃注之误导。

另外，从《家语》“裘上袭衮”的记载看，古代南郊祭天之礼典于服制上实包括两个阶段：前一阶段为裘上袭衮的格局，而后一阶段即登泰坛之时则脱去衮服，仅服裘而已。② 此种不同，亦与《周礼》郑注“斋、祭异冠之论”相合：祭礼分为斋戒和临祭两个阶段，两个阶段各用不同的冕冠。斋冠比祭冠低一等。③ 郊天服制“裘上袭衮”的二元结构，我们还可以从祭与燔柴之次序一窥端倪。清黄以周对此曾有明辨，驳斥传统疏家燔柴在祭先、为降神之礼的陈说，明白揭示了燔柴在祭终才是汉世经师之古说。④ 所以，《家语》的“既至泰坛，王脱衮矣，服裘以临燔柴”，《郊特牲》孔疏解为“临燔柴，辍祭，脱衮，著大裘……”，所谓“辍祭”，则明显“祭”早已开始，此时之“辍”，实系为燔柴作准备，则祭、燔柴之先后与两个阶段上服制的更迭可以说已经非常明晰

① 惠士奇说《家语》“则合大裘与黼裘为一矣”（《礼说·卷七》），孙诒让也说“其以大裘为即黼裘，尤王肃之谬也”（《周礼正义》，第1626页）。此外，刘师培也说“王肃注以大裘为黼文，与先郑尚质义背”，明显也是受今本王注误导。参见阎步克《服周之冕——〈周礼〉六冕礼制的兴衰变异》，第401页。

② 这一点宋人已道明。《宋史·舆服志》载详定官云：“王肃据《家语》，以为临燔柴，脱衮冕，著大裘。则是《礼记》被衮，与《周礼》大裘，郊祀并用二服，事不相戾，但服之有先后耳。”

③ 阎步克《服周之冕——〈周礼〉六冕礼制的兴衰变异》，第399页。

④ 参黄以周《礼书通故》，中华书局2007年，第617—618页。但黄说先燔柴后祭之说发端于王肃，则显然是受存在讹误的今本《家语》及王注之误导。其实，孔疏明言王肃及《家语》之说是“临燔柴，辍祭”，也就是说，临燔柴时，中断了“祭”的程序，显然，燔柴前面就是祭，说王肃主张先燔柴后祭是不准确的。

了。祀天服制是裘上袭衮的格局既明,则传统上诸书之间关于祀天服制上的矛盾亦可以得到合理的解释:《礼记》上说“被衮象天”,《周礼》则是祀天服“大裘”,前人颇讶其不同,现在看来,它们说的可能都没错,只是着眼于不同阶段而已,都可谓得其一斑。《礼记·郊特牲》说“祭之日,王被衮以象天”,《周礼·司服》云“王之吉服,祀昊天上帝则服大裘而冕”,二书强调的其实只是不同环节上的王之所服,并不重在祭天之礼前后的系统性仪节,而这恰恰是《家语》的叙述重点。不过,传统上对《家语》持“伪书”说的学者,对于《家语》涵盖《礼记·郊特牲》与《周礼》二书之说,多认为系王肃伪造此篇以欺世,像范家相即云:“文内言‘天子被裘象天’,既至泰坛,脱裘服衮以临燔柴。此据《周礼·司服》‘王祀昊天上帝服大裘而冕’云云有意添出。”①范氏所据今本存在讹误,原因已如上文所述。不过,其所指问题即依《家语》原本面貌,似乎依然存在:《家语》确有整合《周礼》、《礼记》之嫌。但是,设若王肃真如范氏所说据二书以伪造此篇,而这样的伪造又恰与古礼相合,这也未免太“凑巧”了吧?孙志祖的看法大致也与范氏同,不过又把此一问题与郑玄、王肃之间有名的郊、丘之争联系起来。郑主郊与圜丘是为二祭,而王说则以为郊与圜丘为一。后来学者,②包括孙氏本人都认为郑君郊、丘二分说误甚,而王氏之说则更有理据(参本书“经学及理论编”中《郑玄、王肃郊祀立说的再审视——兼说〈孔子家语〉辨伪学的相关问题》一文)。实际上,郑君郊、丘二分的立说,正是有鉴于《周礼》、《礼记》在郊祀服制上的不同,现在一旦我们证明二者服制上本为一事,等于从另一个角度宣告了郑君郊、丘二分说的“破产”。当然,这不也同样证明了《家语》及王肃之说信而有征吗?

① 同样,阎步克、邬可晶对于《家语》服制兼综《周礼》、《礼记》的现象也认为系后人造作。

② 这方面新近的研究可参杨天宇《西周郊天礼考辨二题》,《文史哲》2004 年第 3 期。

英藏敦煌写本《孔子家语》校记*

凡例：

1. 本文以《四库全书》本（简称“全书本”）为主勘校，间以《四部丛刊》本（简称“丛刊本”）、元王广谋本相参。由于全书本与丛刊本实大同小异，本文单以全书本出校者，也往往意味着丛刊本亦与之同，故不具列。
2. 卷子本《家语》正文用四号楷体，而卷子本王注则用五号楷体出之。卷子本王注为在一行中用双行小字出之，本文为行文方便，一律放在一行。
3. 卷子本每行的阿拉伯数字为卷子本行号，省略号为卷子本残掉部分。卷子本加方框的字系部分残掉，但依传世本可补出。而方框之处系模糊不可辨识之字。
4. 卷子本重文符号本文用“--”表示。

1. ……………………………………丧者不敢

卷子本前面大部残掉，“丧”字部分残，但犹可辨。前面依全书本当作“将郊，则供天子皮弁以听报，示民严上也，郊之日”。但卷子本该行余下空间是无法容纳这么多字的。而且，全书本在“示民严上也”下还有王肃的注。读者下面将会注意到一个有意思的现象，那就是卷子本17行之前，[1]每行内容的起讫与今之丛刊本大致相同（王注也是用双行小字出之）。基于此，笔

---

* 本文原刊于台湾《孔孟学报》第86期(2008年)。

① 17行以及后面由于卷子本使用了重文符号，导致每行空间节约，各行起讫才渐显参差。

者推测卷子本此行也当如丛刊本般大体从“听报”或“示民严上”起始，然后接以王肃的注以及“郊之日，丧者不敢”。卷子本起始在抄写体例上与今天的丛刊本有这样的惊人一致，是耐人寻味的。

2. ……………………门汜扫清路行者跸止

卷子本前面残掉，据全书本可补为“哭，凶服者不敢入国”。卷子本“门”字仅存其左半，“汜”也仅存“氵”，“扫”存“扌”，均可据全书本补出。“扫”，丛刊本作“埽”，《礼记·郊特牲》亦为“埽”，实古今字，卷子本多用俗体，其用后起字“扫”，可以想见。“跸”，或作“趩”，系古时帝王出行清道之事，全书本作“毕”，似省“足”旁，而丛刊本作“必”，则非。此当以卷子本为是。

3. ……扫也①清路以(新)土覆故土上也跸止无复行也弗命而民听敬之至

王注“新”字本来写错，抄手在原字上加描。全书本王注较之卷子本大为简略，作“汜，遍也，清路以新土，无复行之”，其所据本当有残缺。卷子本“以新土覆故土上”非常形象，全书本只云“清路以新土”，较之卷子本逊甚。卷子本“跸止，无复行也”为标准的注语形式，全书本既漏掉“跸止”，所以“行也”作“行之”就缺少点注文的语气。

4. 此王恭严事天故民化之不令而行天子之大衮而黼之被衮以

卷子本“此王”，全书本王注作“以王”。“此”、“以”形近易讹，当以卷子本为是。卷子本王注“恭严”，全书本作“肃敬”，而丛刊本作“恭敬”，似当从卷子本。卷子本两处“衮”，全书本皆作“裘”，而后一“裘”，丛刊本作“衮”。卷子本此处及下文皆作“衮”，而实际上此处天子所服前后是有“裘”和“衮”

---

① 此处从邬可晶释，参邬可晶《〈孔子家语〉成书时代和性质问题的再研究》，复旦大学2011年博士学位论文，第128页。

之异的，由于二者形近，卷子本抄手将其统统写作“衮”。但究竟何者为“衮”，何者为“裘”？我们看《礼记·郊特牲》孔疏引《家语》：“临燔柴，脱衮冕，著大裘，象天。”明言“脱衮”、“著裘”，准此，则《家语》此处本当作“天子大裘以黼之，被衮以象天”，《礼记·郊特牲》也明言“王被衮以象天”，而之所以“被衮”，诚如孔疏所云“衮冕有日月星辰，以象天”，这和下文王肃注“象天之文”一致。由此看来，丛刊本保留一“衮”，更近原貌，王广谋本亦同，而全书本全为“裘”则误。卷子本“黼”，全书本作“黼”，卷子本当又为俗体也。卷子本王注“行”后全书本有“之也”。卷子本“天子”后“之”字疑衍文，全书本无。“以”字全书本无，当以卷子本为是。

5. 象天大衮而为黼文也言被--之于大衮上以其象天之文故被之于道路至泰坛而脱之也乘素

卷子本王注“被”后有重文，似误。卷子本王注“以其”，全书本作“其有”，作为对“被衮”原因的解释，显以卷子本“以其”为佳。全书本“脱之”后无“也”字。

6. 车贵其质也旂十有二遊龙章而设日

卷子本之“旂”，全书本作“旂”，卷子本漏书“𠂉”旁，不谨。“遊”，本字当从全书本作“旒”，《礼记·郊特牲》亦同。“遊”与“旒”二字音形皆近，卷子本抄写较随意，后面第8行又写作“流”，可见一斑。丛刊本“设”后有“以”，而全书本无，《郊特牲》所载亦无“以”字，当以卷子本为是。①

7. 月所以法天既至太坛王脱衮矣服衮

全书本“天”后有“也”字。“脱”之后继之以“服”，显然不可能是同一个东西，但卷子本两字都写作“衮”，显系辨之不察而误书。如前所述，此处当

① 邬可晶亦指出此点，参氏著第129页。

作“脱衮”、“服裘”，而全书本、丛刊本、王广谋本正相反，非。

8. 以临燔祡冕藻十有二流则天数也臣

卷子本“祡”，全书本作“柴”，作为祭名，实当从卷子本。“流”当从全书本作“旒”，说见前。全书本“冕藻”前有“戴”字，而卷子本无“戴”，《郊特牲》所载亦有“戴”，卷子本当系脱漏。卷子本“冤”，全书本作“冕”，卷子本亦当系俗体。《敦煌俗字谱》录有“冕”字俗体作“冤”，①与此形极近。“藻”，全书本同，丛刊本作“璪”。《礼记·玉藻》“天子玉藻”，孔疏：“藻，本又作璪。”

9. 闻之诵诗三百不足以壹献祭群小祀壹献之

《家语》此处又见于《礼记·礼器》篇，孔颖达释“一献”是“祭群小祀”，与王注同，盖明取《家语》王注乎？

10. 礼不足以大飨大飨祫祭先王也大飨之礼不足

全书本王注“先王”作“天地”，于“大飨”之义不合。《家语》此处又见于《礼记·礼器》篇，孔颖达解“大飨”为“祫祭宗庙”，显然受祭的应该是“先王”，卷子本所见良是。丛刊本作“天王”，盖“先”与“天”形近致误也。

11. 以大裓大裓祭五帝也大裓具矣不足以飨帝飨帝

“裓”，即全书本及《礼记·礼器》之“旅”字，祭五帝之名。魏《高湛墓志》“旅”字写作“裓”，②实与卷子本同，恐亦系俗书。

12. 祭天是以君子无敢轻议于礼也

全书本“礼”后有“者”字。

---

① 参见金荣华《敦煌俗字索引》，台湾石门图书公司1980年，第95页。

② 参见《中华字海》，中华书局、中国友谊出版公司1994年，第1281页。

13. 五刑解第卅　孔子家语　王氏注

卷子本的“解”字为俗体，①全书本作“解”。

14. 冉有问孔子古者三皇五帝不用五刑信

卷子本“不”字残损，但依稀可辨。较之全书本，卷子本多有漏字，如“问”后漏“于”、“孔子”后漏“曰”，此可见抄写失谨也。

15. 乎孔子曰圣人之设防也贵其不犯也制五

全书本“防”后无“也”字。

16. 刑而不用所以为至治也凡民之为奸耶穷

卷子本“耶”，全书本作“邪”，卷子本属假借。卷子本“民”，全书本同，《大戴礼记·盛德》亦作“民”，良是。而此字丛刊本作“夫”，王广谋本亦同，当是形近致误，此亦可见丛刊本渊源有自。

17. 盗歴法安忘行者也生不--足--生无--度--则小

卷子本“歴”应该是俗体，下文即同全书本作“靡”，不过《大戴礼记·盛德》亦作“歴”，可见此种写法是有来历的。唯卷子本“安”可能为衍文。卷子本“忘”，当从全书本作“妄”。全书本无“也”字，本处并非判断句，卷子本当为衍文，王广谋本亦无“也”字。卷子本此处用了重文符号，全书本作“……生于不足，不足生于无度”，准此，则卷子本漏介词“于”字。

18. 者偷随奢侈靡各不知节是以上有制度则

卷子本“随”当是“惰（堕）”字之误，全书本即作“惰”，《大戴礼记》作“堕”，亦近之，而丛刊本作“盗”，则系妄改。“奢”可能是“者”之误。全书本

---

① 朝鲜本《龙龛手镜》有此形，参见《中华字海》，第1444页。

此处作“大者”，卷子本漏掉“大”。全书本由于不用重文，故字数多，所以从此行起卷子本与丛刊本之间每行的容量差异开始增大。

19. 民知--所--止--则不犯故虽有奸耶窃盗靡

“耶”全书本作“邪”，说见前。“窃”，全书本作“贼”，王广谋本亦同。但《大戴礼记·盛德》作“窃”，且前文已有其例，故当以卷子本“窃”为是。另外，日本宽保元年（1741年）京师书坊风月堂所刻冈白驹补注本亦作“窃盗”，[①]尤可证。

20. 法妄刑之狱而无陷刑之民也不孝者生于

全书本“民”后无“也”字。卷子本前一“刑”字当写错，当从全书本作“行”，王广谋本亦同。

21. 不--仁--生于丧祭之礼不明丧祭之礼所以教

卷子本“不明”，全书本及丛刊本漏掉“不”字，遂致前后文意不通。王广谋本此处恰好缺漏。全书本“不明”前有“也”字，[②]明确地在前面断句，但“不仁者，生于丧祭之礼也”殊为不通。《大戴礼记·盛德》作“不仁爱生于丧祭之礼不明”，与卷子本基本一致，此亦可见他山之石，确可攻玉。此处传世各本都“一致”地未能起覆，这昭示它们的版本来源其实是很单一的。

22. 仁爱也能致仁爱则服丧思暮祭祀不解

卷子本“暮”当从全书本作“慕”。卷子本前“教”后“致”，全书本同卷子本，《大戴礼记》亦同，[③]而丛刊本一律为“教”，显然是为求上下文一律作的

---

① 参邬著第130页所引赵灿良《〈孔子家语〉研究》中说。

② 丛刊本“不明”前无“也”字，似更原初。

③ 《大戴礼记·盛德》此处作“丧祭之礼，所以教仁爱也，致爱故能致丧祭，春秋祭祀之不绝，致思慕之心也”。

修改,再次说明从刊本之妄也。从刊本漏“服”字,全书本同卷子本。“解”为俗体,而本字当如全书本作“懈”,取懈怠之义。

23. 人子馈养之道也言孝子奉祭祀不敢解与生时馈养之道同也丧祭

全书本无“也”,当系脱漏。从刊本王注漏“与”字。卷子本王注“同也”,全书本作“同之也”,“之”字当衍,从刊本作“同之”,又可见与全书本为同一系统。

24. 之礼明则民孝矣故虽有不孝之狱而无

此行卷子本与全书本全同。

25. 陷刑之名也试上者生于义不明夫义所

卷子本“名”当为“民”之误。“试”当是“弑”之误,全书本为“杀”。由《大戴礼记 · 盛德》作“弑”看,《家语》原本此处原当作“弑”。另外,此处卷子本“义不明”,全书本作“不义”,王广谋本亦同。但《大戴礼记 · 盛德》为“义不明”,故知卷子本为是。今二本俱少卷子本的发语词“夫”,亦可见其为同一系统。

26. 以别贵贱明尊卑贵贱有列尊卑有

卷子本“有列”,全书本作“有别”,《大戴礼记 · 盛德》作“有序”。笔者怀疑卷子本“列”当系“别”之形近致讹,因前文明言“别贵贱”。

27. 序则民莫不尊上而敬长朝聘之礼者

卷子本此行与全书本全同。

28. 所以明义也义必明则民不犯故虽有试

“试”本当作“弑”,说见前。

29. 上之狱而无陷刑之民斗变者之生--相--于

卷子本“刑之民”，丛刊本同，王广谋本亦同，但全书本作“民之刑”。考虑到前面(25行)已有“陷刑之民”之说，则此处当从卷子本。卷子本此行末重文的位置似有标错，卷子本在“相”、“于”之间有乙正符号，似已注意到此点。① 该处全书本作：“斗变者生于相陵，相陵者生于……”

30. --陵--生于长幼无厚而遗敬让遗忘乡饮

卷子本“厚”，全书本作“序”，卷子本当是由形近致误，下一行明言“长幼之序”，可证。

31. 酒之礼者所以明长幼之序而致敬让也

卷子本“致”，全书本作“崇”，王广谋本亦作“崇”。《大戴礼记》作“教”，考虑到上下文一贯之例(21、22行“丧祭之礼，所以教仁爱也”)，此处似当作“教”，卷子本“致”当系形近致讹。

32. 长幼必序民怀敬让故虽有斗变之

“斗变”，全书本作“变斗”，王广谋本亦同。丛刊本同卷子本，且上文明言“斗变”，故当以卷子本为是。

33. 狱而无陷刑之民也滛乱生于男--女--无--

全书本无“也”。卷子本“滛”，全书本作“淫”，《五经文字》录有“淫”字讹形作“滛”，②与此形极近。全书本“淫乱”后有“者”，卷子本似脱。

34. 别--则夫妇失义婚礼聘享者所以别男

卷子本“婚礼聘享”，王广谋本同。全书本为“婚姻聘享”，丛刊本作“礼聘

---

① 参邬可晶文第131页。

② 参见《中华字海》，第560页。另外，《敦煌俗字谱》也有此形，见《敦煌俗字索引》，第93页。

享”，但从《大戴礼记》作“昏礼享聘”看，此处本似当从卷子本作“婚礼聘享”为是，而王广谋本独与卷子本同，更显其珍贵也。今之传世各本多系所谓“宋本”之遗，然辗转翻刻，讹误之处所在多有，故其“宋本”的身份实只具有“相对性”，而王本虽系“元本”，但毕竟“绝对”年代较早，故偶有令人意想不到之真。

35. 女明夫妇之义也男女既别夫妇既明故

卷子本此行与全书本全同。

36. 虽有淫乱之狱而无陷刑之民也此五者刑

卷子本“淫”又是“淫”字别一种俗书。全书本无“也”。

37. 罚之所从生各有源焉不豫塞其源而辄

卷子本“所从生”，全书本、《大戴礼记》、王广谋本均同，而丛刊本作“所以生”，当是由“从”、“以”形近致误也。

38. 绳之以刑以为民设穽而陷之也刑罚之源生

“以为”，全书本作“是谓为”，丛刊本、王广谋本亦同，而《大戴礼记》作“是为”，似当从全书本。“也”，丛刊本无，当系脱漏。“穽”，《说文》云系“阱”字或体，全书本即作“阱”，而《大戴礼记・盛德》作“陷”，字虽不同，而义并无二致。《说文・井部》：“阱，陷也。”

39. 于嗜欲不节夫礼度者所以御民之嗜欲而

卷子本此行与全书本全同。

40. 明好恶顺天道也礼度既陈五教毕修而民

“天道也”，丛刊本作“天之道”，而全书本作“天道”，犹存古貌。

41. 犹或未化尚必明其法典以申固之尚犹也申其令固其教也

卷子本此行与全书本全同。

42. 其有犯奸耶窃盗靡法妄行之狱者则餙

全书本、丛刊本都无“有”，亦无“窃盗”。但从上下文看，此处“窃盗”当有，全书本可能脱漏。卷子本“靡”，为“靡”之俗体。卷子本“餙”，全书本作“饬”。按：卷子本“餙”当是“饰”的俗体，[①]而“饰”与“饬”音形俱近，古代常常混用，《谷梁传》襄公二十五年：“古者大国过小邑，小邑必饰城而请罪。”本字当从全书本作“饬”。

丧祭之礼有犯□

该部分本应接在“不孝之狱”与“朝觐之礼”之间，但卷子本漏抄，遂在两句中间以小字补出，《敦煌宝藏》影印本“犯”以下不可识。《敦煌宝藏》本所录似不完整，以全书本看，所缺部分应为“丧祭之礼有犯杀上之狱者则饬”，学者所据他处卷子本基本与此相同，当是。

43. 制量之度有犯不孝之狱者则餙朝觐之

卷子本“餙”字说详上。

44. 礼有犯斗变之狱者则餝乡饮酒之礼有

卷子本“餝”，即“饰”。《战国策·秦策》“文士并餝，诸侯乱惑”。

45. 犯淫乱之狱者则餝婚聘之礼三皇五帝之

“餝”，同上。

① 张涌泉《汉语俗字丛考》，中华书局2000年，第1120页。

46. 所以化民者如此虽有刑不用不亦可乎

“所以”,全书本作“所”,王广谋本同,当有脱漏。全书本“刑”前有“五”,作“五刑”,王广谋本同,卷子本当系脱漏。卷子本“不用”,全书本作“之用”,而王广谋本作“之不用”,当以卷子本为是。从文义上看,无论是卷子本还是王广谋本都无问题,而全书本“之用”则不通;不过,王广谋本“之不用”又让我们看出了全书本致误之中间环节。

47. 孔子曰大罪有五而敛人为下逆天地者

“敛”,当为“煞”字俗体,[①]全书本作“杀”,二者音同,古常通用。“逆”全书本作“逆”,写本亦是俗体。[②]

48. 罪及五世诬文武者罪及四世逆人伦者罪

“逆”字说同上。

49. 及三世诬鬼神者罪及二世手敛人罪止其

“诬”,《大戴礼记·本命》同,而全书本作“谋”,非。此亦可见《大戴礼记》作为他山之石之效。“人”字后全书本有“者”,卷子本当属脱漏。“止”,全书本同卷子本,《大戴礼记·本命》亦同,而丛刊本作“及”显系盲目为求上下文例一律而妄改也。

50. 身故曰大罪有五而敛人为下者也

“者也”,全书本作“矣”。

51. 冉有问于孔子曰先王之制使刑不上于大夫

“之制”,全书本作“制法”,王广谋本亦同,太过直白。笔者推测全书本

---

① 张涌泉先生认为“敛”字“疑即‘煞(杀)的讹俗字’”,好像不太确定,盖未见敦煌《家语》此卷也。
② 《敦煌俗字谱》录有此形,参见《中华字海》,第637页。

所据的本子可能漏掉"之",遂妄增"法"使文义合辙。

52. 礼不下于庶人然则大夫之犯罪不可加以

"之"字全书本无。"加以",全书本作"以加",王广谋本亦同。

53. 刑庶人之行事不可治以礼乎孔子曰不然也

"治以礼",全书本作"治于礼",王广谋本亦同,当以卷子本为是。全书本无"也"。卷子本语气词、语助词保存较多,体现出明显的情景化色彩。全书本多有刊削,气氛大减。这似乎也可说明卷子更近于原始文献。

54. 凡治君子以礼义御其心所以厉之以廉耻

全书本无"义"字,王广谋本亦无,当系脱漏。"厉",全书本作"属",王广谋本亦同。贾谊《新书·阶级》篇有与此类似一段,对应之处作"所以厉宠臣之节",亦为"厉",故知卷子本作"厉"是。全书本等当系形近致讹。

55. 之节也故古之大夫其有唑不廉污秽而退

卷子本"唑",本字当从全书本作"坐"。

56. 放之者不谓之不廉汙秽谓蕫簋不餝餝慗齐也

"蕫簋",全书本作"簠簋",古代"艹"与"⺮"旁经常互换,卷子本即是其例,本字当如全书本。"餝",同"饰",说详上。卷子本王注"慗",全书本作"整",卷子本又是俗体,此种写法《正字通》亦有见。[1] 全书本、丛刊本、王广谋本"污秽"后尚有"退放",卷子本当系脱漏。"谓",全书本、丛刊本、王广谋本作"则曰"。另外,《新书·阶级》把"秽污"放在下面讲男女关系处,似更有道理。当然,《家语》作此种处理可能正反映了当初孔安国的整理,所以不能贸然据贾书妄改也。

---

① 参见《中华字海》,第1000页。

57. 有咝淫乱男女无别者不谓之淫乱男女无

“咝”字说同上。

58. 别则曰惟薄不修有咝冈上不忠者不谓之

“惟薄”，全书本、丛刊本、王广谋本俱作“帷幕”，但是《新书·阶级》独与卷子本同，亦作“惟薄”，看来卷子本确系古貌。全书本“修”后尚有“也”字。“冈”字写法奇异，全书本作“罔”，卷子本亦是俗体。六朝至唐，“网”字的俗体经常写作“冈”、“罓”①、“冂”。至于卷子本的“冈”，更是敦煌卷子常见的写法。②

59. 冈上不忠则曰臣节未着有咝罢软不胜

卷子本“着”，全书本作“著”，卷子本亦当是用俗体，本字当作“著”。③

60. 任者不谓之罢软不胜任则曰下官不识识宜

“识”，《新书·阶级》篇作“职”，可证王注不误，而安国旧本则误也。全书本“识”作“职”，王广谋本亦径作“职”，均系据王注改正文，既已改，所以王注纠谬的存在就不合适了，干脆删去，何其鲁莽也。当初王重民先生有鉴于此，认为宋人刻书不只妄改正文，并兼注语也。④ 王广谋本出于元代，已系妄改之貌，足证王重民先生的判断大致是不错的。

61. 为职言其下官不称其职不斥其身有咝干国之纪者不谓之干

全书本王注“识宜为职”无，王氏显然是在纠谬，也让我们看到了真正的安国旧本，亦证《家语》系王氏伪造之说不确：如真系王氏伪造，此处何

① 张涌泉《汉语俗字丛考》，第177页。
② 张涌泉《汉语俗字丛考》，“前言”第7页。
③ 关于两字关系，可参见裘锡圭《文字学概要》，商务印书馆1988年，第225页。
④ 王重民《敦煌古籍叙录》，中华书局1979年，第149页。

不径直写作“职”呢？而王氏仅在注文中作出“识，宜为职”这样的判断，并没有妄改原文，较之宋人的草率和鲁莽，其严谨的态度是显而易见的。其一字之慎尚且如此，又怎么能说王氏伪造全书？全书本王注“称”后有一字“务”，丛刊本作“移”，“移”字当是“务”之讹。王广谋解此处径为“下官不称职”，与卷子本近，可知无论是“移”字还是“务”字，均当为衍文，非本貌。

62. 国之纪则谓行事不请言不请而擅行此五者大夫既

“谓”全书本作“曰”，王广谋本亦同。

63. 自定有罪名矣而犹不忍行然正以呼之也

“定”，全书本作“定”，卷子本为俗体。① “行”，全书本作“斥”，而《新书·阶级》篇亦作“斥”，看来是卷子本误写。“正”，卷子本与全书本同，但《新书》作“至”，从文义看，似以《新书》为优。《家语》所见，可能早在安国编定时即已如此，所以我们同样不能说卷子本乃至全书本就是错的。

64. 就而为之讳所以愧耻之为是故大夫之罪其

卷子本“就”，全书本作“既”。王广谋本此前缺漏，此处唯作“而为之讳……”，既无“就”，亦无“既”。《新书·阶级》此处作“尚迁就而为之讳”，以文义求之，《新书》所载文从句顺。所以，我们认为此字当为“就”。不过，卷子本漏掉了“迁”，这样一来“就而”就有点不通了，所以后人将其改为字形比较接近、又能与下文连读（“既而”）的“既”。也就是说，从此处看，今天传世各本实际上都是秉承像卷子本这样漏掉了“迁”的本子。但从卷子本的性质来看，它又不是今天各本的祖本，所以我们只能说此处漏掉“迁”，可能在安国编次《家语》时就已经如此了，因此才有后来各本

---

①《敦煌俗字谱》，参见《中华字海》，第614页。

“一致性”的错。另外,“之为”全书本作“之”,王广谋本亦同,卷子本“为”似为衍文。

65. 在五刑之域者闻有谴发谴让也发始发露也则白冠

“有”,全书本作“而”,王广谋本亦同。清孙志祖《家语疏证》引《太平御览》卷六四一亦同卷子本作“有”。[①] 由此可见卷子本确存古貌,而《太平御览》等类书所引实堪珍视也。全书本等虽号称“影宋本”或“覆宋本”,然辗转翻刻,离真宋本已远矣,此处与《太平御览》之异即是明证。就王注看,全书本“谴”字两见,作“谴,谴让也”,似衍一“谴”。全书本王注后无“也”字。

66. 氂缨盘水加剑造乎�而自请君不使有

“氂”估计是个错字,全书本作“釐”,也不尽正确,当作“氂”为是。验之《初学记》卷二六所引《家语》正作“氂”,[②]另外,《新书》亦作“氂”,尤可证。王广谋本作“釐”,亦非。按,“氂”字《龙龛手镜》卷一毛部有俗体“氂”,而卷子本缺“厂”旁,下面仅有一“毛”字,故而可认为是个错字。“闹”,全书本作“阙”,卷子本当又是俗体。全书本“请”后有“罪”,王广谋本同,《新书》亦作“请其罪”,卷子本或有脱漏。

67. 司执缚牵掣而加之也其有大罪者聋命

卷子本“聋”,全书本作“闻”,卷子本故意用古体,而本文其他地方多写作“闻”,如第9行“(臣)闻之,诵诗三百”、65行“闻有谴发”。值得注意的是,近年来出土文献中“闻”字与卷子本中相同的写法也有出现,如郭店简本《五行》“聪则聋君子道,聋君子道则玉音”[③]。“闻”字的这种写法冷僻而独

---

① 孙志祖《家语疏证》,《续修四库全书·子部·儒家类》,上海古籍出版社2002年。

② 《初学记》卷二六,《冠第一》,中华书局1962年。

③ 《郭店楚墓竹简》,文物出版社1998年,第149页。

特,传世材料中仅《汗简》、《古文四声韵》等书间有保存,①而卷子本亦作此形,让人匪夷所思。莫非《家语》原本即如此?果如斯,那么这对《家语》一书性质的判定将提供重要参照。《新书》先言"中罪",再言"大罪",《家语》与之不同。

68. 则北面再拜跪而自裁君不使人捽引而刑敛

"捽",即全书本之"捽",卷子本的写法《正字通》有见,②亦当系俗书。《新书》"引"作"抑"。

69. 之也曰曰子大夫自取之耳吾遇子有礼矣是以

"之也",全书本同,丛刊本无"之也",而在"杀"字后有为"捽"作的反切"捽,昨没反",可能系为加反切而将"之也"脱漏也。卷子本前一个"曰"当系写坏。"自取",《新书》作"有过"。全书本无"是",当属脱漏。

70. 刑不上大夫而大夫亦不失其罪德教使然也凡[所]

全书本"罪"后有"者",卷子本当系脱漏。又,"德"字全书本无,王广谋本亦无,当系脱漏。卷子本"所"字残掉,丛刊本作"所谓",无"凡"字,但全书本同卷子本,王广谋本亦同,当系原貌。

71. 谓礼不下庶人者以庶人遽其事而不能充礼故[不]

卷子本"不"字残泐。

---

① 《汗简》"米"部下收有"问"字古体作"[古文]",从米从[古文]。其下部之"[古文]",可能正是"耳"字之讹,而"问"字当是"闻"字之误。《古文四声韵》引《古老子》、《古尚书》"闻"字正是从米从耳,与卷子本及郭店简本同。以上情况,参见《汗简·古文四声韵》(李零、刘新光整理),中华书局1983年,第19、17页。另外,《石刻篆文编》(商承祚编著,中华书局1996年)录《三体石经》古文"闻"字亦有作"眷"者。

② 参见《中华字海》,第331页。

72. 责之以备礼也冉有蹶然免席曰言则美矣求未

卷子本"冉有",丛刊本、王广谋本同,全书本作"冉求",当从卷子本为是。卷子本"廗",全书本作"席",卷子本亦是俗体,而且六朝至唐"席"字作"廗"这样的俗体还非常普遍。如《经典释文·序录》称"席中加带"作"廗"。至于二字之间的讹变线索,可参张涌泉《汉语俗字丛考》。[1] 卷子本"蹶然",全书本作"跪然",此似应从卷子本作"蹶然",其他篇亦可证,如《家语·论礼》:"子夏蹶然而起,负墙而立。"

73. 之闻也请退而记之也　　　　　家语卷第十

两处"也"字,全书本皆无,如前所言,卷子本这些语气词的保留,使得它更具情景对话的色彩。"请"字全书本亦无,当属脱漏。"家语卷第十",这与传世《家语》的分卷明显不同。在传世本中,《家语》全书也只有十卷,而《郊问》、《五行解》两篇属于第七卷。王重民先生认为"十当是七字之误,盖分卷非与全书本有异"[2]。"十"与"七"字形的确容易相混,但在笔者看来,此处却并非存在误字,理由已见前文,此不赘。

几 点 感 想

首先,通过比勘可以发现,虽然同为源出宋本,但是全书本与丛刊本之间还是偶有差异。相对来讲,全书本更多地保存了原貌,比较忠实于原本,而丛刊本则较多错漏,尤其是它还存在不少后人妄改的地方,更显鲁莽和失真。另一方面,尽管全书本与丛刊本之间间或存在差异,但就总体上讲,这种差异并不大,也就是说二者基本是一致的。尤其是,有些地方敦煌卷子本显出明显的优势,而现今二本均一致"失真",更能说明这一点。因此,就宏观意义上讲,全书本与丛刊本实属同一版本系统(也包括王广谋本),而这一

---

① 见该书第400页。

② 王重民《敦煌古籍叙录》,第149页。

系统的本子与敦煌卷子之间却存在“代”的差别：尽管有些地方全书本较丛刊本为“优”，但这种“优”又是存在局限性的，较之卷子本仍差得很远。王广谋本属元代本子，绝对年代是很早的，确实在个别地方标新立异，独与卷子本同，显示与其绝对年代相称的“优势”。但我们也要看到，这样的“优势”是比较少的，大多数地方，王广谋本与传世本是“同流合污”的。更有甚者，在全书本与丛刊本之间，间或有比较早出、更近原貌之处，王广谋本却逊甚，这说明作为“宋本”之后的本子，王广谋本其实与今之传本也没什么大的不同。因此总体来看，王广谋本、全书本、丛刊本乃至传世的其他刻本，它们的版本来源系统是很单一的，彼此可能间有“小异”，但并不妨碍它们“大同”。

其次，卷子本较之传世本语气词、语助词保存较多，体现出明显的情景化色彩。传世本多有刊削，气氛大减。这些情况连同卷子本个别文字古体的保留，似乎说明卷子本更近于原始文献。另外，从卷子本60、61行王注“识宜为职”看，王氏显然是在纠谬，也让我们看到了真正的安国旧本。而王氏的纠谬在方式上是很谨慎的：只在注文中标出，而不是径改原文。较之宋人的草率和鲁莽，其严谨的态度是显而易见的。其一字之慎尚且如此，又怎么能说王氏伪造全书？据笔者统计，今本王肃注《家语》像这样的纠谬多达十余处，这说明卷子本所见绝不是孤立的情况，王氏这样不厌其烦地只是在注中纠谬，应该给我们评价王肃的工作的性质以及他与《家语》的关系提供了有价值的参照。不止最激进的所谓《家语》全系王肃伪造之说不可信，即便像马昭所说《家语》系王肃“所增加”①，即“部分作伪”的看法，其实也颇值得怀疑。

再次，我们知道，《家语》所载有很多内容又见于《礼记》、《大戴礼记》、《说苑》、《韩诗外传》、《新书》等书，这固然在校勘学上给我们提供了多本参校的机会。但应该指出的是，这些古书所载与《家语》并不在同一个版本级别上，也就是说它们并不就是《家语》本书，而《家语》的成书本来就是通过对既有文献整理甚至改动来实现的。从《家语》的后序看，孔安

---

①《礼记·乐记》孔颖达疏引。

国整理、重编《家语》的初衷之一就是有感于"《孔子家语》乃散在人间，好事者或各以意增损其言"，因此他的整理、重编就肯定有刊正文词甚至重组章句的地方。孔衍奏文中也称安国整理的本子"典雅正实，与世相传者不可同日而论"，也就是说，孔安国已经以自己整理的工作，使得《家语》较之它的材料来源"面目全非"了。在这种情况下，即便其他典籍所载确有道理，对于传世本甚至是敦煌卷子《家语》与它们的不同，我们也不能贸然用其他典籍所见去勘正《家语》，因为这种不同可能正反映了孔安国的工作，不能轻易妄改。在这个问题上，我们应该经常作这样的追问：所谓"原本"，到底是谁的"原本"？今天追溯传世《家语》的"原本"，其实只能到孔安国这里。再往前就是"古本"《家语》，汉志所载的"二十七卷"本即与之性质接近，它们与经孔安国整理、王肃作注、流传至今的《家语》本子在版本系统上划然有别，自属别一系统。所以，读者可以发现，在上文的校勘过程中，我们对其他文献与《家语》的比勘是非常谨慎的，是维持着一个合适的"度"的（相同的能据以说明卷子本之真，不同的则要慎重，不能径直以其他文献所见妄改卷子本）。而恰恰是这一点，是前人容易忽略的地方。清代孙志祖的《家语疏证》就存在错误倾向。在《家语》与其他文献文句有出入时，孙氏往往直接用其他文献来校《家语》，这是不够严谨的。当然，孙氏未见出土文献，此种做法也未足苛责。

最后，从不能用其他文献勘正《家语》来看，我们又想到另外的问题。近些年来，随着出土文献的陆续发现，我们看到一些古书是经过相当的时段逐步形成的，因此"古书成书情况"也正成为当前学界的一个热门话题。[1] 与此相关，传统辨伪学真、伪二元的方法论正逐渐被一种相对动态的古书演进观（或曰"古书年代学"）所取代。因此，这就给校勘学提出了新的课题：当一部古书尚处在形成阶段，并未形成统一而稳定的"定本"的时候，实际上传统

① 参见李零《出土发现与古书年代的再认识》（《李零自选集》，广西师范大学出版社 1998 年，第 39 页）及谢维扬《二十一世纪中国古史研究面对的主要问题》（《历史研究》2003 年第 1 期）。

校勘学"别本"勘校的方法就有很大局限性。因为我们知道，尚处在形成阶段的古书，其形成往往是通过对其他文献的"采借"来实现的，因此就有了诸多所谓"诸书互见"现象。① 这种情况下，"别本"勘校就应非常谨慎：它们可能本来就不是一本书，或者说它们之间的不同可能正反映了某一部古书成书的"个性化"特征。这种情况无疑对传统校勘学理论构成了挑战，它要求传统校勘学要在纵、横两个方面拥有更加广阔的视野：纵的方面，应该知道一部古书大致形成统一、稳定定本的时限，即确定校勘范围的上限；横的方面，就是不能不分青红皂白一味地堆积版本，以"别本"之众求校勘之精。因为有相同记载的部分可能并非出自同一部书，它们不唯不在同一版本级别上，可能本来就不是同一类的书。尽管我们说从文义训释上讲某处确实应该这样，也就是说是绝对的"真"，但这并不一定就是版本上的真。如前所述，像孔安国整理《家语》那样，一些古书的形成就是刻意要进行"面目全非"的整理，由于主观判断上的见仁见智，从文义训释上说很不"真"的地方，整理者也会把它当成是"真"的。

① 参见郑良树《诸子著作年代考》（北京图书馆出版社 2001 年）及拙作《〈老子〉"早期传本"结构及其流变研究》（学林出版社 2005 年），第五章"余论"部分。

传本及版本编

本部分共收入论文4篇，分别是：《〈孔子家语〉“传本”流变刍议》、《汉志论语类文献构成与〈孔子家语〉的相关问题》、《今传宋本〈孔子家语〉源流考略》、《复旦大学图书馆藏二卷本〈孔子家语〉袭何孟春〈孔子家语注〉本考实》。前两篇主要关注《家语》一书在“前今本”时期的流传形态，具体地说就是所谓“古《家语》”问题、“汉志本”的性质问题，以及“汉志本”与今本的关系问题。后两篇主要关注今传《家语》的版本流变，尤其是宋本、元本、明本之间的传承线索。这其中明代前后两个时期最为重要：前期宋本流传极稀，而元王广谋节略之“句解”本大为流行，致很多学者以为王本即是完整之“今本”。何孟春《孔子家语注》即以节略之王本为底本，参以己之搜讨而成。由于未见完整宋本，何氏的工作多出胸臆，价值并不高。后期以毛晋得宋蜀大字本为标志性事件，由此遂有毛氏所刊汲古阁本、玉海堂影宋本，而《四库全书》本、同文书局本即分别以它们为底本，由是宋本遂大行于世矣。但此宋本系统与丛刊本所从出之明覆宋本亦不尽相同，且互有优劣，故后者亦不可废。

《孔子家语》"传本"流变刍议

《孔子家语》一书,长期以来被贴上"伪书"的标签,乏人问津。但晚近以来,由于多宗出土材料与该书多有对应,对它的研究又渐成热潮,学者或关注出土材料与《家语》的比较研究,或直接措意于《家语》自身的文本研究。但笔者以为,这其中一个相当重要的问题似尚未引起学者充分注意,这就是《孔子家语》的"传本"问题。[①] 当前学界关于《家语》"传本"的认识多有混乱,导致学者的研究往往自说自话,缺少对话的基础。《家语》的"传本"问题,可分为前、后两个时期,两个时期内《家语》"传本"的核心问题也是不同的:或表现为不同传本横向上的对峙与并陈,或表现为某一传本纵向上的流变与嬗递。弄清《家语》一书的"传本"问题,不仅可以给今本《家语》的"出身"以准确的定位,也能够帮助我们认识不同历史时期《家语》的存在形态,从而为我们搞清楚与《家语》流传相关的学术史细节提供必要的逻辑前提。

一

《家语》"传本"前期的主要问题是区分"汉志本"和今本的不同。在当前的《家语》研究中,颇有学者将今本与汉志的二十七卷本径行对接,这其实是反"伪书"说的矫枉过正。晚近以来很多出土文献能够与《家语》对应,确

---

① "传本"一词,笔者曾经考虑用"版本",但其实只对宋以下有针对性,而对唐以前,则无论是从概念的准确性还是包容度上来讲,似乎都有些问题,而"传本"一词则拥有更加广泛的适应性。

实令反“伪书”说者扬眉吐气。但由于出土文献往往只是残简片牍,而且它们也只是部分地对应《家语》,这样要为全书翻案显然是远远不够的。比较简捷的是,作为目录学之祖的汉志即著录有“孔子家语”,直接拿来岂不是省事?但问题是,这样一来,我们必须对历史上的辨伪学(虽然在古书年代学研究有长足进步的今天,我们认为“辨伪”一词应该慎用)结论有必要的回应或澄清,否则自说自话,如何能使学术探索“与时俱进”?

对于今本与“汉志本”的关系,唐代颜师古最早给出意见“非今所有《家语》”,不过,颜氏并没有给出详细的理由。所以,清代陈士珂对此颇有不平:“小颜既未见安国旧本,即安知今本之非是乎?”①陈氏的潜台词就是指今本为安国本之旧,而且安国本即为汉志二十七卷本。我们认为这潜台词的前半相对确实,而后半则很成问题。今本与“汉志本”最直观的差异是篇卷不同:汉志二十七卷,今本十卷四十四篇;即使是隋志的二十一卷也是不尽相同。我们主张汉志本并非今本系统,这其中除了篇卷分野明显不同外,今本《家语》的形成过程也同样支持这一看法。

说到今本《家语》的形成,就离不开与《家语》有关的几篇序:其一系王肃为《家语》作注时所作的“前序”,其二系以孔安国口吻写的后序,其三则是孔氏后人所写追溯孔家世系及安国作《家语》原委的后序。有关今本《家语》形成的信息,舍此三序可以说迹近茫昧。但长期以来,由于受《家语》“伪书”说的影响,这三篇序也连带被认为系王肃伪托,并受到质疑。笔者以为,这三篇序文尽管在个别细节上与我们现有的认识存在矛盾,但是否因此就能认定它们全系妄说,并进而决定《家语》是伪书,其实是很成问题的。传统上对《家语》的辨伪,总体上是围绕两方面来进行:一为攻《家语》本文,一为攻《家语》序文。攻《家语》本文的辨伪,实多可此可彼的两可之说,而对于《家语》序文尤其是两篇后序,倒很容易能轻松指出一些细节上的所谓问题,由于后序切关《家语》的“出身”问题,故辨伪学者有时是不自觉地在上述两方面进行倾斜,那就是往往重攻后序之伪而轻对《家语》本文的“辨伪”,以为只

① 参见《孔子家语疏证·序》,上海书店1987年。

要在后序中找到破绽，自然《家语》之为"伪书"就可以定案了。这种颠倒《家语》本文与后序在整个《家语》辨伪地位中主次的做法是有失偏颇的。应该看到，关于《家语》的材料来源及成书过程，几篇序文中所透露的信息，分别来自孔安国、孔衍、王肃，这其中除了孔安国序属"当事人"，孔衍、王肃等人所说可以说都是源于事后追忆或辗转相述。因此，从传播学信息流失及变异的角度上说，他们所述的某些细节或与真相存在距离，是完全可以理解的，这在今天的口述史学看来也是再正常不过的。即如"当事人"孔安国所讲，以我们现有的汉代经学史知识框架看，可能也不无龃龉。笔者以为，对于这些情况应该抱以开放的心态，尤其应该以《家语》本文的考辨为重，结合《家语》本文考辨的结果，对几篇序文中出现的所谓"矛盾"及溢出"常理"之处以"解释性"的眼光来看待：序文中的"矛盾"，究竟反映了史实上的破绽，还是仅仅只是信息传播中的"变形"？比如孔氏后人所写后序中提到《家语》曾被藏于"孔壁"，后来鲁恭王坏孔子故宅得之云云，而《汉书》、《说文解字·叙》、《论衡》等书所言孔壁出书根本没有《家语》，这也是后人攻击此序为伪作的缘由，[①]对此不能不辨。孔氏后人所写后序前面说，"子襄以好经书博学，畏秦法峻急，乃壁藏其《家语》、《孝经》、《尚书》及《论语》于夫子之旧堂壁中"，实际上，其中"家语"一词当系后人妄加，本非原文之旧。汉志"《古文尚书》者，出孔子壁中"，颜师古注云："《家语》云：'孔腾字子襄，畏秦法峻急，藏《尚书》、《孝经》、《论语》于夫子旧堂壁中。'"颜氏所引正无"家语"二字。[②] 另外，序文及其中孔衍奏文所说鲁恭王坏孔子宅与《家语》相关事，本系后人误读。为论证方便，兹将该后序及孔衍奏文之相关部分引录如下。[③]

后序云：

> 天汉后鲁恭王坏夫子故宅，得壁中诗书，悉以归子国，子国乃考论

① 因为前面孔安国自序根本没有提及孔壁事，两者自相矛盾。参见李学勤《竹简家语与汉魏孔氏家学》，《简帛佚籍与学术史》，江西教育出版社2001年。

② 另外，孙志祖引徐鲲说亦主"家语"一词系后人妄加，参见孙氏《家语疏证》卷六（《续修四库全书·子部·儒家类》，上海古籍出版社2002年）。

③ 此据四库全书所收汲古阁本《孔子家语》所录。

> 古今文字,撰众师之义,为古文《论语训》十一篇,《孝经传》二篇,《尚书传》五十八篇,皆所得壁中科斗本也。又集录《孔氏家语》为四十四篇。既成,会值巫蛊事,寝不施行……其后孝成皇帝诏光禄大夫刘向校定众书,都[①]记录名《古今文书论语别录》。

孔衍的奏文:

> 时鲁恭王坏孔子故宅,得古文科斗《尚书》、《孝经》、《论语》,世人莫有能言者,安国为之今文读,而训传其义,又撰次《孔子家语》,既毕,会值巫蛊事起,遂各废,不行于时,然其典雅正实,与世所传者不同日而论也。光禄大夫向以为其时所未施之,故《尚书》则不记于《别录》,《论语》则不使名家也,臣窃惜之。

我们细读上引两段,对于孔安国整理《家语》,后序说"又集录《孔氏家语》为四十四篇",孔衍奏文说"又撰次《孔子家语》",其实都不是说从孔壁中直接得到一个完整、独立的《家语》本子,否则,何不与《论语》、《孝经》等书同时列出,而却是以转换意味很浓的"又"字出之?这实际上说明,孔安国撰《家语》根本就是另一件事,和孔壁出书无关,这和孔安国序所讲的也能够互相印证。由此看来,即使是序文中的所谓"矛盾",也存在一个理解上的问题,因此动辄由几篇序文中所透露出的所谓"矛盾"、"破绽"就断言《家语》"出身"上有问题,无疑是轻率的。实际上,学者通过对《家语》与出土材料的比较研究,认为三篇序文尤其是两篇后序所述今本《家语》的形成及流传情

---

① 北京师范大学史学所李锐兄曾与笔者提到此"都"字的用法,依杨伯峻先生意见,当为晚出(参见杨伯峻《列子著述年代考》,收入《列子集释》,中华书局1979年)。所谓的"晚出",即指为魏晋时。其实,目前确有学者主张此序出于王肃之手,与"魏晋"之说可谓相合。不过,即使此序出于王肃,也并不影响其所述《家语》成书原委的参考价值:今天出土材料已证明王肃不可能伪造《家语》,难道我们还要去怀疑王氏在序文上"造作故事"?另外,杨氏还提到杨树达先生《词诠》引《汉书·食货志》一条"置平准于京师,都受天下委输",此"都"字用法笔者看不出与此后序之"都"有何区别,且《汉书》所见,肯定也不是班氏的"发明"。如此,则此序之年代也未见得就一定晚至魏晋。

况基本可信，[①]应该说已经给我们作出了示范。

再回到我们对“汉志本”与今本关系的讨论。从上引两段所透露的信息看，我们不应该忽略这样一点：那就是孔安国整理的本子其实并未行于世。前一段说“既成，会值巫蛊事，寝不施行”，而且它还提到后来刘向校书，曾把孔安国整理的很多文献包括《孔子家语》亦加以校定，而且给它们起了一个总名：《古今文书论语别录》。从这个书名看，它们实际上是个大杂烩。特别是“别录”之称，颇有点异说别篇、立此存照之意。看来刘向对它们是持谨慎态度的，正像孔衍奏文所抱怨的：“光禄大夫向以为其时所未施之，故《尚书》则不记于《别录》，《论语》则不使名家也，臣窃惜之。”[②]正因此，孔安国撰集的《家语》其实并未进入流传之途，主要是秘藏于孔家。

既然刘向并未将孔安国整理的《家语》著录，那汉志论语类的“《孔子家语》二十七卷”又如何解释呢？笔者认为，这并不是孔安国整理的本子，而是古本《家语》，[③]应该是刘向参考中秘所藏及民间所传的校定本。中秘藏有《家语》是不待言的，孔序说“于时士大夫皆送官”、“与《曲礼》众篇乱简合而藏之秘府”。不过，中秘收藏，也并不意味着民间就此绝迹。这可以从两方面得到证明。其一是孔衍推崇其祖所编之《家语》时，说“典雅正实，与世所传者不同日而论”，这“世所传者”，正说明世间仍有流传。我们可以想见：

---

① 胡平生《阜阳双古堆汉简与〈孔子家语〉》，《国学研究》第七卷，北京大学出版社2000年。

② 孔衍说“《尚书》则不记于别录，《论语》则不使名家”，但我们看今汉志著录“《尚书古文经》四十六卷”，班氏更说“《古文尚书》者，出孔子壁中”；汉志还著录“《论语》古二十一篇”，班氏自注“出孔子壁中，两子张”，且又著录“《孝经古孔氏》一篇”，自注“二十二章”。也就是说，孔壁所出之三书，汉志均有著录，而汉志又承自向、歆父子之《别录》、《七略》，然则孔衍为何又说“不记于别录”、“不使名家”？笔者以为，孔衍所说非指古文经本，而应该是孔安国之训传（“训传其义”）。而“训传”系一家之言，故而孔衍才说“不使名家”。而《家语》因非出孔壁，且系安国“撰集”，也有强烈的个人色彩（孔衍下文就说“百家章句无不毕记，况《孔子家语》古文正实而疑之哉”，明显也是视《家语》为一家之言的“章句”之学），故也在不录之列。

③ 清人范家相及日人武内义雄均提到有“古家语”存在，但所指不同：范说“古家语”即谓汉志本，而武内义雄氏所谓“古家语”则指孔安国整理本。二说分别参见范家相《读家语杂记》，（收入《家语证伪》，《续修四库全书·子部·儒家类》，上海古籍出版社2002年）及张心澂《伪书通考》所引武内义雄说（上海书店1998年，第618页）。

《家语》材料从散在人间到收藏秘府，也有不短的时间，学者间辗转传抄，其间别本衍生自当所在多有，虽则一部送官，但众多别本仍可流传。其次，晚近以来大量发现的可与《家语》相印证的出土文献也能证明这一点。无论是八角廊《儒家者言》还是阜阳双古堆简牍，都当是墓主生前习用之物，其与《家语》的关联，都多少透露出“民间本”的些许信息。不过，这个古本《家语》却不是孔安国重新整理时所面对的东西。这其中又涉及一重要问题，那就是《孔子家语》这部书，或这样的书名究竟是怎么产生的？搞清楚这一问题，有利于我们准确使用“古本《家语》”一词。我们认为这部书，或者这样的书名被确定下来，有三方面的原因不能忽视。其一是该书多言孔门师生言论这样的内容，这是前提条件。其二，从今天的出土材料看，《家语》材料当初其实与很多“语”类古书互见重出，所以从材料性质上说，“《家语》材料”不过是“语”类材料的“孔家”传本而已，或者是“孔子家”的“语”类罢了。① 这里的“孔子家”，犹如太史公反复申说的“孔氏古文”的“孔氏”，所以“孔子家语”有时也可称“孔氏家语”。其三，进一步强化这类材料的“孔家”属性的，还应该提到孔安国“撰集”《家语》的工作，而在孔氏之前，这样的书名即便有，可能也并不流行。② 今本《家语》孔序中说“孝景皇帝末，募求天下礼书，于时士大夫皆送官”，请注意，这时孔安国所说的这些散在民间的材料，③ 当时人是把它们当成“礼书”看待的。④ 另外，如果说《孔子家语》这样的书名真像孔安国所说的那样先秦就有，也无法解释古来辨伪学者的一个质疑：既然久有此书，为何未见儒者引用？一个值得注意的事实是，《史记·仲尼弟子列传》提到“则论言《弟子籍》，出孔氏古文近是”，其中《弟子籍》学者都承

① 晚近学者或将“家语”一词泛化，主张先秦有所谓“大夫家语”和“诸子家语”之别，并以此来看待《孔子家语》一书的性质（可参夏德靠《先秦“家语”文献源流及文体嬗变》，《广西社会科学》2014 年第 1 期）。对此，我们有不同意见。从形成方式及时序上看，《孔子家语》一书与《晏子春秋》等书都明显不同。

② 胡平生亦持同样的看法，见上揭胡文。

③ 孔安国说更早，特别是荀卿时就有“孔子家语”，其实不过是“家语材料”。

④ 今本《家语》有诸多内容与大、小戴《礼记》相出入也就容易解释了。

认它与今《家语·七十二弟子解》关系密切,但太史公只标篇名,且认为它亦属于广义上的“论”(关于此,可参见后一文),这一方面说明当时“孔子家语”这样的书名还并不流行,而所谓“孔氏古文”,又标示出其“孔家”的派别归属。再如《史记·五帝本纪》云“孔子所传宰予问《五帝德》及《帝系姓》,儒者或不传”,其中《五帝德》亦见于今本《家语》及《大戴礼记》,[①]依然是只标篇名而不举书名。不过,《孔子家语》这样的书名虽然不流行,但这些材料却是存在的,它们本与《说苑》、《新序》一类的“说”类材料同源。[②] 而且,从阜阳双古堆汉墓一号木牍章题及今本《孔子家语》孔序看,从很早的时候起,关于孔门师生言论事迹的材料就趋于集中,并因此显得自成体系,[③]对这部分材料,我们可以形象地称之为“《家语》材料”。所以,当孔安国“撰集”出《孔子家语》这样一本书时,民间及中秘的“《家语》材料”依然是存在的。但正因为孔家藏有这样一批材料,且孔安国又撰成《孔子家语》一书,刘向在整理民间及中秘“《家语》材料”时,在定名上也就有了现成的参照。名称虽同,但汉志所载应该是刘向综合了民间本与中秘本的校定本,而并非是孔安国整理的本子。关于“汉志本”二十七卷非今本系统的问题,还能从篇幅规模上得到印证。孔安国整理的今本系统,就内容上看,应该与汉志的二十七卷本[④]在篇幅上大有差异。证据就是汉志论语类著录 12 家,共计 229 篇,其中 9 家都是以篇数计,共计 198 篇。229 减去 198,剩余 31 篇,这 31 篇要包括《孔子家语》、《燕传说》、《孔子徒人图法》三种书,而今本《家语》是四十四

---

① 二书在材料来源上是有共性的,详见后论。太史公一则说《弟子籍》“出孔氏古文近是”,再则评《五帝德》等篇也是“古文者近是”,再联系到今《家语》孔序说该书曾经一度“多有古文字”及太史公曾从孔安国问故的背景,看来,《五帝德》等篇早期作为“家语材料”之一部为孔安国所得,的确是信而有征的。而像《五帝德》后来又为《大戴礼记》所收,那正像孔序所说它们本又都属“礼书”的范围。传统辨伪学者以为《家语》袭大戴,实际上是倒果为因。

② 见前揭胡平生文。

③ 从孔序看,安国对于《曲礼》与《家语》材料的区别还是分得清的。

④ 顾实以卷当篇,合计 230,多 1 篇(见顾实《汉书艺文志讲疏》,上海古籍出版社 1987 年,第 72 页)。又孙志祖引陈鳣以为“古人以篇为卷,今本四十四篇,校汉志增多十七篇”(见前揭孙氏《家语疏证》)。

篇，看来“汉志本”的篇目相对今本恐怕有相当大的萎缩。[①]

然则，既有古《家语》材料在，孔安国为何还要另起炉灶呢？这源于他对“《家语》材料”的不满。孔安国自序中称：“《孔子家语》乃散在人间，好事者亦各以意增损其言，故使同是一事，而辄异辞。”正是出于对《家语》材料现状的担忧，孔安国遂有整理《家语》的行动：“于是因诸公卿士大夫，私以人事募求其副，悉得之。乃以事类相次，撰集为四十四篇。”可以这样说：他的工作使得世间诞生了一部全新面貌的书：《孔子家语》。但上面提到，民间的《家语》材料也依然存在，这样宏观上就形成了横向双峰并峙的两大传本系统：一为民间及中秘的古本《家语》材料，一为孔安国全新的整理本。我们通过对晚近出土材料的研究，已经充分证明源自孔安国整理的今本系统，不要说相对出土文献，即便是相对传世文献，都可以看出明显的重组和整理之迹（详见本书第一部分“出土文献及新材料编”），说明孔氏的整理是非常用心的，并不是简单地拼凑材料。孔衍对其祖先的工作成绩也说“然其典雅正实，与世所传者不同日而论也”，既说明“世所传”的“民间本”《家语》与孔安国本双峰并峙，也说明了孔安国整理本的全新面貌。就此而言，唐颜师古说汉志本“非今所有《家语》”，还是非常清醒的，[②]他也看出汉志所载其实与孔安国整理的本子不是一回事。清朱彝尊《经义考》在谈到汉志的二十七卷本时，除了注明“亡”，还提到“别本存”，这“别本”的称呼，同样意味着今本与

---

① 近来学者曾详考《家语》分卷之变迁，给出从汉志本二十七卷到今本十卷变迁轨迹的设想模型（参见张固也、赵灿良《〈孔子家语〉分卷变迁考》，《孔子研究》2008 年第 2 期）。可以看出，论者是以今传十卷本直接对接汉志的二十七卷本，这在整体思考上与本文不同。又，论者从字数、页数、卷次等几方面试图重建二十七卷本到十卷本的变迁过程，但实际上《家语》从书于简册到载之纸本，从无注本到有注本，书写形态发生了很大的变化，宋元以来版刻又多歧异，重建分卷变迁的努力，是否能够“精密”到诸如字数、页数等参数上，是很成问题的。比如论者统计字数、页数主要参考的是清光绪二十四年玉海堂影印宋蜀本，但我们后文将会指出，此本前面存在多处后人按语、校语混入王注的情况，这在书写形态上必然造成一定的篇幅扩张，然则以此本为参照岂可信乎？

② 我们下文将会提到，实际上自王注本《家语》出，世间就只有这一系统的传本，再无其他什么传本了。颜氏此论，仍当看作是在把今本《家语》与“汉志本”作传本区分，而不应该设想唐代今本外还有什么其他传本。

汉志本分属不同传本。但遗憾的是，长期以来这些清醒的意见并没有得到足够的重视。

孔安国整理之《家语》传本，既与“古本《家语》”在空间上构成横向的并陈关系，如果它们最终都进入流传领域，则其彼此之间的交互影响和受众对它们的选择就非常值得关注。但历史却没有给它们以这样的机会：孔安国本由于长期秘藏孔家，形同离群索居，而融合了民间及中秘所藏的“汉志本”则亡于两汉鼎革之际（详后），这样《家语》传本就只剩下孔安国整理的今本系统，那种横向的并陈关系也就不复存在。不过，孔安国整理本的形成除了在空间上造成异本并陈的局面外，相对于“古本《家语》”材料，孔安国的整理还有另一种意义在，那就是孔安国的整理本相对于“原材料”，其实产生了“代”的级差：从内容上来说，孔安国之整理导致原来的材料面貌发生了一定变化，因此他的整理本与“原材料”的关系就显得疏离。由此可以看出，“原材料”与孔安国整理本之间的这种级差关系，实际上揭示了古书内容上的梯次嬗变。从与出土文献的比较研究实例来看，今本《家语》这种内容上的梯次嬗变是确实存在的：无论是八角廊汉简《儒家者言》还是阜阳双古堆木牍章题，其实与《说苑》、《新序》都更接近，而与今本《家语》的关系反而较为疏离（详见本书第一部分“出土文献及新材料编”）。这说明孔安国的整理是很明显，甚至是剧烈的。经此整理，今本《家语》相对“原材料”就具有了明显的“辞章学”的优势：组织严密、文从字顺，且由于经常使用排比，文章还显得更有气势。但这种润色虽然在“辞章学”上是在做“加法”，但在材料原貌的保持上，却无形中等于做了“减法”，即如前文提到的，在文本梯次嬗递的序列上，整理本实际上处于一个相对低端的级别。另外，孔安国的这种重组的“刻意性”和“尊孔”倾向都明白昭示：旧说以孔安国编定今本《家语》还是可信的。这与《家语》孔序说孔安国对“民间本”错乱不满并起而整理，以及孔衍称许其祖整理本“典雅正实，与世相传者不同日而论”的说法在逻辑上也就基本吻合了。

搞清楚孔安国整理的今本系统与旧有的“《家语》材料”之间的上述复杂关系是非常必要的，它可以提醒我们在利用传统的文献学方法时需要对传本的“属性”问题有起码的注意。比如现在发现不少的出土文献能够与今本《家语》对应，而且传世文献如《礼记》、《说苑》等书也与今本《家语》之间存在“互见”、“重出”之关系，这就提出了一个问题：我们能否利用这些与今本《家语》存在“互见”、“重出”关系的文献对《家语》进行校勘？笔者认为这一工作是应该慎重的。我们不否认，今本《家语》相对其他“互见”、“重出”之文献，可能确实存在错漏等“无意”之失，因此校勘就是必要的；但也要看到，有些“异文”恐怕是源于孔安国“有意”的整理。这时如果妄行校勘，我们就丧失了探究孔安国整理意涵的大好机会，客观上等于抹杀了孔安国本的存在。正如我们上面所指出的，孔安国实际上以自己的整理使世间产生了别一本书，它不唯在纵向上与旧有的材料有了代的落差，在横向上也与“民间本”同时存在，因此它们之间的“异文”，就不仅仅是个“是非”问题，而是需要以解释性眼光来看待的。有清一代辨伪诸家，往往直接用《礼记》、《说苑》等书所载攻诘《家语》之非，[①]正是失察于上述的两种关系。当然，他们往往都是持王肃伪造《家语》的观点，自然也就罔顾孔安国所做的工作了。

另外，虽然孔安国整理本相对于旧有材料面貌有了很大改变，但毕竟源出“《家语》材料”，而这些材料与《说苑》、《新序》甚至是《礼记》有共同的材料源头，了解今本《家语》的这段“前史”，对我们回答传统辨伪学者对《家语》的质疑也会提供新的思路。比如陈鳣曾经说“至于《家语》，肃以前儒者绝不引”，确是实情。不过，如果我们认识到《孔子家语》这样的书名是晚起的，早期虽未成书，但“家语材料”是始终存在的，那么说未称引“家语”则可，

① 《家语》与其他古书之间的“诸书互见”问题，为此书研究之一大关键，“伪书”及反“伪书”说者均绕不开。“伪书”说者如范家相、孙志祖每每痛诋《家语》所记乖谬失实，但此书所载却又多见他书，然则乖谬失实者岂止《家语》？如此一来，“打击面”可谓宽矣。同样，反“伪书”说者每每力证《家语》所记如孔衍所称“典雅正实”，但同样《家语》所记又别见诸书，然则“典雅正实”者又岂止《家语》？如此一来，到底证明的是何书不伪？这种情况说明，对于《家语》与其他古书之间的“诸书互见”现象以及与此密相关涉的《家语》一书的断代问题，传统的基于《家语》内容本身的“历史考证”方法是不敷应付的，必须转换思路。

要说未称引"《家语》材料"则显然失实:《史记》提到《弟子籍》、《五帝德》时,《家语》的书名虽未流行,但这些作为"古文"的材料久已存在则是不容否认的。[①] 顺便还要提到《家语》之文的辑佚问题。《左传正义》卷一引沈氏云:"《严氏春秋》引《观周》篇云:'孔子将修《春秋》,与左丘明乘如周,观书于周史,归而修《春秋》之经,丘明为之传,共为表里。'"学者多将此条作为今本《家语》的"佚文"。但稍有疑问的是,如此处真为今本《家语》之文,其何不径引《家语》本书,而据《严氏春秋》为说?南朝的沈文阿所云属转引《严氏春秋》,且不云《家语》,可能当时的《家语》中已无此内容。清代王仁俊即云:"《严氏春秋》已佚,仅引见于他书,此条严氏所见《家语》,盖非王肃所伪造者。"[②]笔者以为,如果此条当初真的系《孔子家语·观周》[③]篇的内容,那它就应该是上面我们提到独立于孔安国整理本之外的"民间本"《家语》之文。[④] 著《严氏春秋》的严彭祖属西汉中期人,曾与颜安乐从眭孟受《春秋公羊传》,宣帝时立为博士。应该说他得见民间古本《家语》并加以引用是完全可能的。不过,《严氏春秋》所引既属民间古本《家语》系统,而孙志祖及今人

① 参见王国维《史记所谓古文说》,《王国维遗书》(上海书店1983年)第1册,第321—323页。又,传统上持《家语》系王肃伪托的学者,往往有这样的逻辑:《家语》中关于三代遗制记载颇多,如果此书确为前汉旧籍,且其中三代遗制明云出孔子之口,奈何汉儒每于三代制度聚讼不决乎(如皮锡瑞《经学历史》即云:"若孔子有明文可据,群言淆乱折诸圣,尚安用此纷纷为哉!")?这些学者对汉代孔子之言的"号召力"估计未免太高,实际上囿于家派及经、传分野,学者也并非绝对唯孔子之言是尊。《史记·五帝本纪》云:"孔子所传宰予问《五帝德》及《帝系姓》,儒者或不传。""儒者或不传"正说明其时部分学者看待它的审慎态度。唐司马贞索隐于此也说:"《五帝德》及《帝系姓》皆《大戴礼记》及《孔子家语》篇名,以二者皆非正经,故汉时儒者以为非圣人之言,故多不传学也。"上述情形一方面说明汉时"孔子之言"真伪混杂,另一方面也说明汉人对这些言论还是有着抉择去取功夫的。

② 王仁俊《玉函山房辑佚书续编三种》,上海古籍出版社1989年,第370页。

③ 古书最初往往单篇别行,"篇"要早于"书",篇名往往很早就约定俗成。又,同样的"篇",后来可能又被收入不同的"书"。像《礼记》与《家语》都有《礼运》篇,就是很好的例子。

④ 顾实针对《严氏春秋》此条所引,也说:"此真《孔子家语·观周》篇,引于汉人,非今王肃伪造《孔子家语·观周》篇也。"(参见顾实《汉书艺文志讲疏》,上海古籍出版社1987年,第58页)顾氏看出两种"家语"之不同,确属有见,但指"王肃伪造"显然是囿于旧说,实则当即如本文所指出的"孔安国整理"本。

所辑《家语》"佚文"则是针对源自孔安国的今本系统,所以此条作为"佚文"就是有问题的。这再次说明了,搞清楚有关《家语》的传本属性是非常必要的。

二

汉志著录之二十七卷本《孔子家语》,班固虽未注明存亡与否,但我们认为此本在进入东汉以后流传当极稀,甚至在东汉中期以前就已亡佚。这一方面是因为郑玄未见,另一方面终东汉一世也未见学者提到该书。特别是,郑君遍注群经的过程中,对之前诸大师如郑众、马融、贾逵等经说,多所评判,诸大师之说亦未见论及此本者。① 我们甚至可以这样说,汉志著录的这个本子,除了见之目录学上的些微价值外,它在流传之途几乎没有什么影响。这种情况与孔安国整理本是类似的:由于长期秘藏于孔家,此本一段时期内也并未进入流传之途,这种局面直到孔猛献书时才为之一变。

如果说孔安国所集《家语》还一度与民间所传本构成横向并存关系的话,那么当后来孔猛献书时,它在世间真可谓"一枝独秀"了,再后来,"一枝独秀"的就只是王肃注解的今本《家语》。孔猛献书,王肃又为之注解,从理论上讲,王肃注本出,孔猛之原本还应该存在,但事实上,无论是公私目录还是注疏称引,提到的就只有王肃的注本,孔猛之家藏原本则不知所终。《隋

① 清人钱馥说王肃注《家语》时,二十七卷本仍在流行,是没有根据的(参见前揭张心澂《伪书通考》,第612页)。另外,今人王承略先生亦认为汉志本自汉至魏流传"不绝如缕",同样无法解释郑玄及诸大师对其绝不称引的现象。其实"不绝如缕"的当是孔安国整理本,而此本长期秘藏孔家,并未进入流传之途,故而不为人所知。又,王氏倾向于认为类似今《家语·庙制》篇这样与郑玄所论不合者系郑氏未见,因此系郑玄以后才增入《家语》的。不过今《家语》中与郑氏所论不合者所在多有,王肃《圣证论》也多是以此等不合来驳郑,设若将这些内容都归之郑玄后增入,则所谓"汉志本"尚余几何?王承略说见《论〈孔子家语〉的真伪及其文献价值》,《烟台师范学院学报》2001年第3期。

志》关于《家语》，著录有《孔子家语》二十一卷，王肃解。[①] 王肃注《孔子家语》二十一卷，今本为十卷四十四篇。宋以来学者见它们分卷明显有异，多谓今本又非《隋志》或唐本之旧，或曰今本相对唐本又有很大的篇卷损伤，这其实是迷于表象的误解。我们认为，《隋志》所载的二十一卷本只是分卷方法与今本有异，具体内容上与今本大致相同，甚至也是分作四十四篇。更进一步说，我们认为自唐而宋，《孔子家语》的流传链条始终没有断裂，它的流传形态是稳定的。不过，世间一直流传的本子从宏观上说只是王肃注本的一统天下，已经不存在空间上能够横向对峙的其他传本了，因此这一时期《孔子家语》传本的问题主要还是纵向的，是王肃注本在纵向传递过程中所发生的流变问题。

主张今本《家语》十卷相对于《隋志》二十一卷内容上大有萎缩、非唐时之旧的学者，多提到唐时注疏所引《家语》今本间或未见，即今本《家语》存在佚文的问题。这一问题也经不起推敲。清代孙志祖在撰《家语疏证》之余，曾辑有《家语逸文》[②]，后来王仁俊编《经籍佚文》[③]，对孙氏的辑佚成果即全盘采录。[④] 不过，令人颇感奇怪的是，孙氏所辑“佚文”只有三条，这与有些学者主张的今本《家语》相对《隋志》卷数的“亡其太半”[⑤]相比，也未免太少了。笔者曾经对孙氏所辑《家语》佚文及他书所见所谓未见今本《家语》之文试作辨析，[⑥]我们的结论是，这些所谓的“佚文”大多靠不住，而“佚文”的稀少与明清以来很多学者提出的今本《家语》存在由“二十一卷”到“十卷”这样的篇卷损伤不成比例。此种现象有力地证明了《家语》在唐以后的流传形态是

---

① 隋志还著录梁有《当家语》二卷，魏博士张融撰，亡。对此《当家语》，隋志即云“亡”，所以其具体面貌我们不得而知，其是否与《孔子家语》有关也不能确定。魏博士张融为学尊郑氏（王国维《汉魏博士考》所谓“张融、马昭亦私淑郑氏者也”），抑或其见王氏每据《家语》以驳郑，因作《当家语》以难王乎？

② 参见孙志祖《读书脞录》卷四，光绪十三年醉六堂刻本。

③ 王仁俊《玉函山房辑佚书续编三种》，上海古籍出版社 1989 年，第 370 页。

④ 参见孙启治、陈建华编《古佚书辑本目录附考证》，中华书局 1997 年，第 206 页。

⑤ 黄鲁曾《孔子家语后序》，参见《四部丛刊》所收明覆宋本《孔子家语》。

⑥ 参见本书“流传及学术史编”中《〈孔子家语〉佚文献疑及辨正》一文。

稳定的，唐时《家语》分卷与今本的不同，只是意味着分卷方法与今本有异，并不代表今本《家语》存在类似篇目缺失这样的结构性损伤。另外要提到的是，唐人不只引《家语》，他们还广引王肃的注，如同《史记》之张守节正义、司马贞索隐，于《孔子世家》、《仲尼弟子列传》二篇对王肃注征引尤多。此外像孔颖达对诸经之疏解，也每每引王注以为说。这些情况进一步证明了我们上面的看法：唐代流行的《家语》传本，实只有王肃注本一种，此外再没有什么其他传本了。①

唐宋以来《家语》流传形态的稳定和传本的单一，我们还可以从敦煌本《家语》写卷看出端倪。② 英藏敦煌《家语》写本，编号为“S. 1891”，关于此本的年代，王重民先生认为“民字不讳，殆为六朝写本”③，无论如何，其早于唐代是可以肯定的。此本共存 73 行，除前两行有所残损外，其他行都基本上保存完好、清晰可辨。这 73 行《家语》文字，对应今本《郊问》和《五行解》两篇，分别为《郊问》篇末 12 行，以及《五行解》全部。《五行解》篇完整，且有篇题，作“五刑解第卅”，同一行下还题有“孔子家语”和“王氏注”字样，当为书名和注者所属。其注文格式系在同一行中用双行小字注解，与今之毛晋汲古

① 当然，由于辗转传抄，在不同本子之间可能也会出现个别字词差异。如今汲古阁本《家语·好生》篇云“楚恭王出游，亡乌嗥之弓”，刘氏玉海堂本同，《四部丛刊》收明覆宋刊本无“恭”，只作“楚王”（明覆宋本当属脱漏，有意思的是，该本在此章结束时有王注“王，恭王”，这样就等于把上面的漏失补上了。我们怀疑丛刊本模样似是刻书人发现缺漏后来补上的），但《艺文类聚》卷六〇“军器部”引与《家语》正同（《艺文类聚》“恭”作“共”），说明汲古阁及刘本所见是。不过，《易·同人》孔颖达正义引《家语》作“楚昭王”，刘世珩曾为玉海堂影宋本写校勘云：“楚恭王出游，按《易·同人》正义引《家语》恭作昭，今本作恭王，盖后人据《说苑》改，非唐本之旧。”刘氏显未见《艺文类聚》，作“恭王”者其实亦是“唐本”，只不过孔氏所见有所讹误罢了。孔氏作《五经正义》于《家语》多所征引，但讹误也时有发生，其所见之本似难称善本。同样是此处，孔氏还引到了《家语》的篇名“弟子好生”篇，但今传各本均作“好生”，且《群书治要》引亦同，足证孔氏所见又衍“弟子”二字。孔氏所见本虽偶涉字词讹误，但明显也是据王肃注本（兼引王注），故而其所见虽与《艺文类聚》所引偶有差异，但这种差异与我们上面谈到的“汉志本”与“孔安国整理本”不同还是不一样的，不能上升到“传本”差异的高度上。

② 可参黄永武编《敦煌宝藏》（台湾新文丰出版公司 1985 年）第 14 册，第 350 页。

③ 王重民《敦煌古籍叙录》，中华书局 1979 年，第 149 页。下引王说俱见是文。

阁所出之宋本并无二致。将其注文与传世《家语》的王肃注比较可以发现，二者在具体出注之处及注文内容等方面都基本一致，故此本为王肃注本《家语》无疑。《五行解》篇末，正文仅占一行之半，在此行余下部分题有"家语卷第十"。另外，在卷末的背面，还题有"家语传十"字样。

首先令人感到惊愕的是，卷子本17行之前，①每行内容的起讫与明覆宋刊本(《四部丛刊》本所收)大致相同。卷子本在抄写体例上与明覆宋刊本有这样惊人的一致，对我们理解由唐而宋《家语》流传形态的稳定性也应该是很有启发的。卷子本题"五刑解第卅"，而今本《五刑解》同样居第三十篇，卷子本前面是《郊问》的内容，自属第二十九篇，这种篇次的排列与今本又是完全一致的。不过，与今本不一致的是其中的"家语卷第十"，因为今本《郊问》、《五刑解》同属卷七。对此，王重民先生曾经认为："十当是七字之误，盖分卷非与今本有异。"但笔者曾广引证据，证明此处不可能存在误字，②写本此处的"传十"表明它的分卷方法与今本不同，这与《隋志》所反映的情况是一致的。③ 另外，我们认为，就内容来看，虽然敦煌写本由于年代久远，保存了一些原初的面貌，因此个别地方具备了今本难以比拟的优势，但就总体而言，二者差别并不大。这也再次印证了我们前文讨论篇卷格局时的看法，那就是《家语》宋以来传本与唐代甚至更早时期的传本相比，确实没有大的结构性创伤。学者曾对于《家语》自汉志二十七卷至今本十卷之变迁作出推测，认为"王学衰微，学者于其义理未安之处，多有所抉择去取，因此《家语》的卷数才日益减少，在唐宋时期成为今天的十卷本"④，此论将今本与"汉志本"径行对接，此说的问题通过我们上面辨析"汉志本"与孔安国整理本非一可以说已经厘清了；而认为今本卷数之少是由于《家语》"义理

---

① 17行以及下文由于卷子本使用了重文符号，导致每行空间节约，各行起讫才渐显参差。

② 参见本书"出土文献及新材料编"《英藏敦煌写本〈孔子家语〉的初步研究》一文。

③ 另外敦煌类书残卷《高危门》引《家语》曰"位高则危，任重则崩，可立而待也"，注云："其第五卷。"此处见今本《家语·六本》篇，这也说明唐时《家语》之分卷与今本是存在不同的。详情可参张固也、赵灿良《〈孔子家语〉分卷变迁考》，《孔子研究》2008年第2期。

④ 李传军《〈孔子家语〉辨疑》，《孔子研究》2004年第2期。

未安”并因此被学者“抉择去取”而造成篇目削减，同样也流于想当然，是站不住脚的。当然，《家语》由于传流既久，从传抄到辗转翻刻，个别文句的讹误、脱漏也是存在的，①这对于任何一部古籍的流传都是难以避免的。我们不能像前人那样动辄以个别词句的脱漏，指《家语》存在篇卷刊落这样的结构性创伤。

唐时《家语》与今本内容、篇幅基本一致的事实，我们还可以从《群书治要》一书对它的选录求得证明。《群书治要》系魏徵等人于唐初编成的为帝王提供资治鉴戒的匡政之作，编选者从经传诸子等书中选择有资于治道的内容勒成一编，对《家语》的辑选还存有篇名，更见珍贵。不过，由于目的是有资于治道，所以编选者就要做到有选择性，不能照单全收，但其选录的结果也会给我们认识其时《家语》一书的面貌提供很大的启示。兹将其书所选《家语》篇目与今本之对应关系列表如下：

《治要》所选篇目	今本篇次	《治要》所选篇目	今本篇次
《始诛》	2	《观周》	11
《王言》②	3	《贤君》	13
《大婚》	4	《辨政》	14
《问礼》	6	《六本》	15
《五仪》	7	《哀公问政》	17
《致思》	8	《颜回》	18
《三恕》	9	《困誓》	22
《好生》	10	《执辔》	25

① 参见本书“流传及学术史编”中《〈孔子家语〉佚文献疑及辨正》一文。另外，拙文还指出，相对于《家语》正文，今本《家语》佚失更多的其实是王肃的注。孙诒让曾撰《〈孔子家语〉校记》(《籀庼遗著辑存》，齐鲁书社 1987 年，第 253 页；又见于《孙诒让研究》，杭州大学语言文学研究室 1963 年编)，也指出今本王注多有佚失。

② 今本作“王言解”，多一“解”字，下面《大婚》、《五仪》、《五刑》、《屈节》、《正论》等篇情况，今本俱有“解”字。《治要》可能系约举，并不意味着唐时《家语》篇名与今本不同。我们看敦煌《家语》写本正作“五刑解”，与今本同。

（续表）

《治要》所选篇目	今本篇次	《治要》所选篇目	今本篇次
《五刑》	30	《屈节》	37
《刑政》	31	《正论》	41
《问玉》	36	《子夏问》	43

从上表来看，《治要》共选录了《家语》22篇的内容，恰是今本的一半，比重是不小的。由于具有选择性，所以落实到具体篇目上，也具有跳跃性，不是每篇都选。但我们不能认为没选的篇目唐时就没有，例如今本首篇《相鲁》，《治要》无选，但《初学记》卷十一引："《家语》：孔子为司空，乃别五土之性，而物其所生之宜。"卷十五引："《家语》曰：鲁定公与齐侯会于夹谷，孔子摄行相事，齐宫中之乐俳优侏儒戏于前。"它们其实都应该是《相鲁》的内容。同样，《治要》没选的其他篇目我们基本上也都能在《艺文类聚》、《初学记》及其他经传注疏中找到。这与我们上面基于《家语》"佚文"问题的结论是一致的：唐本内容与源自宋本的今本系统基本一致。另外，从表格所列看，其时《家语》的篇次布局与今本也是一致的：与今本一样，也是按照从先到后的顺序来排列。特别是其中甚至有局部连续衔接的篇次也与今本无异，如其中相当于今本的2、3、4篇，6、7、8、9、10、11篇，13、14、15篇，17、18篇，30、31篇，36、37篇。再联系到上举敦煌写卷《郊问》、《五刑解》（分别相当于今本第29、30篇）的次序也与今本一致，这说明，今本《家语》这样的篇次布局长期以来始终是稳定的。还要提到的是，《治要》选录《家语》，有时也兼录王肃之注文。如《五仪》"不悫而多能，譬之豺狼，不可迩也"下录王注"迩，近也；言人无智能者，虽不悫信，不能为大恶也，不悫信而有智能者，然后乃可畏也"，今本此处王注作"言人无智者，虽性悫信，不能为大恶；不悫信而有智，然后乃可畏也"，两相对比，可以看出今本王注有所脱漏。今本之"性悫信"尤当系"不悫信"之讹误，幸赖《治要》本保存此真。今本王注的这种特点，与我们在研究《家语》"佚文"问题

时的结论是一致的。[①] 当然，这种情况也是古籍流传过程中难以避免的现象，而就总体言之，我们认为二者差别并不大。《治要》录《家语》之文也兼录王肃注，再次说明其时《家语》传本的单一性。

综上可见，有唐以降，以至于宋，《家语》的流传有两个基本特征：其一是内容、篇幅的稳定，并不存在篇目缺失等结构性损伤；其二则是《家语》传本的单一性，即只有王肃注本一种。我们既不能动辄以古书及注疏所引《家语》与今本不类，即率尔指为“佚文”，并认为今本相对“唐本”存在篇卷损伤，也不能想象唐时《家语》传本在王肃注本之外还有什么其他传本。尤其是后者，它使我们认识到：由唐至宋，《家语》的传本问题其实已不像前期那么复杂。既然传本单一，此一时期所应关注的问题就主要是王注本在流传过程中所发生的变化。这些变化包括正文及注文脱漏及讹误（尽管这方面不算太大），以及分卷方面由二十一卷向十卷本的过渡。今本分为十卷具体始自何时，实难确知。《旧唐书》著录已是十卷，说明这种分法可能由来尚早，并不一定入宋才有。[②]

---

① 参本书后《〈孔子家语〉佚文献疑及辨正》一文。

② 参张固也、赵灿良《〈孔子家语〉分卷变迁考》。

汉志论语类文献构成与《孔子家语》的相关问题*

一、《孔子三朝记》、《孔子家语》入论语类的问题

汉志论语类，主要包括三个子类的内容：其一为《论语》一书的不同传本，所谓齐、鲁、古论之类；其二为经师对《论语》一书的说解，所谓"齐说"、"鲁夏侯说"、"燕传说"之类；①其三则为《论语》之外其他的书，所谓《孔子家语》、《孔子三朝》（或作"孔子三朝记"）、《孔子徒人图法》。从不同传本到经师说解再到其他的书，汉志的处理无疑是按照与《论语》本书的关系由密到疏来排列的，直至"其他的书"。经师的说解作为阅读本书的辅翼，归入此类不难理解（其他易、诗、书之类仿此），然则《家语》等三种"其他的书"也归入该类，能透露出什么信息呢？

《孔子徒人图法》今已亡佚无存，今传《孔子家语》如前文所述，与汉志所著录也并非同一书，其中之内容因此不能作为论据被贸然取资，但《孔子三朝》七篇今天却是完整地保存于《大戴礼记》中。观此七篇所述，尽是孔子与鲁哀公问对、论说之内容，颇合汉志对论语类的小结："论语者，孔子应答弟子、时人及弟子相与言而接闻于夫子也。"循此以观，其中所录《家语》的内容构成应该亦与此相类，而今本《家语》之内容，至少就形式上看，亦属此类。

---

* 本文原刊于刘玉才主编《从钞本到刻本：中日〈论语〉文献研究》，北京大学出版社 2013 年。

① 广义上，所谓的"石渠义奏"亦可归入"说解"一类。

当然,这既可以解释为今本“古初”,也可解释为后人利用论语类内容上的共性据以伪造。但笔者感兴趣的是,类似“孔子应答弟子、时人及弟子相与言而接闻于夫子”这样的内容,先秦甚至秦汉古书所录尚多,论语类为何不收?日本学者武内义雄曾认为《三朝记》不止传统上所知的七篇,像《哀公问五义》之类,当初可能亦属《三朝记》的内容。果如斯,可能会陷入更大的麻烦:我们如何面对“海量”的散见于其他古书的“孔子应答弟子、时人及弟子相与言而接闻于夫子”之类的内容。实际上,学者已经从对话形式上证明,《三朝记》七篇是自成系统的,与《哀公问五义》不类,武内氏之说不能成立。[①] 这就说明,虽然《三朝记》在形式上与其他古书中的孔门师生问对类似,但在时人看来,它们之间还是有所不同,而这正是导致像《三朝记》这样的书最终被收入论语类,而其他的孔门言论则分散、聚合,最终被并入其他古书的一大原因。

那么,到底《三朝记》之类的书有何高明之处,才能导致它较早就被收入论语类中?笔者觉得,除了有学者已经揭示的对话形式的因素外,《三朝记》之入论语类,更直接的原因恐怕是它“成书”很早。虽然古书最初多单篇流行,且分合无定,但《三朝记》这七篇应该是很早就自成系统的,与其他孔门问对材料区分得很明显。这样,当其他孔门师生材料因零散、缺乏独立性且不自成体系,而被其他古书(如《礼记》、《荀子》之类)收录、兼并,并组合成新“篇”时,《三朝记》这样的内容则始终具有独立性,所以虽然它最终也难免于被兼并的命运,但即便是并入大戴书中,学者还是知道它的来历,很容易看出其与其他篇章畛域分明。关于《三朝记》久已成书且自成体系,我们可以举《七略》来说明。对于《三朝记》,《七略》云“孔子三见哀公,作《三朝记》七篇,今在《大戴礼》”(裴松之《三国志》注引),[②]“今在《大戴礼》”之“今”字,很好地说明了此书过去是独立、别行的,且即便后来被归入“大戴”,学者

---

① 末永高康《〈孔子三朝记〉初探》,《南京师范大学文学院学报》2011年第1期。

② 《史记·五帝本纪》索隐引《别录》作:“孔子见鲁哀公问政,比三朝,退而为此记,故曰三朝,并入大戴记。”此与裴注略有不同,但基本一致。

也很容易看出它们的由来。学者或以为“三朝记”之名系刘向所定，这明显与《七略》所述不合，是不正确的。[①]

《三朝记》如此，汉志著录之“《孔子家语》二十七卷”，又因何被列入论语类呢？尽管我们不知道汉志所据本子的成书上限，但如《三朝记》一样，刘氏整理群书之前该本业已存在，或自成独立的系统，应该也是可以肯定的。今本《家语》后附所谓孔安国序，把《家语》的历史一直追溯到先秦，但从今天来看，其时还只能说有“《家语》材料”，还不能说“孔子家语”这样的书名已约定俗成，或显称于世。[②] 从今天的出土材料看，《家语》内容当初其实与很多“语”类古书互见重出，所以从材料性质上说，“《家语》材料”不过是“语”类材料的“孔家”传本而已，故而“孔子家语”这样的书名，绝非指孔子手订，而只是指系“孔子家”的“语”类罢了。这里的“孔子家”，犹如太史公反复申说的“孔氏古文”的“孔氏”，所以“孔子家语”有时也可称“孔氏家语”（如今本《家语》后附孔衍序即称“又集录孔氏家语四十四篇”；今传宋本《家语》往往又题“孔氏家语十卷”，皆可证）。关于这一点，前文已有论证。另外，孔序还提到这批材料在汉初命运多舛，先被吕氏收藏，复又“散在人间”，最后又于景帝时被重新收于秘府。当然，我们并不认为当时官府能把所有“散在人间”的“家语材料”搜罗殆尽，民间应该还有零星的流传。关于这一点，前文已有论证，此不赘。而正因为秘府藏本的整体性及“孔家”的标签，这批材料长期自成一系，所以，虽然在内容上它们与世间其他“语”类文献多有重出，但向、歆父子校理秘书时，仍然因其“出身”上的特殊性，保留了“孔子家语”这样的名称。[③] 所以，我们认为《家语》“孔家”、“孔氏”这样的“出身”，也应该是导致该书被列入论语类的重要原因。当然，早已自成体系也应该是一个先决条件。还需注意的是，河北定州八角廊汉简《儒家者言》与《论语》出

① 末永高康亦已厘清“刘向以前好像就有《三朝记》之名”，见前揭其文。

② 参见胡平生《阜阳双古堆汉简与〈孔子家语〉》，《国学研究》第七卷，北京大学出版社2000年。

③ 孔安国因私人关系，求得秘府藏本的副本并加以整理，这是今本的祖本，但与秘府藏本明显非一，也是可以肯定的。

于同墓，恐怕也是个有意思的信息。按照现在多数学者的看法，《儒家者言》可以称得上是"竹简《家语》"①，而它正好与《论语》联袂出土于同一墓中，它们简直可以说是"缩微版"的论语类。不只《家语》因其"出身"早已自成体系，可能"论语类"这样的归类和结集，也不是始自向、歆父子，而是约定俗成、久有群众基础的。我们看八角廊竹书的构成，已经是在作有意识的以类归并，或者可以说就是个"论语类"的雏形了。

关于论语类久已归并、结集，《史记·仲尼弟子列传》的一段记载也颇值得注意：

> 学者多称七十子之徒，誉者或过其实，毁者或损其真，钧之未睹厥容貌，则论言《弟子籍》，出孔氏古文近是。余以弟子名姓文字悉取《论语》弟子问并次为篇，疑者阙焉。

对于这段话，学者一般公认其中的《弟子籍》与今《家语·七十二弟子解》关系密切，但问题是前面的"论言"作何解呢？学者或理解为"谈论"、"说到……"、"至于说……"，终觉未安。我们还是再来看汉志对《论语》名义的解释："《论语》者，孔子应答弟子、时人及弟子相与言接闻于夫子之语也，当时弟子各有所记。夫子既卒，门人相与辑而论纂，故谓之《论语》。"由此可见，《论语》之得名，既有"语"，更有后人的"论纂"，即评论、编辑的工作。推而广之，《论语》成书之后，后人对它的解说、评论，甚至其他的与孔门师生言论有关的内容，也都可以称"论"，进而也可以归入"论语类"这样一个大的集团。所以，汉志下文才说"汉兴，有齐、鲁之说"，也就是说不同地域的经师说解同样也是"论"，甚至也是"论语"，作为附丽于本经的东西，它们在古人看来本来就是一体的。关于这一点，前辈学者已从古书体例的角度揭示了古人向来有把经传、经说径称本经的习惯。② 所以，"论语"在当时本来就应

① 李学勤《竹简家语与汉魏孔氏家学》，《简帛佚籍与学术史》，江西教育出版社2001年。

② 参见王利器《古书引经传经说称为本经考》，《晓传书斋集》，华东师范大学出版社1998年。所以，当古人说齐论、鲁论云云者，不唯指两地不同的《论语》传本，也可以指各自的师说和论解。

该是一个相对宽泛的概念。故而，上面的“论言《弟子籍》”之“论”，就应当理解为宽泛意义上的“论语”或“论语类”，或可径加书名号作《论》。但有学者直接将此处“论”理解为狭义的《论语》一书，即“古论”，而且认为《弟子籍》就曾经是“古论”的篇目，只是后来为学者所删削。① 今按此说非是。依汉志，“古论”篇目的特异之处，不过是“两《子张》”，绝无什么“弟子籍”。所以，此处之“论”不能理解为狭义的《论语》一书是肯定的。另外，上海博物馆藏战国竹书中有《君子为礼》、《弟子问》两篇，内容皆为孔门师生问答，与《论语》颇似。依多数学者的看法，此两篇实当为一，而学者更认为竹书合并后的篇名应该为“论言弟子籍”或“论语弟子问”，且认为它们都是《论语》曾经的别称。② 此说明显承太史公上说而发，却把书名与篇名误混为一。从性质上看，“弟子籍”这样的篇名，明显当是关于孔门弟子名姓、里籍的记录，与《家语》之《七十二弟子解》绝类，既是篇名，如何能代表《论语》全书？且《论语》之定名由来甚早，《礼记·坊记》已见称引，说《论言弟子籍》或《论语弟子问》曾为《论语》别称，亦不可信。若视两书为一，太史公前面为何不云“论语弟子籍”？而且，揆诸太史公之意，“弟子问”亦非篇名，只不过说在《论语》一书中，孔门弟子发问的那些内容往往有其名姓等信息，并进而成为其修史之取资罢了。这再次说明，“论言弟子籍”之“论”，只能是泛称，与后面的“论语”是不太一样的。太史公的意思，当是指虽然孔氏古文《弟子籍》后出，但时人也因为它的性质，将其看成广义的“论”或“论语”。这再次说明，“论语类”这样一个涵盖面比较宽泛的大类形成是比较早的。而与《家语》关系密切的《弟子籍》亦可入“论”，也透露出这样的信息，那就是汉志以《家语》入论语类，绝非刘氏个人的心血来潮，只不过是尊重当时知识界久已有之的惯例或传统罢了。

虽然《三朝记》、《家语》或因成书较早，或因“出身”特殊，被归入论语

① 参郭沂《郭店竹简与先秦学术思想》，上海教育出版社 2001 年，第 346 页。

② 参黄人二《上博藏简(五)〈君子为礼〉与〈弟子问〉试释——兼论本篇篇名为〈论语弟子问〉与〈论语〉之形成和主要编辑时间》，《中国国家博物馆馆刊》2011 年第 6 期。

类,但就内容的时代特征上讲,它们与《论语》一书还是存在着明显距离的。实际上,在论语类中,二者“他书”的身份本身也说明了汉志的“类”在时序选择上的充分包容性。《家语》后附所谓孔安国的序中,说此书“与论语、孝经并时”,且“实自夫子本旨”,其实不过是为抬高此书而自张其目,是不能当真的。今天笃信《家语》者,每援此为说,以为既入论语类,就等同于都站在了一条线上,昧于汉志归类体例,反受其惑。相反,我们今天倒是有足够的证据能够说明《三朝记》、《家语》与《论语》还是存在明显时序落差的。谨再尝试论之。

二、《论语》、《三朝记》、今本《家语》的时序落差问题

汉志把《家语》归入论语类,加上晚近多宗出土文献与今本《家语》相关,于是个别力挺《家语》的学者就对今本《家语》的史料价值作了过高的估计,称今本《家语》系孔门弟子“子张书诸绅”式的“笔记”,这一点是笔者不能同意的。照此说来,今本《家语》甚至包括汉志本《家语》与《论语》就是同一时代的,地位也是等同的。但我们知道,汉人述孔子言论行事,必首称《论语》,所谓“《论语》者,五经之錧鎋,六艺之喉衿也”①。所以,尽管《家语》(包括古本与今本)可能确实也保存了一些孔门言论的实迹,但就总体上看,其地位绝不能与《论语》相比。② 不独如此,从内容的组织风格上看,《论语》与《三朝记》、今本《家语》(古本不可考)还是存在明显的时序落差的。

首先,从篇名的命名规则上看(这是目前公认的古书体例之一),《论语》清一色是拈取每篇首章开头之文字来命名,这样的文字既不能概括该篇之主旨,亦不能概括该章之主旨。这一点,《三朝记》与之相同,如《千乘》取自

---

① 赵岐《孟子题辞》。

② 笔者还想指出的是,无论是阜阳简牍还是八角廊《儒家者言》都是汉人所能见,也就是说即便汉人在见到这些材料的情况下,仍然没激动到把《家语》升格到与《论语》等同,这尤其值得我们思考。

首句："公曰：千乘之国……"《四代》取自首句："公曰：四代之政刑……"《虞戴德》取自首句："公曰：昔有虞戴德何以……"这种命名相当简洁、直接。反观今本《家语》，情况就比较复杂。其中，既有与《论语》、《三朝记》类似的，比较直接地取每篇首章开头之文字命名的，如《三恕》篇："孔子曰：君子有三恕……"《六本》篇："孔子曰：行己有六本焉……"有些篇的篇名虽亦大体来源于首章，但并非那么直接就是首句之文字。如《致思》篇，"于斯致思"并不算该章之首句，《屈节解》篇的"屈节"同样如此。另外，有些篇名虽来源于首章，但这样的篇名却实际上可以概括首章之主旨，这也是与《论语》之类不同的。如《好生》篇，"好生"一语出自该篇首章，但不是首句，而且基本可以概括该章主旨；《辨政》篇，虽首句即见"政"字，但全章未见"辨"字，实际上，"辨政"二字是总结该章主旨的结果；《颜回》篇，虽首章首句即有"颜回"，但实际上该篇所有章都是关于颜回的事迹，所以这样的篇名实际上具有统摄全篇的意味，这也是与《论语》之类不同的。当然，今本《家语》的篇名还有更多明显是总结、概括的结果，远不如《论语》那样简洁、直接。孔安国后序曾说他编《家语》的原则是"以事类相次"，也就是根据各章内容的共性进行以类归并，这样合并事类相近的章而成的篇，其篇名也往往能起到概括该篇主旨之作用。如《相鲁》，篇名基本就可以概括全篇，不独一章为然。《观周》篇，"观周"一语虽明见第三章章首（"孔子观周，遂入太祖后稷之庙……"），但其实该篇四章内容都与"观周"有所关联。再如《辨物》篇，该篇很多章言新奇、古怪之"物"，且有孔子之评论，因此增一"辨"，颇能综括其义。其他像《困誓》、《五帝德》、《冠颂》、《庙制》，等等，篇名对全篇主旨均有明显的概括作用。基于上述篇名命名的复杂特点，笔者以为今本《家语》的形成应该是晚于《论语》、《三朝记》的。虽然此处仅系就今本《家语》立论，但考虑到《家语》古、今本之间在内容上的继承性，古本《家语》在篇目命名上恐怕也与今本有类似特点。①

---

① 前举《严氏春秋》引《观周》篇，内容虽未见"观周"字样，但内容实亦与"观周"有关，这说明古本该篇篇名同样具有概括功能，与今本类似。

能说明《论语》、《三朝记》、今本《家语》之间存在时序落差的证据，还有人物对话的背景。这一点，在近来古书体例的研究中很受重视，并被作为分析古书年代学的依据之一。关于古书中添加人物对话的背景、结尾等相关元素，学者或总结为“穿靴戴帽”①，而和我们这里的讨论相关的则主要是“戴帽”，即为人物对话预设背景、前提的问题。在上述三书中，《论语》、《三朝记》背景很少，甚至阙如，其中尤以《三朝记》为甚，基本为一问一答，而为什么有这样的对话、在什么样的背景下有这样的对话，则几乎没有涉及。最典型的就是其中哀公与孔子问对，但该篇径言“公”，连“哀”字都不暇添加。《论语》一书中，大部分的言论形式与《三朝记》类似，或者为干巴巴的“子曰……”，或者为弟子、时人问，孔子答的形式，总体上还是比较朴质的。不过，《论语》有些章次也可以看出已经有了初步的背景交代意识，只不过这样的例子相对较少，而且背景交代得也比较简单、“克制”。如《论语·先进》“子路、曾皙、冉有、公西华侍坐”章讲孔子听众弟子讲述志向抱负，开头的“子路、曾皙、冉有、公西华侍坐”虽然简短，但对场景的交代可以说呼之欲出。② 后面孔子听完弟子言论之后甚至还有“三子者出，曾皙后，曾皙曰……”，已经颇得曲尽“情节”之妙，这与《三朝记》行文，以及《论语》中比比皆是的干巴巴的“子曰”还是明显不同的。当然，背景的交代并不总是一句话就能完成，所以《论语》有时也不惮再说得更详细些，如《论语·阳货》首章讲阳货与孔子对话，从“阳货欲见孔子，孔子不见，归孔子豚”到“孔子时其亡也，而往拜之。遇诸途”，把背景说得已经非常详尽了。他如《微子》篇“长

---

① 其说出赵逵夫先生，参见王锷《〈礼记〉成书考》（中华书局2007年），第44页注释2。此后学者陆续对赵说给予重视并加以证明或补充（分别参见刘娇《西汉以前古籍中相同或类似内容重复出现现象研究——以出土简帛古籍为中心》，复旦大学2009年博士学位论文。邬可晶《〈孔子家语〉成书时代和性质问题的再研究》，复旦大学2011年博士学位论文）。其中，邬文基本采用赵氏的总结，并以此作为衡量《家语》一书相关内容的年代学依据。应该说，赵氏的总结及邬氏的运用，总体上说可算为探索古书年代学理论的一种方法，但这一方法在实践中仍有粗疏之处。比如，有“穿靴戴帽”内容的章节只能说“相对”晚出，具体到今本《家语》一书，其中“穿靴戴帽”内容是否就因此晚至邬氏所主张的魏晋，则是很成问题的。

② 值得注意的是，后来很多文献包括《家语》都广泛采用这种“侍坐”模式来进行背景的构拟。

沮、桀溺耦而耕,孔子过之,使子路问津焉”同样具有这样的功能。虽然这些交代背景的章在《论语》中为数并不多,而且行文亦较简单,但它们无疑说明,《论语》中之内容在形成方式上还是有所不同的。

相对于《论语》中有些章对背景的交代尚显“稚嫩”或者阙如,今本《家语》却斤斤于此,把这项工作做得首尾照应,曲尽情节完整之妙。[①] 今本《家语》相对其他文献多出的有些“背景”性的情节,可能也源出甚早,甚至是故事“本事”,[②]但笔者依然不认为它们与《论语》处在同一时序层次上,或者说是孔门弟子的所谓“笔记”。当“背景”本来不言自明,或者无须交代的时候,《家语》却斤斤于做这样的工作,必欲读者周知对话故事的始终,这说明作者对孔子与弟子言论、语录的出场方式的理解与《论语》已大不相同,或者说行文、记录史实的方式已大有不同:《家语》中的这些内容相对于《论语》、《三朝记》,完全是另一种风格,虽然其绝对年代可能也不晚,但其相对于《论语》、《三朝记》存在时序落差则是无疑的。

关于上述三书在内容上的时序落差,还有另外一个观察视角。关于这一点,近代以来已有不少学者涉及。简单来说,这一观察视角主要是从古书章句组织的繁复程度来着眼的。近代以来,余嘉锡、蒋伯潜、傅斯年等学者或从目录学古书体例的角度,[③]或从诸子之书文章学演进谱系的角度,都指出了这样一个事实:早期之书《论语》等多为琐碎的“记言”,组织文章的观念尚淡薄,而后来诸子散文才相对有较为明确的“组织”观念,“已有铺排的长篇,假设寓譬,翻腾议论。故其辞宏肆,其气雄浑,风格与《论语》绝异”[④]。傅斯年甚至还从中西文体比较的角度对此问题进一步申论,指出东西方文

---

① 参上揭邬可晶《〈孔子家语〉成书时代和性质问题的再研究》。

② 参本书“诸书‘互见’编”中《〈孔子家语〉与〈礼记〉“互见”关系研究——以孔子言论之“背景”问题为中心》一文。

③ 参见余嘉锡《古书通例》,《余嘉锡说文献学》,上海古籍出版社 2001 年,第 162—267 页。

④ 参见蒋伯潜《诸子通考》下编《诸子著述考・序论》,浙江古籍出版社 1985 年,第 46 页。对于古书在章句繁复程度上所体现出来的“历时性”,学者还从先秦散文形态的历史演进作了进一步阐述,详参单承彬《论语源流考述》,吉林人民出版社 2001 年,第 45 页。

体形式都大致走过了“记言——著论——成书”这样一个过程:“苏格拉底有语无文,犹之孔子时。柏拉图依师说散为无穷无尽之对语,对语亦记言。亚里士多德乃真著书。”①现在看来,这一观察视角所指出的古书章句组织中的时序落差,其实也算是对古书年代学方法的有益探讨。

如上所述,《论语》的章句形式基本上还是片言只语的“记言”体,比较琐碎,这与后来战国诸子散文之不同一望可知。但要说《论语》中完全没有诸子散文中的那种铺张、排比,似乎也不是事实。如《论语·子路》篇子路问“卫君待子而为政”章,孔子后面的回答就较有气势:“名不正,则言不顺;言不顺,则事不成;事不成,则礼乐不兴;礼乐不兴,则刑罚不中;刑罚不中,则民无所措手足……”这样一连串顶真式的逻辑递进,在口语中说出来,还是让人非常惊异。他如《论语·季氏》“季氏将伐颛臾”章:“丘也闻有国有家者,不患寡而患不均,不患贫而患不安。盖均无贫,和无寡,安无倾。夫如是,故远人不服,则修文德以来之。既来之,则安之。今由与求也,相夫子,远人不服,而不能来也;邦分崩离析,而不能守也;而谋动干戈于邦内。吾恐季孙之忧,不在颛臾,而在萧墙之内也。”这里孔子对“均”、“贫”、“寡”、“安”等问题的论证,以及由此引申到对“谋动干戈于邦内”的批评,较之《论语》中比比皆是的只言片语,还是非常“另类”的,尽管这比战国诸子散文的气势仍稍嫌简单和短促,而且在《论语》一书中为数也相当地少。不过,既然《论语》中也存在这样相对较繁复的话,那么在“零散”和“组织”文体之间要勾勒出相对清晰的时序脉络,就要非常谨慎。但由于《论语》中这样的繁复组织毕竟不多,而且这种“组织”也相对稚嫩,所以上述学者依文体形式对《论语》的年代定位较早,基本上还是成立的。

我们上文曾谈到《三朝记》与《论语》在对话“背景”上类似,比较单薄,或基本没有,那么其章句的文体形式,是否也像《论语》那样琐碎、支离呢?事实恰好相反。《三朝记》七篇,大多都是“长篇大论”,与《论语》绝异,而颇

---

① 参见傅斯年《战国文籍中之篇式书体——一个短记》,今收入《史学方法导论》,中国人民大学出版社2004年。

类战国庄、孟之文。七篇中某些章节事类之丰富、论证之繁复、照应之周详，以及顶真、排比手法之运用，都令人叹为观止。其尤著者，如《千乘》篇“立妃设如太庙然”一节、《虞戴德》篇“虽可而弗由，此以上知所以行斧钺也”一节、《诰志》篇“知仁和则天地成”一节、《少闲》篇“由君居之，成于纯，胡为其蒙也”一节，纵横恣肆，虽比之庄、孟之文，亦不稍逊，与《论语》之时序悬隔，尤为明显。因此，《三朝记》就是一个有趣的“样本”：毫无对话“背景”意识，似原始；文体形式至为繁复，又似晚出。因此，要定位它的时序坐标就非常棘手。实际上，这还逻辑地把这样一个问题推到了前台：作为古书年代学的两大方法论，“背景”意识与“文体形式”何者更有决定意义呢？我们上面已经提到，绝对年代较早的《论语》一书中，“背景”意识时有显现，“繁复”之组织也间有涉及，只不过相对“稚嫩”罢了。不过，“背景”问题其实较多是从读者理解方便角度考虑，如直记说者之言论，原不是非要不可的问题；而文体形式之“繁复”程度，则涉及是直记还是后来组织，是原话还是后来润色、整理甚至后人伪托的问题，这就更有年代学上时序的关照和意识。所以，相对来讲，“文体形式”还是要比“背景”意识在年代学方法论上更有决定意义。因此，尽管《三朝记》成书于先秦，但其绝对年代要晚于《论语》恐怕也是无疑的。像《论语》这样的琐碎“记言”，我们一般相信它们离说者的实景状态较近，基本上就是孔子言论的实录，虽然《论语》中偶尔也会出现如上所举较为“繁复”的句子，但是我们无论如何都不能相信像《三朝记》中那些汪洋恣肆的篇目也是对话的原始实录。在实景状态下，孔子的言论要在事类、论证以及修辞手法上达到《三朝记》这些篇目的水平，几无可能。① 所以，它们只能是出自后人之手，是后人根据传流下来的资料（也可能无凭），精心组织、润色成文的。这是讨论两书年代学及史料价值时，必须特别注意的。

再来看今本《家语》一书，不唯“背景”意识较《论语》、《三朝记》为突出，即从文体组织形式来看，也更为复杂。今本《家语》各篇的内容基本可分为

---

① 末永高康也提到作为言论的“实录”不可能是长篇大论，他举的例子是《大戴礼记·本命》与《孔子家语·本命解》，但对《三朝记》及《孔子家语》书中之“长篇大论”，也应作如是观。

两大类型：其一为依托一个个简短故事来说理，如《致思》、《三恕》、《好生》、《六本》、《困誓》、《正论解》等篇，它们与《说苑》中很多篇的内容类似；其二则为着意于某一核心主题的“长篇大论”，如《王言解》、《大婚解》、《儒行解》、《弟子行》、《入官》等篇。当然还有一些篇是“复合型”的，或者同时包括这两类，或者是由多个“长篇大论”的章组成。就形式来讲，第一种类型貌似与《论语》简短的片言只语接近，但其实迥然不同：《论语》为语录，多为原始语料，而今本《家语》此种类型虽然简短，但却有较为明晰的“故事”意识，有缘起（背景）、对话及结局评论等，明显非原始语料，而更像是后人整理或创作的。我们上面讨论《论语》的“背景”意识时曾提到，《论语》中也有个别章存在一定的“背景”意识，并因此有了一定的“故事”性，但那还是相当原始、简单的，而《家语》则表现得更为纯熟。这种纯熟有时还表现在“故事”的规模有时已大为突破，实际上由“小故事”变成了“大故事”，如《在厄》“楚昭王聘孔子”章、《辨乐解》“周宾牟贾侍坐于孔子”章、《屈节解》“孔子在卫”章，等等。仅从篇幅上说，它们与“长篇大论”已无法区分。而且，上述“大故事”在篇幅上如此膨胀，言论的内容往往要超过情节性内容，也就是说，就性质上讲，它们也与“长篇大论”类似。就上述今本《家语》所呈现出的复杂组织看，它早已非《论语》那样的原始语料，与《论语》的时序落差是非常明显的，相信任何不带成见的人都看得出来，所以，要说它是孔门弟子所谓的“笔记”，是无论如何难以让人信服的。

另外，笔者曾经将出土文献与今本《家语》详加比较，指出：今本《家语》不唯较出土文献为晚出，即便与某些传世文献（如《说苑》之类）相比，今本《家语》也可看出明显的后人整理改编的痕迹。应该说，上述两方面研究的结论基本上可以互为应援。不过，今本《家语》如此，而汉志所载古本《家语》如何则是另一回事。古本《家语》是否也有像今本这样的“背景”意识，无从考证，但既然汉志论语类可以包容《三朝记》这样不乏“长篇大论”的书，那么其中古本《家语》亦包含“长篇大论”似乎也是自然的，这由古、今本共同的材料来源自可想见。不过，就目前发现的出土文献来看，无论是八角廊汉简《儒家者言》，还是阜阳章题简牍，它们对应今本《家语》的内容却大都非“长篇大论”,基本上都是依托一个个小故事来说理,比较简短。① 古本《家语》是否都是如此面貌,值得深究。

三、再说《家语》“汉志本”与今本非一

从上面的论述中,读者应已察觉:笔者实际上在有意识地把《家语》“汉志本”和今本作适当的区分,没有贸然把它们混同为一。这绝不是单从论述便利的角度考虑。晚近以来很多出土文献能够与《家语》对应,确实令为今本《家语》翻案者扬眉吐气,以为出土文献的问世一下子就解决了历史上关于《家语》辨伪学的所有环节。因此,学者最常见的做法就是干脆把今本《家语》与“汉志本”径行对接,但这其实是非常草率的。关于《家语》“汉志本”与今本的关系,很多证据倒是表明了它们绝非一回事,匆忙将二者对接,并不利于《家语》研究的推进。

关于“汉志本”与今本非一的问题,首先能从篇幅规模上得到印证。就内容上看,今本系统应该与汉志的二十七卷本在篇幅上大有差异。关于这一点,前文已有论证。当然,汉志所记论语类诸书的篇幅规模问题,还存在一个篇、卷上的差异,有学者就认为“此类以竹书为主,故折卷为篇,统以篇计”②,如果篇、卷同一,那其中的《孔子家语》就是二十七篇,③相比今本少了十七篇之多。所以,无论“篇”、“卷”是否同一,都可证明“汉志本”《家语》在篇幅规模上与今本大有差异,直接将它们对接是很不恰当的。近来有学者详考《家语》分卷之变迁,给出了从“汉志本”二十七卷到今本十卷变迁轨迹

---

① 稍有不同的是,八角廊《儒家者言》及阜阳章题木牍,都有对应今本《家语·观周》篇讲“金人铭”的章,该章虽因包含“金人铭”铭文而内容稍长,但就内容、结构来讲,仍不脱依托小故事说理的特性,而与今本《家语》类似《王言解》、《大婚解》、《儒行解》、《弟子行》、《入官》这样的篇目似有不同。

② 李零《兰台万卷——读〈汉书·艺文志〉》,生活·读书·新知三联书店2011年,第53页。

③ 顾实以卷当篇,合计230,多1篇(见顾实《汉书艺文志讲疏》,上海古籍出版社1987年,第72页)。又,孙志祖引陈鳣以为“古人以篇为卷,今本四十四篇,校汉志增多十七篇”(参孙氏《家语疏证》,《续修四库全书·子部·儒家类》,上海古籍出版社2002年)。

的设想模型,①可以看出,论者是以今传十卷本径直对接汉志的二十七卷本的,这在整体思考上与本文不同。需要指出的是,论者复原分卷变迁轨迹的一大指导思想是“同一书的不同分卷方法之间应当有所承袭”,这其实等于先预设了汉志二十七卷本与唐本、今本是直接对接的,显然在方法上不够严谨。比如论者正是用今本字数的57 000直接除以汉志的二十七卷,才得出每卷约2 100余字的规模,并据以剪裁、调整分卷组合,构拟出从二十七卷到十卷的变迁轨迹。其实,即使我们相信每卷约2 100余字的规模,论者也还是无法回避和解释古本少至1 017字、多至2 808字这样的极端不平衡现象。而且,论者对“汉志本”平均2 100字的规模还举“周秦汉魏”时期简帛古书的一卷约为2 000多字为证,恐怕也未必符实。其举《老子》五千言分上下卷为例,但汉代以来人们对《老子》都是称之为“上下篇”(所谓《德》篇、《道》篇),罕有“上下卷”之名。如若视篇、卷同一,则汉志二十七卷,岂不就当二十七篇?那就与今本更加对接不上了。

将今本与“汉志本”径行对接的学者,往往对今本《家语》后序特别是所谓孔安国后序有较多引据。其实,如果我们仔细研读的话,其中倒有许多证据是不能支持二者对接的。我们前文已经提到,从孔安国自序来看,他是通过私人关系从中秘得到了古本《家语》的副本,并据以整理出一个新的本子。这其实已经意味着《孔子家语》一书的传本出现了“二元格局”:一为民间及中秘的古本《家语》材料,②一为孔安国全新的整理本。而且,这种二元格局还得到了后一序文的证实。它提到后来刘向校书,曾把孔安国整理的很多文献包括《孔子家语》加以校定,而且给它们起了一个总名:《古今文书论语别录》。从这个书名看,它们实际上是个大杂烩。请注意,其中的“论语别录”即当是对孔安国整理本的指称(这也再次说明《家语》亦可看作广义的

① 参见张固也、赵灿良《〈孔子家语〉分卷变迁考》,《孔子研究》2008年第2期。

② 清人范家相及日人武内义雄都曾提到“古家语”概念,但所指不同:范说“古家语”即谓“汉志本”,而武内义雄氏所谓“古家语”则指孔安国整理本。二说分别参见范家相《读家语杂记》(收入《家语证伪》,《续修四库全书·子部·儒家类》,上海古籍出版社2002年)及张心澂《伪书通考》所引武内义雄说(上海书店1998年,第618页)。

"论语"，或入"论语类"）。特别是"别录"之称，颇有点异说别篇、立此存照之意。似乎刘向对孔安国叠床架屋式地重新又弄出一个《孔子家语》的本子是持谨慎态度，甚至是不以为然的。正像孔衍奏文所抱怨的："光禄大夫向以为其时所未施之，故《尚书》则不记于《别录》，《论语》则不使名家也，臣窃惜之。"正因为此，汉志著录的二十七卷本，就只能是中秘之所藏，绝不会是孔安国的整理本。孔衍奏文还提到，戴圣编《礼记》时，"以《曲礼》不足，而乃取《孔子家语》杂乱者及子思、孟轲、孙卿之书以裨益之，总名曰《礼记》，今尚见其已在《礼记》者，则便除《家语》之本篇，是灭其源而存其末，不亦难乎？臣之愚以为宜如此为例，皆记录别见，故敢冒昧以闻"。孔衍所谓的"宜如此为例，皆记录别见"，显然即今传四十四篇本，而他又说戴氏编《礼记》时取《家语》以补《礼记》之不足，而且"灭其源而存其末"，依此推理，戴氏动过手脚的《家语》篇目肯定要较今传本为少，这同样昭示了《家语》传本"二元格局"的存在。再联系到"汉志本"二十七卷，或以为即二十七篇，相对于今本篇目减损不少，然则孔衍所谓戴氏取《家语》补《礼记》之说看来确非无凭（本书"诸书'互见'编"中《〈孔子家语〉与〈礼记〉"互见"关系研究——以孔子言论之"背景"问题为中心》一文，已充分证明了这一点），而此益证"汉志本"非今本明矣。

我们通过对阜阳双古堆汉墓所出木牍章题的研究，已经充分证明：源自孔安国整理的今本系统，不要说相对出土文献，即便是相对传世文献，都可以看出明显的重组和整理之迹，①说明孔氏的整理是非常用心的，绝不是简单地拼凑材料。孔衍对其祖先的工作成绩也说"然其典雅正实，与世所传者不同日而论也"，既说明了"世所传"的民间本《家语》与孔安国本的双峰并峙，也说明了孔安国整理本的全新面貌。另外，八角廊汉简《儒家者言》与今本《家语》内容上互有出入，并非完全对应。如果它们可称"竹简《家语》"，那也说明古、今本之间的确是有不小的差异，这对于"汉志本"与今本非一的

---

① 参见本书"出土文献及新材料编"中讨论阜阳双古堆汉墓木牍章题之文《阜阳双古堆一号木牍与〈孔子家语〉相关之章题考证》。

观点，同样也是有力的佐证。就此而言，唐颜师古说汉志本“非今所有家语”，还是非常清醒的，[①]他也看出汉志所载其实与孔安国整理的本子不是一回事。清朱彝尊《经义考》在谈到汉志的二十七卷本时，除了注明“亡”，还提到“别本存”，这“别本”的称呼，同样意味着今本与“汉志本”分属不同传本。但遗憾的是，长期以来这些清醒的意见并没有得到足够的重视。

---

① 实际上，自王肃注《家语》出，世间就只有这一系统的传本，再无其他什么传本了。颜氏此论，仍当看作是在把今本《家语》与“汉志本”作不同传本之区分，而不应该设想唐代王肃注本外还有什么其他传本。

今传宋本《孔子家语》源流考略*

如前文所言,《家语》王肃注本自唐而宋,流传形态基本稳定,传本亦单一。但自元代中期以来,却冒出来个王广谋注本《家语》。王广谋其人事迹不详,但其所注《家语》自元代中期以来却多次刊行。尤其是明初以来,由于宋本王肃注《家语》十卷本流传极稀,学者甚至以为王肃注《家语》十卷本世间已无存,转而把王广谋本当成今本,似乎王广谋本是横向上独立于王肃本之外的别一传本。持这一看法的甚至包括许多知名的学者,时间则自明代前期直至晚清,甚至现代,可见为害非浅,因此于此需要着意一辩。

学者有上述误判,除了宋本流传极稀外,主要还在于王广谋之《孔子家语》"句解"本流传极广,公、私目录书及时人著作对它都屡屡有提到。明彭大翼《山堂肆考》云:"《孔子家语》总目:自《相鲁》至《公西赤》,共四十四篇,猷堂王广谋句解。"《钦定天禄琳琅书目》卷九,录有"《标题句解孔子家语》一函三册"。《千顷堂书目》:"王广谋《孔子家语句解》四卷,字景猷,延祐三年(1316)刊。"《经义考》载:"王氏(广谋)《家语句解》三卷,存,马思赞曰:其书有延祐丁巳(1317)刊本。"《台湾公藏善本书目书名索引》:"《(新刊标题)孔子家语句解》六卷、《素王记事》一卷,元王广谋撰,元泰定二年

---

* 本文原刊于《中国典籍与文化》2009年第4期。后见周晶晶有文《汲古阁刊本〈孔氏家语〉考——兼谈玉海堂影宋刻本》,载于《文献》2013年第3期。周文关注《家语》如汲古阁、玉海堂等宋本问题与拙文颇多关涉,观点亦与拙文或同或异,但拙文早出,而周文竟无一言及之,在当今资讯如此发达之时代,良足诧异。

(1325)崇文书塾刊本,藏‘中央’图书馆。”[①]《贩书偶记(附续编)》[②]:“《新编孔子家语章句》十卷,魏王肃注。元刘祥卿刊。首有原序,次目录,卷一首页第二行题‘并依王肃注义详为注解’等字。每半页十行,行十八十九字不等。小字双行。两截楼版式。上列评语音义。版心上下黑口。惟原序半页十二行行二十一字。至书中有两处半页九行者,较覆宋刊本颇多不同。……其编次较他本殊异,如此书在卷五,他本在卷六。……卷五之尾刊有‘清泉刘祥卿家丁未春新刊行’十二字木记。……”[③]从这里来看,王广谋的这个本子流传是很广泛的,甚至在卷册、书名上产生了略有不同的很多版本。[④] 正因此,明何孟春作《孔子家语注》时特别提到:“今本而不同于唐,未必非广谋之妄庸,有所删除而致然也。”因此可以说何氏是把王广谋本误会成“今本”的第一人。王鏊是见过王肃注《家语》的,但也认为“今本为近世妄庸所删削也”[⑤],实际上也是承何氏之说,主王广谋所删为“今本”。值得一提的是,即使明黄鲁曾之仿宋刻本及毛子晋访得之宋本王肃注《家语》多有刊刻行世,但学者对“今本”的看法仍存在误解。如清初陆陇其《松阳钞存》云:“今《家语》,元王广谋所注本也。”陆氏甚至还对王鏊曾说见过王肃注《家语》一事表示怀疑。[⑥] 另外,姚际恒引何孟春之说,也认为:“然则今世《家语》殆元王广谋本也。”[⑦]今亦有学者以敦煌本与今本比较,认为除文字异同外,今本并王肃注亦大加删除,[⑧]因此也说:“明代何孟春《家语序》云‘未必非(王)广谋之

---

① 台湾“中央”图书馆 1971 年编,第 214 页。

② 孙殿起撰,上海古籍出版社 1999 年。

③ 今国家图书馆藏有元至正二十七年(1367 年)清泉刘祥卿家刻本(现已影印收入《续修四库全书》),各项版本特征与《贩书偶记》基本一致,唯题名略有差异。

④ 台湾金镐先生对王广谋“句解”本之不同版本搜罗颇全,详参金氏《〈孔子家语〉版本源流考略》,《故宫学术季刊》(台湾)第二十卷第二期(2002 年)。

⑤ 参见王鏊《震泽长语》卷上,文渊阁《四库全书》本。

⑥ 参见陆陇其《松阳钞存》卷上,文渊阁《四库全书》本。

⑦ 参见张心澂《伪书通考》,上海书店 1998 年,第 612 页。

⑧ 究其实,敦煌本与今本差别并不大,正文差异尤小,即注文偶有不同,也多系“无心”之“脱漏”,很少“有意”的“大加删除”。更有今本注文完整,而敦煌本抄漏者,虽事后弥补,但却仍补之未尽,不了了之。详参前文《英藏敦煌写本〈孔子家语〉的初步研究》。

庸妄,有所删除而致然也’,元代王广谋亦注有《家语》。”[①]明显也是以广谋本为“今本”。

现今在王肃注《家语》有多种版本流行的情况下,再持王广谋本为“今本”之说,显然是很不恰当的。从《贩书偶记》所记看,既云“并依王肃注义详为句解”,说明王广谋注本其实亦是依王肃注而稍加敷演,因此实亦源出王肃注本,故从横向上说,它并非独立于王肃注本之外的其他传本。台湾金镐先生曾详考《家语》版本之源流,一则认为“魏晋以来,所流传下来的本子,都是王肃注本”,但又感于元王广谋本每与王肃注不同,且元明以来王广谋本大为流行,遂将王广谋本视为横向上与王肃注本并列的别一系统,这是前后矛盾的。[②] 其实王广谋本不过系王肃注本之衍生物,并不具有与王肃注本横向并峙的版本学特质。其既是源出王肃注本,也间接说明王肃注本并未绝迹,不只元代如此,明初亦然。虽然何孟春注《家语》时感叹王肃注未见,但我们看和他同时代的王鏊却见到了,[③]只能说明何氏之搜求尚有未逮。况且,王鏊得见王肃注《家语》是偶得于“书市”,此等际会也说明王肃注本并非什么稀罕之物。[④] 如果说王鏊时代还不够早的话,那么明初宋濂《文宪集》曾提到《家语》之“孔子遭齐程子于郯”事,[⑤]而查此事不见于王广谋节略之“句解”本,而今传宋本皆有,说明宋氏所见非王广谋本,而应该是完整的王肃注本。实际上,王肃注十卷本虽然明代流传极稀,但由于学者多方搜求,[⑥]自嘉靖、隆庆后,王肃注《家语》之仿宋刻本已不稀见,甚至后来毛晋还能得大字宋本。而且,毛氏在所得大字本残缺的情况下,还能用“别本”补之,这个“别本”显然也

① 王志平《中国学术史 · 三国两晋南北朝卷》,江西教育出版社 2001 年,第 147 页,注释③。

② 参见金镐《〈孔子家语〉版本源流考略》。

③ 王鏊《震泽长语》云:“一日至书市,有《家语》曰王肃注者,阅之,则今本所无多具焉。”

④ 后来毛晋讲得宋本之二的情境是:“偶登酒家蒋氏楼头,见残书三册。”“蒋氏楼头”这样的地方,“残书三册”这样的状态,都说明即便是宋椠,也是冷清而落寞的。(毛说见清光绪二十四年刘氏玉海堂影宋本《孔子家语》后所附毛晋跋)。

⑤ 宋濂《文宪集》卷二七,文渊阁《四库全书》本。

⑥ 今《四部丛刊》所收明覆宋刊本之黄氏《孔子家语后序》云:“余颇惜王肃所注之少播于世,力求宋刻者而校雠之,仅得十七八。”虽“仅得十七八”,但也不算少了。

不是被节略得内容大减的王广谋本，而应该是完整的王肃注本。周亮工《书影》还提到，在毛晋所得宋本之外，徐𤊹家亦藏有宋本，而且二者也间或不同。①这些事实说明，在王广谋本之外，王肃注本（包括宋刻和明仿宋刻）于明代的流传链条也始终未断。今传王肃注诸本均承明本而来，以唐、宋类书及注疏所引《家语》相比较，可以说基本可信，证明宋本王注《家语》虽命运多舛，但却一直承传不辍。四库馆臣谓“至崇祯末毛晋始得北宋本刻之，故崇祯以前明人无见旧本者”②，显然是疏于考证。当然，这种看法其实与各种序跋所见何孟春之感叹、毛晋所述得书之幸并自张其本，可谓如出一辙。而前述以王肃注宋本亡，并将王广谋本误会成“今本”的错误认识正是因之而起。由此可见，在没有深考文献流传线索，亦未能详列诸本以参稽彼此异同的情况下，学者仅通过序跋之类的目录学路径而陈陈相因，并遽断是非，不亦难乎？

现今所能见到的所谓“宋本”，主要源出三大系统，分别为汲古阁刊本、同文书局所据的玉海堂影宋本以及《四部丛刊》所收的明覆宋刊本。虽说是三个系统，究其实可能只有两个，因为玉海堂影宋本所据实际上就是汲古阁旧藏，因此它与汲古阁刊本自然关系密切。不过，汲古阁刊本显然是个经过校定的本子（今上海图书馆藏明汲古阁刻本，明属“汲古阁校”），故而它与毛氏旧藏的原本也不尽相同。再者，毛氏是两次得宋本：第一次得之于“吴兴贾人”，但这一次所得之本二卷十六页以前皆已残蚀无存；第二次得之于“惠山酒家”，但八至十卷亦残缺无存，因前半完好，故毛氏依此本将二卷十六页以前“倩善书者用宣纸补抄”，这样“吴兴贾人”本才勉强完整。③ 这样看来，

---

① 参见《四库全书总目提要·孔子家语提要》。

② 参见四库馆臣为何孟春《孔子家语注》所写之提要。

③ 依毛斧季跋（“倩善书者互为补治，俨然双璧”），亦用“吴兴贾人”本把“酒家”本八至十卷补全，这样毛氏所得完整宋本其实有二，即莫绳孙所谓“因互补抄为两完本”（参见《藏园订补郘亭知见传本书目》第二册，中华书局1993年，第8页，莫绳孙之“附记”。以下莫氏意见均见是书）。毛斧季又云“后酒家本为钱宗伯所夺，亦烬于绛云之火，而此本独存”，这里的“此本”实即以“吴兴贾人”本为主体，兼又影抄二卷十六页之前的本子（详后）。而以酒家本为主体，兼补八至十卷的本子则未云去向，不知所终（毛说亦见清光绪二十四年刘氏玉海堂影宋本《孔子家语》后所附毛斧季跋）。

为刘世珩所珍的所谓毛氏旧藏,实是拼合了两个本子,版本属性已不纯粹。正因为是拼合二本所成,故而学者注意到该本前后差异很大,晚清大儒孙诒让即云:“前二卷影写宋本异同颇多,不甚可据。”①玉海堂所据之毛氏旧藏业已亡佚,②我们只能通过同文书局所收之影宋本来考察其面貌。③ 将同文书局本与汲古阁刊本对校可以发现,前者多出了很多注文,前人曾误以为这些注文是宋本之旧,其实是辨之不察。④ 今以《四部丛刊》所收明覆宋本校之,可以发现这些多出的所谓“注文”其实并非宋本王肃注,而是后人的按语、校语。如《相鲁》篇“乃归所侵鲁之四邑及汶阳之田”,《四库全书》所据毛氏汲古阁刊本“汶阳之田”下注云:“四邑:郓、欢、龟阴之地也。汶阳之田,本鲁界。”明黄鲁曾仿宋刊本与之基本一致,但刘氏玉海堂本此处作:“四邑:郓、欢、龟阴也。汶阳在鲁界。按《春秋》传及《史记》郓、欢、龟阴为三邑,今欢亭、龟山及郓皆在汶北,岂并汶而言之乎?”可以看出,玉海堂本前半本来当系王肃注,而“春秋传”以下则当系按语,后人辨之不察,遂致王肃注与按语连贯而书,未加分别。如果以这样的本子来校黄鲁曾刊本,表面上似乎是黄本注文有脱漏,其实不然。玉海堂本前面数篇此种情况可谓比比皆是,于此不能备举。再如《儒行解》篇“儒有不陨获于贫贱”下,四库本及黄本均有王肃注“陨获,忧闷不安之貌”,而玉海堂本独作“陨获,坠割也;一说忧闷不安

---

① 参见沈文倬为孙诒让《〈孔子家语〉校记》(《籀庼遗著辑存》,齐鲁书社1987年,第253页;又见于《孙诒让研究》,杭州大学语言文学研究室1963年编)所写之识语。

② 傅增湘《藏园群书经眼录》(中华书局1983年,第531—532页)云:“戊午秋刘氏携之行箧,在浦口客邸被毁,世间此书遂无宋本,深可痛惜。”

③ 同文书局本虽明据玉海堂影宋本,但二本之间仍有细微差别,详情可参廖名春、邹新明校点《孔子家语》(新世纪万有文库,辽宁教育出版社1997年)一书之校勘记。

④ 莫绳孙曾谓:“今以汲古阁刊本比较,二卷十六页以上毛本讹脱殊甚,注文阙漏尤夥,与宋本迥异,十七页以下诸卷则与宋本悉合,盖毛氏刊是书时尚未得酒家本,故但据家藏残帙,其所缺者以别本凑合付梓耳。”依莫氏所说,既然毛本“伪脱殊甚,注文阙漏尤夥”,且个中原因,又推测“所缺者以别本凑合付梓”,那么这里的“毛本”其实当是汲古阁刊本,那么与之比较的毛氏旧藏(实即以“吴兴贾人”本为主体,兼又影抄二卷十六页之前的本子)看来讹脱不多,尤其是注文多出很多,这也是笔者在实际的校勘中发现的问题,即玉海堂本前面几篇多出很多注文。

之貌”。“坠割”之说,当非王肃注之旧,而“一说忧闷不安之貌”,明显又是用类似四库本及黄本的本子来参校,其校语之迹,可谓昭昭明甚。玉海堂本不仅多将按语混成王肃注,即王肃注亦有不若他本者。同是《相鲁》篇“牺象不出门”下,四库本及黄本注文作“作牺牛及象于其背为罇”,此处王肃注与《周礼·春官·司尊彝》贾公彦疏引王肃《礼器注》“为牺牛及象之形,凿背以为尊,故谓之牺、象”,基本一致,今之学者多认为王肃此处“牺尊”之注能够突破郑氏从文献到文献的圈子,转而以地下出土古物作证,遂成考据学之一段佳话。[①] 而此处玉海堂本仅作“牺象,罇名”,味同嚼蜡,大失王肃注本意。又《家语·王言解》“田猎罩弋”下,四库本及黄本有王肃注“罩,掩网;弋,缴射”。而玉海堂本作“罩,鱼笼;弋,缴射也。罩,陟教切”,《群书治要》本此处作“罩,掩网也;弋,缴射也”,可证玉海堂本之误不仅在于将“掩网”改成“鱼笼”,甚至还将后人的音切掺入。而汲古阁刊本在这些地方都与明覆宋本同,没有这些按语或校语反倒是正确的。我们推测,其中校语可能出自毛斧季,玉海堂本载斧季跋文明云:“又借得小字宋本参校,至《六本》篇,小字本作‘良药苦于口而利于病’,此本独作‘药酒’,及读《盐铁论》亦同,益证此本之善。”(笔者按:毛氏率尔以他书来校《家语》是不严谨的,今传其他宋本及唐宋类书都作“良药”不作‘药酒’,恰证明了毛校之非,又说明即使是宋蜀原刻亦非尽善也。[②])看来斧季对前面几篇曾做过校勘(今同文书局所据之玉海堂本正作“药酒”,良可证[③])。[④] 毛斧季作为汲古阁后人,对于这些按语及校

① 详参于省吾《泽螺居诗经新证》(中华书局2003年,第65页)及杨天宇《论郑玄三礼注》(《经学探研录》,上海古籍出版社2004年)。

② 关于此处“良药”、“药酒”之是非,倒是曾收藏有毛氏宋刻蜀本的萧穆头脑更为清醒:“《史》、《汉》张良传又皆作‘毒药苦口利于病’,大抵古语相传,各有所本,义皆可通,不必以此本偶同《盐铁论》即以为善也。”萧说见《跋宋本孔氏家语》,《敬孚类稿》卷五,《续修四库全书·集部·别集类》第1560册,上海古籍出版社1995年。

③《书林清话》云“今汲古阁本仍作‘良药苦口利于病’,是毛氏于家藏宋本全不依据,自道之而自蹈之矣”(叶德辉《书林清话》卷七,“明毛晋汲古阁刻书之一”条),其实是未辨所谓刘氏玉海堂本与汲古阁刊本的不同。

④《铁琴铜剑楼藏书目录》卷第十三载“孔子家语十卷”,署“校宋本”,且谓“此陈氏子准传录毛斧季氏校宋本”,此可为毛斧季校书之确证。

语的性质自然是清楚的，因此汲古阁刊本并没有把它们混成王肃注。就此而言，虽同为源出汲古阁，但汲古阁刊本的价值显然要超过玉海堂影宋本，[①]故而后来王国维在为日本宽永本《家语》所作跋语中也提到："昔桐城萧敬孚得此本，乃谓宋刊大字本不足存，以归贵池刘氏。"[②]汲古阁校勘本在清代颇受重视，曾多有翻刻。清修《四库全书》，其中《孔子家语》据四库馆臣云，"此本则毛晋所校勘"，明显也是据汲古阁刊本。不过，四库在收入汲古阁本时对其又有所校订，这一点我们从《钦定四库全书考证》一书中就可以看出来。[③] 所以，今日学者如果要以汲古阁本为准做研究，《四库全书》本显然也并非理想的本子。

明覆宋刊本，署"岁甲寅端阳望，吴时用书，黄周贤、金贤刻"，此为明嘉靖三十三年即1554年黄鲁曾刊本，[④]莫友芝说此本即《天禄琳琅后目》之宋刻本十卷，其实是明仿宋刻。就目前所知材料来看，此本是明代王肃注《家语》十卷本最早行世且流传至今者。此本后所附黄鲁曾之《孔子家语后序》云："余颇惜王肃所注之少播于世，力求宋刻者而校雠之，仅得十七八。虽宋刻亦有讹谬者也。" 看来此本系经黄氏校勘之本，其所据"宋刻"之来源则未明。黄氏在明代前期宋本王肃注《家语》流传极稀的情况下，为搜求王肃注《家语》可以说付出了巨大努力。将该本与汲古阁刊本互校，可以看出它确

---

① 玉海堂影宋本特别是其前面每将校语混入注文，可能系写刻时未将工注与校语适当区分。又，《铁琴铜剑楼藏书目录》卷十三还载"影抄宋本""孔氏家语十卷"，据瞿氏云，"相传有毛斧季校宋本，覆之一一吻合"，既是"影抄宋本"，怎么又与毛斧季之校本"一一吻合"？这只能说明瞿氏这里的"影抄宋本"，其实与玉海堂影宋本同出一源，前面亦当有大量校语混入注文的现象，这样才能与毛斧季之校本"一一吻合"。

② 王氏述萧穆对宋蜀大字本的评价，应该说是客观的。据王氏所说，似乎是萧氏感于宋蜀大字本之未尽善，遂转手刘世珩，但据萧氏所言，转归刘氏却和此书本身无关，而是因为"经济问题"："光绪乙未秋，余以校刊刘海峰先生《历朝诗选》，外间诸公助资不给，因与世交贵池刘聚卿观察世珩相商，权以此书(笔者按：即宋蜀大字本)代质，得重金以济。"说见萧氏《跋影栞宋椠孔氏家语》，《敬孚类稿》卷五，《续修四库全书·集部·别集类》第1561册。

③《考证》每每指出汲古阁本之误而提出应据他本或他书改、补或删者，但今查文渊阁《四库全书》所收之《家语》，有的确实依《考证》意进行了调整，但很多其实并未调整。

④ 参见《藏园订补郘亭知见传本书目》第二册，第8页。

实不完整，有所脱漏、错讹，尤以此本后面为甚，比如最后一篇《曲礼公西赤问》之最后四章该本残掉无存，该篇前面数章内容又误入上篇，另外像《七十二弟子解》等篇也有不少脱漏。正因此，自毛氏汲古阁本出，学者多扬毛本（包括刘氏玉海堂本）而抑此本，其实失之草率。需要指出的是，此本后面之错讹，可能系技术性的写刻过程中之疏失，而并非其所据本即如此。比如清陈士珂撰《孔子家语疏证》，其所据底本当与黄鲁曾本源出同一系统（末一篇最后四章亦残掉无存），但陈本却并不存在后篇内容误入上篇的情况，说明其所据本虽总体上与黄本同出一系，但局部或有胜之。尤其需要指出的是，黄本虽于后面局部略有瑕疵，但整体上还是颇可信据的，将其与汲古阁刊本比较也是大同小异，①甚至有些地方黄本还要优于汲古阁本。② 孙诒让曾校汲古阁本，有不少地方明确指出汲古阁本之误，但我们看在这些地方黄本却每每不误，③此即是黄本价值的绝佳证明。所以，今天虽然汲古阁本（包括刘氏玉海堂本）大为流行，但此本仍然与之并行于世而终不能废。

上面提到，汲古阁本系拼合二本而成，尤其是二卷十六页以前系影抄“酒家本”足之。“酒家本”虽亦系大字本，但也未必就与“吴兴贾人本”恰是一书，因此，其版本属性已不纯粹。另外，将汲古阁刊本与刘氏玉海堂影宋本二卷十六页之前比较看，除了上文提到的注文互有出入外，正文也不尽相同，而汲古阁本正文倒是每每与黄本悉合。看来作为校定的本子，毛氏很可能用了黄本进行校勘，说明汲古阁本的版本属性就更加复杂了。还有更复杂者，我们发现汲古阁本每每存在以他书及唐代注疏引《家语》校改正文者。如今汲古阁本《家语·好生》篇云“入其境，则耕者让畔，行者让路；入其邑，

① 我们上文提到刘氏玉海堂本前面几篇误把按语、校语当成王注，但我们看黄本与汲古阁刊本则几乎完全一致。

② 清莫友芝曾说“汲古阁两次得宋版，凑合刊成十卷，然后人以宋版校之，尚多讹误”（参见《藏园订补郘亭知见传本书目》第二册，第7页），莫氏此处所谓用以校汲古阁的“宋版”，当即属黄本一系。

③ 孙氏之《校记》系孔镜清整理，对于黄本（孔氏称“四部丛刊影明覆宋本”）之优，孔氏常以“镜清案”指出，读者自可以发现。

男女异路,斑白不提挈;入其朝,士让为大夫,大夫让为卿",刘氏玉海堂本与之同,但黄本无"入其邑"一句,何所为证?我们看《艺文类聚》卷二十一《人部五》引《家语》也是没有此句,而且同书卷六十五《军器部》再次引此章,同样没有此句,看来黄本所见当比前二本为优。又按:《家语》此章所载,又见于《诗·绵》毛传,而毛传所载与前二本同,亦有此一句。看来汲古阁本、玉海堂本所见,当系据毛传妄改,原貌当即如黄本及《艺文类聚》所引。且孔颖达之《诗·绵》正义也说《家语》所载"与毛传小异大同",这"小异"的存在,说明孔氏所见之《家语》很可能亦与《艺文类聚》一致,而汲古阁本、玉海堂本参考毛传而妄改,可成定案矣。又,汲古阁本《家语·正论解》"招虞人以弓,不进",刘氏玉海堂本同,但黄本"弓"作"旌"。宋杨简《先圣大训》卷三云"《孟子》及《孔子家语》皆作'招虞人以旌不至',唯《左氏传》'旌'作'弓'",杨氏所见自当属"宋本",而汲古阁本、玉海堂本虽以"宋本"为标榜,此处却与《左传》同,说明其已不复"宋本"原貌,此处"旌"作"弓",又说明它们据他书妄改《家语》正文(二本下文之"旃",显然是"旌"之形讹,又说明改之未尽也)。比较而言,倒是黄本更忠实于宋本原貌。前人曾说,明人喜刻书而善本亡,以上述汲古阁本及玉海堂本据他书将"宋本"改得面目全非看,此论不能不说切中肯綮。[①] 所以,如果说纵向上王肃注《家语》的流传链条始终未断、迤逦至今,终是幸事的话,那么与王肃注本横向并陈的几大版本,能够拥有较为纯粹的版本属性的可能只有黄本。刘氏玉海堂本事涉拼凑和混入按语,而汲古阁刊本则后人校改之处又多。要之,今之治《家语》者,绝不能唯某一版本是从,而必须于众本间折中去取,必要时还要参考唐宋注疏及类书中所引以定是非,如此则离《家语》文本之原貌不远矣。

---

① 关于这一点,孙志祖在其书中也多次引唐、宋类书所引《家语》既申原本之旧,又证"今本"之误,这成为孙书胜于范、陈二书之处,细心的读者自可发现。这提醒我们,今天的《家语》研究必须要有版本意识,学者们经常为了《家语》的一处文词表述争论得不可开交,有时甚至上升到据以判断全书的"真"、"伪",但我们首先应搞清楚,或者至少有这样的清醒:这些地方《家语》的表述是本来就如此吗?

复旦大学图书馆藏二卷本《孔子家语》袭何孟春《孔子家语注》本考实*

晚近以来，由于出土文献陆续发现，向称"伪书"的《孔子家语》重获重视，研究渐夥。但由于长期顶着"伪书"的帽子，该书乏人关注，善本亦稀见。笔者致力于《家语》一书研究有年，对此书之版本流变亦稍有留意。① 近来，复旦大学图书馆委托杭州富阳华宝斋古籍书社仿真影印该馆所藏齐召南批校清康熙间《孔子家语》刻本二卷。近日于友人处得见此影印本，但一见之下，甚为失望：此本虽早至清康熙间，却并非宋本系统，实是袭自明何孟春之八卷本，而何本又系自元王广谋之"节略"本改编而来。何氏由于未见宋本，每每以他书之孔子言论补王广谋本（本文以下略称"王本"）之缺略，其实迹近闭门造车。该书"影印说明"亦言及晚近由于多宗出土文献的发现而致《孔子家语》一书的价值得到重估，并指"此书对于研究孔子及其弟子传人之思想，具有重要意义"，且指此本"足称佳本"。但今天研究《孔子家语》一书，学者多据承明而来的各种"宋本"（并不稀见），不应该再据何孟春本（本文以下略称"何本"）。今就管见所及，略述此本之性质及渊源所自，尚祈方家正之。

此本系白文无注本，单黑鱼尾，四周单栏，每半页九行，满行二十字。卷首题"六十七代孙毓圻编正，弟毓埏　男传铎、传铥同校订"，后附齐召南、诸

---

* 本文原刊于《中国典籍与文化》2011 年第 1 期。上海大学美术学院史论系张长虹先生对本文写作多所襄助，谨致谢意。

① 参见上文《今传宋本〈孔子家语〉源流考略》。

开泉跋文。孔毓圻系孔子六十七世孙，康熙六年(1667)袭封衍圣公。该本虽题孔毓圻编正，其实几乎全袭何本，孔氏不过是将何本的注删去，把原来的八卷重新分成上下两卷罢了，这就是其“编正”的实质。关于该本的性质，齐召南在跋文中称此本是天一阁所藏之吴本，[①]诸开泉也说“得齐次风先生订正吴本《家语》一书”，他们所称的“吴本”情况未明，或即《家语》版本学史上的吴勉学本或吴嘉谟《孔圣家语图》本，[②]此二本其实都源自仿宋刻本，内容也颇为有据。笔者前文已经考证：毛晋之前“宋本”流传的链条并未断裂，只是传本极稀罢了。四库馆臣为抬高汲古阁本，认为在毛晋获宋蜀大字本之前，明人无见宋本者，这是不符合事实的。[③] 另外，无论是吴勉学本还是吴嘉谟《孔圣家语图》本，它们相对于毛晋汲古阁本虽是别一宋本系统，但内容上也是比较完整的。复旦大学图书馆所藏此二卷本，由于袭自何本，而何氏又是据元王广谋之“节略”本进行整理，因此它们都有一个共同的特点，那就是内容上较之“宋本”系统大为“节略”，其实并非全本。所以我们看到齐召南之“批校”，其实大部分的工作是在“增补”：依所谓“吴本”把该本之缺略补足。既然这样，此本就不会是“吴本”，故齐、诸二氏的看法是有问题的。齐召南之批注每于各篇篇名之下，注明“吴本”此篇多少条，而“此本”“妄删”为多少条云云，如果此本确属“吴本”系统，怎么会有那么多的“妄删”呢？我们据此也可知道，齐氏对《家语》之版本流传特别是王本、何本的版本特质也是不明了的。大概齐氏把孔毓圻的“编正”理解为对旧有“吴本”的删节了，而没有认识到这根本就不是“吴本”，实乃经由何孟春整理的本子。清修四库，天一阁后人虽多有献书，但四库之《家语》却用的是毛晋汲古阁本，正说明天一阁虽素以收藏宏富著称，但于《家语》一书，其实并无佳刻。

---

① 齐氏跋文称：“天一阁者，范氏之书舍也，其中金简玉轴，皆仍丰氏之所遗，而复增之。……然阅其书而无所得，不依然故我乎？因于行箧中检《家语》一书，皆其所贮之吴本，纂辑订正，以成完璧。……”

② 今上海图书馆藏有明万历间吴勉学校刻本《孔子家语》十卷，及同样是万历间刻本的吴嘉谟《孔圣家语图》十一卷。

③ 参见《四库全书总目提要 · 孔子家语注八卷》。

该本源自何本的一个明显证据是其篇次安排。此本篇次与今传宋本最大的不同是第三十八篇至四十四篇的篇次排列。今传宋本的次序为：七十二弟子解第三十八、本姓解第三十九、终记解第四十、正论解第四十一、曲礼子贡问第四十二、子夏问第四十三、公西赤问第四十四。① 而此本次序为：正论解第三十八、子贡问第三十九、子夏问第四十、公西赤问第四十[一]②、本始解第四十二、终记解第四十三、七十二弟子解第四十四。对《家语》一书版本流传情况有所了解的人都应该知道，此本这种篇次安排是有所承的，那就是它始自明代何孟春的八卷本《孔子家语注》，③何氏此本《四库存目丛书》有收录，第三十八篇以下次序与此本悉合。何孟春未及见宋本《家语》，只见元王广谋之"节略"本"《家语》句解"，出于对王本的不满意，因此对其重加校注、整理，篇次上也进行了调整，但由于未见宋本，何氏的很多整理实自出胸臆，了无凭据，三十八篇以下之次序安排即属此类，无非是要在最后几篇凸显孔子氏姓之所从出、终没以及从学弟子谱这样的次序（他以为王本连篇目次序都不可信）。有趣的是，何本的这种篇次安排，后来甚至影响到了一些仿宋刻本，如毛晋所称"包山陆氏本"、吴嘉谟的《孔圣家语图》本及葛鼒本④，篇次安排竟然一同何本，真是咄咄怪事！毛晋批评"包山陆氏本""病在倒颠"⑤，即指这种篇次上非常另类的安排，毛氏其实没有认识到这种"倒颠"的篇序并非始自"包山陆氏本"，而是源自何孟春本。⑥

既然我们一再说何本是据王广谋之"节略"本整理而来，那么我们现在

---

① 本文《家语》版本以《四库全书》所收汲古阁本为据。

② "一"字漏掉，当据补。

③ 台湾金镐先生已指出此点，详参金氏《〈孔子家语〉版本源流考略》，《故宫学术季刊》（台湾）第二十卷第二期（2002 年）。

④ 清姜兆锡曾撰《家语正义》，其篇次即据葛鼒本，而葛本篇次与何本正同，四库馆臣批评说："兆锡乃从葛鼒之本窜乱旧次，殊为勇于变古。"（《四库全书总目提要 · 家语正义十卷》）

⑤ 参见《四库全书》本《孔子家语》后所附毛晋跋文。下引毛说，除非特别注明，均见此文。

⑥ 关于这一点，近来有日本学者参考日本所藏《家语》版本，又进行了进一步确认，参南泽良彦《中国与日本〈孔子家语〉的流传与评价初探》，《2012 东亚儒学国际学术研讨会论文集》，上海师范大学哲学学院编，2012 年 9 月。

就来看一下王本的版本特点。关于这一点，前文已有初步的介绍，读者可以参看。王本流传虽广，但相对于“宋本”系统，它却并非“全本”，实乃“节略”本。[①] 何孟春所谓“有所删除而致然也”，王鏊亦指“近世妄庸所删削”[②]。王广谋“节略”旧本的方式，一是各篇每每只是拣选数章而成，其他尽行舍弃，其最巨者，如《正论解》宋本共二十七章，而王本只存五章，可见删削之甚。何本、复旦藏本此篇一同王本，这样齐召南增补的工作量可想而知，故而他说：“今皆补之，上方不能尽者，乃列于旁。”另一种方式是，即便为王本所保留之章，也经常是“缺斤短两”，同样是不完整的。如《始诛》篇“孔子为大司寇，有父子讼者”章，王本至“故刑弥繁而盗不胜也”止，而宋本此下尚有“夫三尺之限……虽有刑法，民能勿逾乎”四十余字。再如《致思》篇首“孔子北游于农山”章，子路答孔子之问，王本少“白羽若月，赤羽若日”，子贡答孔子之问，王本少“尘埃相接”，另外，二子答孔子之问后宋本都有“使二子者从我焉”，而王本皆无。又，颜回答孔子问部分，王本缺“颜回对曰：‘文武之事，则二子者既言之矣，回何云焉？’孔子曰：‘虽然，各言尔志也，小子言之。’”再如，同篇“孔子曰王者有似乎春秋”章，王本只存该章后半“武王正其身以正其国，正其国以正天下，伐无道，刑有罪，一动而天下正，其事成矣。王者致其道而万民皆治，天下顺之”。王本不但将此章前半尽行删去，即后半亦不完整；宋本于“其事成矣”后尚有“春秋致其时而万物皆及”，“天下顺之”前后还分别有“周公载己行化”及“其诚至矣”两句。如此之类，相对于宋本，王本之“节略”简直可以说是支离破碎。

何本既然是在王本之基础上进行整理，其源出王本之证据可以说比比皆是，这尤其可从各篇之内容构成上看出。如宋本《五仪解》共六章，但王本只有论“五仪”的第一章以及哀公问“国小而能守，大则攻”章，何本也是只有这两章。复旦藏本既袭自何本，于此全同何本，故齐召南说：“此篇吴本共六

---

① 明末陈际泰曾撰《孔子家语宪》四卷（参《四库未收书辑刊》第三辑，第 21 册，北京出版社 1998 年），观其所本，实亦是王广谋之“节略”本，非全本《家语》，而陈氏于此似无察。

② 参王鏊《震泽长语》卷上，文渊阁《四库全书》本。

条，此妄删改为二条。”《致思》篇共二十章，[1]而王本只有六章，何本、复旦藏本同样也是只有六章。《三恕》篇共十一章，王本存四章，何本、复旦藏本也是四章。《辨物》篇共十章，王本存二章，何本、复旦藏本也是二章，而且它们都是不约而同地以“郯子朝鲁”章起始。当然，如果细加比较王本与何本、复旦藏本的话，也能发现它们也有不尽一致的地方。不过，这并不能成为何本、复旦藏本承自王本的反证，这些不尽一致的地方恰恰是何孟春有鉴于王广谋之缺略而进行整理的结果。关于这种“整理”的方式，何氏曾明确说：“春谨即他书有明著《家语》云云而今本缺略者以补缀之，今本不少概见，则不知旧本为在何篇，而不敢以入焉。分四十四篇为八卷。他书所记，事同语异者，笺其下而一二愚得附焉。其不敢以入者，仍别录之，并春秋、战国、秦汉间文字载有孔子语者录为《家语外集》，存之私塾，以俟博雅君子。或得肃旧本而是正焉，是岂独春之幸哉？”[2]观何氏所说，其整理的方式主要是利用他书所引《家语》以补缀王本，另外对于他书所引《家语》但篇目归属不明者，他“不敢以入焉”，似取谨慎态度。尤其应该提到的是，由于《家语》一书在内容上与先秦、两汉很多古书互见重出，在是否可以用他书所见来补缀《家语》的问题上，何氏似乎亦较谨慎，只是“笺其下而一二愚得附焉”，并且把这类互见重出内容录为《家语外集》。[3] 但笔者读何本的体会是，尽管何氏对于他书所见与《家语》类似的内容比较谨慎，但很多地方却贸然以他书所见参补王本，这是何本最大的问题。

我们先来看何氏用他书所引《家语》补缀王本的例子。今《家语·致思》篇首“孔子北游农山”章，王本于孔子之叹缺“致思”句“于斯致思，无所不至矣”[4]，没有此句，该篇的篇名就成问题了。何孟春即察觉到此中问题：“按

---

① 同文书局本漏掉“楚王渡江得萍实”一章。

② 参见《四库全书》本《孔子家语》后所附何孟春跋文。下引何说，除非特别注明，均见此文。

③ 郎瑛《七修类稿》也提到：“何又作《家语外集》，藏之未刻，其故何序辩之详矣。”如郎氏所说，此书并未刊刻，不知所终。

④ 今同文书局本篇名作“观思”，文中作“于思致斯”，误。

致思字乃此篇首名,何可失去? 故从《艺文类聚》增入。”[①]此处何氏之分析以及据《艺文类聚》补王本之缺略,确实很有眼光。但何本此处尚多出“登高望下,使人心悲”两句,而今本《家语》及《艺文类聚》所引无此二句,何氏实是据《说苑·指武》妄增。复旦大学图书馆藏本此处与何本正同。如果说上面据《艺文类聚》所引以恢复《家语》原貌的话,此处则是据他书妄改《家语》,且何氏于笺注中并未道明,有失严谨。此处之妄改可能仅涉细微,他处之巨则比比皆是。

《始诛》篇“孔子为鲁大司寇,有父子讼者”章,王本略去章末“夫三尺之限,空车不能登者……今世俗之陵迟久矣,虽有刑法,民能勿逾乎”一段。此章又见于《荀子·宥坐》、《韩诗外传》卷三、《说苑·政理》篇。王本虽删章末一段,但前面依然是王肃注本原貌,何孟春注本此章却是将王本尽弃不用,转而全录《荀子·宥坐》篇文字,甚至还将“瞻彼日月,悠悠我思,道之云远,曷云能来,子曰:伊稽首不其有来乎”部分录入,而此部分与前述“父子讼者”章是无关的,[②]可见鲁莽。复旦藏本此章亦全与何本同。《荀子·宥坐》此章相比《家语》颇多引《诗》,如“尹氏大师……四方是维”、“周道如砥……潸然出涕”,但今宋本《家语》无之。何本及复旦藏本于此全与《荀子》同,齐召南之批校于此多云“吴本无此”云云,全不察此本根本就不是正本《家语》,这些内容实系何孟春录自《荀子》也。从此例可以看出,在未见宋本的情况下,何氏恢复旧本的努力其实与前人集孔子语相类,盲目且不乏危险性。

《致思》篇“孔子曰王者有似乎春秋”章,王本掐头去尾,只取中间:“孔子曰:武王正其身以正其国,正其国以正天下,伐无道,刑有罪,一动而天下正,其事成矣,王者致其道而万民皆治。”[③]何本此章虽较王本大为详备,但也不过是据《说苑·君道》将其补充,明显的例证是章首何本作“孔子曰文王似元年,武王似春王,周公似正月”,正与《说苑》同,而今本《家语》径简化作

---

① 参见何孟春《孔子家语注》,《四库存目丛书·子部·儒家类》第一册,第16页。

② 卢文弨云“旧本连上文,今案当分段”,参王先谦《荀子集解》,中华书局1988年,第524页。

③ 前面缺“春秋致其时而万物皆及”一句。

“孔子曰王者有似乎春秋”。复旦藏本此章亦与何本同。在对王本的整理和校勘上,分不清《家语》本书与他书,是何氏最大的问题。另外,何氏还有擅将他书中与《家语》无关之内容直接补入《家语》的。比如何本(复旦藏本亦同)将《左传》孟僖子临终托孤一章补入《本姓解》篇,[①]就属想当然。齐召南云:“此篇吴本共二条,此妄窜《左传》一条于内,共三条。”而王本无此章,何氏之所以将《左传》一条补入,无非是感到孟僖子所讲孔子先世有德之隆与本篇内容接近。其实,本篇两章,前章侧重讲孔子氏姓之所出及孔子本人身世,后章侧重讲孔子有德之隆。孟僖子临终托孤一条,内容上其实与两章都嫌重复。

当然,从何氏纂辑《家语外集》一事看,对于他书与《家语》互见之类似内容,很多时候他也不能确定相关部分是否该据他本补入《家语》,应该说还是比较谨慎的。比如今《家语·儒行》篇,王本、何本、复旦藏本该篇讲“儒行”共七条(齐召南说六条,误)。何本虽承自王本,但个别地方又较王本为详,比如王本将儒者之举贤之行简略为“推贤达能不望其报,其举贤援能有如此者”,但何本作“儒有内称不辟亲,外举不辟怨,程功积事推贤而进达之,不望其报,君得其志,苟利国家,不求富贵。其举贤援能有如此者”,何氏对王本的补充显然根据的是《礼记·儒行》。[②] 虽然何氏此处一如上文所举率尔据他书(《礼记》)增补《家语》,失之鲁莽,但今宋本《家语》此篇讲“儒行”共计十六条,王本略为七条,何本承之,但于注中每每说依《礼记》还当有何云云,并未率尔增补,这还算谨慎。

不过,何本有些地方对没有径行增补之原因的解释,却不能让人信服。同样是《儒行》篇,王本无“儒有上不臣天子”以下,何本承之,复旦藏本亦同。何氏为什么不据《礼记》增补呢?何氏据程子说以为“儒有上不臣天子”以下部分非孔子之言,故而不录。也就是说,在何氏看来,王本无“儒有上不臣天

① 篇名王本同,何本作“本始解”。

② 今《家语》作:“儒有内称不避亲,外举不避怨,程功积事不求厚禄,推贤达能不望其报。君得其志,民赖其德。苟利国家,不求富贵。其举贤援能有如此者。”

子”以下,反而应该是《家语》本子的原貌,《礼记》“多出”的内容则是后人附益的。以今传宋本证之,何氏此说实出臆测。依何氏所说,王本的旧有内容都是“孔子之言”。这种认识存在两大问题:其一,即便是今宋本《家语》中的内容,我们也不能说都是“孔子之言”。晚近虽有出土文献证明今本《家语》部分内容颇有来历,但率尔指该书所记都是“孔子之言”,无疑是信古过勇。① 其二,何氏认为王本此处就是《家语》本子的原貌,这不但将王本混同真宋本,甚至还有以王本当作自汉相传之本的倾向,这种对《家语》流传及传本的认识也是极端错误的。而何氏对王本《大婚解》篇的评论,也恰印证了笔者的这一判断。

今本《家语·大婚解》篇又见于《礼记·哀公问》、《大戴礼记·哀公问孔子》,《家语》以“大婚”为篇名,其实篇内并非都讲“大婚”。王本“节略”,讲“大婚”的部分都没讲全,何本把它讲全,但舍弃了与“大婚”无关的部分(复旦藏本与何本全同),这是纯以文意决定篇内各章之组合。其实《家语》之篇名本系后来所拟,并不见得都合适。有意思的是,何氏是这样解释自己如此处理之理由的:“已上并见《记·哀公问》篇,此下公曰‘敢问何为敬身’云云,而此无之。孔衍所谓近世小儒以曲礼不足而取《孔子家语》以裨益之,今见其已在《礼记》,便除《家语》之本篇,是灭其源而存其末者也。”②何氏引孔衍之说见今《家语》后序。何氏没有率尔以他书所见增补王本,那就是认为王本此处恰保留了原本之真:《家语》无而他书有,是戴圣等所谓“小儒”从《家语》将其掠去的。何氏此论同样是将王本混同于真宋本,而且以王本就是自汉所传的真貌。何氏将王本混同于宋本,非此一处。如他说:“《史记》传颜何字冉,索隐曰《家语》字称,仁山金氏考七十二弟子姓氏,以颜何不载于《家语》。《论语》仲弓问子桑伯子,朱子注伯子不衣冠而处,张存中取《说苑》中语为证,颜何暨伯子事,广谋本所无者,盖金张二人所见已是今

① 何氏推尊《家语》,观其跋文可知。在当今学术界,这种由盲目推尊《家语》所导致的对《家语》一书性质特别是史料学价值的过高估计也是存在的。

② 参见何孟春《孔子家语注》,《四库存目丛书·子部·儒家类》第1册,第11页。

本。”何氏以颜何、伯子事证金履祥、张存中所见已与王本同。其实这两点都有问题。颜何不见于今传宋本，宋本既已佚失，金氏如何得见？故“颜何”之缺漏，是很早的事情，并非王本（何氏所谓“今本”）“删节”的结果，我们不能由此说金氏所见也是王本这样的“删节”本。另外，《论语·雍也》之子桑伯子，朱子注云“《家语》记伯子不衣冠而处”，但前人早有明辨，此处是朱子误记，伯子不衣冠而处事当出《说苑》。[①] 此处朱子所引“家语”既属子虚，则何氏所谓朱子所见同王本之说亦无须置辩矣。实际上，对于王本的性质及《家语》流传之认识，何氏的看法前后是存在矛盾的。比如他说：“今世相传《家语》，殆非肃本，非师古所谓今之所有者……今本而不同于唐，未必非广谋之妄庸，有所删除而致然也。”何氏认为他所见的王本“非肃本”、“非师古所谓今之所有者”（我们权且可称“唐本”），推测可能系王广谋之辈“节略”的结果，这还是非常准确的。但王广谋系元人，我们如何能说朱子及宋末元初的金氏所见已是王广谋本的模样？另外，既然王广谋本“非肃本”，“非师古所谓今之所有者”，当然就更不可能是自汉相传的原貌，我们如何能据孔衍奏文就贸然把《家语》无而他书有的现象解释为他书劫掠了《家语》？如果我们相信何氏的推测，那么王本由于系“节略”，这样王本《家语》无而他书有的现象简直多得不知凡几，然则此类现象都可以用他书劫掠《家语》来解释乎？

何本对王本还有更大胆的调整，那就是在篇与篇之间进行章次挪移。比如何本将王本原属《子路初见》篇的“孔子相鲁，齐人患其将霸”章移入《始诛》篇，即是一例。复旦藏本此处亦与何本同。齐召南云：“吴本共二条，此妄将《子路初见解》第七条‘孔子相鲁’窜入作三条，可恶。”由于未见宋本，何氏不知道王广谋之“节略”其实只是对各篇内章次进行拣选和删节，并不涉及各篇之间的章次挪移。这也从一个侧面说明王本虽属“节略”，但也是来源有据的，亦当是承自宋本系统。王本之“节略”可能纯系出于便于阅读的

---

① 元詹道传《四书纂笺》云：“《家语》无此文，《集注》误也。……考此条事出《说苑》，并非《家语》。……盖当时考据之风气未开，往往不及细检原书。”参见程树德《论语集释》，中华书局1990年，第364页。程树德还专门提到：“《四书释地三续》有‘《集注》援引多误’一条，列举凡数十事，而此条尚不在内，亦可见错误之多。朱子博极群书，犹不能免，甚矣著书之难也。”

普及化需要,而何氏则不同,由于认为王本存在节略、割裂的毛病,他试图恢复旧本原貌,其原则无非是从所谓"合理性"角度考虑。比如对于《始诛》篇首章"孔子为鲁司寇,摄行相事",而《子路初见》篇的"孔子相鲁,齐人患其将霸"章亦言相鲁事,遂归并于此。实际上从古书形成角度说,篇内各章之构成自然不乏"同类归并"这样的"合理化"考量,但我们也要承认有很多章的安排更多是源于习惯。①

由上可见,明何孟春《家语》注本一方面承自元王广谋本,但另一方面何氏对王本也有不同程度的"补缀"。前者导致何本虽有所补充,但实际仍是残本,并非完帙。所以郎瑛《七修类稿》说"惜非全书",黄鲁曾也说:"近何氏孟春所注,则卷虽盈于前本,而文多不齐。"②而何氏对王本的"补缀",虽间有偶中,但由于未见宋本,且对《家语》一书性质及流传存在误解,致使何氏的整理工作实多出胸臆,尤其以他书所见妄补王本更显鲁莽。所以四库馆臣评价说:"其考订补缀不为无功,而由未见肃注,故臆测亦所不免。……至近本所校补孟春阙误凡数百条,皆引据精确,则孟春是注之舛漏抑可知矣。"③毛晋也说:"即何氏所注,亦是暗中摸索,疵病甚多,未必贤于王陆二家也。"正因为此,何氏注本最后只列《存目》,可谓良有所以。实际上,何氏对自己工作的性质也有所觉悟,自称:"而愚重为之注,不亦广谋之比乎。"但我们上面已提到,王本虽系"节略",但毕竟是在"宋本"基础上之"节略",而何本则是另起炉灶,重加编定,因此从版本学意义上说甚至还不如王本。由于存在不少据他书增补本书的地方,何本甚至很难说还是《家语》一书。复旦大学藏本全同何本,且尽删何注,匿其"身世",复题"编正",有掠美之嫌。现今在宋本《家语》多行于世的情况下,何孟春注本其实只具有辑佚、校勘学上

---

① 参见拙文《古书章次问题浅说——古书成书问题系列研究之一》,《新出土文献与古代文明研究》,上海大学出版社 2004 年。

② 参见《四部丛刊》本《孔子家语》后所附黄氏之跋。

③ 齐召南讥此本为"村学之涉无知识",隐有对孔氏后人的批评之意,没有认识到其本出何孟春。当然,孔氏后人把何孟春注本当成《家语》真本,识见上确实不高明。

的借鉴意义，从事《孔子家语》研究是断断不能以此为据的。[①] 当初毛晋既得宋蜀大字本后曾说："凡架上王氏、陆氏本（笔者按：即王广谋本、陆治本）俱可覆诸酱瓿矣。"比观何本及袭自何本的复旦藏本，不亦同感乎？

① 前人对何本曾有较高评价，是不符合事实的。如日人冈白驹说"（何本）视之吴氏（笔者按：即吴嘉谟本），诚为巨擘焉"（参前揭金镐文），其实吴本系源自仿宋刻本，犹是完帙，洵非何本可比。卢文弨说"吾恶知何公所据本非古邪"（《重刻何注孔子家语序》，《抱经堂文集》卷六，中华书局 1990 年，第 77 页），隐有推尊之意，其实何本所据乃元王广谋本，何古之有？

流传及学术史编

该部分主要收入论文4篇，分别是《〈孔子家语〉佚文献疑及辨正》、《王肃〈圣证论〉体例及论说考》、《〈五经正义〉对〈孔子家语〉依违举隅》及《〈荀子·哀公〉“好肆不守折，长者不为市”正诂——兼说〈孔子家语〉王肃注的价值》。这4篇论文中的前3篇主要关注今本《家语》在流传过程中的形态及相关学术史问题。从《家语》佚文稀少这一事实看，该书在唐以后的流传形态基本是稳定的，并不存在篇目缺失等结构性损伤，前人据唐、宋本分卷之异断该书亡缺过半是错误的。从《圣证论》一书体例及论说引据看，说《家语》一书是王肃与郑玄“立异”的主要证据，有点言过其实。唐《五经正义》对《家语》之态度则依、违，疑、信并见，并没有一概排斥。这一则说明此书所载确有独到之处，足补载籍之缺，另一方面也说明《家语》“伪书”说的演成是较为草率的，其间因由既有经学的门户之见，又有皇权正统观，而疏于考据、仓促成说，则又其同矣。最后所附的《〈荀子·哀公〉“好肆不守折，长者不为市”正诂——兼说〈孔子家语〉王肃注的价值》一文本意在探讨《荀子》与《家语》并见的“好肆不守折，长者不为市”句的理解问题。王肃对两句的理解显然更准确，传统说法多依杨倞的注，其实是大有问题的。

《孔子家语》佚文献疑及辨正*

《家语》之为伪书，久成定谳，但近些年来随着与之相关的出土文献的陆续发现，情况有了很大变化。但过去“伪书”说之所以能长期流行，不只是由于所谓王肃伪造之说深入人心，还在于今本《家语》十卷（两《唐书》亦如此），而隋志所载却是“二十一卷”，今本仅约当唐时的一半，这似乎意味着即便是王肃的“伪造”之书，到今天也是劫后余生、残缺不全了，这更加深了人们对它的怀疑。像明代何孟春即云：“司马贞与师古同代人也，贞作《史记索隐》引及《家语》，今本或有或无，有亦不同，愚有以知其非肃之全书矣。”“今本而不同于唐，未必非广谋之妄庸，有所删除而致然也。”“……以此而推，此书同事异辞，灭源存末，乱于人手，不啻在汉而已，安国及向之旧，至肃凡几变，而今重乱而失真矣。今何所取正？”①需要说明的是，今之王肃注本十卷《家语》何氏并没有见到，他所见到的只有元代王广谋的节略本（参本书“传本及版本编”中《今传宋本〈孔子家语〉源流考略》一文），故而其关于《家语》“重乱而失真”的评价也可以理解。不过，即便后来宋本王注《家语》十卷多有刊刻，也仍然改变不了学者视其为“残本”的评价，像明代黄鲁曾就说：“考之《艺文志》（笔者按：即隋志）有二十一卷，王肃所注何乃至宋人梓传者止十卷？已亡其太半。”②姚际恒也说：“今世所传《家语》，又非（颜）师古所谓

---

* 本文原刊于《中国典籍与文化》2006年第4期。

① 参见《四库全书》本王注《孔子家语》后所附何孟春之识语。

② 参见《四部丛刊》本《孔子家语》后所附黄氏后序。

今之《家语》(即唐本)也。"①

假如今本《家语》卷数相对于唐本有一半之失,其佚文自不在少,故而清代以来学者开始着手《家语》的辑佚工作。清代孙志祖在撰《家语疏证》之余,亦辑有《家语逸文》②,后来王仁俊编《经籍佚文》③,即全盘吸收了孙氏的辑佚成果。④ 不过,让人颇感蹊跷的是,孙氏所辑"佚文"仅有三条,这与《家语》卷数的"亡其太半"相比,也未免太少了。不但如此,细辨孙氏所辑三条,其"佚文"的性质亦间有可商。另外,程金造先生编著的《史记索隐引书考实》对索隐所引之书多有辑考,其中亦有涉及《家语》者,有几处在程氏看来"今《家语》无此文",即为"佚文",然细加检视,这几处要说是"佚文"亦多有问题。今综合两书所见,对其中"佚文"略加辨正,希望能对我们认识《家语》一书的流传有所补益。

1. 孙志祖所辑第一条出自孔颖达《左传正义》,该书卷一引沈氏云:"《严氏春秋》引《观周》篇云:'孔子将修《春秋》,与左丘明乘如周,观书于周史,归而修《春秋》之经,丘明为之传,共为表里。'"此条作为"佚文"是颇可疑的:如此处真为《家语》之文,其何不径引《家语》本书,而据《严氏春秋》为说?南朝的沈文阿所云属转引《严氏春秋》,且不云《家语》,可能在当时的《家语》中就无此内容。王仁俊亦云:"《严氏春秋》已佚,仅引见于他书,此条严氏所见《家语》,盖非王肃所伪造者。"⑤"非王肃所伪造",意味着在王氏看来此条并非王肃注本《家语》之文。那又是何书之文呢?笔者以为,如果此条当初真的系《家语·观周》篇的内容,那它就应该是很多学者提到的"古家语"之文。⑥ 这种"古家语"即汉志的二十七卷本,它与经孔安国整理、王肃作注、流传至今的

---

① 见姚际恒《古今伪书考》。姚氏之时宋本王注《家语》十卷已广行于世,但他依然如何孟春般认为今本系元王广谋本之遗,就显失察。参见《伪书通考》,上海书店 1998 年,第 612 页。

② 参见孙志祖《读书脞录》卷四,光绪十三年醉六堂刻本。

③ 王仁俊《玉函山房辑佚书续编三种》,上海古籍出版社 1989 年,第 370 页。

④ 参见孙启治、陈建华编《古佚书辑本目录附考证》,中华书局 1997 年,第 206 页。

⑤ 王仁俊《玉函山房辑佚书续编三种》。

⑥ 参见范家相《家语证伪》(《续修四库全书·子部·儒家类》,上海古籍出版社 2002 年)书后所收范氏《读家语杂记》一篇,另外日人武内义雄亦有此看法,参见《伪书通考》,第 617 页。

今本《家语》宏观上判然分属两大版本系统(参本书“传本及版本编”相关文章)。晚近以来的出土文献,都向我们透露了与这种“古家语”近似材料的若干信息,比如安徽阜阳双古堆汉墓所出简牍以及河北定州八角廊汉墓所出《儒家者言》。[①] 阜阳双古堆简牍下限不会晚于西汉文帝十五年,即前165年,而定州八角廊《儒家者言》汉简则为宣帝时物,[②]再到成帝时期刘向整理并著录,这说明类似的“古家语”材料终西汉一世始终是流传不辍。著《严氏春秋》的严彭祖属西汉中期人,曾与颜安乐从眭孟受《春秋公羊传》,宣帝时立为博士。应该说他得见“古家语”并加以引用是完全可能的。不过,古、今两种《家语》虽然名称相同,实际上内容差别是很大的。[③] 从今本《家语》的后序看,孔安国整理、重编《家语》的初衷之一就是有感于“《孔子家语》乃散在人间,好事者或各以意增损其言”,因此他的整理、重编就肯定有刊正文辞甚至重组章句的地方。孔衍奏文中也称安国整理的本子“典雅正实,与世相传者不可同日而论”,也就是说,孔安国已经以自己整理的工作,使得《家语》较之他的材料来源面目全非了。《严氏春秋》所引既属“古家语”系统,而孙志祖及今人所辑《家语》“佚文”,则是针对今本《家语》,所以此条作为“佚文”就是有问题的。

2. 孙志祖所辑《家语》佚文第二条出自孔颖达《诗·大雅·皇矣》正义,其引《家语》曰:“纣政失其道,而执万乘之势,四方诸侯固犹从之,谋度于非道,天所恶焉。”此条的确不见于《家语》本文,故而范家相也说:“今本及肃注并无此语,盖肃之《家语》失传,亦良多矣。”[④]不过,细加辨析,此条虽不见今

① 分别参见《阜阳汉简简介》(《文物》1983年第2期)及《〈儒家者言〉释文》(《文物》1981年第8期)。

② 有意思的是,《儒家者言》中也有与今《家语·观周》相对应的内容。不过仅残存三支简,而其中内容也未见如《严氏春秋》所引者。

③ 仅就外在的篇卷形制上看,汉志所载二十七卷,今之《家语》分作十卷四十四篇,差异很大。而且,只要对晚近以来的出土文献与今本《家语》稍作比较,也会对古、今本《家语》内容上的不同有深刻的认识。详情可参本书“出土文献及新材料编”中《八角廊汉简〈儒家者言〉与〈孔子家语〉相关章次疏证》及《阜阳双古堆一号木牍与〈孔子家语〉相关之章题考证》二文。

④ 范家相《家语证伪》。

《家语》，但却与今之《家语·辨乐解》篇“众夹振焉而四伐，所以盛威于中国”下王肃注接近，王氏注云：“夹，武王四面会振威武；四伐者，伐四方与纣同恶也。”所谓“四方”与“四伐”、“诸侯固犹从之”与“与纣同恶”都非常接近，考虑到古人引书多节引、暗引之例，而且也经常把注文当成本书，①此条很可能就是引了王肃的注。这里所说古人引书节引、暗引之例，在唐人的著作中是非常突出的现象。所谓“节引”，是指古人并不像我们今天这样词句必较，而是跳跃性地拈取某句中的若干部分来引用。如《初学记》中就曾两次引到《家语·七十二弟子解》中对子羔的记载，但两次相比即详略有别：《初学记》卷十九《丑人第三》引《家语》曰：“高柴字子羔，长不过六尺，状貌甚恶，为人笃孝，知名孔子之门，仕为郕宰。”又《初学记》卷十九《短人第五》引《家语》曰：“高柴字子羔，不过六尺，为人笃孝。”由于所引各有侧重，我们可以看出具体的引述体现出明显的“选择性”，我们显然不能以这种引文与今本的差别就说存在什么“佚文”或“衍文”。而所谓的“暗引”则更为灵活，引述者可以完全不必拘泥于著作原文，而是以自己理解之后的意思表述出来，从文句上看可能与原文几无对应，但意思上却又让人有种“似曾相识”之感。如《仪礼注疏》卷十贾公彦疏引《家语》云：“定公假马于季氏，孔子曰：君于臣有取无假。”此条对应今《家语·正论解》，其文曰：“孔子适季孙，季孙之宰谒曰：‘君使求假于田，特与之乎？’季孙未言。孔子曰：‘吾闻之君取于臣谓之取，与于臣谓之赐，臣取于君谓之假，与于君谓之献。’季孙色然悟曰：‘吾诚未达此义。’遂命其宰曰：‘自今已往，君有取之，一切不得复言假也。’”可以看出两者之间虽然在文句上差异很大，但意思上却并无二致，这显然是引者在对《家语》此文理解之后以自己的语言表述。因此，上文提到的孔颖达《诗·大雅·皇矣》正义对《家语》的称引，当即是“暗引”王肃的注。

孔氏《正义》既是对王肃注文的称引，那为何又径称“家语”？这实际上牵涉到唐人引书的另一个习惯，那就是凡引某书，也往往将其注文俱称某

① 关于这一点，本书“出土文献及新材料编”中《英藏敦煌写本〈孔子家语〉的初步研究》一文已有讨论，可以参见。

书。如孔颖达《毛诗正义》卷十五引《家语》云:“今池水之大,谁知非泉焉。”此处实兼引《家语·致思》篇“譬之污池,水潦注焉,雚苇生焉,虽或以观之,孰知其源乎”本文及王肃注。[①] 如果我们搜检唐人所引《家语》,目光只盯着《家语》本文,就会把此类注文视同佚文,实则不然。

3. 孙志祖所辑第三条出自《列子》张湛注。《列子·汤问》:“荆条为竿,剖粒为饵,引盈车之鱼于百仞之渊、汩流之中。”“盈车之鱼”,张湛注曰:“《家语》曰:‘鲲鱼,其大盈车。’”今遍检《家语》及王肃注,于“盈车”之鱼,的确未见。不过,今《家语·屈节解》有云:“渔者曰:‘鱼之大者名为鱼寿,吾大夫爱之;其小者名为鲕,吾大夫欲长之。’”此与张注相近。不过,即使此条确为今本《家语》佚文,那也不是由于由“二十一卷”到“十卷”这样的篇卷刊落所致。因为很明显,张湛属晋人,远在唐以前,其时《家语》之篇卷形制虽不能晓,[②]要之无涉所谓由“二十一卷”到“十卷”这样的篇卷损伤则是事实。

4. 程金造书[③](以下简称“程书”)第131页提到《史记索隐》有云“姚氏按《孔子家语》云,子武生子鱼及子文。子文生最(实当为“蘩”),字子产”,程氏云:“案今《家语》无此文。”笔者按:此条出自《史记·高祖功臣侯者年表》“蓼侯”条,据《史记》云:“(高祖)六年正月丙午,侯孔蘩元年。”司马贞索隐于此云:“姚氏案,孔子家语云……”此处虽不见于《家语》本文,但见于今《家语》后所附王肃作后序,其中对孔氏世系传承线索有详细交代,其文略谓:“……子武生子鱼名鲋,及子襄名腾,子文名祔。子鱼后名甲。……子文生最,字子产,子产后从高祖,以左司马将军从韩信破楚于垓下,以功封蓼侯,年五十三而卒,谥曰夷侯。”王氏此处所云封为“蓼侯”的“子文”行状,与《史记》大致相合。考《史记·高祖功臣侯者年表》,蓼侯之封,是因为他“以

① 王注为:“源,泉源也。水潦注于池而生雚苇,观者谁知其非源泉乎?”王注与孔颖达疏略有出入,其实此处孔氏是节引、暗引并用,文词并非完全对应是无足怪的。关于古人引注文亦称本书的习惯,王利器先生曾经有很好的讨论,参王著《古书引经传经说称为本经考》,《晓传书斋集》,华东师范大学出版社2007年。

② 张湛所引《家语》,目前来看,似是王注本《家语》问世之后首见称引,惜乎太过简略。

③ 参见程金造编著《史记索隐引书考实》,中华书局1998年,第131—137页。

执盾前元年从起砀,以左司马入汉,为将军,三以都尉击项羽,属韩信”,故而“功侯”。司马贞索隐于此云:“即汉五年围羽垓下,淮阴侯将四十万自当之,孔将军居左,费将军居右是也。”甚是。此条既见于《家语》后附王肃所作后序,我们同样认为它不能算作佚文,其性质与上文我们说的唐人把王肃之注亦当“家语”称引的习惯类似,他们同样也把今之《家语》所附孔安国及王肃的序径称“家语”。值得注意的是,现今的王肃注《家语》传本中,在篇卷格局上都是在后序结束以后才题“孔子家语卷第十”作为结束的标志,而并不是在《家语》正文末尾处标著,这应该不是偶然的,它提醒我们,长期以来人们一直是将后序(也包括王肃注)作为《家语》本书有机的一部分来看待的(这恐怕与今之《家语》在版本上仅有王肃注本这一单一传本有关),因此唐人引后序就可以径称“家语”。这样看来,此处作为《家语》的“佚文”也是站不住脚的。

5. 程书第132页提到《史记·封禅书》索隐有云:“《家语》云,道士皆言子侯得仙,不足悲。”程氏云:“今《家语》无此文。”笔者按:此条《史记·封禅书》原文作:“天子既已封泰山,无风雨灾,而方士更言蓬莱诸神若将可得,于是上欣然庶几遇之,乃复东至海上望,冀遇蓬莱焉。奉车子侯暴病,一日死。”关于霍子侯之死,据《新论》云:“武帝出玺印石,财有朕兆,子侯则没印,帝畏恶,故杀之。”《风俗通义》与之基本相同,均主武帝杀子侯之说。但《史记·卫将军骠骑列传》云:“(霍去病)子嬗代侯,嬗少,字子侯,上爱之,幸其壮而将之,居六岁,元封元年,嬗卒,谥哀侯。”可见武帝对子侯可谓宠爱有加,一如其父,“杀之”之说似无道理,而且《文心雕龙·哀吊》亦云:“暨汉武封禅,而霍子侯暴亡,帝伤而作诗,亦哀辞之类矣。”霍氏父子俱年轻得志,得皇上宠幸,但却惊人一致地“暴卒”,武帝之痛并“伤而作诗”是可以想见的,此亦足证杀子侯之说难成立。索隐此处实际上是据顾胤引《武帝集》:“帝与子侯家语云道士皆言子侯得仙不足悲。”《武帝集》所载,其实应作如下断句:帝与(于)子侯家,语云“道士皆言子侯得仙,不足悲”。也就是说,应该恰好在“家”与“语”之间断开,《武帝集》的意思实际是说,武帝在子侯暴卒一事上安慰其家人,若将“家”与“语”相连成《家语》书,即成“帝与(于)子侯,《家语》云……”,则文义扞格,殊为不通。[①] 程氏有此之失,实在于断句有误。此处“家语”既属子虚,则该条亦不成其为“佚文”矣。

6. 程书第133页提到《史记·孔子世家》索隐有云:“《家语》作游过市。”程氏云:“《文选》卷四十一《报任安书》李善注引《家语》曰,孔子居卫月余,灵公与夫人同车出,令宦者雍渠参乘。使孔子为次乘,游过市。孔子曰,吾未见好德如好色者。于是耻之,去卫云云。小司马此引游过市,与《文选》李注所引同。”末云:“然今《家语》无此文。”笔者按,此条程氏引《文选》李善注与《史记》相参证,确有搜辑之功。但其实该条今本《家语》即有,亦非佚文。其文见今《孔子家语·七十二弟子解》:“颜刻,鲁人,字子骄,少孔子五十岁。孔子适卫,子骄为仆,卫灵公与夫人南子同车出,而令宦者雍梁参乘,使孔子为次乘,游过市,孔子耻之。颜刻曰:‘夫子何耻之?’孔子曰:‘《诗》云:覯尔新婚,以慰我心。’乃叹曰:‘吾未见好德如好色者也。’”程氏此条之失,盖搜检未尽也。

7. 程书第134页提到《史记·孔子世家》索隐有云:“《家语》,姑布子卿谓子贡曰……”程氏谓:“案今《家语》无此文。”笔者按:《索隐》此处对应《史记·孔子世家》的原文为:“孔子适郑,与弟子相失,孔子独立郭东门。郑人或谓子贡曰……”《韩诗外传》卷九第十八章“孔子出卫(实应为郑)之东门,逆姑布子卿……”亦有与此对应一段,另外《白虎通义》、《论衡》也有与此类似记载,主要都是讲所谓“丧家之狗”的典故。韩诗明谓“姑布子卿”,与索隐引《家语》合。今本《家语》虽不见“姑布子卿”其人,但也有与上述内容大致对应的部分,《家语·困誓》云:“孔子适郑,与弟子相失,独立东郭门外。或人谓子贡曰:‘东门外有一人焉,其长九尺有六寸,河目隆颡,其头似尧,其颈似皋繇,其肩似子产,然自腰已下,不及禹者三寸,累然如丧家之狗。’子贡以告,孔子欣然而叹曰:‘形状永[②]也,如丧家之狗,然乎哉!然乎哉!’”可以看出,今之《家语》对应部分作“或人”,此于文法不合,当是后来由于脱去“姑布

---

① 有意思的是,程氏独取后半“家语云……”,故而有此之失,盖未审前半欤?

② “永”,当依《史记》作“末”。

子卿”,后人妄补也。此处准确地说应该是词有脱漏,后人妄补,整条内容其实并未佚失。

另外,程书第 132 页还提到《史记·孔子世家》索隐有云:“《家语》,孔子,微子之后。宋襄公生弗父何,以让弟厉公。弗父何生宋父周,周生世子胜,胜生正考父,考父生孔父嘉,五世亲尽,别为公族,姓孔氏。孔子(“子”当为“父”之误)生子木金父,金父生睪夷。睪夷生防叔,畏华氏之逼而奔鲁。”程氏于此云“案今《本姓解》篇文与此有异。”笔者按,今《家语·本姓解》篇云:“宋公生丁公申,申公生缗公共及襄(笔者按:当从《史记·宋微子世家》作“炀”)公熙,熙生弗父何,及厉公方祀,方祀以下,世为宋卿。弗父何生宋父周,周生世子胜,胜生正考甫,考甫生孔父嘉,五世亲尽,别为公族,故后以孔为氏焉。一曰孔父者,生时所赐号也,是以子孙遂以氏族。孔父生子木金父,金父生睪夷,睪夷生防叔,避华氏之祸而奔鲁。”《家语》本文是把厉公以下“世为宋卿”的这一支与孔子先世弗父何这一支都作了介绍,而索隐于《孔子世家》下所引,当然只能取孔子先世的这一支,所以略去“及厉公方祀,方祀以下,世为宋卿”就是可以理解的,这其实又是上文我们提到过的“选择性”的节引,差异的存在并不意味着《索隐》所见《家语》与今本有什么不同。

综上可见,无论是孙志祖还是程书所辑有关《家语》的“佚文”,其实很少是能够站得住脚的。偶有其例,也不是唐以后由篇卷刊落所致。笔者并不否认今本《家语》存在佚文,但就总体上看,其实真正的佚文是很少的。这与明清以来很多学者提出的今本《家语》存在由“二十一卷”到“十卷”这样的篇卷损伤不成比例。此种现象对我们理解今本《家语》在唐以后的流传形态是个很有价值的参照。它提醒我们,唐时《家语》分卷与今本的不同,可能只是意味着每卷所含篇数有异,并不表明今本《家语》存在类似篇目缺失这样的结构性损伤。

另外,根据笔者的研究和统计,我们认为相对于《家语》本文,今本《家语》佚失更多的其实是王肃的注。如《史记·孔子世家》“吾不能富贵,窃仁人之号”,集解引王肃曰:“谦言窃仁者之名。”集解此处之所以引王肃之说,因为《史记》此处又见于今《家语·观周》“吾虽不能富贵,而窃仁者之号”,

但我们看今《家语》此处王肃却无注,因此可以相信,《集解》所引王肃之说,当为《家语》王氏佚注。再如《史记·孔子世家》"长者不过十之,数之极也",集解引王肃曰:"十之,谓三丈也,数极于此也。"《史记》此文又见今《家语·辨物》,但王氏于此句并无注文,故《集解》所引王肃之说,亦当为《家语》王氏佚注无疑。再如《史记·孔子世家》"孔子趋而进,历阶而登",索隐曰:"谓历阶级也。故王肃云:'历阶,登阶不聚足。'"《史记》此文又见于今《家语·相鲁》,[①]但我们看对应之处王注亦未见,《索隐》所见亦当为王注佚文。[②] 细加分析就可以发现,这些佚失的王肃注文大都有一个特点,那就是疏解平庸,了无发明。就像"谦言窃仁者之名"之于"窃仁者之号",实在是"卑之无甚高论",甚至可以说根本就没有出注的必要。这与王氏广为后人诟病的对五帝、郊祭等内容刻意求新的疏解形成了鲜明对照。这些注训了无发明、无关痛痒,不知是否是其多有佚失的原因(主观的或客观的)。另外,我们还注意到,相对于索隐,集解所引的王注佚失尤多。考虑到裴骃的生活年代要早于唐一百多年,其时他所能见到的《家语》应该较唐本更接近王肃注本原貌。再者,像前述张湛《列子》注所引《家语》,毕竟与今本不同。这些事实提醒我们,南北朝时期所流行的《家语》传本较之今本有更大的不同。或者也可以说,今本《家语》在六朝至唐这样一个时段的变化可能要更为剧烈。而唐以来今本《家语》的流变,仅从佚文之稀少看,可能并没有像很多学者仅据篇卷格局所推测的那么大。

---

① 今之《家语》内容有很多又见于《左传》、《礼记》等书,而王肃作为一代经学宗师对很多典籍又多有注训,因此集解、索隐所引的"王肃曰……",从严格的意义上讲,也存在是其他典籍注文的可能。但从《史记·孔子世家》篇来看,由于集解、索隐每每"家语"、"王肃"并举,故可信它们所引的"王肃曰……"就是王注《家语》之文。

② 程金造先生亦指出此条为王注佚文,甚是,见前揭程书第138页。

王肃《圣证论》体例及论说考*

《圣证论》一书，为魏晋之际经学大师王肃所著。《三国志》其本传称："肃善贾逵、马融之学，而不好郑玄，集《圣证论》以讥短玄。"①《南齐书》载："王肃依经辩理，与硕相非，爰兴《圣证》，据用《家语》。"②《南齐书》所称之"硕"，亦即《三国志》中所提到的东汉硕儒郑玄。郑氏治学，兼通今古文，在那个儒者各守师说、家法壁垒森严的时代可谓独树一帜。王肃善治古文经学，不满郑玄坏乱家法，遂作《圣证论》向其发难。

隋志载《圣证论》十二卷，两唐志并十一卷，今佚。清人王谟《汉魏遗书钞》及马国翰《玉函山房辑佚书》各辑得一卷，③其中以马氏所辑为备。清末学者皮锡瑞在马国翰辑本的基础上又采前人申郑之说，参以己意，作《圣证论补评》④二卷，亦有所发明。然而马氏但以辑佚为己任，皮氏亦只倾力于驳王申郑，对于《圣证论》一书的体例及论说情况都无甚探究。笔者不揣固陋，特进行一番考论，希望能填补这方面研究的空白。

---

* 本文主要由我的研究生程浩同学完成，原刊于《古籍整理研究学刊》2013年第2期。程浩曾在我的指导下悉心整理皮锡瑞所辑《圣证论》，本文即是其心得结集。由于论题的关联性，今征得程浩同学同意，亦将其收录，特此说明。

① 《三国志》卷一三《王肃传》。

② 《南齐书》卷三九《陆澄传》。

③ 案，王谟辑本见《汉魏遗书钞·经翼第四册》。马国翰辑本见《玉函山房辑佚书》，本文所引用清光绪九年长沙嫏嬛馆补校刊本，收入《续修四库全书》（上海古籍出版社1997年）。编号如"第【8】条"乃笔者所加，详细编次及分组见程浩《〈圣证论〉体例及成书研究》，未刊稿。

④ 皮氏《圣证论补评》收入《师伏堂丛书》，本文所引为山东省图书馆藏清光绪二十五年刻本。

一、《圣证论》体例考

《圣证论》自唐以后便已亡佚，其内容散见于诸书，体例几不可考。《旧唐书·元行冲传》载元行冲著《释疑》，称："子雍规玄数十百件，守郑学者，时有中郎马昭，上书以为肃谬。诏王学之辈，占答以闻。又遣博士张融案经论诘，融等召集，分别推处，理之是非，具《圣证论》。"①这是史志中有关《圣证论》体例最早，也是较为全面的记载。其中提到的马昭、张融等人与《圣证论》有重大关联，诸书所引也每每附马昭、孔晁②、张融诸人的驳、答、评议。马国翰为辑本撰写的题录即为"《圣证论》一卷。魏王肃撰，晋马昭驳，孔晁答，张融评"，而从马氏所辑出的条目中也可见其已将诸家驳答评议的有无视为判断引文是否为《圣证论》的重要标准。

依据上述标准，马国翰从经疏、《通典》及类书中辑出三十四条，③依经编次为卷。马氏所辑虽为详备，但毕竟缘于后人所引，究不能览《圣证论》全貌。况其历时已久，难免多有舛误。如马氏所辑《圣证论》中关乎《诗》的11条，并非都是《圣证论》之文，有些可能是辑自他书。我们知道，王肃是魏晋之际的经学大家，曾编注群经，所著不只《圣证论》一书。据隋志记载，王氏之撰述，单是与《诗》相关的便有《毛诗义驳》八卷、《毛诗奏事》一卷及《毛诗问难》二卷。隋志更有《毛诗》二十卷王肃注本，④可见王肃治毛诗用力颇深，其说也散于诸书，非只《圣证论》有之。以上诸书，马国翰《玉函山房辑佚书》都已辑出，《毛诗王氏注》得四卷，《毛诗问难》、《毛诗

---

① 《旧唐书》卷一〇二《元行冲传》。

② 按，元行冲所说"王学之辈"，犹指孔晁。马国翰在辑《圣证论》之《序》中说："《行冲传》称王学之辈，以诸引马昭、张融多参孔晁说，党于王，则晁固王学之辈首选也。"

③ 马国翰《序》言"采集四十余条"，皮氏《圣证论补评·自序》称"玉函山房辑本约三十条"。笔者详查，实则仅三十四条。

④ 隋志此条下注："梁有毛诗二十卷，郑玄、王肃合注。"郑、王不是同时代人，自不会合作而注释，盖后人将二人之注合编为二十卷。

义驳》、《毛诗奏事》各得一卷。马氏在辑录过程中，除明引之者，仅凭对书名中“问难”、“义驳”、“奏事”的理解而采集，①难免有错漏误编者。因此，我们怀疑这 11 条中可能有采自王肃所著之他书而马氏误将其编入《圣证论》的情况。正如《圣证论》第【11】条马昭之驳竟与郑玄之说相左，又如第【8】条孔晁之答绝不类答驳之辞，盖孔颖达疏解时引自王肃等人他书，并非《圣证论》耳。孔晁、马昭都是当时之大儒，张融更是魏之博士，而孔颖达主持编撰之《五经正义》多沿用六朝旧疏，多征引其说不足为怪。

除了误辑、失辑的情况外，马国翰在版本选择上也存在着失误。《圣证论》中关乎三《礼》的一组，马氏除从三《礼》注疏中辑录外，还兼采了《通典》、《初学记》、《太平御览》等。从诸书引文之差异，似可以看出其版本优劣的一些端倪。如第【14】条兼采众书，贾疏亦有之。贾氏引《圣证论》之文，皆非明引。从第【14】条贾疏与《通典》对校可以看出，贾氏引《圣证论》之驳答评议甚至连说者姓名都不署。因此，贾氏之《周礼》疏中可能还有许多马氏未辑出的《圣证论》之文。诸书之中，以《通典》引《圣证论》最近原书。如第【16】至【19】条及第【21】条，但凡得见于《通典》者都为明引，且马昭、孔晁、张融之“驳”、“答”、“评”也不厌其烦地一一注明。但马氏所辑，每每以三《礼》注疏为基准，往往失其本真。

马国翰所辑的《圣证论》虽然存在着一些瑕疵，但仍然是我们可兹参照的最好的版本。通过对其逐条考察，我们仍可见《圣证论》体例之一端。

1. 关于作者

《圣证论》之作者为王肃毫无疑问，隋志并两唐志都注明其为王肃所撰。但《圣证论》同时又与马昭、孔晁、张融等这么多人有关，就意味着尽管它最初可能只是王肃的个人作品，但后来实际上是形成了以王肃原始的《圣证论》为基本构成，同时又汇集了论辩双方的观点的一部书，这一点是

---

① 参见孙启治、陈建华《中国古佚书辑本目录解题》，上海古籍出版社 2009 年，第 27—28 页。

最应该注意的。而且，从成书过程看，此书最终定型恐怕也经历了一段相当长的时期，其中的孔晁乃西晋初人，与王肃、马昭等并非同时，他的东西也被收入《圣证论》，最能说明此书的"历时态"特征。但可能正是由于这种汇集众说、"历时态"形成的特征，导致后人往往仅将王肃视为作者之一，似乎与其他诸人等量齐观，这却是有欠妥当的。例如马国翰辑第【25】条，孔疏称："按《圣证论》，王肃与马昭之徒，或云祭天用冬至之日，或云用冬至之月。"此处王肃与马昭并称，是则孔颖达已经把马昭视为《圣证论》的作者之一，而不仅仅是此书的驳者或注家而已。又如第【24】条，孔疏引《圣证论》以"《圣证论》王肃云"开头，将"王肃"置于"《圣证论》"之后，也可为之佐证。

此外，还有一点值得注意。第【5】条与第【9】条，孔颖达疏解时引用了王基之说以驳王申郑，且孔氏在引用时将其与孔晁之答采取同样的方式处理，称"王基即郑之徒也"，"孔晁，王肃之徒也"。王基为郑玄门人，与王肃同时代且共仕曹魏。《三国志》其本传称："王肃著诸经传解及论定朝仪，改易郑玄旧说，而基据持玄义，常与抗衡。"①隋志载王基有《毛诗驳》一卷，盖亦驳王肃之说。王基作为辈分最大的"郑学之徒"，张融在"具《圣证论》"时将其说编入其中也并非不可能。

另外，我们知道，古人有称引经传经说多径称本经的习惯，②如果说王肃原始的《圣证论》是"本经"的话，那么后来所附马昭、孔晁、张融等人的驳答评议从宽泛的意义上亦类"经传经说"，因此对他们的意见径称"圣证论"也是允许的。或许在唐时，《圣证论》中的驳答评议已经被时人与王肃本说等而视之，成为"经文"的一部分了，但我们必须明白《圣证论》实际上是走过了从王肃原始的本子到后来汇集众说而成新本这样一个过程。

---

① 《三国志》卷二七《王基传》。

② 说见王利器《古书引经传经说称为本经考》，《晓传书斋集》，华东师范大学出版社2007年。

2. 关于书名

《圣证论》之书名定名当很早。陈寿《三国志》即言"肃集《圣证论》以讥短玄"。陈寿与王肃几乎同时,陈寿之时便有此书名,则其书名可能为王肃所亲定。

至于王肃为何将书名定为"圣证论",从今之所见三十余条中已难觅其端倪,我们只能作一些猜测。"圣"在此处当主要特指"孔子","圣证"即援引孔子之说以证。就如皮锡瑞在《圣证论补评·序》中所言:"肃集《圣证论》以讥短郑,盖自谓取证于圣人之言。"王肃之所以将此书定名为《圣证论》,就是为了告诉世人他驳郑乃是据用圣训。但通过前文对《圣证论》中王肃引说的考察,我们可以看出王肃难郑并非全赖"圣证",《孔子家语》以及其他儒家典籍只是他诸多证据中的一部分而已。

3. 关于形式

从今天能得见之材料来看,《圣证论》难郑的形式是多样的:

既有对郑玄经注的逐条非难。如第【2】条至第【11】条《诗经》组,一皆为王肃对郑玄《毛诗笺》的发难。

也有王肃自发一论而引郑说进行"互搏"。如第【14】条《玉烛宝典》引《圣证论》之文:"郑氏以三月为嫁娶之时,谬也。详寻其时,古人皆以秋冬。"此就是王肃对郑玄的直接发难。

还有的是王肃答天子诏、释他人疑的言论记录。如第【35】条,①王肃答尚书问祫禘之礼即是这种情况:

> 《圣证论》云:"太和六年,尚书问祫禘之礼,王肃对曰:'祫禘之云无同四时常祭,先贤以为皆于太祖庙先献人心。郑云以禘祫合其庙记,非礼者也。'"(此条辑自《北堂书钞》卷九十)

---

① 此条《北堂书钞》陈俞本脱,故马国翰未得见,笔者据严可均校本补辑,详参程浩《〈圣证论〉体例及成书研究》,未刊稿。

这为我们提供了一则重要信息，那就是所谓王肃"集《圣证论》以讥短玄"并非全是他目的性很强的著书立论，也有可能是对他平日里难郑之说的总结，这种体例正如战国之诸子，亦如后世之文集。① 因此，如果说后来汇集众说的《圣证论》体例不纯的话，那么尽管王肃原始的《圣证论》是其个人作品，但恐怕也有"历时性"，且杂以多种形式。

王肃原始的《圣证论》在论说形式上的驳杂，甚至可能存在对郑玄师徒门生人品行状的明嘲暗讽。如第【35】条对梁冀逸事的记载：

> 昔国家有优曰史利，汉氏旧优也，云梁冀有火浣布、切玉刀。一朝以为诞而不信也，正始初得火浣布乃信。（《艺文类聚》卷六〇，又卷八五引"梁冀时布有垢则洗之于火"此一句。《御览》卷三四六）

梁冀是东汉臭名昭著的"跋扈将军"，乍看与王肃难郑毫无关联，为何会见诸《圣证论》？原来，郑玄业师马融曾与梁冀有交集。《后汉书·梁冀传》有载："南郡太守马融、江夏太守田明，初除，过谒不疑，冀讽州郡以它事陷之，皆髡笞徙朔方。融自刺不诛，明遂死于路。"②马融在吃过苦头以后，没有与之继续斗争，而是选择了向其屈膝，"遂为梁冀草奏，李固又作大将军《西第颂》，以此颇为正直所羞"③。马融的这一行径为时人所不齿，就连他的从妹夫赵岐对他的造访也是拒不接见。《圣证论》对梁冀轶事的记载，很可能就是王肃对马融向梁冀屈膝一事的嘲讽，以此讥短郑玄。

综上所述，王肃原始之《圣证论》有如此复杂的形式，其体例很有可能如现在的"自选集"那般，是王肃对自己难郑言论的汇总，并非处心积虑、目的性很强的专门论著。

---

① 或类余嘉锡先生所说"秦汉诸子即后世之文集"。说见余嘉锡《目录学发微/古书通例》，中华书局2007年，第230页。

② 《后汉书》卷三四《梁冀传》。

③ 《后汉书》卷六〇《马融传》。

4. 关于篇幅

对于《圣证论》的篇幅,《旧唐书·元行冲传》有两种说法。一是"子雍规玄数十百件,守郑学者,时有中郎马昭,上书以为肃谬"。二是"又王肃改郑六十八条,张融核之,将定臧否"。[①] 我们认为,"数十百件"可能是张融整理之前的篇幅。而张融在整理的过程中,为了驳答评议编入的方便,将原来的数十百件合并而成六十八条。今马氏所辑之三十余条,也只能说是劣得其半。

5. 关于流传

隋志载《圣证论》十二卷,两唐志并十一卷。从第【14】条《玉烛宝典》与《通典》引文的比较来看,隋志十二卷与两唐志十一卷不仅是卷数上的差异,其内容也随着流传而出现了散失。而自唐之后,《圣证论》便不见载于史志,写定后流传数百年便亡佚了。对于《圣证论》佚而不传的原因,清人孙星衍认为:"盖肃说所以不传者,以隋已前郑学盛行,当时不重其邪说。"[②]孙氏之论虽不免掺杂了浓重的门户之见,但基本反映了隋唐之际王肃之说不盛行的情况。

二、《圣证论》论说引据考

前文已述,《圣证论》王肃难郑多引经据典并辅以因情理推说。因此,对王肃难郑时所引之文、所据之说的考察,对于理解《圣证论》一书的性质也非常重要。

我们对《圣证论》之论说引据分为四类进行考察:

---

① 《旧唐书》卷一〇二《元行冲传》。

② 孙星衍《问字堂集》卷五《六天及感生帝辨附〈圣证论〉及难王申郑议》,收入《问字堂集/岱南堂集》,中华书局1996年,第125页。

1.《孔子家语》

王肃乃经学之大家，隋志载其著作二十六种，但其书大多亡佚，至隋代已亡八种，而传至今日者只有他作注的《孔子家语》。《孔子家语》一书，长期以来被认为乃王肃伪作，其目的便是假托圣言以讥短郑玄。① 《南齐书》称王肃"爰兴《圣证》，据用《家语》"，指明《孔子家语》是其兴《圣证论》的根据。皮锡瑞在《圣证论补评·序》中也以为"肃集《圣证论》以讥短郑，盖自谓取证于圣人之言，《家语》一书是其根据"。既然《圣证论》与《孔子家语》之间有着千丝万缕的关系，那我们就试着考察所见三十余条《圣证论》中对《家语》的引用情况，希望对我们理解《圣证论》的性质有所帮助。

我们对今可得见之三十五条进行了统计，王肃论说引及《孔子家语》的有第【1】【12】【13】【14】【18】【19】【22】【25】【26】【27】【28】条，计 11 条。其中，第【1】条并非引自《家语》而实为《孔丛子》，权且不记第【1】条在内。则 35 条佚文中共有 10 条引《家语》，尚不足三成。而且，在这 10 条中，有 9 条内容王肃在论说时引用了其他文献为证，只有第【12】条仅用了《家语》之文。

我们注意到，在《诗》一组，没有一条引及《家语》。王肃治《诗》宗毛传之说，他主要反对的是郑玄用三家之说以改毛传。纵观《圣证论》中关乎诗的 11 条，王肃驳郑若不用毛义便是因情理推说，并未引用其他文献。而《家语》中解《诗》的内容本就不多，因此《圣证论》中王肃论《诗》并不用《家语》。

礼制是王肃难郑的重点。王肃驳郑的方法是依经辨理、旁征博引，每立一论都征引多种文献，而《孔子家语》只是其论据之一。这 10 条引及《家语》的《圣证论》之文中，第【12】【13】【14】条与《周礼》相关，其余 7 条则关乎《礼记》。按照我们先前的分类，10 条一皆隶属"三《礼》"组。马氏辑得之三十余条，关乎"三《礼》"的有 19 条之多，其中引及《家语》的有 10 条，仅占二分之一强，总量上也不能算多。这其中，第【12】【13】【18】【22】【23】【27】条② 王肃仅引用了《家语》中孔子之言以驳难郑玄。而其余 4 条除用《家语》之文

---

① 晚近以来随着若干出土文献的问世，《家语》"伪书"说其实已经过时。

② 按：第【23】条所引《家语》之文与今本有异。

外,还引用了《易》、《诗》、《左传》等其他典籍及两汉的经说。

2. 经书

第【19】条论《礼记·王制》,王肃除用《家语》、《孙卿》(《荀子》)外,还引《礼记》中《礼器》、《祭法》之文以为“内证”。

第【20】条引《逸礼》。

第【21】条引《左传》。

第【24】条论《礼记·郊特牲》,用《礼运》以为“内证”。

第【25】条除用《家语》之文外,还征引了《左传》、《周礼》,并引《祭法》为“内证”。

第【26】条引《尸子》与《孔子家语》互证。

第【29】条引《易》、《诗》、《左传》与《孔子家语》互证。

第【30】条引《礼记》。

王肃引《诗》、《礼》、《易》等书驳郑,宗郑学者便无法用斥之为伪书这种“釜底抽薪”之法难王申郑。而王肃将这些典籍与《家语》进行互证,也加强了其说的信服力。

3. 子书

第【1】【33】条引《孔丛子》。

第【14】【19】条引《孙卿》。

第【16】条用《论语》之说,但未引明文。

第【28】条引《孟子》。

第【33】条引《子思子》。

在这其中,第【28】条王肃引《孟子》与《孔子家语》互证,第【14】【19】条引《孙卿》也是这种情况。而第【1】条王肃但引《孔丛子》,第【33】条用《子思子》、《孔丛子》二书之说,皮锡瑞对此颇有微词,认为此又为王肃用伪书以难郑之例证。

4. 两汉经说

第【9】条引马融说。

第【14】条用《毛诗》说。

第【20】条用贾逵说。

第【32】条用郑众说。

我们知道，王肃"善贾逵、马融之学"，服膺古文经学，因此他在论说时也多引用两汉古文经师之说以难郑。王肃治《诗》以毛诗为长而贬三家，故多用毛氏说。《春秋》三传，王肃独尊左氏，故征引郑众之说。

综上所述，从现在得见的材料来看，王肃集《圣证论》并非皮氏所言那样"《家语》一书是其根据"。在《圣证论》中，《家语》的地位只是王肃驳郑的论据之一，而不是其唯一根据。因此，不能武断地认为《圣证论》是王肃"伪作"之《孔子家语》的衍生品。①

① 本书下一文通过对《五经正义》引述《家语》情况的梳理，也指出了这一点。

《五经正义》对《孔子家语》依违举隅*

晚近以来,由于多宗出土文献内容多有见于今本《孔子家语》者,向称"伪书"的《家语》重获重视,传统上视此书为王肃伪作的观点亦受到空前挑战。在关注出土文献与今本《家语》比较研究的同时,笔者亦时常留意经学史上《家语》"伪书"说的演成,其实个中鲁莽草率之处很多。即以唐《五经正义》而言,其中引及《家语》之例为数实不在少,而其对《家语》之态度则或依、或违、或依违未定甚至矛盾,这种复杂情形对我们反思《家语》"伪书"说之草率形成是很好的材料。以下即以三种情况略举其例,希望能对与《家语》相关的经学史问题的研究有所助益。

一、依

1.《礼记·檀弓上》:"子夏既除丧而见,予之琴,和之而不和,弹之而不成声。作而曰:'哀未忘也,先王制礼而弗敢过也。'子张既除丧而见,予之琴,和之而和,弹之而成声。作而曰:'先王制礼,不敢不至焉。'"正义云:"此言子夏、子张者,案《家语》及《诗传》皆言子夏丧毕,夫子与琴,援琴而弦,衎衎而乐;闵子骞丧毕,夫子与琴,援琴而弦,切切而哀,与此不同者,当以《家语》及《诗传》为正。知者,以子夏丧亲无异闻,焉能弹琴而不成声?而闵子骞至孝之人,故孔子善之云'孝哉,闵子骞',然《家语》、《诗传》云'援琴而

* 本文原刊于《国学学刊》2013 年第 1 期。

弦,切切',以为正也。熊氏以为子夏居父母之丧异,故不同也。"[1]今按,正义所引,见今本《家语·六本》篇。[2] 此事的主角,《家语》与毛传、《说苑·修文》都是子夏、闵子,而《礼记》是子夏、子张;至于除丧后的表现,《家语》、《毛传》、《说苑》都是子夏哀已尽,而《礼记》恰相反,正义独守《家语》与《毛传》。不过,《诗·桧风·素冠》正义:"彼(即谓《檀弓》)说子夏之行,与此(即谓毛传)正反,一人不得并为此行,二者必有一误。或当父母异时。郑以毛公当有所凭据,故不正其是非。"[3]正义"父母异时"说,与上引熊氏同,仅属推测;这与他对郑君"当有所凭据,故不正其是非"一样,不过是在调和经注之间的矛盾,远不如《檀弓》疏来得立场鲜明。其实,郑君于《檀弓》注云"虽情异,善其俱顺礼",而于《素冠》毛传则无笺,可以说根本没有注意到《礼记》与毛传的差异。我们认为此事毛传之说可能更接近事实,不唯其传流有自,《家语》、《说苑》等其他文献亦可资参证。

2.《春秋左氏传序》:"修春秋,立素王。"正义:"《孔子家语》称齐大史子余叹美孔子,言云:'天其素王乎!'素,空也。言无位而空王之也。彼子余美孔子之深,原上天之意,故为此言耳,非是孔子自号为素王。先儒盖因此而谬,遂言《春秋》立素王之法。"[4]正义所引《家语》,见今本之《本姓》篇。正义此处引《家语》意在原"素王"说之由来,而且认为汉魏诸"先儒"之素王说均承自《家语》,这里正义提到的先儒有董仲舒、贾逵,甚至还有郑玄、卢钦等人。且不论正义此说确当与否,认为先儒如董仲舒者亦承《家语》之说,可以说在史料排队中把《家语》的地位抬得是非常高的。此段陈士珂、孙志祖都未找到出处,范家相也说未知所本,[5]但学者已注

---

① 《十三经注疏》,浙江古籍出版社 1998 年,第 1285 页。

② 本文《家语》之文依《四部丛刊》所收明覆宋刊本,此本有所讹缺者,据玉海堂影宋本及《四库全书》所收之毛晋汲古阁刊本校之。

③ 《十三经注疏》,第 382 页。

④ 《十三经注疏》,第 1708 页。

⑤ 分别见陈士珂《孔子家语疏证》(上海书店 1987 年影印版,第 235—236 页),孙志祖《家语疏证》(《续修四库全书·子部·儒家类》,上海古籍出版社 2002 年)卷五及范家相《家语证伪》(《续修四库全书·子部·儒家类》,上海古籍出版社 2002 年)卷九。

意到上海博物馆藏竹书《子羔》篇“亦纪先王之遊（由）道，不奉（逢）明王”，实与《家语》该篇有关内容接近，恰证明《家语》之说可能确有可靠的来源。①

3.《左传》文公二年：“（仲尼曰）……下展禽，废六关，妾织蒲，三不仁也。”正义曰：“《家语》说此事，作‘妾织席’，知‘织蒲’是为席以贩卖之也。”②此处见今本《家语·颜回》篇。正义引《家语》异文作说解，明显还是相信《家语》的话。另外，正义引《家语》作“妾织席”，但今传《家语》各本均作“织蒲”，与正义所引不同。《太平御览》所引亦作“织席”。又，此处《家语》王肃注：“《传》曰‘织蒲’，蒲，席也。言文仲为国为家在于贪利也。”王氏特地将《左传》的“织蒲”列出，实有校勘之义，然则其所见之本必作“织席”，与正义所引同，看来此处“织席”确是《家语》原貌，故而孙志祖谓今传宋本实源自后人据《左传》妄改，③良是。

4.《春秋》宣公九年经云：“陈杀其大夫泄冶。”杜注：“泄冶直谏于淫乱之朝以取死，故不为《春秋》所贵而书名。”正义：“《家语》云：子贡曰：‘陈灵公君臣宣淫于朝，泄冶谏而杀之，是与比干谏死同，可谓仁乎？’孔子曰：‘比干于纣，亲则叔父，官则少师，忠款之心，在于存宗庙而已，固当以必死争之，冀身死之后，纣当悔悟本志，存于仁者也。泄冶之于灵公，位在大夫，无骨肉之亲，怀宠不去，仕于乱朝，以区区之身，欲止一国之淫昏，死而无益，可谓狷矣！’《诗》云‘民之多辟，无自立辟’，其泄冶之谓乎？是言泄冶之行，不得同于比干之意也。”④此事见今本《家语·子路初见》篇，《家语》所言泄冶招诛之由，比《左传》更为详细，主旨亦与《左传》相同。正义引《家语》之言以申

---

① 参陈伟《上海博物馆藏战国楚竹书（二）零释》，简帛研究网（2003 年 3 月 17 日）；裘锡圭《说“亦纪先王之由道”》（《中国古代文明研究与学术史——李学勤教授伉俪七十寿庆纪念文集》，河北大学出版社 2006 年）；邬可晶《〈孔子家语〉成书时代和性质问题的再研究》，复旦大学 2011 年博士学位论文，第 117—118 页。

②《十三经注疏》，第 1839 页。

③ 孙志祖《家语疏证》卷三。

④《十三经注疏》，第 1874 页。

杜注,明为依用之。①

5.《左传》襄公十七年:“唯卿为大夫。”杜注:“晏子恶直己以斥时失礼,故孙辞略答家老。” 此述晏子为父服三年之丧,家臣谓非大夫之礼,晏子谦称“唯卿为大夫”。正义:“《家语》曾子问此事,孔子云:‘晏平仲可谓能辟害也。不以己是而驳人之非。孙辞以辟咎,义也。’夫《家语》虽未必是孔子之言,要其辞合理,故王肃与杜皆为此说。”②此处见今本《家语·曲礼子夏问》篇。耐人寻味的是,正义虽然认为《家语》非尽是孔子之言,但仍认为其说不乏合理之处。有意思的是,力证《家语》系“伪书”的孙志祖此处亦引《正义》述《家语》之言,虽未置评,但明显也是赞同之意。③ 又,此事还见于《晏子春秋》,将《左传》、《家语》、《晏子春秋》三书比较可见,《左传》所记只是史实母体,而《晏子春秋》则与《家语》完全一样——称曾子问孔子,几无改动。④

6.《左传》昭公七年:“昔尧殛鲧于羽山,其神化为黄熊,以入于羽渊。实为夏郊,三代祀之。”杜注:“鲧,禹父,夏家郊祀之,历殷周二代,又通在群神之数,并见祀。”正义:“《家语》子羔问曰:‘周人祖文王而宗武王。’虞夏祖宗异代者,孔子曰:‘殷周祖宗,其庙可以不毁,则其他所祖宗者,功德不殊,虽在异代,亦可以无疑矣。’周人爱召公,犹敬其树,况祖宗其功德,而可以不尊奉其庙哉!”⑤此处见今本《家语·庙制》篇。类似记载又见《国语》与《礼

---

① 关于泄冶谏争招诛一事,后世学者特别是清儒对正义及杜注之说多所驳斥。今录范家相说以为代表:“泄冶谏君而死,忠莫大焉,《春秋》书其名,非贬之也。大夫死,例必书名。……《左传》载孔子引‘民之多辟’二句,盖以凡伯之忠许泄冶,而杜注误谓邪僻之世不可立法,是邪辟者听其终于邪辟,不为救药可乎?孔疏引《家语》以证杜注,可谓无识。盖杜注误于《家语》,而《家语》则不明孔子引诗之意而妄作以误后人者,王肃真罪人也。”(参见范家相《家语证伪》卷五)孙志祖意见大略与范氏同。范、孙二氏之驳,除过于着意于“名教”外,他皆持论有据。又,关于此事《谷梁传》亦主泄冶无罪。《说苑·君道》载泄冶谏灵公之言,其忠耿耿,而灵公竟谓“妖言”。不过,此事是否如范氏所说《家语》首开误会之端,而杜氏又误于《家语》,并无实据。

②《十三经注疏》,第 1964 页。

③ 参见孙志祖《家语疏证》卷六。

④ 类似《家语》这样多出“曾子问孔子”情节一事,传统持《家语》伪书说的学者,多以为王肃添出,就此处《晏子春秋》与《家语》一致看,此类情节可能很早就已完成,不待后人添出也。

⑤《十三经注疏》,第 2049 页。

记·祭法》,正义独取《家语》,尤其以其中孔子之解说为准,而孔子之解说未见《国语》与《礼记·祭法》。

7.《左传》昭公十四年:“乃施邢侯,而尸雍子与叔鱼于市。”正义:“《晋语》说此事云:‘叔向既对宣子,邢侯闻之而逃,遂施邢侯氏。’孔晁云:‘废其族也。’则《国语》读为‘弛’,训之为废。《家语》说此事亦为‘弛’,王肃注云:‘弛,宜为施,施行也。’服虔云:‘施罪于邢侯。’施犹劾也。邢侯亡,故劾之。”①此处见今本《家语·正论解》篇。正义说《家语》作“弛”,但今本都作“施”,今本《家语》也没有王肃“弛宜为施”的注,我们怀疑今本《家语》之貌系后人据《国语》、《左传》改动的结果,与旧本不同。正义引孔晁注训为“废弛”,但韦昭注为“劾捕”,不过孔氏说“施犹劾也。邢侯亡,故劾之”,倒是与韦注同。此例正义基本上还是认可《家语》及王肃之说。

小结

《正义》对《家语》依用之例为数甚多,上举仅系一斑,但已可见其对《家语》之采信。像“素王”之说,正义还把《家语》之史料地位抬得非常高,这应该都反映了作者对《家语》的重视态度。诚如上文正义所言,“夫《家语》虽未必是孔子之言,要其辞合理,故王肃与杜皆为此说”,这也说明孔氏对《家语》的择从,能够立足于事实本身,所谓“唯义所在”,即《家语》中的合理成分,正义也没有回避或漠视。实际上,不独正义如此,即便后来力主《家语》为伪书的学者如孙志祖、范家相辈也概莫能外。另外,还要提到的是,由于《孔子家语》一书在内容上与许多文献互见重出,这也为我们观察正义的材料选择倾向提供了很好的机会。与《家语》互见重出之文献,计有《礼记》、《大戴礼记》、《国语》、《史记》、《战国策》、《韩诗外传》、《说苑》、《文子》,可以说经子史传同所并见,但在这些互见的文献中,我们每每看到正义总是优先取《家语》以为说,这既说明作者对《家语》的谙熟以及《家语》在当时特别是在知识阶层中的流传之广,恐怕也反映了在作者看来《家语》在史料价值上并不比

---

①《十三经注疏》,第2076页。

他书逊色,这一点较之郑学之徒马昭等人每斥《家语》为杜撰杂说,还是不太一样的。

不过,上文孔氏称"《家语》虽未必是孔子之言,要其辞合理,故王肃与杜皆为此说",认为《家语》内容不尽是孔子之言,又说明他对《家语》的取信还是有所保留的,直接原因是认为《家语》一书在"出身"上是有问题的,这一点又与王肃在《家语》前序中对该书的推许不太一样。所以,我们看到,当《家语》"其辞合理",正义能有限度地取用,而且在互见文献之间还将《家语》置于较优先地位;但一旦《家语》之说与经注明显不合,特别是在诸说中处于较孤立地位时,正义亦毫不留情地对《家语》痛批之,而我们发现其批驳之理据正是拿《家语》之"出身"来大做文章。

二、违

1.《礼记·曾子问》子游问丧慈母如母章,正义:"按《家语》云:'孝公有慈母良。'今郑云'未知何公'者,郑不见《家语》故也。或《家语》王肃所足,故郑不见也。"①此处见今本《家语·曲礼子夏问》篇。《礼记》及《淮南子》都说是鲁昭公少丧其母,但郑注说昭公年三十其母齐归才死,不为少年,且昭公大搜于比蒲,非礼,故而郑氏说其"无戚容",郑氏、正义于此均认为此绝非昭公,孙志祖亦同。另外,孙志祖还注意到《列女传》的记载与《礼记》、《家语》类似,②确属有见。但对《家语》"伪书"之成见,使他轻易就相信王肃是据《列女传》伪造,十分可惜。《列女传》云孝公"最少"及义保之节义,与《家

① 《十三经注疏》,第1394页。

② 《列女传》卷五《节义传》:"孝义保者,鲁孝公称之保母,臧氏之寡也。初,孝公父武公与其二子长子括、中子戏朝周宣王,宣王立戏为鲁太子。武公薨,戏立,是为懿公。孝公时号公子称,最少。义保与其子俱入宫,养公子称。括之子伯御与鲁人作乱,攻杀懿公而自立。求公子称于宫,将杀之。义保闻伯御将杀称,乃衣其子以称之衣,卧于称之处,伯御杀之,义保遂抱称以出,遇称舅鲁大夫于外,舅问称死乎,义保曰:'不死,在此。'舅曰:'何以得免?'义保曰:'以吾子代之。'义保遂以逃。十一年,鲁大夫皆知称之在保,于是请周天子杀伯御立称,是为孝公。鲁人高之。论语曰:'可以托六尺之孤。'其义保之谓也。"

语》所载孝公执意为其举丧十分一致。概因孝、昭声近,致《礼记》、《淮南》讹为"昭";相反,范家相则是识见问题了,看到《淮南子》、《礼记》都作"昭公",遂认为《家语》有误。① 此处正义虽怀疑《家语》,实际上仍是兼陈二说,"或"字说明他也不能确定。举凡郑君未见《家语》的情况,正义不外有两种解释——或本无其书,或后人增加。但从上文其频频依从《家语》为说看,率尔否定其书显然不合适,只好说"王肃所足",这也是传统《家语》辨伪者的常见逻辑。但这样解释是不能服人的,我们不能动辄说《家语》增出的部分就是"王肃所足",因为类似的事还见于《列女传》,那么《列女传》也是王肃所足?郑云"未知何公",说明他没注意到《列女传》,而不能说《列女传》不存在。这也说明,郑君虽号称博洽,然亦不能无失。即便没有《家语》,也足证郑君之失。另外,这样的事情,不涉大端,王肃改之何益? 且《礼记》、《淮南》之误,学者都看得清楚,《家语》独异,可能正显示了其价值。

郑君不见《列女传》而致云"未知何公",又使我们想到另外一个比较有名的例子。那就是《礼记·乐记》"舜作五弦之琴以歌《南风》",于《南风》之诗,郑云"其辞未闻",但王肃《圣证论》引《尸子》及《家语》却把歌辞和盘托出。马昭为郑氏辩护:"《家语》王肃所增加,非郑所见。"明显以多出的歌辞为王肃增加。但此歌辞亦见《尸子》,难道此书也是王肃所"增加"? 正义为郑说打圆场:"又《尸子》杂说,不可取证正经,故言'未闻'也。"实际上,不论杂说是否可证正经,《尸子》里存有其辞却是不争的事实。这只能说明郑君又未见《尸子》。

2.《礼记·王制》:"天子七庙,三昭三穆,与太祖之庙而七。"郑注:"此周制。七者,大祖及文王、武王之祧,与亲庙四。大祖,后稷。殷则六庙,契及汤与二昭二穆。夏则五庙,无大祖,禹与二昭二穆而已。"正义:"……《家语》云: 子羔问尊卑立庙制。孔子云:'礼,天子立七庙,诸侯五庙,大夫立三庙。'又云:'远庙为祧,有二祧焉。'……且《家语》云先儒以为肃之所作,未足可

① 范家相《家语证伪》卷十。

依。"[①]正义此处所引《家语》，见今本之《庙制》篇。郑、王于庙制方面的分歧，千百年来聚讼纷纭。今以出土两周彝铭观之，二说可能均不乏理想之构拟成分，都未必是古礼庙制之实录。[②] 正义申郑驳王，[③]干脆对王说来个釜底抽薪：指《家语》系王肃伪作。殊不知，《家语》之说，仅王氏证据之一端，《家语》之外，王氏还引《祭法》、《礼器》、《谷梁传》及荀卿之书以证之，[④]然则这么多文献亦系王肃伪作乎？[⑤] 且不论二者结论之是非，即以所依材料论，王说很难说就逊于郑说，尤其要比郑玄、马昭动辄引纬书平实有加，故而清儒金鹗、孙诒让均主王说。[⑥] 另外，既然《家语》之外王肃亦广引他书为证，那么传统上视《家语》为王肃攻驳郑玄理据渊薮的说法是不是也有重审的必要呢？[⑦]

3.《礼记·郊特牲》正义："既以郊祭名篇，先儒说郊，其义有二。案《圣证论》以天体无二，郊即圜丘，圜丘即郊。郑氏以为天有六天，丘、郊各异，今具载郑义。"郑、王在郊、丘关系上的分歧，向为经学史上之一大问题。郑氏郊、丘二分说的依据主要是其"六天说"和"感生说"，[⑧]杂用纬书及《周礼》，甚为不经。正义依郑说，且谓："而贾逵、马融、王肃之等以五帝非天，唯用《家语》之文，谓大皞、炎帝、黄帝五人之帝属，其义非也。又先儒以《家语》之

---

① 《十三经注疏》，第1335页。

② 郭善兵《中国古代帝王宗庙礼制研究》，人民出版社2007年，第30—31页。

③ 但正义于伪古文《尚书·咸有一德》"七世之庙，可以观德"下，又申伪孔传之说（"天子立七庙，有德之王则为祖宗，其庙不毁，故可观德"）云："天子立七庙，是其常事，……汉世以来，论七庙者多矣，其文见于记传，《礼器》、《家语》、《荀卿书》、《谷梁传》皆曰天子立七庙，以为天子常法，不辨其庙之名。"且指郑氏"良由不见古文，故为此谬说"。两说明显矛盾。

④ 参见同条正义所引王肃《圣证论》之驳难。

⑤ 正义这种釜底抽薪的做法，其实是与它前述相信《家语》之说相矛盾的。又，传统指《家语》系王肃伪造之说者，亦多取正义这种"釜底抽薪"的做法，但我们知道《家语》一书在材料上的一大特点就是与其他文献重见互出，因此"釜底抽薪"法就面临逻辑上的困境：如何证明与《家语》重出、互见的其他文献也系王肃伪造的呢？

⑥ 参见孙诒让《周礼正义》，中华书局1987年，第1255—1260页。

⑦ 王肃《圣证论》当然不乏引《家语》以驳郑，但如前文所言，《家语》之外尚有其他文献。况且《圣证论》中王肃之驳郑，未引《家语》之处也很多。

⑧ 杨天宇《西周郊天礼考辨二题》，《文史哲》2004年第3期。

文，王肃私定，非孔子正旨。”①此条涉及《家语·五帝》篇，此篇内容《吕氏春秋》、《礼记·月令》、《左传》、《礼记·檀弓》等书中亦有零散互见之内容，但像《家语》整合成季康子问这样的完整一篇，确属仅见。不过，正义之说有明显自相矛盾之处：后面引先儒说《家语》乃王氏私定——既属王氏私定，贾、马二氏如何能见？如果说贾、马得见《家语》，那就说明其流传有自，非王肃私定明矣。实际上，贾、马二氏是不可能得见《家语》的，然则在未见《家语》的情况下，二人也认为五帝非天，说明其说必有其他文献作为支撑，这其中可能就包括上述与《家语》互见之《吕氏春秋》、《月令》等文献。如此看来，正义所谓贾、马、王等人“唯用《家语》之文”，看来失之褊狭。而且，既然王肃五帝非天之说前有所承，同于贾、马二儒，且有其他文献相参证，那么，上文的话题又要被重新提起：在王肃的证据系统中，《家语》是否有我们习惯认为的那么重要呢？②

4.《左传》哀公十四年：“以为不祥，以赐虞人。”正义曰：“《家语》云：子钼商采薪于大野，获麟焉，折其前左足，载而归。叔孙以为不祥，弃之于郭外。使人告于孔子，孔子曰：‘麟也。’然后取之。王肃云：‘传曰狩，此曰采薪，时实狩猎，钼商非狩者，采薪而获麟也。传曰以赐虞人，此云弃之于郭外，弃之于郭外，所以赐虞人也。’然肃意欲成彼《家语》，令与经传符同，故强为之辞，冀合其说，要其文正乖，不可合也。……《家语》虽出孔家，乃是后世所录，取公羊之说节之以成文耳，不可与《左传》合也。”③此处正义所引《家语》及王肃注，见今本《家语·辨物》篇。不过《左传》所载与《家语》有两处明显不同：一则为“狩”与“采薪”之异，二则为“以赐虞人”与“弃之于郭外”之殊。正义指出王注试图弥缝经传与《家语》之分歧，所论良是。正义主《家语》“采薪”之说出“公羊”，因《公羊传》谓：“然则孰狩之？薪采者也。薪采者则微者也，曷为以狩言之？大之也。曷为大之？为获麟大之也。”从《公羊

① 《十三经注疏》，第1444页。

② 孙志祖虽认为王肃驳郑玄之六天说“后世学者宗之”，但又认为：“然以五行之神谓之五帝，伪为孔子之言，则不足以服康成也。”参见孙氏《家语疏证》卷三。

③ 《十三经注疏》，第2173页。

传》来看,实一身二任:既是采薪,亦可言狩,而《家语》独言“采薪”,[①]我们认为关于获麟一事,可能从很早的时候起就传闻异辞,《家语》守一说,而公羊则试图圆融二说。正义说《家语》节采公羊以成文,证据是不太坚强的。[②] 而王肃谓“钼商非狩者,采薪而获麟”亦明显与公羊之说不合。但王氏把“以赐虞人”与“弃之郭外”也加以捏合,确实有点牵强。但确如正义所说,王肃刻意捏合《家语》与《左传》之差异,可能的确不乏“成彼《家语》”的意思。不过,如果按照上述正义对《家语》“出身”之质疑——所谓王肃“所足”、“私定”,则王氏何不径直把《家语》之文改成与经传一致,反而要在注中煞费苦心地为之弥缝?我们认为这恰恰说明王肃对他所得到的《家语》文本是非常尊重的。[③]

小结

上文所举正义对《家语》及王肃之说的驳难,简直与上述依从之例势同水火、判若两人。而其驳难最常见的方法就是“釜底抽薪”,即从《家语》一书的“出身”上否定之:或曰王肃所足,郑君不见;或曰王肃私定,非孔子正旨;或曰后世所录,取杂说以成文。正义的逻辑是:一旦从“出身”上对《家语》作“釜底抽薪”式的否定,其中所载自然不足信据。但其实这种“釜底抽薪”式的否定是比较“抽象”的,较少实证。而且,上文所列正义对《家语》之依从亦所在多有,然则一部在“出身”上都有问题的书为何又多可依从呢?其实,无论正义对《家语》是“依”还是“违”,我们可以发现《家语》之说还多有其他文献相佐证,因此正义之说就面临逻辑上更大的困境:如何能对其他文献亦作“釜底抽薪”式的否定呢?不过,正义驳斥《家语》及王肃之说,也不能说对其他文献与《家语》之间的互见关系没有觉察,即如上文所举《尸子》及《公羊

---

① 《孔丛子·记问》说此事云“樵于野而获兽焉”,亦主“采薪”之说。

② 正义云:“《家语》虽出孔家,乃是后世所录,取公羊之说节之以成文耳,不可与《左传》合也。”在《左传》、公羊的关系上,正义推尊前者的意思也是很明显的。

③ 王注多有纠《家语》原文之误,更可说明此点。前文《英藏敦煌写本〈孔子家语〉的初步研究》对此有举证。

传》,但正义的做法似乎是想在经典正文与诸子杂说之间划出界线:杂说不可取证正经。这其实既反映了尊孔崇圣的道统情结,恐怕亦不免是受“疏不破注”的体例限制。而以我们今天的眼光来看,经传诸子之间往往互有出入,因此常可互相发明。且如《礼记》诸篇,后虽视之为经,但早初实同诸子传记,与所谓“杂说”相去可谓几希,何况郑、马之徒亦多引纬书,所以正义严分经传之别也是不雄辩的。

另外,我们也多次提到,王肃驳郑,其证据除《家语》外,还多见于其他文献,甚至先贤大儒如贾、马者亦早倡其说,①因此有个问题可能需要重新审视,那就是:在王肃驳郑的证据系统中,《家语》的地位是否如我们习惯所认为的那么突出呢?我们认为,传统上由于受郑、王之争的影响,《家语》在王肃驳郑证据系统中的作用可能有被夸大的嫌疑。其实,王肃想要树立新说,攻驳郑玄,以久不行于世、众人都不熟悉的书作为主要证据,其分量是很不够的。所以我们经常看到,王肃在与郑君立异时,每广引经子史传之书以为据——把这些广为学者熟悉的书拿来作为证据,从“出身”上来说显然较《家语》更有说服力。但《家语》毕竟系王肃驳郑证据之一端,而其“出身”上的微妙,终使申郑学者集中火力于此,竟然罔顾王肃的其他证据。实际上《圣证论》中王肃驳难郑玄未据《家语》者亦多有其例,但申郑学者对此同样罔顾。这确是值得思考的现象。

三、依违未定或自相矛盾

1.《尚书·舜典》:“禋于六宗。”古来学者关于“六宗”之所指,歧说甚多,学者归纳,计有二十余种,可见分歧之甚。② 其中较有影响者一为郑玄之

---

① 学者曾经于贾、马——郑——王这样的经学演进评论道:“郑玄和贾马先郑的分歧,是郑玄发现前人之说不可通自创新义而产生的;王肃与郑玄的分歧,多半是王肃本贾马先郑之说来反驳郑玄而引起的;因此,后者往往是前者的反复。”参见沈文倬《孙诒让周礼学管窥》,《菿闇文存》,商务印书馆2006年,第693页。

② 顾颉刚、刘起釪《尚书校释译论》,中华书局2005年,第123—125页。

说，其据《周礼》以星、辰、司中、司命、风师、雨师为“六宗”，正义则引王肃据《家语》以四时、寒暑、日、月、星、水旱为“六宗”，①《周礼·春官·大宗伯》贾疏亦引王肃据《家语》为六宗。②《舜典》正义说不当用郑注解《尚书》，对孔传不乏回护。但正义后面也说：“王肃据《家语》六宗与孔传同。各言其志，未知孰是。”不过，《礼记·祭法》正义又说：“若王肃及先儒之意，以此为六宗，岁之常礼，《宗伯》不见，文不具也。非郑义，今不取。”③上述《大宗伯》贾疏还提到郑注《礼记·月令》“祈来年于天宗”以日月星辰为“天宗”，贾公彦谓：“若然，星辰入天宗，又入六宗；其日月入于天宗，即不入六宗之数也。”看出了郑说彼此矛盾，甚是。其实，王肃之说亦有《礼记·祭法》之证，并不是纯依《家语》，晚近学者则以新出楚简证明王肃之说似较郑君为近是。④

2.《诗·召南·摽有梅》小序：“摽有梅，男女及时也。召南之国，被文王之化，男女得以及时也。”关于男女之婚期，毛氏以秋冬，正义引荀卿书“霜降逆女，冰泮杀止”以申之，且谓：“孙卿，毛氏之师，明毛亦然，以九月至正月皆可为昏也。又《家语》曰：‘霜降而妇功成，而嫁娶者行焉。冰泮农桑起，昏礼杀于此。’又曰：‘冬合男女，春班爵位。’”⑤此处正义所引《家语》，分别见今本之《本命解》及《礼运》篇。⑥ 但郑玄据《周礼·媒氏》以为仲春乃婚姻之正时，故而正义下文又陈郑说云：“孙卿、《家语》未可据信，故据《周礼》三十之男，二十之女，昏用仲春也。”又《陈风·东门之杨》正义对毛、郑二家申说约略与此同，但倾向有所变化，其谓：“荀在焚书之前，必当有所凭据。毛公亲事荀卿，故以为秋冬。……《家语》出自孔家，毛氏或见其事，故依用

① 《十三经注疏》，第126—127页。

② 《十三经注疏》，第757—758页。

③ 《十三经注疏》，第1588页。

④ 杨华《楚简中的诸“司”及其经学意义（下）》，《中国文化研究》2006年第1期。

⑤ 《十三经注疏》，第291页。

⑥ 但《礼记·礼运》恰好无“冬”、“春”字，学者多以为此是王肃改《家语》文之铁证（参见王承略《论〈孔子家语〉的真伪及其文献价值》，《烟台师范学院学报》2001年第3期）。其实，既言“霜降”、“冰泮”，其主秋冬可谓呼之欲出，恐不劳着意添出“冬”、“春”字。

焉。……郑不见《家语》,不信荀卿。……毛、郑别自凭据,以为定解,诗内诸言昏月,皆各从其家。”①从此处看,正义倒更倾向毛传,但犹疑未定,故而下文又称“毛、郑别自凭据,以为定解”。不过,此处正义申毛说,对《家语》的“出身”却是另一种说法:“《家语》出自孔家。”这与前述的所谓王肃所足、王肃私定,大成抵牾。特别说“毛氏或见其事”,言下之意以《家语》还要早于毛传,对《家语》的评价可谓空前地高,这都与上述正义对《家语》“釜底抽薪”式的否定大不相同,我们怀疑它们不是出自一人手笔。另外,关于先秦男女之婚期,孙诒让认为郑、王之说均有所偏颇,而认同杜佑、束皙之论,以为四时皆可。② 今之学者亦同之,且举《春秋》经、传证四时多有成婚者,夏时亦很多,但也认为秋冬为农闲时节,从习惯上看可能更为适合。③

3.《礼记·檀弓下》:“子手弓,而可手弓。”正义:“又《家语》云:楚伐吴,工尹商阳与弃疾追吴师,及之,弃疾曰:‘王事也,子手弓而可。’商阳手弓。弃疾曰:‘子射诸。’射之,毙一人,韔其弓。则此分句为异,解义亦别。……未知孰是,故两存焉,附之以广闻见也。”④此处正义所引见今本《家语·曲礼子贡问》。正义看出《家语》的“子手弓而可,商阳手弓,弃疾曰子射诸”与《礼记》“子手弓,而可手弓,子射诸”在断句上明显不同。虽然正义依据《礼记》曲为之说(所谓“云子是手弓之人,谓是能弓之手。而可手弓者,谓其堪可称此能弓之手,谓宜须射也”),但恐怕自己都觉得于理未安,故而并存了《家语》的断句。两相对比,《礼记》似有脱漏,遂致断句有误,而《家语》似更胜,尤其加上了很多动作主语如商阳、弃疾等,更使文义明白晓畅。⑤所以,正义虽然说“未知孰是,故两存焉”,但对于《家语》之不同说法不是“釜底抽薪”式地排斥,我们认为正义可能更倾向于《家语》之说。

---

①《十三经注疏》,第 377 页。

② 孙诒让《周礼正义》,中华书局 1987 年,第 1040—1044 页。

③ 吴晓峰《先秦嫁娶季节新论》(参见国学网,http://www.guoxue.com/lwtj/content/wuxiaofeng_xqjqjjxl.htm)。

④《十三经注疏》,第 1311 页。

⑤ 这和我们一再指出的《家语》对旧有材料所作的“解释性”工作是一致的。

4.《礼记·礼运》:“其居人也曰养。”郑注:“养,当为‘义’之误也。”正义:“按《圣证论》王肃以下云:‘获而弗食,食而弗肥,字宜曰养。’《家语》曰:‘其居人曰养。’”①此处正义所引见今本《家语·礼运》篇。正义还举马昭、张融之徒申郑之说,均主“养”当为“义”。正义胪列两说,并无识断。其实,“养”与“义”虽然形近容易致误,但观郑注及马昭、张融之说,所谓“养”当为“义”的理由均嫌迂曲,此处根本不用改读,王肃意见是正确的,后来学者亦多从之。②

5.《礼记·明堂位》:“库门,天子皋门。”正义:“卫亦有库门,故《家语》云:‘卫庄公反国,孔子讥其绎之于库门内,祊之于东方,失之矣。’是卫有库门也。”③主卫有库门。正义所引见今本《家语·公西赤问》篇。④ 又,《诗·大雅·绵》正义:“《家语》云:卫庄公易朝市,孔子曰:‘绎之于库门之内,失之矣。’则卫有库门。鲁以周公立库,而卫亦有库门者,《家语》言多不经,未可据信。或以康叔贤,亦蒙褒赏故也。”⑤卫有库门一事,正义于《礼记》、《毛诗》前后矛盾,所谓“或以康叔贤”云云,更显踌躇,思不能定。此处正义对《家语》又来了个近乎“釜底抽薪”式的批评——“言多不经,未可据信”,应该反映了其对《家语》的习惯性态度,但正如上文所言,这种“釜底抽薪”式的批评是比较“抽象”的,拿不出什么实证。《家语》此文又互见于《礼记·郊特牲》“绎之于库门内,祊之于东方,朝市之于西方,失之矣”,但未见有卫庄公事,故而孙志祖疑之。但孙仅以卫庄反国无暇改旧制、变宗庙、易朝市这样

---

①《十三经注疏》,第1426页。

② 参见孙希旦《礼记集解》(中华书局1989年,第616页)、王文锦《礼记译解》(中华书局2001年,第304页)。杨天宇之《礼记译注》依然从郑说,改读为“义”。又,杨天宇先生在《郑玄三礼注研究》(天津人民出版社2007年,第752页)一书中引陈乔枞、俞樾之说,重申“养”当为“义”。其实,陈、俞二氏之说,亦不过重申形近易误之义,从辞例及理据上看,并无新的发现。又,《荀子·礼论》篇曾极申礼之“养”义,其“养”之目从口耳之欲,推而至立身行事之大端,与《礼记》、《家语》之“居人”可谓正合。

③《十三经注疏》,第1490页。

④ 卫庄公返国事,丛刊本缺失,玉海堂影宋本及《四库全书》所据之毛晋汲古阁本俱存。

⑤《十三经注疏》,第511页。

的情理推之,亦不雄辩。[①] 其实,卫蒯聩回国即位为庄公已达三年,且此人前后危行逆施之举甚多,以这样的做派,行改旧制、变宗庙、易朝市之举并不奇怪。因此,《家语》以此事系之卫庄就不能轻易否定,它可能帮我们充实了相关历史事件的背景。[②]

6.《礼记·乐记》:"……六成复缀以崇。天子夹振之而驷伐,盛威于中国也。"郑注:"崇,充也。凡六奏以充《武》乐也。"正义:"王肃读'天子'上属,谓'作乐六成,尊崇天子之德矣'。按《圣证论》王肃引《家语》而难郑云:'六成而复缀,以崇其为天子,此《家语》之文也。'"[③]此处正义所引《家语》见今本之《辩乐解》篇,今本作"六成而复缀,以崇其天子焉。众夹振之而驷伐,所以盛威于中国也"。郑君对《礼记》之断句,明显与《家语》不同,训"崇"为"充"十分迂曲;《家语》"天子"属上,取尊崇天子之德之意,文义畅达,更为近理,故而后世学者多以《家语》所载为是。[④] 马昭申郑意云:"凡乐之作,皆所以昭天子之德,岂特六成之末而崇之乎?"其实《家语》之"六成复缀,以崇其天子焉",是总结前面"六成"以达尊崇天子之目的,并非"六成之末而崇之",马氏极尊郑氏,不惜断章取义。《礼记》的表述不能说有错,但太过简略,遂致郑君断句有误,由此他的注以及正义的疏解均离题万里。而《家语》的"以崇其天子焉"不只以"天子"属上,较之《礼记》,也更显明白晓畅。[⑤] 正义此处录《家语》及王肃之说,似乎未予置评,但引《家语》及王说是在"未知孰是,故备存焉"之后,似乎隐有录《家语》以释疑之义。

---

① 孙志祖《家语疏证》卷六。本书"诸书'互见'编"中,笔者针对孙说有专门批评,参见《〈孔子家语〉与〈礼记〉"互见"关系研究——以孔子言论之"背景"问题为中心》一文。

② 《礼记·郊特牲》正义于此处云"此一经论鲁失礼之事",主此事涉鲁,并无实据。

③ 《十三经注疏》,第1542页。

④ 参见孙希旦《礼记集解》(第1024页)、朱彬《礼记训纂》(中华书局1996年,第595页)、王文锦《礼记译解》(第555—556页)、陈戍国《礼记校注》(岳麓书社2004年,第289页),《史记·乐书》亦取《家语》之断句,详参王承略《论〈孔子家语〉的真伪及其文献价值》。但亦有学者固守郑说,参见杨天宇《礼记译注》(上海古籍出版社2004年,第498—499页)。

⑤ 孙志祖主王肃伪作《家语》,此处也赞同马昭之说,尤其视《家语》多出"其"、"焉"二字系王肃"增数虚字以见其属读之审",可以看出,先入的成见不但影响学者的清醒判断,甚而至于臆造作伪情节,可不慎欤!孙说见《家语疏证》卷四。

7.《左传》哀公十四年:"西狩于大野,叔孙氏之车子钼商获麟。"杜注:"车子,微者;钼商,名。"正义:"《家语》说此事云:'叔孙氏之车士曰子钼商。'王肃云:'车士,将车者也。子,姓。钼商,名。'今《传》无'士'字。服虔云:'车,车士,微者也。子,姓;钼商,名。'以子为姓,与杜异。"①此事见今本《家语·辨物》篇。正义此处录《家语》及王肃之说以存异,并无识断。今本《家语》及正义所引《家语》均作"车士曰子钼商",②一"士"字出,"车"之意甚明,所以王注解为"将车者"颇易,《孔丛子·记问》作"叔孙氏之车卒曰子钼商","车卒"亦与"车士"同。③ 而杜氏以"车子"连言,误。王引之提到《汉书·古今人表》有"子钼商",子连下读,更证杜氏之非。④

小结

上举正义对《家语》及王肃之说或依违不决,思不能定;或两说抵牾,顾此失彼。这些事实至少说明《家语》及王肃之说是不能轻易否定的。尤其是,上举诸如"商阳手弓"事、"《武》乐六成"事,《家语》的记载在诸书中为仅见,而且以事理推之,《家语》之说还有明显优势。再如卫庄返国违礼越制一事,亦与相关史实适相吻合。凡此种种,正义是很难通过对《家语》"釜底抽薪"式的怀疑予以否定的,因此两存异说。但正是在两说的比较中,我们认为《家语》及王肃之说实更胜。当然,上举诸例中,亦不乏王肃虽引《家语》,但其证据亦多见其他文献,这再次说明,在王氏立说的证据系统中,《家语》的地位恐怕并没有学者长期以来认为的那么突出。

另外,《诗·陈风·东门之杨》正义评价《家语》的"出身"为:"《家语》出自孔家,毛氏或见其事。"评价是非常高的,这与其一贯的对《家语》"釜底抽薪"式的否定明显矛盾(下文马上就说《家语》"言多不经,未可据信")。又,

---

① 《十三经注疏》,第2173页。

② 《史记》索隐"《春秋传》及《家语》并云'车子钼商'",与正义所引不同。

③ 《孔丛子》之文本文据《四部丛刊》所收七卷本。但王引之所见《孔丛子》与此不同,未审何故,参《经义述闻》,江苏古籍出版社2000年,第474页。

④ 同上,第475页。

在上举依、违例中,亦不乏疏解前后不太一致的地方。[①] 最可能的解释就是《五经正义》非出一手,所谓“诸儒分治一经,各取一书以为底本,名为创定,实属因仍”[②]。说到“因仍”,其实《五经正义》于诸经“序”中对所依据之前朝义疏交代得很清楚。正因为前有所承,正义所引《家语》可能也不能都算“唐本”,我们在上文多次提到正义所引《家语》与今本不同,这一点我们似乎可以用《家语》在流传中的变异来解释,但如上举车士子钮商一事,《史记索隐》所引《家语》与正义所引也不同。所以,我们怀疑正义所引《家语》并非都是“唐本”,其中可能不乏由于因承旧疏而连带将前朝《家语》并录。既是因承旧疏,且上举正义对《家语》之态度又依、违并见,多有抵牾,所以我们觉得这可能系六朝以来郑、王之争的另一种反映。正义于各经旧疏底本的选择,可能多从对经义的疏解角度考虑,而对各旧疏作者的具体经学主张如对《家语》之看法的分歧,似注意不够,因此当兼录并存时,矛盾、抵牾就往往而在。而自六朝以来对《家语》认识的这种分歧,很明显也影响到了唐人。[③]

---

① 皮锡瑞对正义曾有评价:“惟彼此互异,学者莫知所从;既失刊定之规,殊乖统一之义。”参见《经学历史》,中华书局 2004 年,第 141 页。

② 《经学历史》,第 142 页。

③ 《周礼》贾疏对《家语》也是在依违疑信之间。司马贞《史记索隐》虽多引《家语》为证,但也认为是“非正经”,刘知幾更在《史通·六家》篇中将《孔子家语》与《世说新语》归为奇闻轶语一类,看出它们与正经史书——“《尚书》家”的霄壤之异。

《荀子·哀公》“好肆不守折，长者不为市”正诂

——兼说《孔子家语》王肃注的价值

> 鲁哀公问于孔子曰:“绅、委、章甫有益于仁乎?”孔子蹴然曰:“君号然也? 资衰、苴杖者不听乐,非耳不能闻也,服使然也。黼衣、黻裳者不茹荤,非口不能味也,服使然也。且丘闻之:‘好肆不守折,长者不为市窃。’其有益与其无益,君其知之矣。”
>
> ——《荀子·哀公》

《荀子·哀公》篇这段对话的背景是：由于孔子提倡“绅、委、章甫”之类的“儒服”①,因此哀公问：难道这些服饰对仁有帮助？孔子的回答看来很有情绪,一方面根据“资衰、苴杖者不听乐”、“黼衣、黻裳者不茹荤”两类事情,指出外在的服饰对于约束一个人的言行还是能起到好的作用的,即“服使然也”。另一方面即说“好肆不守折,长者不为市窃”。这两句比较难理解,而尤以“好肆不守折”句古今说解最让人生疑,本文拟对此试作辨析。

唐杨倞对上述两句的注释是这样的：

> 好,喜也。言喜于市肆之人,不使所守货财折耗,而长者亦不能为

① 时人对以夫子为代表的儒门喜好“儒服”多有共识,关于这一点,《礼记·儒行》(此篇并见于《孔子家语·儒行解》)、《大戴礼记·哀公问五义》(此篇并见于《孔子家语·五仪解》)等篇颇多记载,《墨子》的《非儒下》、《公孟》两篇中墨子对“儒者”(公孟子)着“古服”的批评明显即针对此,尤其是《非儒下》云“君子必服古言然后仁”,《公孟》篇曰“君子必古言服,然后仁”,均与《荀子》此处所记哀公之问“绅、委、章甫有益于仁乎”绝类。

此市井盗窃之事。长者不为市，而贩者不为非。《家语》王肃注云："言市肆弗能为廉，好肆则不折也。人为市估之行则不守折，人为长者之行则亦不为市买之事。窃，宜为察，察其有益与其无益。"以"窃"字属下句。①

杨倞的解释是喜欢经商的人，不会让自己的财物折耗，而年高德厚的长者则不会在市场上干为非作歹的事情。就杨氏的理解看，前一句可以说纯粹是经济问题本身，具体就是一个人的经济头脑的问题；而后一句则涉及一个人道德操守的问题：年长厚道的人不会在市场上为非作歹。依杨氏的理解看，这前后两句的关注点可以说并不一致。另外，所谓"长者不为市窃"的说法也让人困惑：难道年轻人就容易在市场上偷盗？这实在让人匪夷所思。值得注意的是，《荀子》此章还见于《孔子家语·好生》篇，所以杨倞又引《家语》王肃的注云："言市肆弗能为廉，好肆则不折也。人为市估之行则不守折，人为长者之行则亦不为市买之事。窃，宜为察，察其有益与其无益"，以'窃'字属下句。② 可以看出，王肃的理解与杨氏大为不同。依王肃的意思，前句是说喜欢经商的人就不能保证廉直，也就是现在通俗理解的"无商不奸"之谓。而后一句则是说人有长者之行就不大会去做经商的事。我们现在经常说好的经商标准是"童叟无欺"，其中的"叟"无疑对应这里的"长者"，它说明古今对于老人在逐利、充满算计的商品市场上常处于劣势是有共识的，因此长者也就不适合做这样的事情。如此看来，王肃的理解就不存在前后句关注点不一致的问题，它们都是讲与经商有关的道德操守问题。更重要的是，王肃的断句还与杨氏不一样："窃"字属下，而且应作"察"。这样一来，同样也不存在上举杨氏"长者就不容易在市场上偷盗"这样明显匪夷所思的理解，而"窃"字属下后，就变成"长者不为市"，也就是说年高德厚的长者一般不会以在市场上逐利为业，无疑也更文从句顺。

---

① 王先谦《荀子集解》，中华书局 1988 年，第 544 页。

② 杨倞此处等于是把王肃对此两句的注解综合来说，且引述还融入了自己的理解，所以乍看似与今本《家语》王注微有出入，其实并无什么不同。

从上文对杨倞、王肃二人对这两句的理解看，可以说王肃之解明显要优于杨氏。杨倞一方面对这两句自为作解，但同时又兼录与己说大为不同的王肃注，笔者以为这其实表明他对自己的说解可能也并不十分肯定。不过遗憾的是，唐以后无论是注《荀子》者还是解《家语》者，基本上都是秉承杨氏之说，而弃王说于不顾。即使有的学者注意到杨倞所引王肃注，顶多也只是在断句上采王说以"窃"字属下，或以为当作"察"，而对于前一句仍依杨倞把"好肆不守折"理解为"喜好经商就不会让自己的财物折耗"，即侧重于经济层面，而不取王肃的"廉直"说。兹试列晚近注《荀子》者之说如下，读者自可见学者于此对杨倞之说的"一边倒"情形：

杨柳桥将这两句翻译为："善于经商的人，不守着赔钱的生意；忠厚长者，不做买卖。盗窃，就对财物有所添补；施与，就对财物没有添补。"①杨氏明显是采纳了王肃以"窃"字属下的意见，但却是读如本字。尤其是其"盗窃，就对财物有所添补；施与，就对财物没有添补"的理解可谓非常迂曲，甚至不合文法。而前一句"不守着赔钱的生意"之理解，明显是据杨倞注而来。

骆瑞鹤对《荀子》这两句话专门进行了考订，其说云："王撰《家语》，所录皆有所本，然改作其辞亦多，此文窃字幸而未改，唯以诸语为之部字韵，又以窃字不入韵，乃属下读；然以窃字属下句又不可通，因注云'宜为察'，并非别有所据。今本《家语》王注不若杨倞所录备，当据补。余以为王肃似未得荀子之意。作本篇之人，于此文非有意协之部韵字。法当从杨倞读，于窃字下断，唯杨氏依违于王说，故所解亦不能明。……好肆不守折，长者不为市窃，言善为买卖者不坐守折阅，而长者不为市井盗窃。以明守志不渝之意。《修身篇》云'良贾不为折阅不市，士君子不为贫穷怠乎道'，可与此文相明。此仍为有韵古语。"②由"余以为王肃似未得荀子之意"可以看出，骆说实际上全面地采纳了杨说。尤其是，骆氏还引《荀子·修身》篇的"良贾不为折阅不市"来释此处的"好肆不守折"，明显是为"折"字之释寻找更多的辞

① 杨柳桥《荀子诂译》，齐鲁书社 1985 年，第 863 页。

② 骆瑞鹤《荀子补正》，武汉大学出版社 1997 年，第 211—212 页。

例。但正如上文指出的,如依杨氏理解及断句,前后两句是都存在问题的。骆氏云"善为买卖者不坐守折阅,而长者不为市井盗窃。以明守志不渝之意",但纯粹是反映经济头脑的"善为买卖者不坐守折阅"如何在道德操守上"守志不渝",是很让人费解的。而且,骆说仍将后一句理解为"长者不为市井盗窃",如上文所指出的,这在情理上实在很难说得通。顺便说一句,骆氏以《修身》篇的"折阅"来释此处"守折"之"折",其实两者并非同义,下文还有详说。

除此之外,对于"折"字,王云路、史光辉解为"亏本生意"①,高长山译为"货物亏本"②,王天海理解为"折本"③,蒋南华等人理解为"亏本的生意"④,熊公哲释为货财亏损或亏折,⑤张觉理解为"资财折耗"⑥,可以说都是本于杨注。不过,这些学者同时又能采纳王肃"窃"字属下且应作"察"的意见,⑦因此就把原本的"市窃"分开,从而就把后一句翻译成"长者不去市场上做生意",这就明显比原先"长者不去市场上盗窃"要更为允洽。这样来看,虽然前一句还恪守杨倞的错误理解,但后一句的训释则基本走上正途,可谓喜忧参半。

注《荀子》者如此,关注《家语》一书的研究者同样也多援《荀子》杨注为

① 王云路、史光辉《荀子直解》,浙江文艺出版社2000年,第365页。

② 高长山《荀子译注》,黑龙江人民出版社2003年,第589页。

③ 王天海《荀子校释》,上海古籍出版社2005年,第1159页。

④ 蒋南华、罗书勤、杨寒清《荀子全译》,贵州人民出版社2009年,第528页。

⑤ 熊公哲注译《荀子》,重庆出版社2009年,第656—657页。

⑥ 张觉《荀子译注》,上海古籍出版社2012年,第457页。

⑦ 梁启雄也直接将"窃"字改成"察",而且属下读,明显也是采纳了王肃的意见。参梁启雄《荀子简释》,中华书局1983年,第404页。钟泰以"察"与下文的"知"义嫌重复,不取王说,非是(参王天海《荀子校释》第1159页所引)。其实,关于"窃"应作"察",高亨最早从古书中多举其例(参高亨《荀子新笺》,《高亨著作集林》第六卷,清华大学出版社2004年,第184页;又见其《古字通假会典》,齐鲁书社1989年,第625页)。高说晚近还得到了出土文献的进一步证明,郭店楚简《语丛四》"敾鉤者诛,敾邦者为诸侯",其中之"敾"字,依《庄子·胠箧》篇无疑就是"窃"字。裘锡圭先生指出"敾"字左旁"菐"与"察"字读音接近,故知"察"、"窃"确可通用(参《郭店楚墓竹简》,文物出版社1998年,第218页注释七之"裘按";亦可参王辉《古文字通假字典》,中华书局2008年,第606页)。

说。这方面，对《家语》一书进行辨伪的清范家相、孙志祖二人可为代表。范家相说：“‘好肆不守折’二句难解。当从《荀子》于‘市窃’断句，谓好肆者固不肯守其折耗，然长者亦不为此市窃之行。王注不通。”①孙志祖亦谓：“‘窃夫其有益与无益’，案杨倞《荀子》注以窃字属上，‘长者不为市窃’，言长者不能为此市井盗窃之事。王注‘窃，宜为察’，属下读，非是。”②范、孙二氏俱排王肃之说，但又举不出什么理由，其实不过是《家语》“伪书”成见下的率而操觚。值得注意的是，即便是晚近鼓吹《家语》尤力者，于此同样采纳杨注的说法，将“折”理解为“亏本”，从而将前一句翻译成“善于经商的人不会做亏本的生意”，同于杨倞注，而后一句翻译成“很明显，可以看出有益与无益，君子是可以分辨的”③，如此翻译明显是采纳了王肃的断句。但“很明显”这样的翻译让人困惑，大概作者是将王肃的“察”理解为“明察”了。不过，将《家语》的“察夫其有益与无益”翻译成“很明显，可以看出有益与无益”，于文法亦嫌扞格。不过，有意思的是，同一作者所作的最新的《家语》注解虽肯定王肃的断句，但却认为“窃：谦词，私自，私下”，理解为“我私下认为”，因此指“王肃理解为‘窃，宜为察’有误”，④相对于王注可以说进一步倒退，而且明显也没注意此前学者所举的“窃”、“察”误讹之例。

综上可见，对于“好肆不守折，长者不为市”两句之理解杨倞与王肃有明显不同。古今学者虽多采杨倞之说，但正如前文所分析的那样，杨倞之注既存在前后句关注点不一致，也存在后一句有违情理的问题，但如依王肃的理解及断句，则上述矛盾都可解决。而读者可能都已注意到，杨倞与王肃的注解最关键的差异是杨氏将“折”理解为“折耗”，因此前一句就变成纯粹的经济问题，而王肃显然将“折”理解为“廉直”，因此前一句就与道德操守有关，反与后一句相谐。问题是，“折”能训为“廉直”吗？古文献中可有类似辞例？答案是肯定的。我们认为古今学者于“好肆不守折”句多守杨倞之说，甚至

---

① 范家相《家语证伪》，《续修四库全书》第931册，上海古籍出版社2002年，第106页。
② 孙志祖《家语疏证》，《续修四库全书》第931册，上海古籍出版社2002年，第203页。
③ 杨朝明主编《孔子家语通解》，台湾万卷楼图书股份有限公司2005年，第125页。
④ 杨朝明注说《孔子家语》，河南大学出版社2008年，第141页。

在杨注兼引王肃之说的情况下，仍然弃王说不采，皆缘于对“折”可训为“廉直”的古义暗昧不晓，兹试为证之。

上举骆瑞鹤以《荀子·修身》篇“良贾不为折阅不市”来足《哀公》篇“守折”之“折”可训为“折耗”之辞例，但诚如上文所说，如若“折”训为“折耗”，则“好肆不守折”纯为就经济头脑立论，不涉及道德操守，与后一句关注的重点并不一致。实际上，虽然“良贾不为折阅不市”之“折”可训为“折耗”[①]，但同样是《荀子》一书中还有另外一种含义的“折”，如《荀子·臣道》“挢然刚折端志而无倾侧之心”、《荀子·法行》“折而不桡，勇也”，这里的“刚折”、“折而不桡”显然不能训为折损、折耗。《臣道》篇的这句话，是讲臣下劝谏君王要“忠信而不谀，谏争而不谄”，故杨倞训“刚折”为“刚直面折”[②]，良是。然则，此“折”实应训为“直”。与之相近的还有“折节”一语。《法言·渊骞》讲“美行”的典型，提到“折节，周昌、汲黯”，李轨注云：“折节谓直谏。”[③]此亦是“折”可训为“直”之证。[④] 后世之“面折”，一般也理解为“直谏”，同样是涉“折”，而又训为“直”。至于《法行》的“折而不桡，勇也”，杨倞注为“虽摧折而不桡屈，似勇者”[⑤]，以“摧折”释“折”，实误。都“摧折”了怎么还能“不桡屈”，而且还能显示“勇”呢？实则此“折”仍应训为“直”，强直而不桡屈，这才算“勇”。《说文解字》释“玉”还有类似表述，但却颠倒为文：“不挠而折，勇之方也。”“不挠而折”语义的重点就更为显豁，它重在强调“折”，即“直”，也就是说：不屈而直，这样才能算“勇”。如按杨注理解为“摧折”，那等于说不屈而摧折才算勇，明显不辞。段玉裁注《说文》，于此解为“谓虽折而不

① 但杨注训“阅”为“卖”，非是，古无“阅”、“卖”互训之例。于省吾先生主“阅”本当作“说”，而“折说”实为“折脱”，即折损也，可从。参于省吾《双剑誃诸子新证》，中华书局 1962 年，第 192 页。

② 王先谦《荀子集解》，第 252 页。

③ 汪荣宝《法言义疏》，中华书局 1987 年，第 450 页。

④ 古书中“折节”一词当然还有另一义，即强自克制、屈己以下人，如“折节为臣”云云，该“折节”显不能训为“直”，此尤须明者。

⑤ 王先谦《荀子集解》，第 535 页。

挠"[①],观一"虽"字就可见其理解也与杨氏之"摧折"近,明显亦未晓"折"之本义。有人可能会说,"折而不桡",如释"折"为"摧折",那就是等于说宁可折断也不桡屈,类似后世理解的"宁可玉碎",不也讲得通吗?笔者以为,这似是实非,恐怕也是长期以来包括杨倞、段玉裁等人未晓《荀子》"折而不桡"及《说文》"不挠而折"之义的真正原因。诚如上文所指出的,都"摧折"或"玉碎"了,如何能算"勇"呢?"勇",总要以"存在"为前提吧?《史通·直书》云"宁为兰摧玉折,不作瓦砾长存",至死不渝,其实更多渲染的是"气节"。杨倞对"折"的误会,还体现在他对《荀子》中另外一句类似之话的理解上,《荀子·荣辱》篇云"重死持义而不挠,是君子之勇也",涉"挠"涉"勇",明显与"折而不桡"句同义。但对应"折"处作"重死持义",杨注"虽重爱其死,而执节持义,不挠曲以苟生也",把坚强不屈落实到不"苟生",就明显有"气节"意味,其实并非荀子本义。此处一个"重死",已经说明荀子不是鼓吹什么"摧折"、"玉碎"之类的"气节"。还有"持义",更能说明问题。《荀子·法行》云:"坚刚而不屈,义也。""坚刚而不屈"乃极言强直,这才是"义",同样无关什么"气节"。另外,《论语·颜渊》云"质直而好义","好义"与"持义"同,而"质直"才能"好义",同样说明上述"折"字依古义确实应该训为"直"。《吕氏春秋·仲秋季》云"命有司,申严百刑,斩杀必当,无或枉桡,枉桡不当,反受其殃",不"枉桡"的前提是"斩杀必当",正可谓勇直,当然亦符合上面的"义"。另外,关于不"桡"而"勇",还有一个更有名的例子,《孟子·公孙丑上》云:"北宫黝之养勇也,不肤桡,不目逃。"关于北宫黝"养勇"之法的"不肤桡",赵岐注云"人刺其肤,不为桡却",焦循谓"黝不畏其刺,是不因肤被刺而屈"[②],此皆可谓勇直,而无关什么"摧折"、"玉碎"之类的"气节"。最后,顺便提一下,今语"不屈不挠","屈"即"曲",故"不屈"亦即"直"也,此与"折而不桡"良可比观。

另外,关于上述《荀子》"折而不桡"及《说文》"不挠而折"中的"折"本应

① 段玉裁《说文解字注》,成都古籍书店1990年影印版,第10页。

② 焦循《孟子正义》,中华书局1987年,第189—190页。

训为“直”，我们还有另外一个观察视角。由《荀子·哀公》篇杨倞所引王肃注看，王氏其实是训“折”为“廉”，而“廉”与“直”同义，今“廉直”实是同义复指词。一个值得注意的现象是，上述可训为“直”的“折”字出场，往往是与“廉”相伴生。像上述《荀子·法行》篇的“折而不挠”，其实是讲玉的品质，其文曰：“夫玉者，君子比德焉。温润而泽，仁也；栗而理，知也；坚刚而不屈，义也；廉而不刿，行也；折而不挠，勇也……”“廉而不刿”与“折而不挠”并举。《法行》篇的这段话，又见于《管子·水地》、《说苑·杂言》、《说文解字·玉部》、《孔子家语·问玉》诸篇，其中除《家语》外，都是“廉而不刿”与“折而不挠”并举。[①] 如《管子》作“廉而不刿，行也。鲜而不垢，洁也。折而不挠，勇也”，《说苑》为“折而不挠，阙而不荏者，君子比勇焉；廉而不刿者，君子比仁焉”，《说文》作“不挠而折，勇之方也；锐廉而不忮，洁之方也”。这两句每每并举，也提示我们对“折”字的理解不妨以“廉”为参照。《说文·广部》：“廉，仄也。”其中之“仄”，段玉裁以“偪仄”释之。其实此字从广从人，“广”像房屋之形，而“人”字窃以为实即房屋堂基一个折角的象形。既为折角，所以“廉”兼有两义：一则为棱边，如《广雅·释言》云“廉，柧棱也”，《玉篇·广部》亦谓“廉，棱也”，《荀子·不苟》篇“廉而不刿”，杨注也说“廉，棱也”；二则为隅，为角，段玉裁云“堂边有隅、有棱”，实兼举之。[②] 正因为“廉”本义为边角，其锐利之象极易伤人，上举《说文·玉部》称“锐廉”，尤可证。《老子》五十八章“是以圣人方而不割，廉而不刿”，王弼注“廉”为“清廉”，易顺鼎非之，认为实即“廉隅”，因有棱角易致刿伤也，[③]甚是。另外，由于“廉”可指棱边，因此可训为“直”。由此，“廉”由物体的“直”亦引申为品行的“直”。《礼记·儒行》“近文章，砥砺廉隅”、《楚辞·卜居》“谁知吾之廉贞矣”，皆是此义。因此，上述《荀子》等书中所说的“廉而不刿”，等于说人可以直率、有棱角，但直率、有棱角也不能伤人。既正直又不伤人，可算厚道，所以《说苑·

① 《家语》无“折而不挠，勇也”句，当属脱漏。

② 段玉裁《说文解字注》，第471页。

③ 楼宇烈《王弼集校释》，中华书局1980年，第154页。

杂言》说"比仁"，反之就是刻薄了。[①] 由此我们可以看出，"廉而不刿"实际上等于是侧重分寸的把握，因此与之每相并举的"折而不挠"，也应该同样如此：两句重点是立足于"廉"或"折"，当然同时又强调不能走极端，[②]故而"廉"或"折"都是正面意义的，由此更可看出，如将"折"理解为"气节"味浓厚的"摧折"或"玉碎"就明显有问题。由上述所论看，"折"与"廉"实都可训为"直"，因此它们之间也可以互训，甚至可同义复指构词为"廉折"。《荀子·乐论》"磬廉制"，于省吾主"制"本当作"折"，因此"磬廉制"即"磬廉折"，意谓"磬乐声之清者也"，可谓卓识，[③]而"清"与"廉"亦每每并举为文。

由上述所论看，"折"字古义既可训为"直"，则王肃释"好肆不守折"为"言市肆弗能为廉，好肆则不折也"就极为正确。"市肆弗能为廉"是说从事经商就不能保证廉直，今语谓"无商不奸"是也，因此"好肆则不折也"，"不折"即不直，谓不能无欺，也就是说喜欢经商就不会保持正直。这样理解，不唯于"折"字得其训诂本义，更重要的是强调喜欢经商就不会保持正直，这就与下句的"长者不为市"完全一致了——年高德厚的长者一般也不会汲汲于市场逐利活动，两者都是关注品行、操守问题。

王肃之解于"好肆不守折，长者不为市"两句既极精确，那么这两句置于《荀子·哀公》篇此章上下是否通贯呢？回答也是肯定的。本文开头即提到，哀公对儒门师生提倡"绅、委、章甫"之类"儒服"似有不解，认为单纯靠这些外在的服饰就能提高一个人的内在修养吗？孔子的回答虽有情绪，但仍然从"资衰、苴杖者不听乐"、"黼衣、黻裳者不茹荤"两类事情上，指出外在的服饰对于约束一个人的言行确实能起到好的作用。但圣智如孔子者肯定不会止于此，不能仅仅对内在修养的提高寄希望于单纯穿几件"儒服"。所以，《哀公》篇此章接下来又用了一句"且丘闻之"，然后才引出"好肆不守折，长者不为市"两句话。从古汉语语法的角度上讲，"且丘闻之"之"且"字，在此

---

① 《荀子·荣辱》云"廉而不见贵者，刿也"，就是说一个人廉直但却不被提拔、重用，就是因为他率直，常常容易得罪人。

② 因此强调自抑、退守的《老子》于上举五十八章如此表述就是很自然的。

③ 于省吾《双剑誃诸子新证》，第221页。

明显有转折与递进意味，[①]孔子肯定外在服饰的作用，但又认为一个人内在的东西同样重要。"好肆不守折，长者不为市"两句中的"好肆"与"长者"，明显是强调一个人的内在操守，结果这方面的不同，导致一个"不守折"，一个"不为市"，这说明一个人的内在操守同样决定了他的行为选择。这样，综合来看，无论是外在的，还是内在的，其实都对一个人的行为举止起到重要作用。因此下面孔子才说"察其有益与其无益，君其知之矣"，意思是无论内在还是外在的东西，只要考察一下它们是否有益，就可以知所取舍了。[②] 由此来看，依王肃的意见，"窃"字属下且作"察"，同样是文从字顺的。

---

① 关于"且"字此种用法，可参杨树达《词诠》，中华书局 1965 年，第 312 页。

② 前揭张觉等仅将此"有益与无益"理解为外在的"绅、委、章甫"，蒋南华等人又全将其理解为内在的操守，其实都是不准确的。

经学及理论编

本部分共收入论文4篇，分别是《郑玄、王肃郊祀立说的再审视——兼说〈孔子家语〉辨伪学的相关问题》、《说“章甫”之冠——兼论〈家语〉相关记载的可信性及先秦儒家群体意识的觉醒》、《“盗者之真赃”——由王国维对孙志祖〈家语疏证〉的推许说经典辨伪学“范式”的扩大化问题》、《“层累”非“作伪”：再论今本〈孔子家语〉的性质》。《家语》“伪书”一案于经学问题多有牵涉，本部分第一篇从郑、王郊祀论说入手，指出郑说每多失实，而王说倒多有理据，由此可证主郑学者厚诬王肃实多出于门户之私见，而所谓王肃“伪造”《家语》以申其说亦不值一驳矣。第二篇讨论先秦儒家学派初起之时的“儒服”话题，尤其是作为“儒服”标识的“章甫”之冠，其中牵涉到在儒家经学中占有重要地位的礼学问题。文中指出，“章甫”虽系殷代礼冠，但由于孔子个人的提倡，转而成为“儒服”的“标配”。正因此，夫子卒后才有《家语》不乏“理想主义”的“冠章甫之冠”葬式，此虽不与礼制契合，但却并非后人造作。以“章甫”之冠为代表的“儒服”问题是儒家初起阶段的重要舆论话题，正是在这个话题的讨论中，孔门的群体意识得以觉醒。第三篇关注经典辨伪学“范式”的扩大化问题，《家语》“伪书”说正由此演成。经典辨伪学以“辑佚”的方法论“范式”，本身即不无问题。孙志祖于此未察，转而将此法用于《孔子家语》的辨伪，将先秦、两汉古书之间常见的“互见”现象认定为造作之迹，既昧于古书体例，也反映了经典辨伪学“范式”扩大化的弊病。先秦、两汉古书之间的“互见”乃古书之常例，故每每溢出辨伪学的惯常逻辑，这既昭示了经典辨伪学的“限度”问题，也凸显了目下古书体例及古书成书研究对于经典辨伪学方法论革新之重要意义。第四篇属学术商榷之文。在晚近的古书年代学及古书体例研究中，古书“历时态”的形成观已渐成学者的共识，故“层累”一词在适当改造的情况下是可以作为古书动态、长时段形成过程的解释模型的。但学者却往往错误地认为此“层累”与过去的古史“层累”说一致，由此认为此说坚持《家语》“作伪”，实是很大的误解。将今本《孔子家语》与出土简牍及传世文献比较可以发现，《家语》有些章句结构组织是经“历时性”的梯次推进形成的，因此完全可以借用“层累”一词作为解释。有证据表明，这样的“层累”虽是出于有意识的“整理”，但不等于“作伪”。《家语》部分内容虽有比较早的材料来源，但其中孔门师生言论并非尽出实录。盲目、无限夸大《家语》一书在研究先秦史事中的价值，是有欠妥当的。

郑玄、王肃郊祀立说的再审视

——兼说《孔子家语》辨伪学的相关问题*

郑玄、王肃关于郊祭的认识分歧，是经学史上的著名命题。魏晋以降，申郑、宗王者皆不乏其人，两派相攻，终使这一争论成为历经千载的经学史上的大问题。[①] 现今在新的文献视野下，双方的是非曲直无疑也迎来了新的检证机遇，尤其是可以使我们对双方在文献使用上的得失短长有更为清醒的认知。郑、王关于郊祀的争论牵涉到很多方面，兹依论题的不同，分别述之。

一、郊、丘关系

郑、王郊祀论争中很重要的一项内容就是关于郊、丘之间的关系。对此，唐代孔颖达在释《礼记·郊特牲》篇名时曾有详尽的归纳："既以郊祭名篇，先儒说郊，其义有二。案《圣证论》以天体无二，郊即圜丘，圜丘即郊。郑氏以为天有六天，丘、郊各异。"[②]在郑君看来，郊、丘本为两祭，而王肃的《圣证论》则主郊、丘为一。郑玄之说，主要的证据其实就是纬书，具体地说就是纬书中的"六天说"及"感生说"。此二说本是二而合一的东西：六天，包括

---

* 本文原刊于《历史研究》2014 年第 5 期，原文无副标题。

① 可参李振兴《王肃之经学》，台湾嘉新水泥公司文化基金会 1980 年出版，及史应勇《郑玄通学及郑王之争研究》，巴蜀书社 2007 年。

②《十三经注疏·礼记正义》，浙江古籍出版社 1998 年，第 1444 页。下引《礼记正义》均见该书。

一个至上神“皇天上帝”和“五天帝”(分别为居紫微宫的北极耀魄宝,及居太微宫的东方苍帝灵威仰、南方赤帝赤熛怒、中央黄帝含枢纽、西方白帝白招拒、北方黑帝汁光纪),[①]而“五天帝”即为“感生帝”,即“王者之先祖,皆感太微五帝之精以生”[②]。郑玄认为圜丘之祭是祭作为至上神的“皇天上帝”,而郊祭则只是祭感生帝,具体到周,就是东方苍帝灵威仰,因此二者区别明显。与郑玄不同,王肃则主郊、丘合一:“天唯一而已,何得有六?”[③]“郊则圜丘,圜丘则郊。所在言之,则谓之郊。所祭言之,则谓之圜丘。于郊筑泰坛,象圜丘之形,以丘言之,比诸天地之牲。故《祭法》云‘燔柴于泰坛’,则圜丘也。”[④]王氏对“天”的理解,大有推本求源之意,不似郑氏般有神学化的组织和建构。[⑤]

郊、丘之辨,经有清一代学者的辨析,应该说是非已趋厘清。[⑥] 晚近以来,学者更进一步从文献、史实的角度证明郑君郊、丘二分说是站不住脚的,王肃对其批评颇有实据。[⑦] 说到郊祭,其实商周甲骨卜辞即已出现。学者已经指出,殷墟甲骨卜辞中的“蒿土”、“膏土”实应释为礼书中习见的“郊社”,“蒿”、“膏”与“郊”实音近通假。同样,周原甲骨刻辞中的“祠自

---

① 关于诸神名的纬书来源,见上引正义。另,亦可参孙诒让《周礼正义》(中华书局 1987 年),第 1427—1428 页的有关分析。

② 参《礼记·大传》“王者禘其祖之所自出,以其祖配之”下郑注,《礼记正义》,第 1506 页。

③ 参《礼记·祭法》首节孔疏,《礼记正义》,第 1587 页。

④ 参《礼记·郊特牲》“郊之用辛也,周之始郊,日以至”下孔疏,《礼记正义》,第 1452 页。

⑤ 顾颉刚先生曾提到王肃以《孔子家语》及其注将郑玄的“六天”说“摧陷而廓清”。顾氏所持《家语》系王肃伪作的看法今天看来虽然已经过时,但其指出王肃对源自谶纬的“六天”说的“反动”,还是非常精到的。详参顾氏《中国上古史研究讲义》,中华书局 1988 年,第 354—355 页。

⑥ 孙希旦对郊、丘二分多所批评,见《礼记集解》,中华书局 1989 年,第 690 页。就连主张《家语》系王肃伪造的孙志祖也说:“案郑注《礼记》以‘迎长日之至’为夏正建寅之月,其说非是,盖误分郊丘为二,因以冬至圜丘之郊为孟春启蛰之郊也,王肃此注驳之良是。”(孙志祖《家语疏证》,《续修四库全书》,第 931 册,第 228 页)

⑦ 可参詹鄞鑫《神灵与祭祀——中国传统宗教综论》,江苏古籍出版社 1992 年,第 313 页;钱玄《三礼通论》,南京师范大学出版社 1996 年,第 489 页。

蒿”也应释为“祠自郊”。[①] 关于用“蒿”代指“郊”祭的事实,晚近以来还得到了包山战国楚简的进一步证明。[②] 值得一提的是,新近公布的清华简《金滕》篇,其“郊”字写作“鄗”,[③]亦从“高”得声,与“蒿”近。从商周甲骨刻辞所记郊祭来看,它与后世礼书所记基本一致,即为在国都郊外举行的祭天之祀。从德方鼎铭文“祼自蒿”与何尊铭文“祼自天”来看,[④]当初的郊祭就是一般的祭天,根本没有郑玄所谓灵威仰之类光怪陆离的名称。另外,学者还指出卜辞中的“凡丘”实即《周礼》的“圜丘”,[⑤]而于“凡丘”祭天帝的卜辞说明,郑玄郊、丘二分,“圜丘”专祭所谓皇天上帝之说同样只是臆测。关于“圜丘”一语,学者还指出其实仅见于《周礼·春官·大司乐》,且郑氏对其理解有误:“其实凡先秦文献所见祀天正祭之礼,皆曰郊天、郊祀,或径称郊,其例俯拾即是,而从不见‘圜丘祀天’之说,足见此说非周代祀典之实录。”[⑥]

郑王之是非既明,我们反过来有必要检讨一下他们各自立说的文献依据,这对两者经学诠释之取径,也许会有更深一层的认识。如前所述,郑氏立说主要是根据纬书,它们的荒诞性历代学者都有批评,甚至一些申郑者也不讳言。晚清大儒孙诒让即评论道:“但郑谓圜丘祭北辰耀魄宝,郊祭感生

---

① 李学勤《释郊》,《缀古集》,上海古籍出版社 1998 年。

② 参见《包山楚简》,第 55 页;及李零《考古发现与神话传说》(《李零自选集》,广西师范大学出版社 1998 年,第 73 页)。关于包山简此字,还有释作“犒”,或指焚蒿以祭等理解(详参晏昌贵《巫鬼与淫祀》,武汉大学出版社 2010 年,第 282 页),鄙意以为均不确。

③《清华大学藏战国竹简(一)》,中西书局 2010 年,第 158 页。

④ 李学勤《释郊》。

⑤ 沈建华《从殷代祭星郊礼论五行起源》,《初学集——沈建华甲骨学论文选》,文物出版社 2008 年,第 49 页。不过,沈氏论甲骨卜辞之郊祭而未注意到上述李学勤《释郊》之文,似是一失。

⑥ 杨天宇《西周郊天礼考辨二题》,《经学探研录》,上海古籍出版社 2004 年,第 60 页。此外,钱玄的看法大体相同,他认为“《周礼》中之圜丘(昊天)、上帝、五帝三级制,全为《周礼》作者之构想。先秦祀天神只有天(昊天),或称上帝,其祀即《左传》、《礼记》及其他书所述郊祭”(钱玄《三礼通论》,第 489、500 页)。也就是说,《周礼》书已误,郑玄对它的解释又误,实可谓错上加错。

帝灵威仰,诸名本于纬书,王肃难之,持论自正。"①关于郑氏注经喜引纬书的倾向,前人已有定评。与之相应的是,我们看马昭驳王援郑也是多引纬书。②马昭秉承郑学,克守家法,对纬书几乎不假思索地尊信,实际上他们与王肃一派是缺少对话基础的。有意思的是,清孙星衍申郑驳王同样也是遍举纬书及"感生"。从证据学角度来说,这已暗示了此说蹊跷:如果没有异类文献的证据,如果离开了谶纬文献此说便无征,这不正说明问题吗?需要指出的是,针对唐宋以来学者批评郑氏引纬书注经,孙星衍则力辨纬书源头甚早,他的证据就是所谓"亡秦者胡"之类的谶语。③ 以现代的谶纬学研究而论,尽管学者并不否认先秦已有所谓零星谶语,但纬书的正式、大规模出现却是西汉后期的事情。④ 孙氏甚至认为《礼纬·稽命征》多存夏、殷古礼,这其实和郑玄信纬书为孔子亲著、指《周礼》系周公"致太平"之书同其旨趣,是不值一驳的。

相对于郑氏的多据纬书,王肃驳郑的主要依据则比较平实。观上举孔颖达《礼记正义》所举王氏证据,不外《尔雅》、《周易》、《礼记》等正统的儒家经传。不过,这其中有个例外,那就是《孔子家语》一书。比如王肃"天体唯一"的看法明显针对郑君对"五帝"的理解及其"六天"说,而其说正出自《家语·五帝》:"天有五行,木火金水土,分时化育,以成万物,其神谓之

① 孙诒让《周礼正义》,第1745—1746页。孙氏曾于《周礼正义略例十二凡》中说"然如郊社禘祫,则郑是而王非",在郊祭问题上总体上还是肯定郑说。当然清代亦有大儒维护郑氏的郊、丘二分说,因此也为郑氏的引据纬书辩护。最突出的就是孙星衍,在其《问字堂集》(中华书局1996年)中专辟两卷(卷五、卷六)申郑驳王。孙氏"宗圣"的正统观念甚浓,这种门户之见导致其申郑驳王时每每陷入情绪化,因此在论证上就显得粗疏。

② 如马氏为郑君"感生帝"说辩护时所引的《河图》、《中侯》之类,参《礼记正义》第1587页。

③ 参孙氏《六天及感生帝辨》,《问字堂集》卷五,第119页。

④ 顾颉刚《秦汉的方士与儒生》,上海古籍出版社1998年,第110页;陈槃《谶纬溯源上》,《中央研究院历史语言研究所集刊》1944年,第11本;钟肇鹏《谶纬论略》,辽宁教育出版社1991年,第26页;曾德雄《谶纬的起源》,《学术研究》2006年第7期。

五帝。"[①]也就是说,王氏是依据《家语》把"五帝"理解为"五行"之神,并非"灵威仰"之属的"感生帝"。申郑论者大多指责王氏造作《家语》以助其说,但同样应该指出的是,《家语·五帝》篇相关内容并非该书仅见,《礼记·月令》、《吕氏春秋·孟冬纪》、《左传》昭公二十九年等所载也多有与之相合的部分。也就是说,就"原材料"而言,并不存在王肃作伪的问题,这一点就连直斥《家语》系王肃伪作的孙志祖等人也不能否认。[②] 后人辑王肃《圣证论》曾收入南朝张融的"评",张氏一向是推崇郑玄的,其谓:"融按:玄注泉深广博,两汉四百余年,未有伟于玄者。"[③]但对于郊祀问题,他也从学术史的角度看出郑说的空前孤立:"汉世英儒自董仲舒、刘向、马融之伦,皆主周人之祀昊天于郊,以后稷配,无如玄说配苍帝也,然则《周礼》圜丘,则《孝经》之郊。圣人因尊事天,因卑事地,安能复得祀帝喾于圜丘,配后稷于苍帝之礼乎?且在《周颂·思文》,后稷克配彼天,又《昊天有成命》郊祀天地也。则郊非苍帝,通儒同辞,肃说为长。"[④]他也承认:"然二郊之际,殊天之祀,此玄误也。其如皇天祖所自出之帝亦玄虑之失也。"[⑤]张融的评价不只为王说又找了《诗经》方面的证据,还认识到王说实为自董仲舒到马融的一贯之论。唐贾公彦也认为:"……则先郑与王肃之等,同一天而已,似无六天之义,故以天解昊天上帝为一也。"[⑥]因此,可以说王肃之说既承自前贤,又有他书为证,而且这"他书"也远非《家语》一书。其他如《逸周书·作雒》篇云"乃设丘兆于南

---

① 此为《礼记正义》所引《圣证论》引《家语》之文。其中五行次序,各本多有差异。今同文书局本、唐《长短经》所引同于《圣证论》所引。但丛刊本《家语》作"水火金木土",王应麟《玉海》同;《尚书正义》引作"金木水火土";《太平御览》作"木金水火土"、"木金火水及土"。今按,《圣证论》等书所引作"木火金水土"当系《家语》原来的顺序,因为这正暗合《家语》下段勾芒等"五正"次序,也与"明王死配五行"略同(只有"黄帝配土"提前至"火"、"金"之间,恐怕是因为"黄帝"而做的特殊处理)。

② 孙志祖《家语疏证》,第228页。

③《旧唐书·元行冲传》。

④《十三经注疏·孝经注疏》,第2553页;亦可参马国翰辑《圣证论》,《玉函山房辑佚书》,上海古籍出版社1990年,第1997页。

⑤《旧唐书·元行冲传》,亦可参马国翰辑《圣证论》,《玉函山房辑佚书》,第1997页。

⑥《十三经注疏·周礼注疏》,浙江古籍出版社1998年,第757页。

郊,以祀上帝,配以后稷”,《礼记·礼运》谓“祭帝于郊,所以定天位也”,《孝经》也说“郊祀后稷以配天”,从这些记述中可见天、帝本一体,我们看不到郑氏所谓“五天帝”之分的繁琐。[①] 另外,就文意求之,《逸周书》的“丘兆”之祭,显然就是郊祭,[②]而《周礼》之“圜丘”显亦与“丘兆”有关,也就是丘、郊本为一事,同样是王说近理。《逸周书》的记载还说明,所谓“丘”,可能确如上引学者指出的,仅仅是祀天之所,本非什么专门的祭名。郑君信《周礼》太过,[③]遂对其中“圜丘”过度诠释,其实与先秦祀典并不符合。

由上可见,从对文献的选择和处理来讲,王肃较之郑玄应该说更加审慎、平实。郑玄作为熔铸今古文于一炉的一代宗师,气魄之大、成就之高自不待言,但特立高标、自信太过,却使他的“自创新义”及多引纬书实际上构成了对儒家经典文献的冲击和反动(所谓“宁道孔孟误,讳言郑服非”)。王肃解经取径显与郑君有异。首先是谨守儒家经传,“考信于六艺”,复归古文经学一贯的治学旨趣。眼界虽不免失之于狭,但较之郑君庶几无浮泛、荒诞之弊。而且,既然“考信于六艺”,就必然折中于孔子,这也是其重视《孔子家语》的主要原因。清代孙志祖力主《家语》为伪书,但也承认,关于王肃依《家语》所持“五帝”说,“后世学者宗之”,却又认为:“然以五行之神谓之五帝,伪为孔子之言,则不足以服康成也。”[④]关于孙氏提到的王肃利用他书中的“原材料”,再冠以孔子言论名义的所谓“作伪”套路的真实性,本文最后一部分还会有集中讨论。不过,虽然“伪为孔子之言”,后世学者却不能不“宗

① 孙诒让曾指出《周礼》一书系统中“天”、“上帝”、“五帝”含义是不同的,裘锡圭先生认为从《周礼》中可以看出从“天帝”概念中已经分化出来上帝(感生帝)的概念(以上参郭永秉《帝系新研——楚地出土战国文献中的传说时代古帝王系统研究》,北京大学出版社2008年,第117页)。裘说等于从另一个角度证明“天”与“上帝”的概念本来也是不分的。

② 朱右曾即明指此丘即圜丘;刘师培也说“据《礼记·郊特牲》、《祭法》孔疏引王肃《圣证论》以圜丘即郊,证以本书,其谊实合”,二说参见黄怀信、张懋镕、田旭东《逸周书汇校集注》,上海古籍出版社2007年,第533页。

③ 皮锡瑞曾提到郑玄“以《周礼》为经”,且“尊崇《周官》太过,而后人尊崇郑义又太过”,可谓定评。参《经学通论》卷三,中华书局1954年,第5—6页。

④ 孙志祖《家语疏证》,《续修四库全书》,第931册,第223页。

之”，这其实很值得思考。另外，诚如前述张融所论，王肃解经的另一特点是多依遵贾、马、先郑旧说，在知识谱系上更强调继承性和连贯性，在平实之外，知识考古上无疑更有来历，这同样也是古文经学的传统法则。

其实，郑君分郊、丘为二，这是他的一大学术基线。如上所论，即便就郊、丘问题本身来看，郑说也有明显的失误。而古代礼制中，郊祀牵涉甚广，郑君守此基线，必然导致他面临更多史实及文献的挑战。即以周、鲁郊祀异同为例，郑君一方面把《郊特牲》之“周郊”硬说成“鲁郊”，以求为所谓周冬至“圜丘”之祀预留位置；另一方面，同为《郊特牲》之“郊”，郑解一会说周礼，一会又说鲁礼，左支右绌，进退失据。此等尴尬，皆源于其先入为主的基线，兹再进而论之。

二、周、鲁郊祀异同

郑玄对周、鲁郊祀之别的理解，集中体现在其《礼记・郊特牲》注中。《礼记・郊特牲》：“郊之用辛也，周之始郊，日以至。”郑玄是这么注的：

> 郊天之月，而日至，鲁礼也。三王之郊，一用夏正。鲁以无冬至祭天于圜丘之事，是以建子之月郊天，示先有事也。用辛日者，凡为人君，当斋戒自新耳。周衰礼废，儒者见周礼尽在鲁，因推鲁礼以言周事。

其中，“三王之郊，一用夏正”，明出纬书(《易纬・乾凿度》)，郑君尊信之，因此成为其立说的一个新支点。既然“三王之郊，一用夏正”，那周之郊祀自然也在正月；而郊、丘分祀又是其立说的另一学术基线，所以在郑氏看来周之冬至绝对不能再有郊，只能是圜丘之祀。但既然《郊特牲》说“周之始郊，日以至”，明确讲冬至有郊，明与郑说不合，因此他只能把它硬说成“鲁”礼，此无异于篡改经文，此一误也。[①]《郊特牲》系统虽只见冬至郊(且只说

① 孙志祖亦谓“明著周字而郑注乃解为鲁礼，……此说之不可通者也”，参孙志祖《家语疏证》，第228页。今学者亦指郑君此处实为“强词夺理”，可为定评，参前揭詹鄞鑫《神灵与祭祀——中国传统宗教综论》，第313页。

周,未言鲁),但既说“始郊”,就得有“次郊”,即郊祀明有二次,俱为郊祭,郑玄却两分为圜丘与郊祭,同样是没有道理的,①此二误也。前面举郑说分圜丘与郊为二祀,前者为祭昊天上帝,后者为祭五天帝之属,即感生帝,但我们看《郊特牲》明云“郊之祭也,迎长日之至。大报天而主日也”,《祭义》也说“郊之祭,大报天而主日,配以月”,然则,此两处之“天”止为感生帝乎?此三误也。郑玄注《郊特牲》“郊之祭,迎长日之至”为夏正建寅之月,那就说明他把此处之“郊”理解为“周郊”,却又硬把下文“周之始郊,日以至”说成是“鲁礼”,此两处俱为《郊特牲》文,而郑氏随文释义,前后矛盾竟一至于斯,此四误也。其实,即便力主《家语》为伪书的孙志祖、范家相,也不同意郑君之说。孙志祖云:“郑注《礼记》以‘迎长日之至’为夏正建寅之月,其说非是。盖误分郊丘为二,因以冬至圜丘之郊为孟春启蛰之郊也,王肃此注驳之良是。”②范家相则谓:“盖郑氏分圜丘与郊为两事,既以冬至祀圜丘,则正月不应复有郊。故引《易纬》以为郊必正月,而圜丘则另为冬至之祀。又引后稷祈农之说,以见因郊而又祈谷,合二说为一说,又因记之下文有‘周之始郊,日以至’二句,于前说殊为难通,故又解以为此乃鲁之始郊,非周之始郊,其说似为难通。”③孙、范二氏的批评,都非常中肯。尤其是,他们都不约而同地提到了郑君致误的根由,即在于郊、丘二分说,这和我们一再指出的郑氏的学术“基线”和“逻辑起点”也正合。正是这样的基线和逻辑起点限制了他本来应有的文献视野,所以郑说在面对其他文献时所面临的困境要远较王说为大。④

郑氏对周、鲁郊祀的理解是如此荒谬,表面上看,在于上述的“基线”和“逻辑起点”,进一步追究的话,仍在于他的文献依据,即极信《周礼》和相信

① 但马昭为郑玄辩护云:“言始郊者,鲁以转卜三正以建子之月为始,故称始也。”(《礼记正义》,第1453页)马说其实只是强调了“始”,对“始郊”连言的解释是苍白的。

② 孙志祖《家语疏证》,第228页。

③ 范家相《家语证伪》,《续修四库全书》第931册,上海古籍出版社2002年,第145页。

④ 孙希旦指出郑氏郊、丘二分说在面对《丧服小记》、《大传》时的难以自洽。参《礼记集解》,第690页。

纬书。他在这两方面的坚持甚至到了迂腐的地步。那么,王肃如何呢?王氏此处又引到了《家语》之文:"《孔子家语·郊问》云定公问孔子郊祀之事,孔子对之与此《郊特牲》文同,皆以为天子郊祀之事。"①既是"天子郊祀之事",那就明非"鲁礼",王肃引《家语》明显是针对郑说而发的。尤其值得注意的是,作为证据,《家语》其实只是最后提到,王氏前面还备引《诗经》、《礼记》、《周礼》等书。尤其是《周礼》的引用,无异于直指郑君要害,也就是说,即便是郑君极信之书,其中也同样有对其不利的证据。前人于此往往视《家语》为王氏的"秘密武器",皆缘于"伪书"的成见,而罔顾王氏对《诗经》、《礼记》、《周礼》等书的称引,这是有失公允的。马昭之申郑,连《礼记》都不信,真的是"宁道孔孟误,讳言郑服非"了。倒是著《家语辨伪》的范家相比较清醒:"王肃据董仲舒、刘向之说,作《圣证论》以辟之。谓'迎长日之至'与'郊之用辛'俱是周之郊,而非鲁之郊;俱在建子之月,而不在建寅之月。其正月之郊,乃祈谷之郊,与圜丘合享无涉。因引《月令》'孟春祈谷于上帝'及《左传》孟献子'启蛰而郊'之语为证。于是历代因之,并方圜二丘为一,而皆祭于南郊。黄楚望谓康成礼家,未可轻非,王肃之说乃古今不决之疑。然肃之说,实长于郑也。""然肃之说,实长于郑也",由主张《家语》为"伪书"的学者之口说出,这非常耐人寻味,也让我们见识了乾嘉汉学家严谨、求实的一贯学风,较之马昭之徒的曲意弥缝,其高下又何啻霄壤?清黄以周亦认为《家语》及工说近理:"鲁郊启蛰,无日至郊,郑失其义,当从王说。"②另外,学者曾对《春秋》所见之郊礼进行统计,有两点发现:一,每年只郊一次;二,郊之时间多在周正四月,即夏历二月。③ 这都印证了《家语》的说法可能是对的(《家语》所谓"鲁无冬至大郊之事,降杀于天子")——鲁其实只存一次郊,但非冬至郊,而是祈谷之郊。近来学者亦指出,古来学者或以为鲁亦得郊天,行天子之礼,其实是由误解《礼记·明堂位》所致,且他们亦多把《尚书·

① 《礼记正义》,第1452页。
② 黄以周《礼书通故》,中华书局2007年,第615页。
③ 杨天宇《西周郊天礼考辨二题》,《经学探研录》,上海古籍出版社2004年,第57页。

金縢》、《史记·鲁世家》的“王出郊”之“郊”理解为郊祭,但清华简《金縢》此句作“王乃出逆公,至郊”,准此,则此处“郊”仅为方位处所词,根本不是郊祭,学者据此发挥的鲁得行郊天之礼的说法也是虚幻的。①

另外,王肃虽引《孔子家语·郊问》,且云此篇内容与《礼记·郊特牲》同,不过细察之,《郊问》之内容相对于《郊特牲》还是有两点明显不同:其一,《郊问》行文条理清晰、终始一贯,而《郊特牲》则属琐碎、零散之文;其二,《郊问》相对于《郊特牲》还有多出的内容,最突出的就是:“(孔子曰)至于启蛰之月,则又祈谷于上帝,此二者天子之礼也。鲁无冬至大郊之事,降杀于天子,是以不同也。”《家语》借孔子之口明说鲁郊降杀于天子,无冬至郊,只有正月祈谷之郊。即周二郊,鲁只存一郊。这与上述王肃的主张正合。② 这两点不同,也正是后人怀疑王肃伪造《家语》以申己说的证据。如范家相即云:“《郊特牲》文散而不属,乃记者零星解经之文,并非孔子之言。今添入定公问答,汇作夫子之言,杂下注语,虽较原文颇有头绪可寻,而真面目失矣。”③范氏承认《家语》之文较《礼记》连贯、有条理,但又认为这是王肃把《礼记》零散之文进行整理的结果。范氏所说问题,牵涉到晚近比较热门的古书章句结构演进形态问题,不能不辨。由于出土文献的大量发现,我们确实发现有些古书章句结构的演变走过了从“无机”到“有机”这样的过程(即所谓从零散到有条理),但我们同样发现有些古书早期结构严整,后来反而零散、无序。这提示我们,古书章句结构进化论的观点,必须要满足这样的条件,即参与比较的两书应该是在同一传承线索上,或有较为直接的因袭关系。但实际上由于古书流传的复杂性,这样的条件是很难保证的:由于传本的众多或因承环节的断裂,导致很多时候古书章句结构上的“有机性”并不

---

① 以上可参马楠《〈金縢〉篇末析疑》,《清华大学学报》2011 年第 2 期。另外,为《礼记》、《家语》两书所共有的《礼运》篇,载孔子之言“鲁之郊禘,非礼也”,其中之“郊”,亦当为启蛰之郊,非冬至郊天之礼。

② 王肃的《家语》注与此也基本相同,“鲁无仲冬大郊之事,至于祈农与天子同”(丛刊本“鲁”讹为“兼”,宋黄榦《仪礼经传通解续》所引作“鲁”,可证)。

③ 范家相《家语证伪》,第 145 页。

能"与时俱进",相反,却时常出现倒退的现象。① 依此再来衡量范家相此处之说,无疑就流于简单化,因此也并不具有必然性。关于论者以《郊问》相对《郊特牲》"有机"来辨《家语》造伪的逻辑,本文第四部分还有详细讨论,并有相反举证,此不赘。另外,退一步讲,即便此处真的是《郊问》直接承《郊特牲》而来,并将其整理得"有机化",且扣上"孔子曰"的帽子,也依然不能达到《家语》辨伪的目的,须知,《家语》"辨伪学"的最终目的是要把所有这些工作归诸王肃,但这却是无法证实的。仅依王肃有作伪"动机"就率尔论定,并不能服人。相反,把很多言论归于孔子进而为己说张目,这是西汉甚至先秦就有的现象,②而且非常普遍,绝不能视为"作伪"。何况,如上所述,王肃之说无论从史实还是古代礼制看,都更有理据。然则,王肃伪作《家语》之说,岂可信乎?如《礼记·郊特牲》正义所述,王肃引据《家语》之书的主要目的,是想指出像《郊特牲》之文的"周之始郊,日以至"之类,"皆以为天子郊祀之事",并非什么"鲁郊"。而如上文分析,此点至为显豁,且王氏仅仅"考信"于六艺如《诗》、《礼》者,即可轻松击破郑说。换言之,在王氏的证据系统中,《家语》的作用也就是"锦上添花",而绝非"雪中送炭",历来辨伪学者指王肃伪作《家语》以驳郑,实缘于对此书在王肃证据系统中的作用估计过高。

另外,还需指出的是,王肃之说其实是有不同版本的,这一点只有清孙志祖注意到了。依《家语》及王注,"鲁无冬至郊天之事",只有一郊,但《礼记·郊特牲》正义云"崔氏皇氏用王肃之说,以鲁冬至郊天,至建寅之月又郊以祈谷。故《左传》云'启蛰而郊',又云'郊祀后稷以祈农事',是二郊也",

① 例如,从文理上看,《郊特牲》"始郊"之后,不知所终;而《郊问》"始郊"之后继之以"至于启蛰之月,则又祈谷于上帝",文气连贯,有始有终。然则,《家语》"作伪"与《礼记》"缺漏",到底何者更为可信呢?

② 前人早就注意到:"自周秦之间,谶纬杂书,一切诡异神怪之说,率托诸孔子,大抵诞漫不足信。"参见清四库馆臣为宋胡仔《孔子编年》所写之提要,《钦定四库全书总目》,中华书局 1997 年,第 796 页。

明显不同，故而孙志祖深致此疑："与《家语》又不同，何也？"①而且，崔、皇二氏所引王肃之说看来也不是空穴来风，因为马昭驳王肃，马氏的结论就是"是鲁一郊则止"，他们都认为王肃主张鲁有二郊。这与《家语》本文及王肃的注是明显不同的。莫非其驳郑与注《家语》系异时而作，故而有此矛盾？但《圣证论》下文还提到王肃直接引《家语》以为证，不能说他主张鲁为二郊时未见《家语》也，这又如何解释呢？我们以为，马昭及崔、皇二氏所持所谓王肃认为鲁有二郊的观点，其实是一种误解，导致这种误解的原因就在于他们都承郑玄之说，认为《郊特牲》之文是"鲁礼"，而王肃又据此文力证本有二郊（实为周），遂演成"鲁有二郊"这样的认识。当然，他们批判的重点在"二郊"，因为这与郑君的郊、丘二分是明显不同的。不过，王肃在《家语》注中还对此反复申说，甚至对郑说进行了不点名的批评。所以，我们还是应该相信《家语》及王肃的注才是王肃的真实主张。

三、郊祀与禘祀

郑、王关于郊祀的争论，还经常牵涉到禘祀，因为古代祀典中郊、禘均为常见大端，无法回避。由郑、王对郊、禘关系的认识，更可见二者的立说根据及学说特点。

对于禘祭，郑君理解得比较宽泛。《周礼·春官·大司乐》中，郑君对"冬日至"于"圜丘"祀"天神"、"夏日至"于"泽中之方丘"祀"地祇"，以及在宗庙之中祀"人鬼"，注云："此三者皆禘，大祭也。天神则主北辰，地祇则主昆仑，人鬼则主后稷。"②也就是说，天、地、人鬼俱可禘祭。另外，郑氏还提到："天子祭圆丘曰禘祭，宗庙大祭亦曰禘，三年一祫，五年一禘，则合群庙毁庙之主于太祖庙合而祭之，禘则增及百官配食者审谛而祭之。天子先禘祫而后时祭，诸侯先时祭而后禘祫，鲁礼，三年丧毕而祫，明年而禘，圆丘、宗庙

① 孙志祖《家语疏证》，第228页。

②《周礼注疏》，第790页。

大祭俱称禘祭,有两禘,明也。”[①]与郑君将禘祭理解得较为宽泛不同,王肃则认为禘仅为宗庙之祭。如《诗·长发》小序“长发,大禘也”,郑笺云:“郊祭天也。”但王肃曰:“大禘为殷祭,谓禘祭宗庙,非祭天也。”[②]另外,王肃又云:“按《尔雅》云‘禘,大祭也’,‘绎,又祭也’,皆祭宗庙之名,则禘是五年大祭先祖,非圜丘及郊也。”[③]这样,在王氏看来,作为宗庙之祀的禘就与祭天之礼的“郊”祀划然有别。后世学者围绕郑、王二说分成截然不同的两派,亦长期聚讼。

事实如何呢?从商代甲骨卜辞看,禘祭已多见。从禘祭的对象看,有四方、高祖、先王、自然神,等等,可以说不一而足,并不局限于哪一种。准此,则于郑说似有利。不过,值得注意的是,进入西周以后,禘祭的对象有了明显的变化。从目前发现的铜器铭文来看,西周禘祭对象从殷商的泛礼众神,一变而为专礼祖先神,特别是近世的直系祖先(并不一定要是始祖)。[④]这样,又与王说较近。然则,到底是郑君之说神交殷商,还是王说恪守了西周以来的古义?我们认为后者更有理据。首先,可以肯定的是,郑玄并没有见过类似甲骨卜辞这样的原始材料,既如此,他对禘祭含义较宽泛的理解为什么又能够与甲骨卜辞接近?这还要提到禘祭在东周以降的另外一个特点,那就是随着禘祭的常态化以及作为国家政治生活中的重要内容,本来专礼祖先神的禘祭后来又演变为一般祭祀的代称,并因此具有了较宽泛的意义。[⑤]既是泛称,自然天、地、人鬼均可囊括。所以,郑君之说之所以能与殷墟卜辞偶合,并不是由于他有神交殷商的本领,实源于他呼应了东周以降禘祭趋向泛

---

① 马国翰辑《圣证论》,《玉函山房辑佚书》,第1989页。按,《圣证论》此条源出《魏书·礼志》孝文太和十三年诏引郑玄之说。另外,《通典》卷五〇引此条无“天子先禘”二句,微异。

② 《十三经注疏·毛诗正义》,浙江古籍出版社1998年,第625页。

③ 《礼记正义》,第1452—1453页。

④ 刘雨《西周金文中的祭祖礼》,《考古学报》1989年第4期;詹鄞鑫《神灵与祭祀——中国传统宗教综论》,第345—348页;彭林《周代禘祭平议》,《西周史论文集》,陕西教育出版社1993年;刘源《商周祭祖礼研究》,商务印书馆2004年,第70—72页;曹玮《西周时期的禘祭与祫祭》,《考古学研究》(六),科学出版社2006年。

⑤ 参曹玮《西周时期的禘祭与祫祭》。其实,不光是禘,郊祀后来也有泛化的倾向。

化的史实。[①] 不过,也要提到的是,虽然东周以降禘祭有泛化的趋向,但西周以来禘祭专祀祖先神的传统仍然非常执著地被坚守着。如我们看《春秋》及《左传》中凡是实际涉及的禘祭均为祖先宗庙之祭(甚至古文逸礼还专门有《禘于太庙礼》),就是一个有力的证据。此外,我们上文已提到西周铜器铭文中作为祀天之礼的"郊"被写成"蒿",这也从一个侧面说明西周以来宗庙之"禘"与祀天之"蒿"本来就各有定名,并不相混。最后,即便是其他文献中禘祭可以理解为泛化趋向的,很多时候也挥不去宗庙之祀的影子。[②] 有鉴于此,我们才觉得王肃之说恐怕更符合西周以来的古义。特别是在禘祭趋向纷纭、泛化的情况下,王说显得更为清醒,即在训诂上多倾向于推本求原,这再一次向我们展示了王肃作为古文学家一贯的治学旨趣。

郑氏立足于晚周"禘"祭泛化的史实,将禘祭含义理解得较为宽泛:天、地、人鬼俱可禘祭。但如上所论,郑君同样又要固守郊丘非一、实为两祭的学术基线。这一基线在面对周、鲁郊祀异同问题时,已暴露出顾此失彼、进退失据的毛病,而当这种教条和刻板的基线遇到对禘之宽泛、灵活的解释时,就更加凸显了郑君立说不够周延的问题。这一点王肃的批评其实早已明白揭发。王氏云:"郑玄以《祭法》禘黄帝及喾为配圆丘之祀,《祭法》说禘

① 学者说:"殷商时代及其以前,所谓'禘'祭含义颇广,并不如王肃所说'禘祭宗庙'而不祭宗庙之外诸神,郑君说'大禘'为'郊祭天'似无不可。"(参陈戍国《诗经校注》,岳麓书社 2005 年,第 443 页。)陈氏《中国礼制史·先秦卷》(湖南教育出版社 2002 年)对郑说亦颇有同情(参该书第三章六节),正缘于未辨郑说之所以能与殷商偶合,并不在于郑氏看到了更早的材料,实在于他呼应了东周以来禘祭泛化的事实。

② 《礼记·大传》"王者禘其祖之所自出……",很多学者理解为"祭天",但这其实不过是由"祀祖"推演出来的一种需要。从禘、郊、祖、宗这些名称看,也多与祖先之祭有关。虽然"郊"本为祭天,但此处郊的对象却是尧、鲧等祖先神,虽为祭天时配祭,同样挥之不去的是祖先之祭的影响。学者亦指出郑谓禘乃祭天的最权威资料不过是《礼记·丧服小记》"王者禘其祖之所自出,以其祖配之……"一段话,但《丧服小记》本意是在讲宗法,郑谓祭天,同样圆枘方凿(参詹鄞鑫《神灵与祭祀——中国传统宗教综论》,第 347 页),所以学者或从神话学角度指出,在中国上古历史传说与神话的交织中,以祖先祭祀为核心内容的世系传说始终是首要的、根本性的。参见常金仓《中国神话学的基本问题:神话的历史化还是历史的神话化》(《二十世纪古史研究反思录》,中国社会科学出版社 2005 年,第 131 页)、李零《考古发现与神话传说》(《李零自选集》,广西师范大学出版社 1998 年)。

无圆丘之名,《周官》圜丘不名为禘,是禘非圜丘之祭也。玄既以《祭法》禘喾为圜丘,又《大传》'王者禘其祖之所自出',而玄又施之于郊祭后稷,是乱礼之名实也。"[①]同为禘祭,忽而为圜丘,忽而为郊祀,而郊、丘又划然有别,其矛盾是显而易见的。清代秦蕙田《五礼通考》也说:"郑康成注《大司乐》'冬日至圜丘奏之'曰:'此禘,大祭也。'是以圜丘为禘也。注《祭法》'有虞氏禘黄帝'曰:'此禘谓祭昊天于圜丘。'是以禘为圜丘也。注《大传》'禘其祖之所自出'曰:'谓郊祀天也。'《孝经》曰'郊祀后稷以配天',配灵威仰也,是又以郊为禘也。既分郊、丘为二祭,又合郊、丘为禘祭,惑误滋甚。王肃发其端,赵氏、杨氏(引者按:即唐赵匡、宋杨复)详其辨,诸家从而引伸之,可谓廓如矣。"[②]秦氏同样看出郑氏一会说"禘"是"圜丘",一会说"禘"是郊祀,既然主张郊、丘非一,为何有如此不同呢?矛盾的症结就在于郑氏人为分出至上神与感生帝这样两组系统,并析郊、丘为二与之配对,因此在实践中当遇到具体祭祀的时候,常常不免顾此失彼。[③] 相对来讲,王肃主张郊、丘为一,俱为祭天,与祖先宗庙之禘划然有别,因此在立说的系统性上就远较郑说为优。

四、余论:由王肃证据思考《孔子家语》辨伪学的相关问题

从我们上文对郑、王有关郊祀问题的论争所作辨析看,导致双方分歧的主要原因就在于他们的文献依据颇有不同。郑君固守《周礼》基线,据用纬书,遇他书与基线不合者,常不免削足适履之举;王氏多从训诂学角度推本求原,注意儒家经传之间的参互求证,故常有触类旁通之效。双方文献处理如此,而是非得失已如前文所论。犹有未尽者:王肃每据《家语》以申其说,

---

① 《礼记正义》,第 1452 页。

② 秦蕙田《五礼通考》卷二,文渊阁《四库全书》,第 135 册,第 161 页。晚清皮锡瑞批评秦氏"舍郑从王"(参《经学通论》卷三,第 34 页),其实出自门户之见,并未有坚实的论证。

③ 郑氏说郊、丘俱为禘,也就从一个侧面说明其立说的逻辑出发点,即郊、丘二分说,是站不住脚的。

依传统辨伪学家所论，此书为彻头彻尾的“伪书”，系王氏臆造以为己说张目，但晚近以来的出土文献，已证明王肃伪造《家语》之说不可信。通过上文我们对郑、王关于郊祀问题异说的讨论，已明确看出他们在立说依据上的不同特点。王肃之依据虽时有《家语》一书，但如果说这就是其作伪的证据，还是有很大问题的。

首先，守郑学者，每每将王肃之驳郑，看成蓄意营私作对，专门跟郑玄过不去，立论的重点大有从“学术”向“人品”倾斜之势。如晚清皮锡瑞说王肃是“吹毛索瘢、蓄意乘隙”①，似乎王肃是无理取闹，近乎偏执，其伪造《家语》一书因此也常被看作是为支持自己跟郑玄作对。但事实是，我们上文已经多次提到，王肃的很多主张其实并非截断众流、自创新解，而是前有所承，所来有自的，王说依尊先儒如董、贾、马、先郑的学术线索甚明。关于这一点，《礼记·郊特牲》孔疏已经交代得很清楚。② 学者曾经于贾、马——郑——王这样的经学演进评论道：“郑玄和贾、马、先郑的分歧，是郑玄发现前人之说不可通自创新义而产生的；王肃与郑玄的分歧，多半是王肃本贾、马、先郑之说来反驳郑玄而引起的；因此，后者往往是前者的反覆。”③也就是说，相对于郑玄的自创新义及多引纬书，王肃之说不但多守儒家经传，而且还往往有前说可承。以前顾颉刚先生谈“五帝”系统的演进，注意到王肃“把《月令》的

---

① 皮锡瑞《圣证论补评·自序》，收入《师伏堂丛书》，山东图书馆藏清光绪二十五年刻本。此外，皮氏的另一说可能更广为人知，其谓“……前汉末出一刘歆，后汉末出一王肃，为经学之大蠹”（《经学历史》，中华书局2004年，第109页），考虑到刘、王二人与新莽、晋室的关联，皮氏对他们如此贬斥，不唯出自经今文家的门户之见，其实更裹挟了政治尤其是皇权正统观，而单从“经学”自身层面来说，显然是有失公允的。

② 《郊特牲》首节孔疏云“……而贾逵、马融、王肃之等以五帝非天，唯用《家语》之文……”（《礼记正义》，第1444页）。此处所说王肃对“五帝”的理解与贾、马一致，正与《三国志·魏志·王肃传》所谓“肃善贾马之学，而不好郑氏”相合。又，细审孔疏此义，似乎贾、马均据《家语》而言，这与一般认为的马昭谓《家语》是王肃所增加，郑玄未见，直至王肃之后才“闻达”也微有不同。

③ 沈文倬《孙诒让周礼学管窥》，《宗周礼乐文明考论》（增补本），浙江大学出版社2006年，第460页。

五帝系统守得谨严"①,抵制纬书的影响,这可以说也从一个方面说明了王肃解经的平实化风格。清代虽然《家语》为王肃伪造之说几成定论,但仍有学者对王肃之说有较清醒的认识,如唐晏的《两汉三国学案》云:"考子雍之立异,夫岂出臆造?盖亦有旧说者存,后人无所考见焉耳。"②甚至,一些批评王肃的学者也不能不承认这一点。前面已经提到,范家相认为王肃主张的"迎长日之至"与"郊之用辛"俱是周之郊,而非鲁之郊,其实前承董仲舒、刘向;孙志祖也说:"据正义,则王肃之说亦本董仲舒、刘向。"③孙氏没再往下说,这很耐人寻味。其实,再往下的推论只能是,王肃的很多主张并非他自创新解,而是前有所承的,我们需要把《家语》的证据地位评价得那么高吗?倒是郑说杂糅今、古文,截断众流,依傍纬书,遂时有新奇骇异之论,然则从经学发展的宏观背景及内在理路分析,到底谁算是"异说"呢?同样,皮锡瑞也承认郑玄的兼综今古文为"坏乱家法",尤其认为"郑学出而汉学衰"④,应该说已经替我们对这个问题做了回答。皮氏又说,如果王肃公心驳郑,正确的方法应该是"分别家法",即以今文归今文,以古文还古文,理顺经学发展的知识谱系。⑤ 虽然在注经的总体风格上,王肃同样有兼宗今、古文的倾向,但很多时候却并没有郑玄走得那么远。至少从本文讨论的郊祀问题看,由于王肃之说多承贾、马、先郑诸儒,实际上无异于就是在恪守经学"家法"的传承谱系,如此,则皮氏理顺经学今、古文发展理路之期许可谓庶几,而对王肃偏执的"人品"质疑可以休矣!

其次,传统上,守郑学者每每视《家语》为王肃伪造以作为驳难郑玄的主要武器,皮锡瑞即云:"肃集《圣证论》以讥短郑,盖自谓取证于圣人之言,《家语》一书是其根据。"依皮氏此论,似乎王肃驳郑的主要证据就是一本《家语》,这其实是很不符合事实的。即如我们上面多次提到的,王肃经常是在

---

① 顾颉刚《中国上古史研究讲义》,第354页。

② 唐晏《两汉三国学案》,中华书局1986年,第363页。

③ 参前揭孙志祖《家语疏证》,第228页。

④ 皮锡瑞《经学历史》,第105页。

⑤ 皮锡瑞《经学历史》,第106页。

“考信于六艺”之后，顺便举《家语》为证，即如前文所论，《家语》之于王肃，准确地说是“锦上添花”，而并非“雪中送炭”。虽然本文仅系就郑、王郊祀分歧作分析，但笔者曾详考《五经正义》对王肃及《家语》之说的引据，同样发现这样一个特点，那就是王肃的证据远不止《家语》一书，或者说在王氏的证据系统中，《家语》也并不占据特别突出的位置。[①] 所以，笔者以为，传统上由于受郑、王之争的影响，《家语》在王肃驳郑证据系统中的作用实有被夸大化的嫌疑。其实，王肃要想树立新说，攻驳郑玄，以久不行于世、众人都不熟悉的书作为主要证据，其分量是很不够的。所以我们经常看到，王肃在与郑君立异时，每广引经子史传之书以为据——把这些广为学者熟悉的书拿来作为证据，从“出身”上来说显然较《家语》更有说服力。但《家语》毕竟系王肃驳郑证据之一端，而其“出身”上的微妙，终使申郑学者集中火力于此，竟然罔顾王肃的其他证据。实际上《圣证论》中王肃驳难郑玄未据《家语》者亦多有其例，[②]但申郑学者对此同样罔顾。这确是值得思考的现象。

从前面王氏引《易》、《礼》之说以驳郑来看，郑玄的“六天”说及“感生”说与其他早期经传的记载亦不能圆通，何独《家语》为然？何况《家语》之说还同见于《吕氏春秋》、《左传》等书。申郑者可能会觉得《吕氏春秋》这样的杂家之书不足为据，像马昭批评王肃为证“南风”之诗引《尸子》为据，可以说就出自这样的心理。[③] 马昭指《尸子》属“杂说”，“非正经，不足以证圣人之论”，问题是即便是“正经”，守郑学者又何尝太当回事？他们眼里只有郑玄为大。何况，对于先秦子书，郑玄也是多有引用的。尤其是，“礼失求诸野”，经、子之间于史实记载方面本多出此入彼之迹，故经虽无存，但“其轶乃时时

---

① 详参本书“流传及学术史编”中《〈五经正义〉对〈孔子家语〉依违举隅》一文。

② 参本书“流传及学术史编”中《王肃〈圣证论〉体例及论说考》一文。

③ 郑注《礼记·乐记》“南风”之诗，说“其辞未闻”，但王肃《圣证论》引《尸子》及《家语》却把歌辞和盘托出，所以马昭说：“《家语》王肃所增加，非郑所见；又《尸子》杂说，不可取证正经，故言未闻也。”以上可参《礼记正义》，第 1534 页。另，近来学者从文献及出土材料角度亦证明，《家语》所载的“南风”歌辞，是非常可靠的，并非王肃伪造，参王祎《〈礼记·乐记〉研究论稿》，上海人民出版社 2011 年，第 230—236 页。

见于他说"[1]之现象亦往往而在。像新近公布的清华简《说命上》,提到傅说之邑"在北海之州"[2],这里的"北海之州",学者发现除了与《墨子·尚贤下》可以对应,伪古文《书·说命》孔颖达正义引《尸子》亦有此说,[3]作为一部流传不广、比较生僻的子书,此条再次证明了该书的价值。另外,退一步讲,如果说《尸子》这样的先秦子书"非正经",那郑玄广为引据的纬书又怎样呢?

最后,从《家语》一书的内容往往又"互见"于他书的现象,我们说王肃驳郑的证据非止《家语》一书,但对于此种"互见"现象,辨伪学者同样有不同理解。由于《家语》的内容又多见于他书,如前所言,他们对于《家语》有些记载的材料本身可能也不否认,但他们之所以依然视《家语》为"伪书",主要是认为《家语》不过是利用了他书中零散的"原材料",并将它们整理成有背景、有结尾,且组织有序的"完整故事"而已。像上文提到的,《家语·五帝》篇的内容虽然又散见于《礼记·月令》、《吕氏春秋·孟冬纪》、《左传》昭公二十九年等篇,但只有《家语》是以季康子、孔子问答的形式说出,且组织有序、首尾完整,尤其是孔子的出场,无形中使得"原材料"有了炫目的光环和不容置疑的权威,即如孙志祖所说"假为季康子问答以驳郑康成六天之说"。再如本文集中讨论的《家语·郊问》篇,孙志祖援梁玉绳之说,认为该篇"杂采"了《礼记》中《郊特牲》、《礼器》、《玉藻》、《祭义》等篇内容,且"假为定公、孔子问对之词",于是就成了首尾完整的一篇。[4] 辨伪学者多倾向于认为这是王肃"造作"《家语》的常见套路,如前文所言,多将此名之曰"穿靴戴帽",即将其他文献中零散之材料,通过增加"背景"与"结尾"整合成完整故事的模式。这种《家语》辨伪的逻辑同样是值得商榷的。应该指出的是,《家语·五帝》篇孔子答季康子的内容,开头就是"昔丘也闻诸老聃曰……",此种语例《礼记·曾子问》篇多见,然则《礼记·曾子问》亦出王肃之手乎?另外,我们上文已从郑、王立说依据的不同,辨明王肃伪造《家语》实在没有多大必要,亦

---

① 司马迁《史记·五帝本纪》。

②《清华大学藏战国竹简(三)》(下),中西书局2012年,第122页。

③ 参《清华大学藏战国竹简(三)》(下),中西书局2012年,第124页,注释二十五。

④ 孙志祖《家语疏证》,第228页。

可见所谓“穿靴戴帽”的“造作”逻辑是颇成问题的。这方面,如果我们平心静气地去读读《家语·郊问》与《礼记》相关诸篇,其实是不难得出正确看法的。《家语·郊问》整篇都是定公与孔子围绕郊祭问题的问答,从郊祭名义到周、鲁郊祀之异同,再到郊祀用牲及郊祀礼仪等,可谓层次清晰,终始有序。而反观《礼记》诸篇尤其是《郊特牲》,则文句颠倒失次,真可谓杂乱无章,这一点连范家相都是承认的。但辨伪学者却反过来说《家语》这样组织有序的面貌是据《礼记》零散、错乱的诸篇重组的,问题是世间除了《家语》,再也没有这样一部书能使我们看出《礼记》诸篇中相关文句的关联性,并重组得这样天衣无缝。既如此,轻率地说《家语》是根据《礼记》诸篇错乱的材料整合而成,恐怕是不能服人的。

学者以“穿靴戴帽”指《家语》系袭《礼记》而来,实际上这还涉及如何看待“诸书互见”间的文献关系这样一个重要课题。论者主张“穿靴戴帽”及组织有序的《家语》系“造伪”,但我们同样可以举出不少相反的例证,那就是“穿靴戴帽”及组织有序的有时倒是故事本貌。篇幅所限,我们在此只举一个最典型的例子。《国语·鲁语上》中载有展禽针对臧文仲祭祀海鸟“爰居”,历举古来祀典之设的常制,从一般原则到历史史实,再到虞夏商周历代祀典之常,可谓层次清晰,终始有序。有意思的是,《鲁语上》的内容又部分见于《礼记·祭法》,分别是其中的“禘、郊、祖、宗”节和“先王之制祭祀也”节,但《祭法》全无对话的“背景”,且顺序较《鲁语上》又有颠倒。两相对比,《礼记·祭法》采录《鲁语上》的痕迹是很明显的,这也是学者们的普遍看法。① 《鲁语上》有人物对话的“背景”,且章节组织亦远较《祭法》为有序,如果依前述“穿靴戴帽”的辨伪逻辑,那就是《鲁语上》袭《祭法》而来,这显然是错误的。虽然此条不涉《家语》与《礼记》的对比,但《国语》有“背景”且组织有序、反而是本貌的事实,对于我们反思“穿靴戴帽”辨伪逻辑的有效性无疑是很好的参照。而且,此条亦是《礼记》与他书之间的对比,《祭法》相对《鲁语上》的零散和割裂,其实很好地印证了今本《礼记》在材料性质上多有

---

① 参王锷《〈礼记〉成书考》,中华书局 2007 年,第 162—163 页。

裒集、采录他书旧章的特点，今本《礼记》很多篇章文句讹漏、错简屡见，可谓职由是故。由此我们再来看《家语·郊问》与《礼记·郊特牲》之间整饬与零散的区别，难道不应该获得一点有益的启示吗？

综上所述，就郑、王二氏的立说依据看，传统辨伪学者指《家语》系王肃造伪以驳难郑玄，是很难站得住脚的：王肃之说不但不是什么挟私自创新解，相反却是对经古文家之说多有继承。就其立说引据看，也非止《家语》一书。传统辨伪学者囿于经学门户之见，拿《家语》一书大做文章，危言所及，似乎《家语》一书可以独当王肃驳郑的大任，实在是言过其实。另外，今天重提郑、王立说的不同也具有现实意义，那就是从知识考古学的角度考查郑、王两家之说的渊源所自，以"观念"而非"书"为单位探讨相关说法的由来。这样一种"观念"的追溯，不唯对我们了解古书形成的真实过程大有裨益，亦必将使我们重新认识相关文献及论说的史料学价值。

说“章甫”之冠

——兼论《家语》相关记载的可信性及先秦儒家群体意识的觉醒*

“章甫”，相传是殷代礼冠之名，而孔子及孔门后学尤喜之，甚至成为儒家标示身份的“儒服”之“标配”。不过，文献又言孔子葬时亦冠“章甫”，这则引起学者的强烈质疑，认为其尤不合葬式礼仪。这里拟对此试作考证，并就与此相关的《家语》一书的性质及儒家群体意识的觉醒问题谈一点不太成熟的看法，尚祈方家正之。

一、周尚“委貌”而孔尊“章甫”

经书中，“章甫”一名从一开始就是作为比较三代冠制差异而出现的。《仪礼·士冠礼·记》云：

> 委貌，周道也。章甫，殷道也。毋追，夏后氏之道也。

另外，《礼记·郊特牲》、《孔子家语·冠颂》中关于“三王之冠”的记载也大致与此雷同。①《白虎通·绋冕》对此“三王之冠”还有详细的说明：“委貌者，何谓也？周朝廷理政事、行道德之冠名，《士冠经》曰：‘委貌，周道；章甫，殷道；勿追，夏后氏之道。’所以谓之‘委貌’何？周统十一月为

＊ 本文原刊于《中国文化研究》2015 年第 3 期。

① 《礼记》之文与《仪礼》重出。

正，万物萌小，故为冠饰最小，故曰委貌。委貌者，委曲有貌也。殷统十二月为正，其饰微大，故曰章甫。章甫者，尚未与极其本相当也。夏者统十三月为正，其饰最大，故曰毋追。毋追者，言其追大也。”郑注《士冠礼》云：“委，犹安也，言所以安正容貌。章，明也，殷质，言以表明丈夫也。毋，发声也；追，犹堆也，夏后氏质，以其名形之。三冠皆所以行道也，其制之异同未之闻。”①其注《郊特牲》则云：“常所服以行道之冠也。或谓委貌为玄冠也。”②《释名·释衣服》：“章甫，殷冠名。甫，大夫也，殷以之表章大夫也。”从这些记载及解释来看，“章甫”作为代表“殷道”的冠名，与周之“委貌”、夏之“毋追”，区别明显，但其用途其实是一致的，即《白虎通》所谓“理政事、行道德之冠名”。《左传》昭公十年“晏平仲端委立于虎门之外”，杜注“端委，朝服”，尤可证。

礼书中关于三代礼冠形制之别已如上述，然则，这是否可信呢？夏代久远，难以质证，但殷、周之间的区别，史书所载确可证明上述礼书所云非虚。如周制为“委貌”，而史籍如《左传》、《国语》中即屡见“端委”一词，此即“玄端”和“委貌”的合并省称（《国语·晋语九》“端委韠带”，韦注“端，玄端也。委，委貌也”），而绝不见代表殷冠的“章甫”。兹将《左传》、《国语》等文献中之记载罗列如下：

1. 《左传》昭公元年：刘定公的话：“微禹，吾其鱼乎！吾与子弁冕端委，以治民临诸侯，禹之力也。”

2. 《左传》昭公十年：“晏平仲端委立于虎门之外。”

3. 《左传》哀公七年：“太伯端委以治周礼。”

4. 《国语·周语上》“……命于武宫，设桑主，布几筵，太宰莅之，晋侯端委以入。”

5. 《国语·晋语九》董安于的话：“方臣之少也……及臣之壮也……及臣之长也，端委韠带，以随宰人，民无二心。”

---

① 《仪礼注疏》，上海古籍出版社 2008 年，第 78 页。

② 《礼记正义》，上海古籍出版社 2008 年，第 1087 页。

6.《谷梁传》僖公三年:"阳谷之会,桓公委、端、搢笏而朝诸侯,诸侯皆谕乎桓公之志。"(范宁注:"委,委貌之冠也。端,玄端之服。")

从以上几例来看,"端委"不但多出现于周代朝觐、策命之正式场合,而且几乎成为代表中原礼乐文化与夷狄相区别的标识(《荀子》也用"绅委",与之近似的还有"搢绅",所谓"其文不雅训,搢绅先生难言之"),明乎此,则我们对何以"郁郁乎文哉"的周代行用"委貌"也会有更深的体会。江永《乡党图考》卷五《冠考》在举了《左传》的几处"端委"之例后云:"公西华言'端章甫',犹云'端委',未必有取于殷冠。"以为"章甫"、"端委"无别,则是明显错误,而且其下文还说:"孔子言'少居鲁,衣逢掖之衣;长居宋,冠章甫之冠',似'章甫'与'委貌'亦有微异。"明显前后矛盾,思多踌躇。[①] 江氏又云:"鲁人歌'衮衣章甫,爰得我所',又似当时'章甫'与'委貌'亦通行,可通称,未必夫子以殷人常服'章甫'也。"[②]其实,江氏所指鲁人歌出《孔丛子·陈士义》篇,该书晚出,与《左传》、《国语》等先秦史传不可同日而语。而且,下文将会提到,此处"衮衣"与"章甫"并提,显然是受孔子提倡"章甫"的影响。所以,"衮衣章甫"尽管用途及出现场合与《论语》之"端章甫"略同,但由此得出"端委"与"章甫"为一的结论,则明显错误。礼经既明言三代冠制不同,尤其是《左传》、《国语》清一色地用"端委"而非"章甫",则不唯周时用"委貌"可以肯定,即殷时用"章甫",也当属实。可为旁证的是《庄子·逍遥游》提到"宋人资章甫而适诸越"的典故,宋为殷微子之封国,再联系到孔子"长居宋,冠章甫之冠"的记载,这恐

---

① 江说见江永《乡党图考》,《清经解·清经解续编》第2册,凤凰出版社2005年,第2062页。胡培翚基本采用江氏说,针对郑注"其制之异同,未之闻也",胡氏云:"郑在汉时,既未之闻,则后世如《三礼图》等书所云,三冠制相似,皆漆布壳以缁缝其上,盖有难于征信者矣。"参见胡氏《仪礼正义》,《清经解·清经解续编》第11册,第3469页。另外,钱玄也说"端章甫"即"端委"(《三礼通论》,南京师范大学出版社1996年,第91页),大概惑于它们出现场合的相同,同样没有认识到"周道"、"殷道"的区别。

② 江永《乡党图考》,《清经解·清经解续编》第2册,第2062页。

怕也间接证明了“章甫”确为殷人旧制。①

周冠用“委貌”，区别于夷狄之礼，可谓其文郁郁。但是，倡言“郁郁乎文哉，吾从周”的孔子却弃“周道”而选择代表殷道的“章甫”，此又何也？关于这一点，我们从文献记载中不难找到答案。

《礼记·儒行》、《孔子家语·儒行》都记载：②

> 鲁哀公问于孔子曰：“夫子之服，其儒服与？”孔子对曰：“丘少居鲁，衣逢掖之衣；长居宋，冠章甫之冠。丘闻之也，君子之学也博，其服也乡，丘不知儒服。”

从此处来看，哀公劈头独拿“夫子之服”来问，可见孔子“冠章甫之冠”这样的服饰确可谓标新立异，特立独行！郑注说“见其服与士大夫异，又与庶人不同”③，正点出了夫子之冠的与众不同。而且，可能正是由于夫子常着“章甫”之冠，鲁君甚至以为此为“儒服”的典型冠制，故有此问。孔子对冠“章甫”之冠的解释，着重于两点，一则是“长居宋”，另一点则是“其服也乡”，这两点其实都指向一地：宋国。对于此地，孔子本人所谓的“其服也乡”，以及郑注、孔疏的解释，大有入乡随俗、随遇而安的味道，其实都不是要害，因为他后来更长的时间还是在鲁国生活，关键在于宋国是夫子先祖所居之地，郑注所谓“宋，其祖所自出也”④，这才是关键。因此，夫子舍“委貌”而冠“章甫”，就不简单是个“复古”的问题，因为如果要拨乱反正、复归旧礼的话，回到周文郁郁的“委貌”也就够了，而夫子直接选择殷制的“章甫”，其中

---

① 近代胡适的名文《说儒》，也注意到了后来儒家形成过程中的“殷制”因素，但又把这些因素过于夸大，甚至以为孔门弟子皆殷儒商祝，则属逻辑上的“急速推广”，后来钱穆对其有专门的批评（钱穆《驳胡适之说儒》，胡、钱二氏之文今可参张军编《大师说儒》，汕头大学出版社2008年）。不过，钱氏驳胡之文也有矫枉过正之处，那就是完全否认“儒”与“殷制”的关联，甚至指《儒行》之说为子虚，而礼经又受其误，明显又走向极端了。

② 此以《礼记》之文为准。

③ 《礼记正义》，上海古籍出版社2008年，第2215页。

④ 《礼记正义》，第2215页。

追念先祖的意思应该是很明显的,①《礼记·檀弓上》载夫子明言“丘也,殷人也”更可见一斑。

《大戴礼记·哀公问五义》、《孔子家语·五仪解》还记载:

> 哀公问于孔子曰:“寡人欲论鲁国之士,与之为治,敢问如何取之?”孔子对曰:“生今之世,志古之道;居今之俗,服古之服,舍此而为非者,不亦鲜乎?”曰:“然则章甫絇履,绅带缙笏者,皆贤人也。”孔子曰:“不必然也。丘之所言,非此之谓也。夫端衣玄裳,冕而乘轩者,则志不在于食荤;斩衰管菲,杖而歠粥者,则志不在于酒肉。生今之世,志古之道,居今之俗,服古之服,谓此类也。”

由此处记载来看,当哀公向孔子咨询该选择什么样的人“与之为治”时,孔子提出的标准是“志古之道”、“服古之服”,同样有追模古风的师古情怀。值得注意的是,哀公是把“章甫”与代表周代郁郁服饰文化的“绅带缙笏”并列,同样作为“服古之服”的例子,这也印证了我们上文的看法,那就是如果仅仅强调复古,无论是“章甫”还是“委貌”,都应该算。而孔子最终选择“章甫”,显然有特殊的考量。当然,从此处来看,夫子对于自己选择的解释有泛化的倾向:“服古之服”,孔子的师古情节甚至有“以服取人”的倾向,这也与《墨子》的《公孟》、《非儒》二篇中儒者所言“君子必古言服,然后仁”的精神是一致的,②以至于哀公都产生了误会:“然则章甫絇履,绅带缙笏者,皆贤人也?”孔子的回答表明,“章甫”之冠作为“服古之服”、“志古之道”的外在表征,尽管不能使每个人都变成贤人,但对于约束一个人的内在心志还是能起到作用的。孔子不乏泛化倾向的“服古之服”还表明,在一个礼崩乐坏、人心不古的时代,拨乱反正时“从周”、“从殷”抑或是“从夏”之类的道统问题,其

---

① 孔疏说“……应从鲁冠而犹著殷章甫之冠者,以丘为制法之主,故有异于人,所行之事多用殷礼,不与寻常同也”(《礼记正义》,第2218页),强调“制法之主”,过于迂曲。后世学者或以周用所谓四代、六代礼乐,来弥缝周用“委貌”而孔尊“章甫”的矛盾,其实都没抓住问题的本质(参程树德《论语集释》所引毛奇龄《论语稽求篇》、刘宝楠《论语正义》中的意见,第802—804页)。

② 参余治平《儒服、儒者与殷商宗教生活考论》,《河北学刊》2011年第6期。

实并不如后世理解显得那么重要了，[①]诚如《礼记·檀弓上》所载夫子临终自道：“夫明王不兴，而天下其孰能宗予？”道统问题既降为次要地位，收拾人心时就难免简洁明快、急功近利，那就是以“古”相尚。另外，哀公此处说古服的代表是“章甫绚履”，而《庄子·田子方》又载“儒者冠圜冠者知天时，履句屦者知地形”，“句屦”显即“绚履”，而“圜冠”者当即“章甫”之冠了。此处所载不只向我们透露了“章甫”之冠形制方面的信息，它还告诉我们，孔子选择“章甫”之冠除了追念先祖及以尚“古”外，可能还不能排除类似“知天时”这样的因素。

另外，《荀子·哀公》、《孔子家语·好生》篇还记载：

> 哀公问曰：“绅委章甫，有益于仁乎？”孔子作色而对曰：“君胡然焉？衰麻苴杖者，志不存乎乐，非耳弗闻，服使然也；黼黻衮冕者，容不袭慢，非性矜庄，服使然也；介胄执戈者，无退懦之气，非体纯猛，服使然也。”

此例其实还是哀公与孔子之间关于外在的“服”与内在的“仁德”关系的讨论。上一例已经表明，孔子对“章甫”之冠的偏爱，已经使人误会他是否会因此以“外在”决定“内在”，这一例哀公问得更为直接：外在的“章甫”之冠，就能直接决定内在的“仁”德吗？孔子当然不会如此绝对，但他回答哀公话中的三个“服使然也”，其实又说明，尽管“外在”不能决定“内在”，但很多时候“外在”的东西对于约束一个人行为和举止也能起到立竿见影的效果。另外，《墨子·公孟》篇还记载，作为儒者的公孟与墨子之间曾有“服然后行”还是“行然后服”的讨论，墨子历举齐桓、晋文、楚庄、句践等人虽所服不同，但俱能成功，周公、管叔虽同服却或仁或不仁的例子，说明关键不在“服”什么（《庄子·田子方》篇“君子有其道者，未必为其服也；为其服者，未必知其道也”显与此相类），其矛头明显是针对上述孔子的言论。从这些例子可以明显看出，虽然孔子自己说“不知儒服”，但由于他自己标新立异且身体力行，

① 前人鉴于周行“委貌”而孔尊“章甫”，颇觉讶然，甚至以为有“畔（叛）民”之虞（刘宝楠、钱穆都有此说，钱说当袭刘说）。当然，他们都以“章甫”当时亦有流行来尽量减缓这种紧张态势，其实都是以后世势同水火的道统观强替古人作解。

加上夫子在孔门弟子中的示范和表率作用，以"章甫"之冠为代表的服饰已悄然成为孔门师生甚至儒者中的新潮流，以至于被当作身份标识和人群区别的外在表征，时人当已把这样的服饰看成指代儒者的群体性"符号"，"儒服"问题已经成为当时非常突出的舆论话题。① 就此言之，前述江永推测说"章甫"与"委貌"当时均有流行，虽然没什么错误，但必须认识到，作为殷人旧制的"章甫"，由于孔子的偏爱和提倡，已经成为儒者群体身份识别的新标征，其性质显然与还在宋地流行的但更多是乡土与风俗意义上的"章甫"大为不同。近代以来，学者探讨"儒家"的起源，找出殷制与"儒"的诸多联系，②甚至甲骨文"儒"已多见，但孔子之前的"儒"其实更多地是指有特定职守的一类人，而孔门师生的出现，等于在这个旧有的群体中出现了一个更强调文化传授和精神修习的小团体，粗具后来"学派"的模样。③ 他们群体自觉意识的兴起，不光是由于诸如六艺或"先王之道"的共同追求，其外在的特别是服饰上靡然趋同，也当是不可小觑的因素。

还可进一步思考的是，"章甫"毕竟还只是"冠"，那其他服饰呢？由这里的"绅带缙笏"来看，除"冠"之外，孔子所服的，当还是周制。但这样一来，我们就会发现，孔子标新立异所倡导的服饰，其实是一种混合体：既有追念先祖的殷制，又有复归周文的周制。④《墨子・公孟》篇提到公孟见墨子时的着装是"戴章甫，搢忽，儒服"，"章甫"与"搢忽"并提，明显具有"复合"色彩，而且这样的着装就是"儒服"，这充分说明这种标识儒者身份的外在符号，实际

---

① 《礼记》、《荀子》、《家语》多有哀公与孔子关于"儒服"的讨论，正可见该问题在彼时舆论中的突出地位。另外《庄子・田子方》篇更载哀公说"举鲁国而儒服"，《庄子》一书虽多寓言夸饰，但此一语也从一个侧面反映出当时"儒服"问题的盛况。另外，近代齐思和先生专门有文《儒服考》(燕京大学历史学会编《史学年报》第一卷第二期，1930 年)，笔者虽多方搜求，但始终无缘一见，不能不说是一个遗憾。

② 胡适《说儒》，《大师说儒》，汕头大学出版社 2008 年；徐中舒《论甲骨文中所见的儒》，《四川大学学报》1975 年第 4 期。

③ 关于孔子在儒转变过程中的作用，可参王钧林《儒家的起源》，《门外说儒》，齐鲁书社 2002 年。

④ 前揭余治平文也提到孔子服饰的杂糅特征，可以参看。

上已经固化了。另外,《论语·先进》篇公西华所说的“端章甫”同样应该是“复合型”的(“玄端”与“章甫”;即使是前述《孔丛子》中的“衮衣章甫”,同样也是“复合型”的),①而公西华以之作为自己的理想,再次说明由于孔子的提倡,这种服饰已经在孔门弟子中深入人心了。孔门“儒服”的这种“复合”特征,透露出鲜明的理想主义色彩,正反映了在礼崩乐坏、人心不古的情况下以孔子为代表的儒家学者追求理想的努力。

二、孔子葬冠“章甫”的问题

作为“儒服”代表的“章甫”之冠,其重要意义已如上述。不过,关于“章甫”之冠,另外一则与孔子有关的材料则颇有争议。这就是《孔子家语·终纪解》篇关于夫子卒后“葬式”的记载,为讨论的方便,我们将全文移录于此:②

> 孔子之丧,公西赤掌殡葬焉,唅以疏米、三贝③;袭衣十有一称,加朝服一,冠章甫之冠,佩象环,径五寸,而綦组绶,桐棺四寸,柏棺五寸,饬棺墙,置翣。设披,周也;设崇,殷也;绸练设旐,夏也。兼用三王礼,所以尊师且备古也。

其中明确提到夫子葬时是“冠章甫之冠”,这一点却是与古代葬礼完全矛盾的,因为依古礼,人死之后从袭到小、大敛等一系列仪节是不能着冠的,更不要说“章甫”之冠了。《仪礼·士丧礼》“鬠笄,用桑,长四寸”,郑注:“不冠故也。”《仪礼·既夕》“其母之丧,则内御者浴,鬠无笄”,郑注:“无笄,犹丈夫之不冠也。”④由此来看,葬时不冠,确为礼制之常。近人曹元弼《礼经学》专门辟“死者不冠说”重加申论,并引徐乾学说来解释为何葬时不冠:“古人

① 或将此“端”理解为形容词“端正”,明显错误。

② 此处《家语》之文据同文书局本。

③ “贝”,同文书局本讹作“具”,当据丛刊本改。

④ 《仪礼注疏》,第1225页。

之袭敛,全体包裹,其内加冠则势有难容,故不得已而去之。意在坚束其尸,非以为容饰也。”又引吴绂之说云:“袭不以冠者,有掩以裹其首,则无所用冠。若有冠则不便于小敛、大敛之纵横收束也。”①原徐、吴氏之意,人死后从“袭”到“敛”,身体要裹以衣衾(多层),若戴冠,则“势有难容”,此说可谓颇有理据。所以,《家语》此处记载,就很令人生疑。清代孙志祖撰《家语疏证》,辨《家语》之伪,也视此处乃王肃作伪的铁证,其云:“此句(笔者按:即“冠章甫之冠”)王肃所增。《仪礼·士丧礼》郑注‘死者不冠’。又引贾公彦疏云‘生时男子冠,妇人笄’。今死妇人不笄,则知男子亦不冠也。《家语》云‘孔子之丧,袭而冠’,《家语》王肃之增改,不可依用也。”②值得一提的是,《家语》此处的记载还互见于《礼记·檀弓上》,但《檀弓上》所载,恰恰没有“冠章甫之冠”句,故孙说颇为后人所信从。另外,徐乾学对《家语》的说法同样表示质疑,而且不限于“冠章甫之冠”:“袭衣之制士三称,大夫五称。孔子即行大夫礼,亦止于五称,岂有用十一称之礼?况古之袭与敛皆不用冠,盖既加冒,则无所用冠也。此云章甫之冠,亦不可信,足知《家语》非古也。”③孙氏指“冠章甫之冠”为王肃所增,那是非常晚的;徐氏说《家语》“非古”,但是否能晚到魏晋时的王肃则没有明言,徐氏“非古”之意其实主要指《家语》所载“葬式”不符合礼制之常。所以,孙、徐对《家语》的看法并不完全一致,相对来讲,孙氏更激进些。

孙志祖说《家语》“冠章甫之冠”系王肃妄增,但我们知道前人指《家语》系“伪书”的最主要立论依据就是王肃要造作此书与郑玄争衡。因此如果此处真的是王肃妄增,那必然事关郑、王重要的经学分歧。但实际上《家语》此

---

① 曹元弼《礼经学》,北京大学出版社2012年,第365页。

② 孙志祖《家语疏证》,《续修四库全书》第931册,第245页。

③ 徐氏指“袭衣之制”《家语》与礼书不合。今按,《仪礼·士丧礼》“乃袭,三称”,贾公彦疏“此士袭三称,小敛十九称,大敛三十称”(《仪礼注疏》,第1080页),《士丧礼》又于“十九称”说“不必尽用”,但《家语》的“十一之称”到底是“袭”时,还是“小敛”时则是无法确定的。另外,《礼记·杂记上》“子羔之袭也”,计有五“称”,尤其是玄冕系大夫服,而子羔服之,郑注疑惑,“未闻子羔曷为袭之”(《礼记正义》,第1618页),说明彼时袭衣之制已乱,越制为常,子羔能袭“五称”,夫子“十一之称”又有什么奇怪的呢?

处所论，与郑、王的经学论争扯不上什么关系，尤其是王肃曾为《礼记》、《家语》都作过注，但于《家语》“冠章甫之冠”这样明显“另类”的记载却无一言及之，故“王肃妄增说”貌似有理，但其实说服力并不强。至于徐乾学指《家语》的记载于古礼不合确是实情，徐氏仅说其“非古”，但能晚到何时则没有明言。其实，文献及史实都告诉我们，很多违礼越制的事情有时也是很早的（详后）。还应该指出的是，徐氏指《家语》的记载于礼制不合，但读《家语》此段给我们的体会是，由孔门弟子负责张罗的夫子葬礼，从一开始就没准备把他搞成类似“陈俎豆，设礼容”的“标准”礼仪“走秀场”，而是带有浓厚的“理想主义”风格，它透露出弟子们对恩师无尽的推崇和爱戴。这种“理想主义”风格的一个明显证据是《家语》中言夫子葬式还有“设披，周也；设崇，殷也；绸练设旐，夏也。兼用三王礼，所以尊师备古也”。这种融汇夏、商、周三代葬仪于一炉的做法，显然是出自“理想”，而非礼制之常。学者可能会循上述孙志祖辨伪的逻辑，继续攻击《家语》此条亦非真，但请注意，《家语》这条记载还见于《礼记·檀弓上》，虽然《礼记》仅有“饰棺、墙，置翣。设披，周也；设崇，殷也；绸练设旐，夏也”，未见“兼用三王礼”字样，但这是呼之欲出的，而且郑君此处之注即云：“夫子虽殷人，兼用三王之礼，尊之。”①学者指《家语》的“冠章甫之冠”不合周礼，并力斥其伪，但为何对此处《礼记》及郑注混合三代葬仪的“理想主义”不置贬词？这明显有“双重标准”之嫌。

再回到《家语》记载的“理想主义”风格问题。《家语》及前引郑注都说夫子葬礼如此处理，是对孔子备极尊崇，这一点我们从文献屡见的孔门弟子对夫子仰之弥高来看，应该也是不难理解的。由于对恩师过于推崇，因此在葬仪上来点多有夸饰的、“理想主义”主义的做法是完全可能的，《礼记·檀弓上》类似的记载说明，这种“理想主义”的、于古礼不合的做法的出现可能并不晚。正义于《礼记·檀弓上》之“饰棺墙”说：“公西赤以饰棺荣夫子，故为盛礼，备三王之法，以章明志识焉。”②于《檀弓上》“子张之丧”章又说：“夫

---

① 《礼记正义》，第284—285页。

② 《礼记正义》，第285页。

子用三代之礼不为僭者，……夫子圣人，德备三代之文物也。"[1]我们不能不顾史实情境，过于拘执地动辄以"写实主义"的眼光看问题，以此辨伪，则更流于刻板、机械。考虑到夫子对"章甫"之冠的偏爱及此种冠制在孔门及儒者中的风行，特别是如前所述"儒服"问题在当时舆论环境中的重要性，那么夫子卒后，弟子出于推尊孔子及实现先师生前理想的目的而搞出点"理想主义"的葬式，又有什么好奇怪的呢？顺便说一句，《论语·先进》篇公西赤说自己的理想是"端章甫，愿为小相焉"，而《礼记》、《家语》都记载孔子葬时也正是公西赤此人"为志焉"，然则《家语》所言由其所主持的夫子葬仪"冠章甫之冠"恐怕就更非偶然了。

辨伪学者因《家语》孔子葬时"冠章甫之冠"不合礼制，就指其为后人生造，是非常鲁莽的。关键一点，是他们把礼制细则理解成亘古不变、远离社会生活的教条。实际上，礼是约定俗成的，时俗在变，礼也屡迁。《礼记·坊记》云"礼者，因人之情而为之节文"，既强调"因人之情"，就不能不顾特定的历史情境。《礼记·礼器》又云："礼，时为大，顺次之，体次之，宜次之，称次之。"由此可以看出，在礼制施行的过程中，能够因"时"应变才是最高的原则，正因此，所以下文才说"尧授舜，舜授禹；汤放桀，武王伐纣：时也"。或禅让，或革命，都是因时而变的体现，是绝对不能胶柱鼓瑟、死守教条的。礼学之所以有所谓经、权之变，可谓职由是故。实际上孔子本人也正是"礼之时"（"圣之时"的体现）或者说"权礼所施"的身体力行者。《论语·子罕》："子曰：'麻冕礼也，今也纯，俭，吾从众。'""麻冕"虽然属礼制之常，但"今也纯，俭"，时俗如此，孔子是不惮于违礼而"从众"的。所以，变礼而为非但不是什么大不了的事情，甚至是礼制生活的常态。而且，由于约定俗成特别是先行者的示范作用，很多时候，偶然一次的"权礼"而为，甚至随之就固化为新的礼制"常态"，因此就由"权"而"经"了。文献中这样的例子可以说举不胜举。

《礼记·檀弓上》记载：

---

① 《礼记正义》，第287页。

> 鲁庄公及宋人战于乘丘。县贲父御,卜国为右。马惊,败绩,公队。佐车授绥。公曰:‘末之卜也。’县贲父曰:‘他日不败绩,而今败绩,是无勇也。’遂死之。圉人浴马,有流矢在白肉。公曰:‘非其罪也。’遂诔之。士之有诔,自此始也。

所谓“士之有诔,自此始也”,言下之意,依礼,“士”卒后本不该有诔,庄公为之诔,无疑就是“变礼”。然则,是什么原因导致庄公“变礼”而为呢?原来是庄公曾经误解、冤枉过人家,而且县贲父为此丢了性命,自杀以明志。庄公后来明白“非其罪也”,可以想象他的自责和悔恨。如果结合这样的情境来看的话,庄公“变礼”而为之诔,不但不会因为违礼而被列入道德的审批席,反而因为平添了一些人情味,而让人觉得他有情有义。于是乎,这种“变礼”反而因为这些人情味而拥有道德的优势了。“自此始”一句更进而说明,士阶层卒后的相关待遇可能因此就迎来历史性转折,这样一次偶然的“变礼”,以后就约定俗成,遂成定制了。可为旁证的是,《仪礼·士冠礼》“死而谥,今也。古者生无爵,死无谥”,贾疏:“士之有诔,自鲁庄公始也。若然,作记前庄公诔士至记时亦行之,故此礼云‘死而谥今也’。”此可为一证。

由此观之,孔子葬时“冠章甫之冠”虽有违礼制,但毕竟也出于弟子推尊孔子的人情之常,是毫不奇怪的,我们不能循此指《家语》为作伪。至于弟子对大了的极端推崇,谨再尝试论之。

三、弟子对夫子的极端推崇问题

上文提到《礼记》及《家语》所载孔子的葬式具有明显的“理想主义”特征,这其实反映了弟子对夫子的极端推崇。前几年学者鉴于后世对孔子奉若神明,转以“丧家狗”目之,希望还其本相。其实,夫子声名的隆升是很早的事,在弟子心目中其形象之高大尤其如此。这方面,文献的记载是很多的:

> 《论语·子罕》颜渊的感叹:“仰之弥高,钻之弥坚。”

《论语·子张》子贡的话:“他人之贤者,丘陵也,犹可逾也;仲尼,日月也,无得而逾焉。”同篇子贡又说:“夫子之不可及也,犹天之不可阶而升也。”

《墨子·公孟》公孟的话:“今孔子博于诗书,察于礼乐,详于万物。若使孔子当圣王,则岂不以孔子为天子哉?”

最有名的还是《孟子·公孙丑上》所载诸位弟子对孔子的称颂:

宰予:“以予观于夫子,贤于尧舜远矣。”

子贡:“由百世之后,等百世之王,莫之能违也。自生民以来,未有夫子也。”

有若:“出于其类,拔乎其萃,自生民以来,未有盛于孔子也。”

前人有鉴于战国时期不同学派之间的争衡,可能会觉得上述弟子对夫子的极端推崇可能出于张大儒家学派自身的考虑,因此未必符实,但近年公布的上博竹书《君子为礼》,却使我们看到与孟子所述大致相同的内容:

子羽问于子赣(贡)曰:“仲尼与吾子产孰贤?”子赣曰:“夫子治十室之邑亦乐,治万室之邦亦乐,然则[贤于子产]矣!”“与禹孰贤?”子赣曰:“禹治天下川[ ]……以为己名。夫子治《诗》、《书》……非以己名,然则贤于禹也!”“与舜孰贤?”子赣曰:“舜君天下……”①

其中“子羽”当即《论语·宪问》中的“行人子羽”,就是郑国的公孙挥。②子羽问子贡关于孔子与子产、禹、舜等人比较的问题。子贡依次说夫子“贤于”子产、禹,虽然竹简有所残损,不能得睹全貌,但依文理逻辑,简文最后的

① 释文参考徐少华《论竹书〈君子为礼〉的思想内涵与特征》,《中国哲学史》2007年第2期及浅野裕一《上博楚简〈君子为礼〉篇与孔子素王说》,《简帛》第2辑,上海古籍出版社2007年。

② 徐少华先生以为此“子羽”亦系孔门弟子,大概是将其误会成澹台灭明了,但从其称“吾子产”来看,其当为郑国的子羽是无疑的。徐说见《论竹书〈君子为礼〉的思想内涵与特征》,《中国哲学史》2007年第2期。又见《试论出土文献整理与解读中的二重证据法》,“全球视野下的黄河文明起源与发展国际学术研讨会”会议论文,2012年11月,河南大学。

结论也必然是“贤于舜矣”，其对孔子的极端推崇可以说与孟子所述宰予等人的意见如出一辙。尤其是，说孔子贤于禹、舜是出自子贡之口，这也与《论语·子张》、《孟子·公孙丑上》所载子贡对夫子的评价完全一致。所以，文献记载夫子卒后，子贡能庐墓而守六年，说明绝不是偶然的。由此看来，虽然孔子生时谦称“若圣与仁，则吾岂敢”（《论语·述而》），而且说“禹，吾无间焉”（《论语·泰伯》），但由于其自身的人格魅力，他在弟子心目中的形象却是空前绝后的：或参之日月，或比之山岳。特别应该指出的是，在孔子本人那里，尧、舜乃人间圣王，无以复加，但在弟子心目中，不但将恩师与之并列，甚至还要凌越其上，这样圣统的谱系就要来个彻底的重排：夫子应居第一。学者因此认为，这实际上是后来“素王”之说的滥觞，①也是不无道理的。既然夫子形象在弟子那里高大如许，回头再来看其卒后类似“冠章甫之冠”这样不乏“理想主义”的葬式，又有什么好奇怪的呢？

以上弟子对夫子的极端推崇，学者或以为体现了战国时期百家争鸣，互相贬抑、言辞极端的特征，②似乎纯为争胜，不乏意气，但从上述诸位弟子对夫子的评价看，这种高度评价是很早的，尤其是它出自弟子师门从游的亲身体会，而绝非仅仅为了在学派间争胜才如此。不过，也应该看到，弟子对乃师的推崇和追颂，无形中也加强了孔门弟子之间的凝聚力，并因此使得孔门弟子的群体自觉意识愈发突出。这方面，我们从《礼记·檀弓上》的一处记载就可以看得很清楚。

> 子夏丧其子而丧其明。曾子吊之曰：“吾闻之也：朋友丧明则哭之。”曾子哭，子夏亦哭，曰：“天乎！予之无罪也。”曾子怒曰：“商，女何无罪也？吾与女事夫子于洙泗之间，退而老于西河之上，使西河之民疑女于夫子，尔罪一也；丧尔亲，使民未有闻焉，尔罪二也；丧尔子，丧尔明，尔罪三也。而曰女何无罪与！”子夏投其杖而拜曰：“吾过矣！吾过

---

① 参见浅野裕一《上博楚简〈君子为礼〉篇与孔子素王说》，《简帛》第2辑，上海古籍出版社2007年。

② 参上揭徐少华先生文。

矣！吾离群而索居，亦已久矣。”

这段话中，曾子批评子夏有“三宗罪”，其中两点非常值得注意。其一是“退而老于西河之上，使西河之民疑女于夫子”，也就是说子夏老而教于西河之上，成一方名师，以至于西河之民都认为子夏比得上夫子，这无疑动摇了孔子至高无上的地位和权威，在以曾子为代表的孔门弟子看来，这是最不能接受的。由此又使我们联想到，孔子卒后一度有人欲推有若继承之，[①]但最后也不了了之，此与这里“疑女于夫子”的精神恐怕也是一致的，那就是它与推尊孔子的无上权威是相悖的。第二点罪状，说他“丧亲”之时，未能谨守其礼，老百姓因此没觉得他有什么值得称道的地方，表面上看似乎是责备他本人做得不好，其实弟子行为均体现夫子所教，因此散之四方的孔门弟子，其言行举止，往往也被视为夫子遗教的体现和传播，而子夏“丧亲”，民众却“无所闻”，等于是在传播夫子学说方面没有尽到责任，这才是曾子生气的真正原因，其背后推尊先师的意思仍是很明显的。最值得注意的是子夏在曾子的批评之后幡然醒悟，而且说“吾离群而索居，亦已久矣”，“离群索居”一语最为精到，子夏为此痛心疾首，反过来又说明，夫子虽去世，但孔门弟子的这个“群”还是非常具有凝聚力的，虽然弟子们散之四方，但都自觉维护先师的权威，且以传播先师的学说为己任。正是从这个意义上讲，我们才说对先师的推尊等于是强化了孔门的凝聚力，而他们的群体意识也在这个过程中愈发觉醒了。

① 参见《孟子·滕文公上》、《史记·仲尼弟子列传》。

“盗者之真赃”

——由王国维对孙志祖《家语疏证》的推许说经典辨伪学“范式”的扩大化问题*

引　言

说到中国辨伪学的历史，早的虽可以远溯到西汉时对张霸所谓“百两”篇的揭露，但毕竟还是比较孤立、偶发之事件，一直要到唐、宋的“疑经”、“疑子”运动，辨伪之意识才渐成潮流，而真正使辨伪学完成从理论到方法这样一整套规范构建的，则是从清初到乾嘉时期对伪古文《尚书》的揭批和辨伪。其中代表，如阎若璩的《尚书古文疏证》，一般认为是对梅氏古文《尚书》辨伪的定案之作；其后如惠栋的《古文尚书考》，也被认为使伪古文《尚书》辨伪在方法上更趋完备。虽然清代及后来亦时有学者如毛奇龄者为伪古文《尚书》进行辩护，但并非主流，且常被视为朽陋；相反，由于阎、惠等氏的工作，今传古文《尚书》之为“伪书”则深入人心，可谓定谳无疑。正因此，我们也可以说，阎、惠等氏对今传古文《尚书》的辨伪实际上确立了中国经典辨伪学的一整套“范式”，对后来的古书辨伪活动影响至深且巨。关于这一点，我们从后来王国维《今本竹书纪年疏证·自序》中就可以看得很清楚，其文略谓：

昔元和惠定宇征君作《古文尚书考》，始取伪古文《尚书》之事实文

* 本文原刊于《齐鲁学刊》2013 年第 1 期。又，清华大学 2013 年刘巍博士论文《〈孔子家语〉公案探源》，其中第五章亦关注与本文类似之问题，读者可以参看。

句，一一疏其所出，而梅书之伪益明。仁和孙颐谷侍御复用其法，作《家语疏证》，吾乡陈仲鱼孝廉叙之曰："是犹捕盗者之获得真赃。"……乃复用惠、孙二家法，一一求其（笔者按：即今本《纪年》）所出，始知今本所载殆无一不袭他书……①

从这段话中我们可以看出，在王氏看来，孙志祖的《家语疏证》及他本人的《今本竹书纪年疏证》都是效法惠栋之《古文尚书考》的，惠氏之作对于中国经典辨伪学"范式"的奠定，可见一斑。而其"范式"最显著者，其实类似"辑佚"的方法，即将古书中之相关引文及内容一一找出，以见所谓"伪书"的材料渊源所自，王国维引同乡陈鳣的话，说得更形象：这就好像抓偷盗者拿到了"真赃"。② 胡适曾把从梅鷟到阎若璩的古文《尚书》辨伪之法断为发现了伪古文《尚书》的"娘家"，③同样形象且有趣。由于今传古文《尚书》辨伪所取得的巨大声威，此方法遂具有明显的"示范" 意义。从新近公布的清华简《尹诰》、《说命》等篇看，梅氏所献古文《尚书》确非先秦旧本。但这是否意味着自毛奇龄以来对伪古文《尚书》辨伪方法的质疑毫无价值呢？恐又不尽然。不过，我们说孙志祖《家语疏证》运用古文《尚书》辨伪之法的有效性值得怀疑，关键不在"辑佚"方法本身的有效性问题，实缘于孙氏"疏证"《家语》材料所出的操作方法甚至都不能算"辑佚"。换言之，孙氏搜辑《家语》材料来源以辨该书之伪的方法，虽然貌似与阎、惠等人的"辑佚"类似，其实却有本质的不同，这种不同才是导致其有效性被彻底消解的原因，谨试为论之。

一

《孔子家语》一书，汉志著录为二十七卷，而今本《家语》则是十卷四十四

① 参见方诗铭、王修龄《古本竹书纪年辑证》，上海古籍出版社 1981 年，第 188 页。

② 皮锡瑞也将搜辑"古文尚书"材料出处之举称为找到了"真赃实证"，但以为朱子始肇其端，并不恰当（参《经学通论》，中华书局 1954 年，第 83 页）。

③ 胡适《治学的方法与材料》，《胡适文存》三集，《胡适全集》第 3 卷，安徽教育出版社 2003 年，第 132—133 页。

篇，王肃注。自王肃注本出，尊郑学的马昭等人就攻击此书，此后怀疑之声一直不绝于耳。但这些怀疑都没有付诸详细的论证，一直要到清乾嘉时期，才有孙志祖《家语疏证》这样系统的辨伪之作，而此时也恰是阎若璩、惠栋等人对梅氏古文《尚书》的辨伪深入人心之时，孙志祖的《家语疏证》在这个时候问世应该说不是偶然的。据《清史稿》记载，志祖字贻谷，浙江仁和人（今属杭州），乃乾嘉时著名学者；《家语疏证》之外，孙氏尚有《读书脞录》、《文选考异》等著作为世所称。① 关于《家语》一书，清初姚际恒即指斥为"伪书"，姚氏之书虽考证未精，但因是辨伪专书，故自问世以来，在学界有极大的影响，②因此，志祖之《家语疏证》可以说是在伪古文《尚书》辨伪和《家语》伪书说的共同影响下写成的，而此书搜讨之富、考辨之精，诚为专门之作，胜之姚际恒辈又远矣。《家语疏证》最早刊于乾隆末季，③今《续修四库全书》有收录，书前还有陈鳣、梁玉绳二人所作的序，而所谓"盗者真赃"的话，即出自陈序，其文称：

> 今世所传《家语》十卷，凡四十四篇，王肃注。昔人多疑之，而未有专书。同郡孙颐谷侍御作《疏证》六卷，断为王肃伪撰。余读而叹曰："详哉言乎！是犹盗者之获得真赃矣。"

陈氏之所以这么确定地说孙氏之书对于《家语》辨伪俨然"盗者之获得真赃"，关键在于《家语疏证》一书从方法和体例上看，是逐章寻找《家语》一书内容见于他书者，王国维所谓"一一疏其所出"，这就等于明白揭示了《孔子家语》一书的材料来源。当然，在孙志祖看来，这即是发掘出了王肃的"作

---

① 参见《清史稿·列传第二六八》。

② 参见顾实《重考古今伪书考·自序》，上海大东书局 1926 年。另，蒋维乔为顾书所作序中，亦提及姚书"家喻户晓"之情形。

③ 学者或以为初刊于嘉庆间（虞万里《上海图书馆藏稿本〈礼记订讹〉初探》，《中国经学论集》，方光华、彭林主编，陕西人民出版社 2009 年，第 241 页），乃本之《贩书偶记》，不确。近览新浪网上有"土圣叹"博客者，中有博文《题江青旧藏乾隆刊本〈家语疏证〉》（http://blog.sina.com.cn/s/blog_51d956da0100brkt.html），专门对此本刊刻年代进行澄清，尤其是举梁玉绳序中"乙未"年与"十九"年之证，可从。

伪"之迹。从方法上来说,孙氏的这一考辨路数确实与伪古文《尚书》辨伪之法暗通心曲。学者甚至直接将孙书与阎若璩的《尚书古文疏证》相媲美,亦可为佳证。[①] 孙氏书中不时流露出对伪古文《尚书》辨伪学术史的谙熟,[②]亦可佐证他对伪古文《尚书》辨伪之法的借用确实是有意识的。孙书体例,于《家语》每一章下,均详注出处,其措辞则用"此袭"云云,显以《家语》所载系抄袭他书而来。遇他书文字明显优于《家语》者,孙氏还时时进行辨析、考证。另外,为孙志祖《家语疏证》作序的梁玉绳在序中还提到另外一件有趣的事。梁序言及他本人曾与好友翟灏(晴江)曾在"夜永酒阑"之际,"论及王肃撰《家语》难郑氏,思欲搜考以证其伪",于是两人"因握笔互疏所出,十得五六,旋各罢去,荏苒十有九年,不遑卒业",看来当初梁、翟二人都曾有"疏证"《家语》之稿。梁、翟二氏仅仅激于意气,便率尔"握笔互疏所出",而且竟至"十得五六",不能算少,一方面再次说明了其时学者的文献功夫,另一方面也说明当时类似孙志祖这样对今本《家语》不满的学者看来确实已不在少数。这里尤其要提到为梁氏所未见的范家相的《家语证伪》。家相字左南,浙江会稽人,亦乾隆年间著名学者。范氏行辈稍长于孙志祖,范书前有罗暹春所作序,末题"乾隆三十二年丁亥三月",则范书当写成于1766年之前,视之孙书仍要稍早,但范书《家语证伪》的刊刻却迟至清光绪间,故长期无人知晓(今收入《续修四库全书》)。观范书体例,先是逐章列出《家语》原文,然后再注明《家语》各章出自何书,其措辞则常以"此本某某书"为常,其以《家语》袭自他书明矣(故其书名题"家语证伪")。就方法来讲,范书其实与孙书大体雷同,[③]都是化自伪古文《尚书》的辨伪之法:详究《家语》材料之来源,

① 周中孚推许孙书"不啻如阎氏之《尚书古文疏证》也",参《郑堂读书记》,上海书店2009年,第545页。

② 如孙氏针对《家语·辨物》篇"孔子在陈"章"昔武王克商,通道于九夷百蛮"说"案伪古文《尚书·旅獒》语出此",论《家语·哀公问政》篇"择善而固执之者"时又说:"梅鷟论伪古文《尚书》,谓朱子之明过于郑侨,晋人之欺,甚于校人,予于《家语》亦然。"以上分别见孙志祖《家语疏证》,《续修四库全书》第931册,上海古籍出版社2002年,第213、215页。

③ 可参萧敬伟《论清代〈孔子家语〉研究专著》,《东方文化》(香港)第41卷第2期(2008年8月)。

以得所谓“盗者之真赃”。范书虽晚至光绪间刊刻，但清末、民国以降，此二书大为流行，学者言《家语》必每举此二书，而《家语》之为“伪书”似乎亦几成定案，故二书之方法影响至深且巨。这种影响甚至已经超出经学或古文献研究的范畴，几有变成普遍“范式”的趋势。古代小说及戏曲史专家孙楷第先生曾说《包公案》的形成简直就是“王肃伪撰的《孔子家语》”，“全书百则，除极少数外，几乎全由他书抄袭而来……”，因此他说自己对此书的研究方法就是“爰师孙志祖《家语疏证》之意，将小说所记各事，就个人所知，一一注其出处……”[①]孙先生虽然说其书“爰师孙志祖《家语疏证》之意”，但实际上很明显，他依然是受到了经典辨伪学“辑佚”“范式”的影响。

不过，即便是在乾嘉时期《家语》伪书说深入人心之时，仍旧有学者对此有不同意见，最具代表性的就是陈士珂。有意思的是，就方法上讲，陈氏与范、孙二氏并无多大差异，但结论却迥异。陈士珂字琢轩，亦乾嘉间学者，其著《孔子家语疏证》刊于嘉庆间。就时序上讲，陈著之刊刻应稍晚于孙书，但陈氏似未见孙书。[②] 陈书前有陈氏族人陈诗所撰的序，序中称《家语》一书“近之宗汉学者遂置不道”[③]，这应该反映了当时学者类似上述范、孙二氏的主流看法。陈书体例上较近范书，那就是先逐章列出《家语》之文，然后再备列与《家语》对应的他书文字。不过，与范、孙二书偶有考证不同的是，陈书绝无考证，而仅限于搜讨与列出《家语》对应文献，故一度还有学者误会陈氏也是《家语》辨伪阵营的。[④] 学者的误会，正说明单就方法上讲，自王国维以来为学者所艳称的经典辨伪学的这种方法，是可以为双方所利用的，李慈铭就说：“……然列引诸书以见其所本，适以发作伪者之覆，亦未始不与孙氏（笔者按：即孙志祖）同……”有鉴于此，由范、孙的方法推出《家语》作伪的结论严格说来并不具有必然性。然则，此方法的毛病到底何在呢？

---

① 孙楷第《包公案与包公案故事》，《沧州后集》，中华书局 2009 年，第 47 页。

② 参李慈铭《越缦堂读书记》，中华书局 2006 年，第 21 页。

③ 陈诗《孔子家语疏证序》，上海书店 1987 年据商务印书馆 1940 年版影印。

④ 黄云眉《古今伪书考疏证》、张心澂《伪书通考》均有此误，亦可参上揭萧敬伟文。

二

虽然范、孙二人都自觉地运用阎、惠二氏之法来辨《家语》之伪,但细加分析,我们还是可以看出明显的不同。最直观的,我们从两者的难易程度上就可以略窥端倪。回顾伪古文《尚书》辨伪的历史,从宋代吴棫、朱熹的庶事草创,到元代吴澄、明代梅鷟初次揭示伪古文可能的材料来源,然后是阎若璩、惠栋等人的集其大成,前后共历六百余年的时间,尤其是单阎氏个人就要花费数十年,这正说明"古文尚书"的辨伪之难。其难点之一即为像王国维所揭示的,要在"海量"的其他文献中搜辑只鳞片爪的所谓伪古文《尚书》的"材料出处",这不啻大海捞针。但与此不同的是,对于范、孙等《家语》辨伪学者来说,搜讨《家语》的材料来源却相对容易得多。当然这不排除前面有伪古文《尚书》辨伪方法的"示范作用",但更重要的是,就材料来源说,其他文献中与《家语》对应的内容,已不再是零散、淹没、不易见的材料,亦非只鳞片爪,而是司空见惯,洋洋大观,有的整章、整篇,甚至连续数章都见于《家语》。而且,能够与《家语》内容相对应的,经常是同时有多种文献,其极端者可多至近十种。因此,要找《家语》的材料来源,无疑要远较伪古文《尚书》的辨伪容易,范、孙二氏能在互不知晓对方之书的情况之下短时间内各自著书,可为一证。前举梁玉绳、翟灏二人甚至能在酒酣耳热之际,率尔操笔,就顷刻能得"十之五六",其便捷易行,类乎文字游戏,洵非搜辑伪古文《尚书》、今本《竹书纪年》的材料来源之难可比。

辨伪学者如此容易地找出《家语》的所谓"材料来源",是造假者手段低劣吗?非也。关键在于《家语》见于他书的内容,根本就不是所谓的"散佚",实乃先秦、秦汉古书体例中司空见惯的"互见"现象。前举陈士珂的《孔子家语疏证》与范、孙采用同样的方法搜讨《家语》一书的材料来源,但却认为《家语》不伪,正说明陈氏对于他书中与《家语》相关之材料的认识是与范、孙不同的。前引陈诗的序中曾提到陈士珂说:"且予观周末汉初诸子,其称述孔子之言,类多彼此互见,损益成文,甚至有问答之词主名各别,如南华重言之比,而溢美溢恶,时时有之,然其书并行,至于今不废,何独于是编而疑之也?”陈氏所谓“彼此互见,损益成文”、“然其书并行,至于今不废”,正道出了彼时古书内容上互见、重出乃常见体例,是不能循“辑佚”的逻辑率尔指它们为伪书的。尤其重要的是,陈氏还提到体例上与《孔子家语疏证》相同的自己的另外一部书,即《韩诗外传疏证》,此书写法上也与前者相同。陈氏举此颇有深意:《韩诗外传》内容上与他书之间互见、重出同样比比皆是,但后人谁因此怀疑它是伪书了?这确是值得反思的例子。在上述辨伪学者的话语系统中,对所谓《家语》“袭”他书,均认定为“非法”,认为系王肃剿袭他书而成。但正如前文所指出的,先秦两汉之书,彼此之间“互见”、“重出”现象极为普遍,我们显然不能说它们之间是谁抄了谁,并课之以“作伪”的价值评判。就此而言,辨伪学在这里实际上有个适用“限度”问题:秦汉及以前书中的“互见”、“重出”,其实已不适合用传统辨伪学的标准来讨论。伪古文《尚书》与诸书引文之间从古书散佚角度所说的“互见”问题(何况这本来就有待讨论),与《家语》、其他文献之间因有共同材料来源所致的“互见”显然有本质的不同,不分青红皂白地将伪古文《尚书》的辨伪之法用于先秦、秦汉古书中的诸书互见现象,必然导致辨伪“范式”的“扩大化”。王国维在判定今本《竹书纪年》系搜辑、拼凑古本材料而来时,曾有一个极端的说法:“夫事实既具他书,则此书为无用,年月又多杜撰,则其说为无征,无用无征,则废此书可……”如果像王氏认定的,《家语》作伪逻辑也与今本《竹书纪年》一样的话,则就等于说今本《家语》同样可以废弃。今天,在《家语》内容与多宗出土材料能够对应的情况下,谁还会说这样的话?再进一步说,如果像《家语》这样与他书之间存在“互见”现象就可以指为伪书而被废,那么《荀子》、《韩诗外传》、《说苑》、《新序》这类的任何一部书都可以废弃,这又是何等荒谬!

上文提到,与《家语》类似的早期古书与他书之间的互见、重出现象本来多有,后人却不以为意,为何单单跟《家语》过不去?主要还在于《家语》“出身”上的问题。依传统看法,此书是王肃攻驳郑玄的有力武器,而此书郑君未见,至王肃时始出,这就不能不启人疑窦。在清代乾嘉宗汉学的风气下,学者于经学史上的郑、王之争多援郑驳王,这本来自可想见,也意味着学者指王肃伪作此书,多少还是有点成见先行的因素。但请注意,一旦认定王肃伪作此书,等于同时框范了该书的作伪时限,而这样的时限又经常与上述学者对《家语》抄袭自他书的认定大成龃龉。换言之,也就是说“作伪”的时间和“作伪”的事实并不“匹配”,以时间而论,“作伪”者王肃经常是并不“在场”的。在这里,我们只举一个例子。《礼记·仲尼燕居》篇内容多互见于《家语·论礼》篇,但两者之首章《礼记》较《家语》多出了“师,尔过;而商也,不及。子产犹众人之母也,能食之不能教也”。笔者曾经证明,《礼记》多出的这部分内容,当为衍文无疑。[1] 特别是“子产犹众人之母”事又见于《家语·正论解》篇,但在此篇中却是文从字顺。这说明“子产犹众人之母”事当是错简于《礼记·仲尼燕居》篇中。或者说,当初在《礼记》材料中也当有《孔子家语·正论解》之子游问子产事一章,这样才会有错简的材料保证。只不过,此则材料很早的时候就从《礼记》中散失了。郑玄所见,已是今本的样子,这说明这则材料至少在郑玄之前,就已经从《礼记》中散失。这一事实就突出说明了“作伪”的时间和“作伪”的事实并不“匹配”。比如辨伪学者总说《家语》与《礼记》对应的部分为袭《礼记》而来,即便此说真能成立,《家语·正论解》此章也不会是因袭今本《礼记》,因为今本《礼记》并无此内容,甚至郑玄所见已是今本的样子,而只能是因袭“古本”《礼记》材料,换句话说,如果说真的是《家语》“因袭”了《礼记》,那这样的“因袭”也应该是很早发生的,至少在郑玄之前,这与辨伪学者常说的这样的“因袭”系由后来的王肃实施或《家语》成书于魏晋,岂不是矛盾的吗?这种作伪“时间”和“事实”的不匹配,其实即说明了经典辨伪学“范式”简单化地往《家语》“扩大”是有问题的。

另外,就“互见”问题来说,由于与《家语》“互见”的常常是多种古书,而且规模上还往往是整章甚至整篇的,因此师承伪古文《尚书》辨伪“范式”的《家语》辨伪,还要经常面临自己独有的问题。那就是这么多与《家语》“互

---

① 参见本书“诸书‘互见’编”中《由〈孔子家语·论礼〉说〈礼记·仲尼燕居〉的一处衍文》一文。

见”、“重出”的文献，要说《家语》“抄袭”，究竟是“抄袭”哪本书的呢？这个问题回答不好，“抄袭”的判定是难以服人的。但范、孙等学者对此问题的认识恰恰是模糊的，或者说根本没有认识到此问题的重要性。孙志祖在面对《家语》内容与众多古书互见、重出时，往往只是笼统地说“此袭”，然后就在后面罗列一长串古书，这种不唯一的判定，其实是苍白无力的。更值得注意的是，孙氏经常是在前面刚刚说完《家语》“抄袭”“多种”古书，接下来就在《家语》与这些古书之间进行文本校勘——既然是“抄袭”，为什么《家语》文本与他书之间存在这么多不同呢？更绝的是，从孙氏的校勘中，我们往往看到，《家语》与诸书之间的“互见”经常是：甲处与 A 书同，乙处与 B 书同，丙处与 C 书同，丁处与 D 书同……综而言之，《家语》短短的一章，竟然在不同地方与多种古书相合。也就是说，《家语》的内容实际上不与任何古书完全相同。《家语》与他书之间的这种“综合性”的“互见”，正昭示了孙氏笼统说“此袭”的毛病。如《家语·颜回》篇之首鲁定公问颜回东野毕之事章，又互见于《荀子·哀公》、《韩诗外传》卷二、《新序·杂事五》、《庄子·达生》、《吕氏春秋·适威》诸篇，但实际上除《庄子·达生》、《吕氏春秋·适威》篇与《家语》问答主体不同，当别属一系外，即使是论者认可的与《家语》为一系的《荀子》、《韩诗》、《新序》中，其实《家语》之文与它们仍有差异。比如《家语》中孔子评颜回的话为各本所无，孙志祖认为系王肃所增，但又认为“颜子之言，实为古今笃论，而王肃以为夫子少之，何也”①，说明他根本就没读懂。值得一提的是，尽管上述《家语》与其他文献之间的“互见”极具“综合性”，但孙志祖等人仍指《家语》抄袭，这种方法仍然是承经典辨伪学的衣钵而来。即如上文提到的《咸有一德》篇，如果按照惠栋的看法，该篇就是拼凑了《尚书·洛诰》、《召诰》、《君奭》、《多士》，《诗·大雅·荡》、《皇矣》、《卷阿》，《诗·商颂·玄鸟》，《国语·周语上》，《墨子·非乐》，《礼记·中庸》、《缁衣》等多达近二十种文献，这种“综合性”与孙志祖所论，简直如出一辙，在在可知孙氏之方法仍然是经典辨伪学的“扩大化”。先秦古书之间语词的相似

① 参前揭孙志祖《家语疏证》，第 216 页。

及重复出现，本属于司空见惯的现象，但孙志祖却将此种现象视为《家语》作伪的主要依据，其问题是显而易见的。而且，有些地方明明不属于相似的“互见”，却牵强附会，吹毛索瘢，①其信口开河，直可见其成见先行，而经典辨伪学此法流衍之害，昭昭可见也。

还应指出的是，在乾嘉尊郑黜王的经学大背景下，辨伪学者认定《家语》为伪书的理由就是王肃以该书作为与郑君立异、辩难的依据，但实际上《家语》与他书之间的不同或所谓“立异”，根本无关什么经说之宏旨，很多时候是无关紧要的，有的差异其实亦如上例，连孙氏自己也不明所以。《家语·好生》篇“鲁人有独处室者”章，又互见于《诗·巷伯》毛传，但《家语》相对于毛传缺少了前面的颜叔子事，孙志祖一方面说《家语》刻意删去，但另一方面又说《家语》“杂引不伦，吾不知肃意何属”。也就是说，对于《家语》与毛传的差异，连孙氏自己都搞不清楚：如果说《家语》抄袭毛传，删去前半是出于何种目的呢？实际上，《家语》与毛传的这种差异今天从古书形成及体例的角度看是很好解释的：那就是其实两者各自都利用到了“鲁人有独处室者”这样的故事素材而已，但各自论述之侧重点容或有异，因此彼此之间文句差异也是自然的。而如果从辨伪学者“抄袭”的先入成见出发，这种非此即彼的机械对应关系就决定了两个文本间的任何差异就必须要从“作伪动机”角度找原因，但很多时候这恰恰是无法完成的任务。更何况，有的时候《家语》与他书之间的“异文”又反倒是《家语》为优，这更是“抄袭”说难以解释的。清高邮王氏父子以精于考据为学界艳称，他们对《家语》的态度也受其时主流意见影响，认为系王肃伪作。但他们在考证时却经常要面对《家语》明显

---

① 比如《家语·好生》篇孔子谓子路“君子而强气，而不得其死；小人而强气，则刑戮荐臻”语，未见于任何传世古书，但孙志祖非说《家语》是据《论语》“君子有勇而无义为乱，小人有勇而无义为盗”而来，即经典辨伪学喜欢用的“隐括”，其实两者表述上有明显差异，孙说十分勉强。20世纪信阳长台关出土的楚简有“贱人格上则刑戮至”语，再联系传世墨子佚文，可知这才是《家语》此句的真正来源（参见王志平《〈孔子家语〉札记》，《学术集林》卷九，上海远东出版社1996年，第119页），孙说显误，亦证《家语》材料确实所来有自。有点相似就说古书“源出”、“抄袭”，经典辨伪学“隐括”的方法同样是大有问题的。

较他书为优之例，然则，伪造之书为何每每优于他书呢？他们的解释是王肃“改”得好，或者干脆保持沉默，[1]这种暧昧心态，同样昭示了《家语》伪作说中王肃这个支点是有明显问题的。尤有甚者，孙志祖等人在《家语》的不少地方还说王肃据郑注改，[2]这更是与《家语》“伪作”说基本的经学支点——王、郑立异——明显相悖：依辨伪学者的逻辑，不是《家语》凡有与他书不同即谓出自肃手吗？而王肃之立异又是要故意出郑君的洋相，如此，王肃如何屑于据郑说而改作？如此信口开河，正说明辨伪学者对《家语》与诸书异文的解释是不周延的。

三

自吴澄、梅鷟直至阎若璩、惠栋，他们在先秦古书中搜辑伪古文《尚书》的所谓来源，但所辑毕竟多属零散文词或引文，但今传古文《尚书》在这些语词之外毕竟还有大段内容找不到出处，[3]然则，如何解释这一现象呢？他们或用“补缀”（吴澄“采辑补缀”），或用“缘饰”（梅鷟“窃取其字句而缘饰之”），或用“敷衍”（阎若璩语），也就是说作伪者是根据这些零散的语词再发挥成大篇的。与此相应，我们发现孙志祖捕风捉影地在其他文献中找到一些与《家语》类似的文句后，也习惯会说《家语》的内容是根据这些文句“敷衍”而成。这一点与经典辨伪学同样是暗通心曲的。不过，《家语》的情况与

---

① 以《经义述闻》（江苏古籍出版社2000年）为例，其卷十四“哲人其萎”条中，专门提到“王肃作《家语》”，其于《家语》之态度可见一斑。同卷“不诚于伯高”，主《礼记》本当作“不成礼于伯高”，甚是，而《家语》正与此同，王氏即认为是王肃改得好。同卷考《礼记·王制》“圭璧金璋”条，王氏正确指出《王制》“金”当为“宗”之讹，本字当为“琮”，而且又引《家语·刑政》“圭璋璧琮”为证，此为《家语》优于《礼记》之又一例。此处王氏倒没有说《家语》之真系后人“改”得对。一方面认为《家语》系王肃伪作，但另一方面又不得不经常面对《家语》明显优于他书的地方，这也是诸如孙志祖等《家语》辨伪学者经常面临的“麻烦事”。

② 可参孙志祖《家语疏证》卷二于《哀公问政》篇“忠信重禄”、“食气廪称事”条下之说解。

③ 阎书第三卷全佚，仅存其目，观其标题往往云“古文尚书”“句句有本”。今按，梅书今日虽得清华简证明确是伪书，但从论证角度上看，阎氏指其“句句有本”，同样也是言过其实的。

古文《尚书》还是稍有不同。古文《尚书》的辨伪往往以"篇"为单位,在其他古书中找到相关的语词,即可谓整篇"敷衍",但《家语》虽然也有"篇",但"篇"下往往还包括文意互不统属、各自独立的"章",就"敷衍"的方法来讲,辨伪学者只能说相关语词所在的某"章"是"敷衍"的,但却无法说明未见相关语词的其他的"章",也就是说《家语》的辨伪"单位"更加小,这无疑增加了辨伪的难度:一篇之中哪怕绝大多数章找到了"敷衍"的语词来源,但只要有一章找不到,论证仍然是不坚实的。事实上,就范、孙二氏所做的工作看,《家语》一书中确实还有不少内容他们不能在任何传世古书中找到,这其实是经典辨伪学"辑佚—重组"造伪方法论的最大反证——材料都找不到出处,如何能说"伪书"是据以"造伪"呢?作为严密的论证,必须要对这种现象予以解释。实际上,像今本《竹书纪年》的辨伪,也同样遇到了这一问题。学者说"'今本'《竹书纪年》在资料上全依来源不同的古书"[①],但实际上,今本《竹书纪年》中王国维没有找到出处的内容还是有十分之一(而且这些材料中有的还颇有价值)。那么王氏又是如何解释这一现象的呢?王氏说这些未找到出处的内容"古本想亦有之"[②],那就是他认定今本《竹书纪年》未找到出处的,同样来自"古本"残卷,只不过这些残卷后来亡佚了而已。姑且不论王氏此说是否符合实际情况,这一推测不排除是受到了孙志祖的启发,因为我们注意到孙氏对于《家语》中找不到出处的内容,其解释同样遵循了这样的逻辑。比如今《家语》中,尤以《颜回》篇找不到出处的内容为多,我们发现孙氏是这么解释的:"此篇所引颜回语,多不详其来历。盖王肃所据先秦诸子书,今已亡佚也。"[③]《家语》所载找不到出处也不能成为其有独立来源的证据,完全有可能《家语》所抄之书均已亡佚。孙、王二人在这个问题上的不约而同,亦可以视为经典辨伪学捍卫其方法论的"集体意识"。

单从论辨的角度讲,上述孙志祖"所据之书亡佚"论的确是非常周密的,

---

① 邵东方《竹书纪年研究论稿》,高等教育出版社 2011 年,第 122 页。

② 王国维《殷卜辞中所见先公先王考》,《观堂集林》第 2 册,中华书局 1959 年,第 421 页。

③ 参上揭孙志祖《家语疏证》,第 217 页。

等于堵住了对方最佳的突破口：这样就既判定了找得到的文献，也堵住了找不到的文献。因此，孙志祖之论，从理论上说，几乎使后人翻案工作无法进行。因为，从理论上说，推翻辨伪之论最好的办法就是找出“伪书”中有价值或明显优于他书的地方，但孙氏此论意味着即使找到“伪书”中的有价值成分也不具有说服力，因为依“所据之书亡佚”论的逻辑，对方完全可以说这是“伪书”抄的书高明，非“伪书”高明。这一点，几乎是辨伪者捍卫己说的“本能反应”。比如学者就针对有人试图找今本《竹书纪年》中之有价值材料进行翻案之说评论道：“……凡是编造伪书的高手总是需要在材料上有所凭借，他们为了以假乱真，就不可能全假无真，向壁虚造……‘今本’《竹书纪年》之所以包含着许多真材料乃是重编者的作伪手法决定的，因为他必须掇拾他书，使用真假杂糅的方法，才能裒辑出‘今本’《竹书纪年》一书。”①这种说法虽貌似合理，但用之于《家语》，仍然会面临上面提到的“作伪”“时间”与“事实”不匹配的问题：辨伪学者常说《家语》袭自他书系王肃或魏晋时人完成的，这样的时间定位就意味着“所据之书亡佚”论的“亡佚”只能发生在王肃或魏晋以后，而如果“亡佚”在王肃或魏晋之前发生，这种推论即宣告破产：王肃或魏晋时人都看不到，何来相袭呢？有人可能会说，如果“亡佚”发生在王肃或魏晋以前，而《家语》又系抄袭自“亡佚”之前之本，不同样是作伪吗？此说在两点上是完全站不住脚的。首先，如果认定《家语》的抄袭发生在王肃或魏晋以前，这就等于放弃了《家语》“伪书”说中的一个基本的理论支点，即王肃“作伪”说，而一旦此支点不存在，势必产生连锁反应，建基于其上的《家语》“伪书”说的所有理论“衍生品”都将烟消云散。其次，如果“亡佚”发生在王肃或魏晋以前，那就意味着“抄袭”是很早发生的事，“王肃或魏晋以前”，那最晚也要是东汉了，但是我们上面早已说过，先秦、秦汉古书之间“互见”、“重出”本属彼时古书的常见体例，因此后世辨伪学的标准在此就并不适用。由此可见，上述“所据之书亡佚论”的适用，是应该有严格限度的。辨伪者如果提出此论，从举证责任上说，等于又给自己增加了这样一项

---

① 邵东方《竹书纪年研究论稿》，第113页。

工作：必须要证明这里的“亡佚”一定发生在王肃或魏晋以后。如果不能或没有证明这一点，此论无异于“默证”，说服力是大可怀疑的。这再次说明先秦、秦汉古书之间的“互见”、“重出”本属彼时古书的常见体例，与经典辨伪学理解的“散佚”有着本质的不同。遗憾的是，从孙志祖到王国维，对这种不同均未察觉，因此也就认识不到传统辨伪学方法论的“限度”问题。从这个角度上讲，今天的古书成书及古书体例研究对于经典辨伪学方法论之反思是有着重要意义的。

“层累”非“作伪”：再论今本《孔子家语》的性质

——兼答《〈孔子家语〉“层累”形成说考辨》一文*

《孔子家语》一书，长期以来学者多认为系王肃伪作，但自20世纪后半叶起，由于河南信阳长台关楚简、定州八角廊汉简《儒家者言》、阜阳双古堆汉墓简牍、上海博物馆藏竹书等新材料的陆续发现与公布，学界对此书的认识有了很大的变化。现在再持王肃“作伪”之说，显然是过时的。但新材料的公布是否就意味着今本《孔子家语》是先秦旧籍？是否就意味着其中孔门师生的言论都是出自实录？笔者近年来一直关注此书的研究，2007年笔者发表《〈家语〉的“层累”形成考论——阜阳双古堆一号木牍所见章题与今本家语之比较》①一文，通过将阜阳双古堆一号木牍章题与《孔子家语》比较研究，笔者以为《家语》存在很多后人改动的痕迹，而《说苑》等书却与木牍章题最为接近。而且，在章句组织上，我们还每每发现从出土文献到《说苑》再到《家语》的“历时性”演进痕迹，因此我们认为《家语》一书是“层累”形成的，其中孔安国的重组和整理是非常关键的一环。《家语》由于在材料来源上与“诸子百家语”之类的“说”类材料同出一源，因此其中孔门师生言论常不免出于依托和虚构，并非实录。近来杨朝明、魏玮

---

* 本文原刊于《学术界》2009年第5期。

① 《齐鲁学刊》2007年第3期，又见于人大复印资料《先秦、秦汉史》2007年第4期，该文现大部收入本书“出土文献及新材料编”《阜阳双古堆一号木牍与〈孔子家语〉相关之章题考证》一文中。

二先生发表《〈孔子家语〉“层累”形成说考辨》[1]（以下简称“《辨》文”）一文，对笔者的上述看法提出不同意见。细读《辨》文，笔者发现二位作者对拙文所提《家语》之“层累”含义存在很大的误解，并因此存在不少强加于笔者的不实之辞。今特撰此文重申拙文之本意，并就《家语》成书之相关问题向两位作者及学界高明请教。

首先应该申明的是，拙文虽然认为今本《家语》是“层累”形成的，但笔者从来没有用到“作伪”一词。对于孔安国的工作，拙文始终用的是诸如“整理”、“重组”这样的字眼（比如拙文称“这种情况应该启发我们思考《家语》与《说苑》两种文献不同的整理方式”）。因此，《辨》文大张旗鼓地对拙文如下的批评实际上陷于“凿空”：“混淆后人对古籍的客观整理与主观作伪之间的差异造成的”、“至于《家语》‘层累’说，则显然是将后人对古书出于其客观目的（《辨》文作者能否赐教一个最基本的哲学问题：作为人的“目的”，为什么不是主观的而是“客观”的?）的整理工作等同于主观作伪了”。《辨》文从小文中“抽绎”出来的这么多的“作伪”，实在是强加的不实之辞。作者为什么能看出这么多“作伪”呢？恐怕是源于他们将“层累”简单等同于“作伪”。《辨》文的下面一段话可作注脚：“尤其在近代以来所谓的‘古籍辨伪’的学术背景下，所谓的‘层累’地形成，几乎被人们等同于陆续地‘作伪’。”现在看来，把“层累”等同于“作伪”的“人们”，就是作者自己。其实，细心的读者不难发现，笔者用“层累”一词，主要还是措意于今本《家语》一书的“历时性”形成，就像拙文中屡次提到的《家语》在内容上的“梯次推进”，即属于历时性的“叠加性”“整理”。近代顾颉刚先生创立的原本重在解释古史系统演进的“层累”模型，笔者以为用来解释今本《家语》的“历时态”形成也是非常形象的。也正是在揭示今本《家语》的历时性“叠加”整理这方面，笔者才认为“层累”说亦有其可取之处。当然，笔者还是要申明，这种“层累”与“作伪”无关。实际上，将顾氏“层累”说修正、改造来揭示古书年代学或古书形成方面的规律也并非是

[1] 参见《古籍整理研究学刊》2009 年第 1 期。

笔者的发明。比如，在结合出土文献反思顾颉刚先生的“疑古”理论方面做出突出成绩的李零先生就认为，如果将顾氏的“层累”“作伪”说修正为“层累形成”，还是颇能反映我们近年来对古书形成与流传的新认识的。[①]晚近以来，以出土文献作参照，我们经常发现很多古书往往不是一时由一人完成的，而是“历时态”地成于众手，基本定型之后还会有不断的增饰，这种“长时段”的形成过程不就是“层累形成”吗？而且，李学勤先生也认为，诸如《孔丛子》、《家语》一类的书，“很可能陆续成于孔安国、孔僖、孔季彦、孔猛等孔氏学者之手，有着编纂、改动、增补的过程”[②]，所谓“陆续”，所谓“编纂、改动、增补”，不也是“层累”地形成的吗？因此，笔者与《辨》文作者的分歧是不是可以归结为这样一点：对待顾氏诸如“层累”说这样的学术遗产，是矫枉过正地全盘抛弃呢，还是有选择地批判继承？同样是李零先生，针对晚近以来古书年代学研究的现状曾意味深长地说：“辨伪曾使我们对古书提心吊胆，而出土发现又使我们对辨伪提心吊胆。”[③]笔者觉得，对待以前的辨伪学成果，我们实在没必要“提心吊胆”，没必要一听到“层累”就心态失衡，恶向胆边生，而应该取一平和的心态：利则取之，过时则弃之。因为学术的发展譬如积薪，后来居上，后出转精——从认识的深度上讲，这又何尝不是“层累”呢？

可能正是由于把“层累”简单等同于“作伪”，因此《辨》文可以说对于拙文“层累”之含义是没有理解的。这直接表现在《辨》文对于拙文所举出的八个木牍章题与包括《家语》在内的传世文献之间的比较分析没有回应。当然，笔者也不能苛求二位作者“回应”，但这些方面的证据正是笔者之“层累”说生发处，所以，如果是负责任、有的放矢的批评，就应该在这些方面也据实反驳。但《辨》文作者并没有这样做，而是把大量的精力放在讲《说苑》每篇内各章之间次序之安排如何有组织上，比如：

---

① 李零《出土发现与古书年代的再认识》，《李零自选集》，广西师范大学出版社1998年。

② 李学勤《竹简家语与汉魏孔氏家学》，《简帛佚籍与学术史》，江西教育出版社2001年。

③ 李零《简帛古书与学术源流》，三联书店2004年，第199页。

“这种编撰特点就决定了《说苑》必然是逻辑清晰、联系紧密的整体。而且，如前所述，由于《说苑》在组织和编排材料方面存在一定思路，所以两部书中互见的材料分属不同篇目下的情况的出现是十分正常的。总之，以《家语》较《说苑》在组织材料和篇章结构等方面更具逻辑性为依据，证明《家语》由《说苑》‘层累’而成书的观点是不能成立的。”作者的动机无非是想说，你看，《说苑》的组织更“有机”，应该晚于《家语》啊。但我想请《辨》文作者仔细读一下拙文针对八个章题木牍所讲的《家语》在“有机性”组织上的“层累”性究竟所指为何。笔者在此想重申一下：拙文所讲的今本《家语》的“层累”性梯次推进，主要是指章句之间的重组与整合。这突出表现在，一些章最初在次序上相隔甚远，无甚关联，但到了《说苑》中这些章往往被放置到一起，成为次序上先后相邻的章，最后到《家语》中往往又将相邻的有关联的两章糅合成一章。特别是，《家语》的最终糅合并非简单地把两章机械捏合，而是进行了大胆的重组或整理，为此不惜增删语句，目的无非是把本来独立的两章或多章整理得更像“一章”。正是基于这种“有机性”上的梯次推进，特别是《家语》最后把本来独立的两章糅合成独立的“一章”，笔者才认为《家语》在材料的版本上应该明显是“层累”性的，相对要晚一些。而且，笔者这么主张并非主观猜测，而是列出从阜阳木牍章题到定州八角廊《儒家者言》残简的很多实证。在这些简牍中，相关章次都是独立的，经由类似《说苑》那样的初级的章序组织（就是《辨》文所艳称的“有机”），最后到《家语》中被合并到“一章”中，这种从分散独立到合并整合的“有机化”推进路线，不只出土文献提供了直接证据，传世文献如《韩诗外传》、《大戴礼记》等均可为旁证，因此，笔者觉得拙文的上述判断还是有着“二重证据”的材料基础的。回头再来看《辨》文作者对拙文的批评，我们发现他们对笔者所举出的八个章题的证据丝毫没有回应，而只是自顾自地大讲《说苑》各篇内章次之间之组织如何“有机”。他们没有认识到，篇内各独立章次之间次序安排上的“有机”与上述《家语》把两章重组、整合成“一章”的“有机”在深度上是大有不同的。实际上，对于《说苑》各篇内章次组织上的“有机性”，小文也是多次提到的，[①]笔者也正是将《说苑》的情况与《家语》进行对比，才得出《家语》在“有机性”上推进更远的判断。如果《辨》文作者对鄙见真有不同意见，应该告诉我们类似《说苑》的章序组织上的“有机”与《家语》整合、重组成“一章”上的“有机”在深度上是否有不同。特别是应该逐一批驳笔者所举八个方面的例子不成立，[②]而不应该避重就轻，迹近无的放矢地在那自说自话。

另外需要澄清的是《说苑》一书与《家语》的关系。《辨》文作者注意到小文所举《家语》“层累”性形成，往往是建立在与《说苑》的比较之上，因此就说：“其结论最终归结在《家语》是由《说苑》等书‘层累’而成这一点上。”这应该也是由于误读所致的强加于笔者的不实之辞。不错，小文中进行材料分析时是经常把《说苑》与《家语》放在一起对比的，但落实到两部文献的关系时，我想提请读者包括《辨》文作者注意小文的表述。比如在分析木牍章题“孔子曰丘死商益”时，笔者就指出：“……他（笔者按：指《家语》整理者）似乎主要根据的还是类似《说苑》这样的材料”，在分析木牍章题“子曰里君子不可不学”时，笔者也指出“我们认为《家语》的整理者很有可能是见过类似《说苑》这样的材料的”。也就是说，笔者对于两书的关系，始终用的是《家语》的整理者见过“类似《说苑》这样的材料”这样的措辞。正因为如此，对于《家语》内容在版本上“层累”性的“晚出”，笔者也指出这是相对的，它也有可能完成得很早。比如笔者就曾针对孔安国的整理评论说：“孔氏的这种‘整理’可以说既‘早’又‘晚’：‘早’主要侧重于绝对的时间线索，它是早在西汉就由孔安国完成的，并非后来的王肃所为；‘晚’则主要强调横向的空间概念，侧重于不同版本的横向比较，即它与同时期存在的其他《家语》材料相比改动很大，尤其存在章句重组这样梯次推进的事实，这表明它又是晚起的。”实际上，由于绝对时序上的“早”，导致《家语》也保存了一些比较原初的

---

① 当然，《说苑》的这种章次组织是否已达到《辨》文所主张的那么高的程度，笔者还是有不同意见的。

② 这应该不是苛求，文献研究讲究实证，我们也希望《辨》文作者找出类似拙文所举的出土文献方面的例证，而不是仅凭主观感觉来妄加推测。

痕迹,这一点笔者也是注意到的。① 但是,《家语》的这些原初痕迹,往往表现为诸如语词之类静态的“点”,而当事涉章句组织之类的动态内容时,我们往往看到《家语》较出土文献、《说苑》、《韩诗外传》等有了“二手货”式的组织痕迹,②而《说苑》与出土文献相比,往往更为接近,尤其不存在类似《家语》那样的章句整合与重组,所以我们认为刘向编次《说苑》相比《家语》改动是很小的,或者说在章句结构上,今本《说苑》还基本保留着它所依据材料的原始状态。现在看来,《辨》文作者并没有领会笔者主张的《家语》在内容组织上的“层累”与完成时序上的不完全对称性,只是简单地理解为“晚出”就一定要晚于今本《说苑》,因此就以为笔者主张《家语》一书是直接袭今本《说苑》一书而来。而且,《辨》文还由此发出“义正词严”的“硬伤”质疑:“生活于汉武帝时期的孔安国是如何去向生活在西汉末年的刘向借阅《说苑》的呢?”其实,当发现如此低劣的“硬伤”的时候,《辨》文作者为什么不先谨慎地反思一下:是否对拙文的意思全看懂了?

《辨》文用了相当的篇幅来谈《家语》与《说苑》对材料的不同整理方式,这也是拙文关注的内容。比如笔者在将《家语》、《说苑》与出土简牍作对比研究的基础上,认为:“《说苑》虽在章序组织上较木牍章题有了一定的‘有机性’,但章内之内容则很少变化,基本与木牍章题可以对应,而《家语》则章内改动、重组之处比比皆是。这种情况应该启发我们思考《家语》与《说苑》两种文献不同的整理方式(请注意,笔者并没有说谁在作伪)…… 这提醒我们,较之《家语》而言,《说苑》材料的原初性及价值更应

① 参见本书“出土文献及新材料编”中《八角廊汉简〈儒家者言〉与〈孔子家语〉相关章次疏证》一文。

② 《辨》文曾对笔者所谓“研究方法”质疑道:“判断一本传世古书的成书年代和可靠性能否仅仅依靠该文献所谓的‘有机性’、‘系统性’?”笔者想告诉《辨》文作者的是,拙文既考虑到了文献组织“有机性”、“系统性”方面的动态内容,也兼顾了原材料方面的静态内容;既考虑到古书“文章学”(或称“辞章学”)上的优势与“版本学”上的“早出”不是一回事,也兼顾到文献重组上的“层累”与完成时序上的不完全对称性,因此,这种“研究方法”应该不是想当然吧?

该得到重视。"[①]笔者对《说苑》材料相对原初的这个判断，是有充分的出土文献证据的，而且新材料还不止一种（阜阳木牍与八角廊汉简），这些新材料包括某些传世文献都不能支持《家语》更原初的观点。《辨》文作者主张《家语》更原初，也应该找找出土文献方面的证据，特别是从八角廊汉简《儒家者言》与阜阳双古堆木牍章题中找出这样的证据。要知道，晚近以来我们对《孔子家语》一书"底气"的恢复，很大程度上要拜这两宗材料所赐，[②]所以，笔者认为《辨》文作者还是应该多找找二重证据，而不要总是只在传世文献特别是《说苑》中兜圈子。况且，《说苑》章序组织上的"有机"性拙文并没有否认，而我想指出的是《说苑》的这种"有机"与《家语》的"有机"在深度上是有明显不同的。另外，《辨》文作者还对笔者所说的"古本《说苑》"一语不以为然，实际上这也不是我的发明。我们试看刘向的《说苑》序奏，其中称"所校中书《说苑杂事》，及臣向书、民间书"[③]，这里提到的中书《说苑杂事》及"臣向书"、"民间书"的旧有版本，称"古本《说苑》"有何不妥？况且学者也指出刘向以自己的工作"实际上已另'造'了一部'新书'"[④]，《辨》

① 《辨》文举"曾子芸瓜"一事，来证明《家语》比《说苑》更重在保存材料原貌。证据就是《家语》的"曾子仆地而不知人，久之"、"有顷乃苏，欣然而起"比《说苑》的"曾子仆地"、"有顷乃苏，蹶然而起"更生动、更详细，但实际上此事还见于《韩诗外传》卷八，外传此处作"仆地，有间乃苏，起曰……"，就"仆地"这个环节看，外传还是与《说苑》更接近，《家语》的"仆地而不知人，久之"不过是拙文一再提到的试图讲得明白些的"解释性"处理，不可能比《说苑》、《韩诗外传》更早。《辨》文作者实际上是把类似这种"解释性"处理以及重组章句所具有的"辞章学"优势简单等同于"版本学"上的早出，这正是拙文所否定的。另外，《辨》文还提到"曾子芸瓜"事《说苑》系统增加了评论，这确是实情，但《辨》文因此认为相同材料在编入二书时《说苑》进行了更多的修改，这也是笔者不能同意的。拙文也提到，我们并不否认今本《说苑》存在刘向"撰著"的成分，但刘氏的"撰著"也不过是为短小精悍的故事增加一些评论，假如此处真如《辨》文所说属刘氏所加，但这样的评论居于章末，其实并未对前面的故事结构造成影响，这和《家语》精心捏合两章为"一章"的努力有本质的不同，所以，说到保存材料原貌，《家语》这种重组故事结构的捏合显然更为逊色。

② 上博竹书《民之父母》仅涉单篇，而且学界争议也颇大。

③ 参见《说苑序奏》，向宗鲁《说苑校证》，中华书局1987年，第1页。

④ 参见胡平生《阜阳双古堆汉简与〈孔子家语〉》，《国学研究》第七卷，北京大学出版社2000年。刘向整理而成的这种"新书"最初本名"新苑"（见前引《说苑序奏》），刘氏刻意地突出"新"字，不正说明与旧有材料有新、旧之异吗？

文作者也不厌其烦地告诉我们《说苑》存在“有机”的整理，然则，这新成之《说苑》与旧有之《说苑杂事》之类难道没有新旧、古今之异吗？因此，对于今本《说苑》的来源，要说刘向参考了古本《说苑》之类的材料是很自然的；相反，《辨》文作者的另一说法却让人非常惊奇，其称：“这是因为刘向在编写《说苑》的过程中，参考了秘府所藏的包括《孔子家语》在内的图书。”也就是说，他们认为刘向编《说苑》所据材料中竟然还有《孔子家语》！但上引《说苑》序奏说得非常明白，“中书”，即《辨》文作者指的“秘府所藏”，指的是《说苑杂事》，而非《孔子家语》。同样，稍有文献学常识的人，①都知道按照《序录》语例，“臣向书”、“民间书”都应指一书的不同版本，同样也不是《孔子家语》。所以，对于《辨》文的这一主张，还请作者明白赐告文献出处，因为，古文献的研究应该建立在实证上，而不能多凭想当然。

另外，细心的读者不难发现，笔者对于《家语》一书史料价值的看法也是与《辨》文作者不同的，这也是《辨》文批评笔者的重点之一。比如《辨》文称：“换言之，他（即指笔者）认为《家语》的记载存在真实性的问题。”言下之意，他们认为《家语》记载的真实性是没有问题的。的确，笔者在拙文及其他与《家语》相关的文章中都有这样的看法，即《家语》虽称孔子“家”语，但其中孔门师生的言论并不尽是实录，存在不少依托、造作之词。比如在拙文中笔者就提到：“今天由于多宗出土文献与《家语》可以对应，因此王肃‘作伪’之说自然很难成立，但‘书’之真（何况它还是‘层累’的）并不简单对应‘内容’之真。在这个问题上，我们认为还是应该把‘书’的‘历史’与‘内容’的‘历史性’分开来看。”对此，笔者曾经提到《家语》一书中存在为数不少的“关公战秦琼”现象：时序上明显冲突的人物却在一起谈说论辩。比如《家语·六本》篇所记曾子从孔子之齐而晏子送之一事，从唐杨倞到宋叶大庆再到清孙志祖、孙星衍等人，②都认为不可能实有其事，此事又见《荀子·大

① 《辨》文署名为当下比较流行的师生共同署名，因此我们不知道这等“硬伤”究竟应该谁来负责。

② 参见向宗鲁《说苑校证》，中华书局 1987 年，第 431—432 页。

略》篇，杨倞作注时就提到：“晏子先于孔子，曾子之父犹为孔子弟子，此云送曾子，岂好事者为之欤？”①《辨》文称《家语》系汇集孔门弟子“笔记”而成，我们想知道，这样的记载出自谁的“笔记”？为什么又会有这样荒诞的“笔记”？其他如述孔子从政细节、论五帝等内容从崔述到孙志祖，都力辨其多所夸饰，亦非实录。② 前人早就注意到：“自周秦之间，谶纬杂书，一切诡异神怪之说，率托诸孔子，大抵诞谩不足信。”③其实，现在学者也都注意到，《家语》中的不少记载，都出自战国之世的“百家语”，这些言论为了增强说理的感染力，并不特别在意历史细节，因此往往不免造作“故事”或拟设论辩之词，故对其中孔子的言行“的确不能太当真”④。对此，连孔安国自己的序都说“颇有浮说，烦而不要”。今天再说《家语》是伪书，显然是不合适的，但如果因此认定其中孔子言论都出自弟子的所谓“笔记”，都是“接闻诸夫子”的“实录”，则其矫枉过正之弊，无疑是可以断言的。⑤ 这恐怕也不符合孔夫子谆谆告诫的“多闻阙疑”的精神。另外，上引李学勤先生在讲到《家语》形成较早时，还着重提到，“这样说，并不是要夸大这几部书对研究先秦史事的价值”，对《家语》一书的史料价值是有清醒认识的。《辨》文作者力主“空夫子”应该回复到“孔夫子”，但我们恐怕也不能不加抉择地凡是打上孔子标签的都往“孔夫子”这个口袋里装吧。而最为吊诡

---

① 王先谦《荀子集解》，中华书局1988年，第507页。

② 崔述《洙泗考信录》卷二（顾颉刚编订《崔东壁遗书》，上海古籍出版社1983年）、孙志祖《家语疏证》（《续修四库全书·子部·儒家类》，上海古籍出版社2002年）。

③ 参见清四库馆臣为宋胡仔《孔子编年》所写之提要，《钦定四库全书总目》（中华书局1997年）卷五七，第796页。

④ 参见上引胡平生文。

⑤《辨》文作者之一的杨朝明先生最近于另一处也承认《家语》一书存在“问题”，但却认为“这些问题与该书并不可靠是完全不同的两回事”（参见杨朝明《〈孔子家语〉通说》，《孔子家语》，河南大学出版社2008年，第61—66页）。所谓《家语》的“问题”，杨氏举出了诸如弟子之“润色”、后人传抄之“增损”、孔安国整理材料时的“误排”，等等。抛却我们上文提到的《家语》诸子“杂说”性质不讲，即如杨氏这里所列的“润色”、“增损”、“误排”等情况，我们想知道它为什么还是“可靠”的？读杨氏此文，其对《家语》曲意回护之迹应该说是很明显的。学者评“走出疑古”中的极端每每对古书“宁取其早，不取其晚”，洵为切中时弊之论（李零《简帛古书与学术源流》，第197页）！

的是,《辨》文作者谈“层累”而色变,却不加选择地相信《家语》中孔子的言行都出自实录,这样填充起来的“孔夫子”的形象,其“层累”的铅华还少吗?①

关于《家语》书中孔子言行的性质问题,我想学术史上的信息也能给我们有益的启示。汉人述孔子言论行事,必首称《论语》,所谓“《论语》者,五经之錧辖,六艺之喉衿也”②。与之形成对比的是,与孔子有关的其他的一些篇章则取较谨慎的态度。《史记·五帝本纪》云:“孔子所传宰予问《五帝德》及《帝系姓》,儒者或不传。”《五帝德》见于今本《家语》,而太史公说“儒者或不传”,正说明其时学者看待它的审慎态度。唐司马贞索隐于此也说:“《五帝德》及《帝系姓》皆《大戴礼记》及《孔子家语》篇名,以二者皆非正经,故汉时儒者以为非圣人之言,故多不传学也。”③《史记·仲尼弟子列传》又称:“学者多称七十子之徒,誉者或过其实,毁者或损其真,钧之未睹厥容貌,则论言《弟子籍》,出孔氏古文近是。余以弟子名姓文字悉取《论语》弟子问并次为篇,疑者阙焉。”所谓“誉者或过其实,毁者或损其真”,说明在太史公看来,不仅是孔子,即便是作为其弟子的“七十子之徒”的事迹,已经存在不少的夸饰成分了。这里的《弟子籍》,一般认为即今之《家语·七十二弟子解》所本,太史公的态度是相对谨慎的“近是”,而最终“弟子名姓文字悉取《论语》弟子问并次为篇”,说明在太史公那里最值得信据的还是《论语》一书。据此,拙文特别指出:“自西汉以来,学者有意识地将《家语》与以《论语》为代表的记载了较为可信的孔门师生言论的文献

① 《辨》文宣称儒学的研究要“正本清源”,所言极是,但这种对《家语》中孔子言论不加分别地认为“可靠”,可以说“本”既未“正”,“源”亦未“清”。

② 赵岐《孟子题辞》。

③ 今人追溯对《孔子家语》一书材料性质的怀疑,往往从宋代(王柏等人)的“疑古”之风讲起,其实唐代早肇其端。此处司马贞“非正经”之论,即是一证。刘知幾更在《史通·六家》篇中将《孔子家语》与《世说新语》归为奇闻轶语一类,看出它们与正经史书——“《尚书》家”有霄壤之异。孔颖达作《五经正义》,对《家语》一书也是在依违、疑信之间。唐人的这种看法,其实与汉人是一致的:既不否认《家语》有一定的参考价值,但同时又看出它较之《论语》一类书有明显的“杂说”性质。

适当区分,正反映了在这些学者看来《家语》作为孔门师生言论记录在可信性上是有问题的,这一点应该引起我们充分注意。"《家语》由于成书在绝对时序上的"早",因此也保存了不少原初材料,因此,今天研究孔子言论行状自然也应将其纳入参考的范围,但像《辨》文作者所讲《孔子家语》是研究孔子的"第一书",不知学术界应者几人?——难道《论语》还要等而下之?至少在汉代人那里,我们看"第一书"是《论语》,并非《孔子家语》。须知,汉人去古未远,而且能看到比我们更多的材料,他们都没讲《孔子家语》是"第一书",我们今人有什么资格讲?难道就为了让"空夫子"膨胀成高大全的"孔夫子"?笔者还想提醒《辨》文作者的是,无论是阜阳简牍还是八角廊《儒家者言》都是汉人所能见,也就是说即便汉人在见到这些材料的情况下,仍然没激动到把他们升格到"第一书",这还不值得我们反思吗?最后要提到的是,汉人早就讲"仲尼没而微言绝",所以,有关孔子史料的缺失问题,即《辨》文所担心的"空夫子"问题,并不自今日始,汉人已经感觉到这种困难,我们不应该不分青红皂白地把它记到近代疑古的账上。

最后还要提到孔安国整理的性质问题。拙文认为相对于出土简牍及《说苑》,孔安国对《家语》的"整理"痕迹是很明显的,但"孔安国对《家语》的重组和整理其实水平并不高:未能深求章句之间的内在联系,而只关注章句表面的相关性"。但《辨》文不同意笔者的观点,其文称:"宁教授认为孔安国虽然有整理和保存其祖先遗说的善意动机,但是在整理过程中仍然犯有主观删改材料的重大错误。"笔者再次申明,拙文从来没有说孔安国的这种"整理"是"重大错误",只是认为孔氏的整理水平并不高,而且存在出于"回护"孔子的刻意处理。《辨》文大概是认为孔安国的"回护"是无意的,不知《辨》文作者如何解释拙文提到的那么多的"回护",而且这些"回护"还都指向孔子,这难道是偶然的吗?实际上,《辨》文作者没意识到,这无形中存在着矛盾。上文曾提到,《辨》文曾力证孔安国的整理更注重保持原貌、更原始,不知他们如何解释连他们都没有否认的孔安国的种种"整理"①? 即便这些"整理"是他们曲护其短的,非"刻意"的。我还想提醒《辨》文作者的是,孔衍奏文中称其祖整理的本子"典雅正实,与世相传者不同日而论也",孔安国的序中还称他对世间流传的本子颇为不满,如果孔安国处处以"保存原貌"为职志,其整理的本子又如何能做到"典雅正实,与世相传者不同日而论也"? 孔衍此语,实在说明孔安国的整理重组是很大的,其动机也是刻意的。有意思的是,对于孔安国的刻意整理,《辨》文还有一个想当然的假设反问:"……须知以孔安国经学博士的身份,身为孔子苗裔,他若随意改编《家语》,万一'重组章句'不妥,弄巧成拙,破坏了孔子的形象和思想,政府、学人或孔子后裔中的其他人难道就会坐视不理吗?"我想提醒对方的是,对于孔子学说及其形象,且不说在先秦"儒家八派"那里互有歧异(所谓"七十子丧而大义乖"),即便是汉代,受制于家派分野,特别是经今、古两派师说的不同,尤其是阴阳五行、谶纬之说的影响,所谓"孔子的形象和思想"的流衍和变形,简直是言人人殊,何曾有过一成不变的"统一"的"孔子的形象和思想"? 不知道这个时候所谓"政府、学人或孔子后裔中的其他人"在哪里? 实际上,《辨》文这种流于想当然的发问,甚至不是严肃的学术研究。我们不能不提到,传统上持《家语》系王肃伪托的学者,往往就是有这样的逻辑:《家语》中关于三代遗制记载颇多,如果此书确为前汉旧籍,且其中三代遗制明云出孔子之口,奈何汉儒每于三代制度聚讼不决乎? 如皮锡

① 最近学者还从《家语》征引《尚书》的角度论证今本《家语》绝不会早于汉代,因此指出:"《家语》的内容虽有所本,我们在运用时,却未必可以作为先秦的第一手材料,而不考虑后来加入的成分。"说详许华峰《〈孔子家语〉引〈尚书〉相关材料的分析》,《第三届儒道国际学术研讨会——魏晋南北朝》(台湾师范大学 2007 年)。许说系立足于对《家语》征引《尚书》所作的分析,其结论似也不无道理。但笔者也要指出的是,《家语》一书中未征引《尚书》的章次毕竟更多,然则它们都具有"晚出"的特征乎? 以本书的研究而论,一方面从与八角廊汉简、阜阳简牍、上博竹书等出土文献比较来看,《家语》的重组和整理是非常明显的,另一方面从与《礼记》"互见"章次的比较中(见本书"诸书'互见'编"),我们又发现《家语》材料较之《礼记》更为原初和完整,这表明《家语》一书材料来源上的复杂性,具有鲜明的"二元"特征,因此从整部书的角度上讲,笼统地说该书"原初"和"晚出"都是不准确的,针对的材料或单元应该尽可能具体些。

瑞即云：“若孔子有明文可据，群言淆乱折诸圣，尚安用此纷纷为哉！”①这些学者对汉代孔子之言的“号召力”估计得未免太高。如前所述，囿于家派、师说分野，学者对所谓“孔子之言”的理解分歧是很大的。《辨》文作者以“走出疑古”为职志，其论证方法却又与传统辨伪学者动辄驰骋其经不起推敲的想象同旨趣，这是让人缺乏敬意的。儒学史上之所以先后有石渠阁、白虎观两会，不正说明儒家或孔子学说歧出纷杂、各守所是吗？《辨》文作者可能会说石渠阁、白虎观两会不正说明“政府”没有“坐视不理”吗？那么笔者想请问的是，有了这两次会议就没有分歧、真正统一了吗？而且，这种由皇帝“称制临决”定下来的就是“孔子的形象和思想”的原貌吗？

最后，笔者想说的是，目前所发现的与《孔子家语》有关的出土材料毕竟还是有限的，因此，笔者上述对《家语》相关问题的判断也只是一家之说，其不尽完善之处，容或有之。学术乃天下之公器，且“事必两证而后是非明”②，像《辨》文所自称的对《孔子家语》相关问题的“正确的认识”，我们还是付诸学界公论吧。

---

① 《经学历史》，中华书局2004年，第106页。另外，《辨》文作者也经常引孔序中“实自夫子本旨”为己说张目，其实，孔氏此语不乏崇神其祖的感情色彩。古人云“尽信书则不如无书”，可不慎欤！

② 陈诗引陈士珂语，参见《孔子家语疏证序》，陈士珂《孔子家语疏证》，上海书店1987年影印商务印书馆1940年版。

诸书"互见"编

《家语》一书与其他文献之间“互见”、相似之处极多，这成为该书研究中的一项重要内容，无论“辨伪”还是“证真”均绕不开。本编共收论文5篇，分别是：《〈孔子家语〉与〈礼记〉“互见”关系研究——以孔子言论之“背景”问题为中心》、《〈礼记·丧服四制〉篇形成研究——兼说〈孔子家语·本命解〉的价值及“互见”的类型学问题》、《〈礼记·檀弓上〉“不诚于伯高”再议——兼谈〈孔子家语〉的相关问题》、《由〈孔子家语·论礼〉说〈礼记·仲尼燕居〉的一处衍文》、《〈孔子家语·五仪解〉等十一篇“互见”文献的综合研究——兼谈诸书“互见”研究中的类型学问题》。前4篇主要针对《礼记》与《家语》的“互见”问题展开，我们认为《家语》不少地方显示出比《礼记》更为原初的特征，尤其是第一篇，笔者系统考察了两书“互见”中《家语》增出“背景”，且章句结构较整饬，而《礼记》往往零散的情况，认为《家语》所见才更接近原貌，或者是故事“本事”，而《礼记》往往存在缩略、节取。这些情况说明《家语》绝非简单因袭《礼记》而来，而是有着相对独立的材料来源，唯其如此，才保证了该书很多地方虽异于《礼记》，却往往更接近原貌。第二篇则通过对《礼记·丧服四制》篇形成过程的研究，指出该篇明显的“次生”性质，较之《大戴礼记·本命》、《孔子家语·本命解》有大量窜入、增衍之内容，益证《家语》该篇的原初性。第五篇主要针对与《家语》一书中章句结构比较类似的十一篇文献展开，这十一篇主要代表了《家语》材料构成中蔚为大宗的“掌故短章”。这些“掌故短章”与《说苑》“互见”最多，充分说明了两书材料来源上是存在巨大“交集”的。“互见”于《说苑》的同时，《家语》还往往同时“互见”于《新序》、《荀子》、《韩非子》、《韩诗外传》、《史记》等书，这一方面说明这种“掌故短章”是当时历史知识普及和伦理教化的重要文体形式，另一方面也提示我们，这么多古书同时“互见”，必须要对“互见”的“类型学”问题有充分考量，不能不分主次、不辨源流地把有点相似的文本都放在一起比较。质言之，在诸书“互见”研究中，相关规则和范式是亟待建立并得到遵循的。

《孔子家语》与《礼记》“互见”关系研究

——以孔子言论之“背景”问题为中心*

引　言

《孔子家语》之文，与《礼记》、《荀子》、《说苑》等书“互见”、“重出”之处为数甚多。弄清《家语》一书与这些文献的关系，向为《家语》研究绕不开的话题。有清一代辨伪学者如范家相、孙志祖者，以《家语》之文见于他书，谓《家语》系剿袭或自他书拼凑而来。成见之深，几成思维定式。而亦有主《家语》不伪如陈士珂者，备列与《家语》“互见”、“重出”之文献，虽未加辨证，庶几可见该书之材料渊源。但如此一来，恰可见所谓“互见”、“重出”研究所易造成之困境：辨伪者可以据此指《家语》系剿袭、造作，力挺者同样也可以据此说《家语》自有来历。本文选取《家语》与《礼记》的“互见”关系作为研究个案，因在与《家语》“互见”的文献中，《礼记》之内容可以说为数最多，或数章“重出”，或整篇“互见”。而在两书的“互见”中，有一特点为范、孙二氏常常提及，那就是《礼记》中之表述，往往是干巴巴的“孔子曰……”，直记孔子之言论，而一旦“互见”到《家语》中，则往往变成孔门弟子或时人与孔子的问答。换言之，在《家语》一书中，“孔子曰”的出场多是有特定“背景”的，是孔子在特定情景对话中所说的话。范、孙二氏对这种现象基本上都以《礼记》为原本，而指《家语》之“背景”为王肃依《礼记》构拟或假托。这成为他们

* 本文七万余字的篇幅，很少有刊物能够接纳。幸赖《中国经学》不弃，一次性全文刊于该刊第十四辑(2014年)，笔者谨对此表示由衷的感谢。

《家语》辨伪的基本思路。另外,《礼记》中还有一些零散、琐碎的语句,虽未题"孔子曰",但一旦"互见"到《家语》一书中,也往往都变成了孔子的话;而这些零散、琐碎的语句在《家语》一书中往往又被组织成特定背景下的孔子言论。因此《礼记》中这些零散、琐碎的语句在《家语》中就是另一个面貌,那就是更加"有机"和富有逻辑性。范家相、孙志祖等人同样视《家语》所见为王肃对《礼记》材料串联、整合的结果,换言之,《礼记》的零散、朴质为"原生",《家语》的"有机"为"次生",这是他们辨伪的另一个基本思路。实际上,《家语》的"整合"往往还伴随着增加"背景",因此上述两种情况我们完全可以放在一起讨论。

诸书"互见"关系中的"背景"问题及"互见"两书之间的"整合"与"零散"问题,是"互见"、"重出"研究中的常见内容,也是古书体例研究中经常碰到的问题。上述范、孙二氏《家语》辨伪的两个基本思路是关于上述两个问题的代表性意见,无论赞同还是反对,都绕不开。但是,如果我们细读范、孙二氏《家语》辨伪的原著,其实形成上述两个基本思路的论证和辨析都非常单薄,因此,上述思路更多是由先入之成见决定。另外,前人对《礼记》与《家语》"互见"关系的研究,往往是就事论事地单就某篇或某章立论,由于缺乏足够多的案例和类型作为支撑,每每无法形成规律、通约性的认识。本文希望以《礼记》与《家语》的"互见"关系为研究视角,在尽可能多的个案和证据的基础上,试图指出这样一个事实,那就是《家语》中带有"背景"性的内容,其实反而多是故事"本事",而《礼记》之"孔子曰"则多系"节取"。换言之,《家语》带有"背景"的内容,多是"原生"的,而《礼记》之"孔子曰"才是"次生"的。太多的证据表明:《礼记》之编者对包含"背景"的故事的完整性,其实并不感兴趣,他(们)感兴趣的,只是其中的孔子的话("孔子曰")。作为儒学的资料汇编,《礼记》的这一特点非常具有目的性,这种对孔子言论的格外重视,其实与《论语》非常类似。另外,作为"礼"类的资料汇编,《礼记》中还存在大量孔门后学归并、总结同类古"礼"细则的内容,既然事涉古"礼"细则的同类归并,同样可以弃"背景"性内容于不顾,而只是"节取"孔子话中涉"礼"的表述,因此,这些同类归并等于是把孔子在不同场合、不同背景下的点滴涉“礼”言论归并到一起，所以直观上就给人以零散、琐碎的印象。从史源学上说，事实与范、孙二氏所说恰好相反：《家语》中带有“背景”的面貌，才是本事，是“原生”的，而《礼记》这样的归并反而是“次生”的。这种“互见”所凸显的《家语》、《礼记》之间的“原生”、“次生”之别，与我们基于出土文献对《家语》与类似《说苑》这样的传世文献之间“互见”关系的研究结论是不太一样的。这一方面进一步证实了自出土文献发现以来学界的主流看法，即今本《家语》绝非王肃所能伪造，而是确有独立、古老的来源，今本《家语》绝没有像范家相、孙志祖等辨伪学者所说的那样剿袭或本自《礼记》；另一方面，出土文献的研究往往表明《家语》较之《说苑》等书有明显的重组痕迹，而本文“背景”问题的研究却证明《家语》每每是更为原始的面貌，是“本事”。这充分表明了《家语》材料构成上的复杂与“多元”。这种情况提示我们，关于此书材料的“原初性”问题，仅仅“抽样式”地根据其中部分材料或个别词句的分析，显然是不完备的，必须要有通盘的考虑。

本文的结构，前面的六部分为我们选取的《家语》与《礼记》的几组典型“互见”：先列《家语》原文，再备列“互见”的《礼记》之文以兹参照，然后是详细的考证以证明《家语》的“背景”之文其实多系原貌，而《礼记》的“孔子曰”则每多“节取”。这么多“互见”及其昭示的《家语》与《礼记》之间的“原生”、“次生”关系已经具有明显的规律性，故而我们在第七部分则尽量省略论证环节，但继续列出与前面六部分所举例子类似的两书“互见”之例，以见上述规律性是有着更多的例证作为支撑的。第八部分则是提供了《家语》“背景”之文多系原貌、《礼记》“孔子曰”每多“节取”的另外一种观察视角，即起承转合语句的有无。这也说明《礼记》的“节取”或省略，其实是有多种形式的。第九部分所列《家语·刑政》与《礼记·王制》的“互见”，其实反映了一种“复合”的模式：《礼记》既省略了“背景”，专取其中的“孔子曰”，同时又存在省略起承转合语句的情况。第十部分实际上是一种自向的考察，因为《家语》一书本身也存在很多无任何“背景”的“孔子曰”，而我们通过对《家语》与其他文献之间的“互见”研究证明，《家语》中的这些“孔子曰”基本上都不存在“节取”的可能，而是原始记录即如此。这种对《家语》书中“孔子曰”的自向考察，应该说愈加证明了《礼记》之“节取”特征。最后的结语部分，系根据《家语》与《礼记》的上述“互见”，我们初步总结的在《家语》与《礼记》“互见”研究上的一些基本结论，以及古书成书研究中所应注意的一些方法论问题。

一

《孔子家语·观乡射》①：“孔子观于乡射，喟然叹曰：‘射之以乐也，何以射，何以听，循声而发，不失正鹄者，其唯贤者乎？若夫不肖之人，则将安能以求饮？《诗》云“发彼有的，以祈尔爵”，祈，求也，求所中以辞爵。酒者，所以养老，所以养病也。求中以辞爵，辞其养也，是故士使之射而弗能，则辞以病，悬弧之义。’”

《孔子家语·曲礼公西赤问》：“卫庄公之返国，改旧制，变宗庙，易朝市。高子皋问于孔子曰：‘周礼，绎祭于祊，祊在庙门之西，前朝而后市。今卫君欲其事事一更之，如之何？’孔子曰：‘绎之于库门内，祊之于东市，朝于西方，失之矣。’”②

《孔子家语·曲礼公西赤问》：“季桓子将祭，斋三日而二日钟鼓之音不绝。冉有问于孔子，子曰：‘孝子之将祭也，散斋七日，慎思其事。三日致斋，而一用之，犹恐其不敬也，而二日伐鼓，何居焉？’”③

> 《礼记·曲礼下》：“君使士射，不能，则辞以疾，言曰：‘某有负薪之忧。’”
>
> 《礼记·郊特牲》：“孔子曰：‘射之以乐也，何以听？何以射？’”
>
> “孔子曰：‘士，使之射，不能，则辞以疾，县弧之义也。’”
>
> “孔子曰：‘三日斋，一日用之，犹恐不敬，二日伐鼓，何居？’”

---

① 本文《家语》之文，依同文书局本，该本有疏失处，则以丛刊、汲古阁等本校之。

② 丛刊本此章缺失。

③ 同上。

“孔子曰：‘绎之于库门内，祊之于东方，朝市之于西方，失之矣。’”

《礼记·射义》：“孔子曰：‘射者何以射？何以听？循声而发，发而不失正鹄者，其唯贤者乎！若夫不肖之人，则彼将安能以中？《诗》云“发彼有的，以祈尔爵”，祈，求也，求中以辞爵也。酒者，所以养老也，所以养病也。求中以辞爵者，辞养也。’”

上举《家语》三章，互见到《礼记》中，分别是《曲礼》、《郊特牲》、《射义》等篇的几处文字。《家语》与《礼记》的最大区别，是各章中孔子的话都是有故事“背景”的，如“孔子观于乡射”、“卫庄公之返国”、“季桓子将祭”之类，而《礼记》则每每是光秃秃的“孔子曰……”，其中尤以《郊特牲》连续四处“孔子曰”最为典型。辨《家语》之伪的学者，于此多主《礼记》为原貌，而《家语》的“背景”则系王肃妄为造设。孙志祖于《家语·观乡射》说“此袭《礼记·射义》”，于《公西赤问》篇一方面说卫庄公章是《家语》据《郊特牲》伪撰，另一方面对于季桓子章也提到《郊特牲》“不言是季桓子事”[①]，其以《礼记》为本是很明显的。范家相于《家语·观乡射》意见与孙氏同，对于《公西赤问》篇卫庄公事，则说“不知何本”，稍谨慎；于季桓子事一方面说《郊特牲》篇“未知此言何指”，另一方面又从“不敬何待于问”及“居是邦不非其大夫”角度指《家语》之说为不辞，[②]其对《家语》的否定态度也是很明显的。笔者以为，二人的看法实际上都是成见先行。揆诸史实，《礼记》这么多光秃秃的“孔子曰”绝不可能是本貌，而都应该是有所本的，这么多“孔子曰”不过是“节取”、简省的结果。我们的证据如下：

首先，《郊特牲》之“何以听，何以射”句还见于《射义》篇中（《射义》作“何以射，何以听”，与《家语》同）。《射义》之文字比《郊特牲》完整得多，不像《郊特牲》只有问话，没有回答。也就是说，即便在《礼记》一书中，“何以

① 参见孙志祖《家语疏证》，《续修四库全书》第931册，上海古籍出版社2002年，第227、257、258页。

② 参见范家相《家语证伪》，《续修四库全书》第931册，上海古籍出版社2002年，第144、182页。

射,何以听”句同样存在“互见”的问题。辨伪者可以不承认此句《家语》所见为本事,但恐怕不能回避《射义》文字应为《郊特牲》“何以听,何以射”之所本,郑玄于《郊特牲》“射之以乐也,何以听?何以射”,注云“多其射容与乐节相应也”,显然也是本自《射义》“循声而发”云云者,准此,则《郊特牲》该句“孔子曰”为“节取”之性质昭昭明矣。不过,作为“互见”的文字,《郊特牲》所见对于《射义》仍有校勘价值,那就是《郊特牲》之“射之以乐”显然要较《射义》之“射者”为优,后者过于笼统。但既然说到“何以听”,而且下文还说“循声而发”,显然前面应以《郊特牲》之“射之以乐”为是,而这也正是《家语》的面貌。《射义》虽整体上较《郊特牲》为完整,但“射之以乐”笼统作“射者”表明,它同样有转述、“节取”的性质,不苛求与原文的绝对一致。

其次,《曲礼下》“君使士射,不能,则辞以疾”句与《郊特牲》的“士,使之射,不能,则辞以疾”,其实也属于《礼记》一书之内的“互见”。但后面的部分《曲礼下》讲“负薪之忧”,《郊特牲》却重在说“县弧之义”。前面的“士不能射辞以疾”,其实是古礼之常制,是共同的知识背景,说者据此为背景可以说不同的事情,这正是“负薪之忧”与“县弧之义”的取向之异:前者讲不能射的具体借口是“负薪之忧”,后者则重在说明辞射的背后隐衷。而《家语》“辞射”句前面是“酒者,所以养老,所以养病也。求中以辞爵,辞其养也”,强调“辞养”的君子风范和绅士风度,这正是士阶层以上人所共仰的行为标准,如果人们不去做这样的事情,必须要找非常刚性的理由,这与“悬弧之义”的隐衷恰是正相契合的。巧合的是,《家语》的“士使之射弗能……”也与《郊特牲》的“士,使之射,不能”同,而异于《曲礼下》的“君使士射”,所以,《郊特牲》当是从《家语》这样的“本事”中“节取”而来,其性质与《郊特牲》上例“射之以乐也,何以听?何以射”的“节取”也是一样的。《曲礼下》所见多为记礼之人对古礼常制的汇集和概述,并不苛求文本的完全一致,因此文字容有差异,是很正常的。

再次,《郊特牲》后两个“孔子曰”中的所谓“何居”、“失之矣”,明显是针对失礼的行为而发,同样应该是前有所本的。王梦鸥于《郊特牲》“何居”句就说:“按《家语》所载,此因季桓子将祭,斋三日,而钟鼓之声不绝。冉有问于孔子,故孔子乃有是语。此处或为残简,语焉不详。"所谓"语焉不详",正是"节取"的写照。对下一则也说:"此事亦见《家语》,为高子皋问,而孔子答之如此。"①其参考《家语》作解同样也是明显的。王氏没有轻率从辨伪学者之说,而是从实际出发,还是比较冷静的。另外,《郊特牲》"绎之于库门内"云云,《家语》"背景"系之以卫庄公事,孙志祖对此表示怀疑,他的理由是卫庄返国即位时间较短,无暇改旧制、变宗庙、易朝市。② 其实,卫蒯聩回国即位为庄公已满三年,做出"改旧制、变宗庙、易朝市"之举时间是足够的,并非"无暇"。更重要的是,此人前后危行逆施之举甚多,如欲诛南子不成事败出奔、与出公辄父子反目、甫立为君后即欲尽去"故政"、率尔毁戎州、髡己氏之妻,等等,③以这样的做派,而行改旧制、变宗庙、易朝市之举是并不奇怪的。而且,孙志祖说蒯聩回国即位仅三年,无暇做这些事情,原孙氏之意,似乎是把所谓"改旧制、变宗庙、易朝市"理解成严肃的政治改革了。实际上,因作乱长期逃亡他国,后又通过与浑良夫等人的阴谋行径返国成功的蒯聩,即位之后有明显小人得志、成王败寇之心态,这一点观其与司徒瞒成言"子请亦尝之"可知,④因此这里的"改旧制、变宗庙、易朝市"就有明显情绪性改弦更张的意味,并非严肃的政治改革,而其草率从事与《左传》载其欲尽去"故政"、毁戎州可谓惊人地相似。另外,孙志祖又引《诗·绵》正义之说,以为鲁因周公故有库门,乃同天子,至于凡常诸侯则不得有库门,故正义斥《家语》"言多不经,未可据信"。今按,诸侯"三门"之制,先郑与后郑异,《诗·绵》正义申后郑之说,以为凡常诸侯三门者为皋、应、路,不得有库门。晚清大儒孙诒让引刘敞之说,早已指出后郑之说非是,即凡常诸侯者实当有库门。⑤

---

① 王梦鸥《礼记今注今译》,新世界出版社 2011 年,第 226 页。

② 孙志祖《家语疏证》,第 257 页。

③ 参《左传》定公十四年及哀公十六年、十七年。

④ 参《左传》哀公十五年。

⑤ 参孙诒让《周礼正义》"阍人"及"朝士"疏,中华书局 1987 年,第 542、2820—2821 页。又可参马楠《西周"五门三朝"刍议》,《出土文献》(第一辑),中西书局 2010 年,第 140 页。沈文倬《觐礼本义述》之"五门三朝浅解"节,犹持后郑之说,未知孙诒让早有辨证,参见《宗周礼乐文明考论》(增补本),浙江大学出版社 2006 年,第 103—104 页。

然则,正义、孙志祖以库门事诋《家语》不可信,也是站不住脚的。反复权衡,《家语》以此事系之卫庄明显当有实据,它的价值恰在于帮我们充实了相关历史事件的背景。[①] 辨伪学者说《家语》据《郊特牲》孔子语而假托,但为何一定要托之卫庄?从卫庄之行事与这里的“改旧制、变宗庙、易朝市”密合无间看,事情只能是相反:《家语》才是故事的本貌,而《郊特牲》所见又是对其中孔子话的专门“节取”。

最后,从《郊特牲》、《射义》等篇的体裁及内容构成上看,也同样可以支持上述的“节取”之说。关于《郊特牲》,前人对其语句之零散、编辑之随意多有提及,如孙希旦提到该篇除“多记祭事”外,还“杂以冠、昏两段,间又及于朝、觐、燕、飨之礼”[②],王梦鸥也说此篇“章节杂错,有说义之词,有训故之语,颇似西汉经师所为《礼经》章句之散策而汇辑为一篇者”[③],吕友仁说“篇中既有论说之文,又有训诂之语,层次比较散乱,解释亦颇有出入。近乎随手编辑之杂记……”[④],这些学者的看法,正道出此篇的散乱、无序,而此处讨论的连续四个“孔子曰”,正可谓其零散、琐碎之明证。有意思的是,范家相在谈到《礼记·郊特牲》与《孔子家语·郊问》比较时也说:“《郊特牲》文散而不属,乃记者零星解经之文,并非孔子之言也。今添入定公问答,汇作夫子之言,杂下注语,虽较原文颇有头绪可寻,而真面目失矣。”[⑤]一方面认为《郊特牲》文“散而不属”,另一方面也承认《家语》“颇有头绪可寻”,但他依然认为是《家语》“重组”得好,其“伪书”的成见,可以说把事实完全搞颠倒了。至于《射义》一篇,郑玄说“以其记燕射、大射之礼,观德行取于士之义”,但其实此篇乡射、[⑥]宾射同所并见,属射礼的结集,不纯是“燕射”、“大射”,故同

---

① 《礼记·郊特牲》正义于此处云:“此一经论鲁失礼之事”,主此事涉鲁,毫无凭据,纯属妄臆。

② 孙希旦《礼记集解》,中华书局 1989 年,第 670 页。

③ 王梦鸥《礼记今注今译》,第 221 页。

④ 吕友仁、吕咏梅《礼记全译/孝经全译》,贵州人民出版社 2009 年,第 369 页。

⑤ 范家相《家语证伪》,第 145 页。

⑥ 学者即专门援《家语》为证,主《射义》“射于矍相之圃”为习乡射之事,参任铭善《礼记目录后案》,《无受室文存》,浙江大学出版社 2005 年,第 124 页。

样也有杂凑性质。① 值得一提的是,《射义》“射者何以射”章之前亦为“孔子曰”章:“孔子曰:‘君子无所争,必也射乎!揖让而升,下而饮,其争也君子。’”此又见《论语·八佾》,此例更可见《射义》一篇纠合、裒集诸书关于射礼记载之动机是很明显的。② 正因为裒集的文句必须要有统一的主题,故编者省去语言“背景”或其他多余的话,而简洁明快地直奔主题,也就可以想见了。

最后,让我们来总结一下《礼记》此处的“节取”特征。最典型的“节取”,乃《郊特牲》中四例“孔子曰”,不只把孔子的话从《家语》那样的“本事”中“节取”出来,而且每一例“孔子曰”中孔子的话,很多时候也不是完整的,如四例“孔子曰”中的1、2、4例。一个直观的证据是,《郊特牲》的前两例“孔子曰”再加上《射义》中的“孔子曰”,才大致是《家语》中完整的孔子的话。另外,虽然上举《射义》的文字较《郊特牲》的“何以听,何以射”更为完整,但与《家语》相比,它其实还是属于“节取”:省略了“孔子观于乡射”的背景以及后面的“士使之射弗(不)能”句,同样是零碎的。从内容上看,《礼记·射义》篇都是关于射礼内涵的,编者显然是在做同类归并。出于归并主题的需要,编者省去“背景”是可以理解的,但后面“士使之射弗(不)能”句仍然是关于射礼的,却依然被省略掉,说明编者的“节取”和归并不是太严肃,甚至是随意的。而且,这样的不严肃和随意性还体现在《郊特牲》四个“孔子曰”上,它们甚至连统一的主题都没有,这与前人揭示的该篇文句杂凑正相一致,给人的感觉是为“节取”而“节取”。③ 这可以给我们两点启示。首先,整理者看来对孔子的话有急功近利的心态,或者说对保存孔子话的目的性是很强的。其次,从对孔子的话作零碎、断续的“节取”看,整理者面对的材料

---

① 学者多据篇名以此篇多言“义”,所谓“射者,所以观盛德”云云诚可谓“义”矣,但实际上讲配射之乐《驺虞》、《狸首》云云者,又可以说是述礼,更有“孔子射于矍相之圃”这样故事性很强的内容,最后两章还专门是孔子对于射礼的原话议论,其杂凑之迹可谓明显。

② 学者或将此处《论语·八佾》中孔子的话,看成是《射义》“征引”《论语》(参王锷《〈礼记〉成书考》,中华书局2007年,第223页),实际上将《射义》此篇看得过于整饬,不利于揭示此篇的杂凑性质,我们认为还是用“归并”为宜。

③ 正因为这种“节略”是随意的,《郊特牲》的“何以听,何以射”与其说是“引用”,不如说是“转述”,它只求文意大致不差,而至于文句是否与原文绝对一致,则不是那么重要的。

很可能也是散乱、无序的,这让我们联想到西汉古文“记”发现之后的整理情形。面对这些散乱且很多时候无法恢复原始简策编联顺序的古文“记”材料,整理的重点无疑就是其中那些孔子的话,因此其急功近利也是可以理解的。而且,“背景性”材料由于不涉夫子言论,且简策编联错乱难以恢复,故而经常被急功近利的整理者舍弃了。或者也不排除这样的可能,那就是依文意大致可判定为孔子的话,只不过整理者再给它标上个“孔子曰”而已。无论如何,都说明整理者似乎并不是从一个类似《家语》那样的完整“文本”中把“孔子曰”直接裁出的,而是面对简策错乱的材料,有重点、有选择地把孔子的言论“节取”出来。这样的整理特点,读者可以在下文中看到更多的例子。不过,从《郊特牲》“何以听,何以射”同样互见到《射义》中来看,有些“节取”,编者还是能够见到更为完整的本事和原貌的,在这样的情况下,却仍然只收录了“节取”的内容,这的确让人非常惊异。作为儒家古礼“记”类的文献汇编,《射义》、《郊特牲》这样的“节取”尽管也是允许的,但问题是这些文字毕竟只是部分,并非本事和完整的面貌,但我们发现《礼记》也只是收录了这些“节取”,对其他的文字已不再收录,由此,我们应该深刻反省《礼记》一书的材料特点——就材料的完整性讲,看来它有些篇目是远不如《家语》的。当然,从本文的主旨来看,这里所讨论的已经点出《礼记》“节取”的两种可能情形:或为整理简策失序的古文“记”材料时的无奈之举,或为不明原因的只“节取”“孔子曰”,却把含有“背景”的原始材料无端舍弃的例子。在下面的论证中,这两种情形还会多次出现。

二

《孔子家语·曲礼子夏问》:“子夏问于孔子曰:‘居君之母与妻之丧,如之何?’孔子曰:‘居处、言语、饮食衎尔,于丧所则称其服而已。’‘敢问伯母之丧,如之何?’孔子曰:‘伯母叔母,疏衰期而踊不绝地,姑姊妹之大功踊绝于地,若知此者,由文矣哉。’”

《孔子家语·曲礼子夏问》:“子夏问于孔子曰:‘客至无所舍,而夫子曰生于我乎馆;客死无所殡,夫子曰于我乎殡,敢问礼与?仁者之心与?’孔子曰:‘吾闻诸老聃曰:馆人,使若有之,恶有有之①而不得殡乎。夫仁者制礼者也,故礼者不可不省也,礼不同不异,不丰不杀,称其义,以为之宜,故曰我战则克,祭则受福,盖得其道矣。’”

> 《礼记·檀弓上》:“子夏问诸夫子曰:‘居君之母与妻之丧,居处、言语、饮食衎尔。’”“宾客至,无所馆。夫子曰:‘生于我乎馆,死于我乎殡。’”
>
> 《礼记·礼运》:“……故礼之不同也,不丰也,不杀也,所以持情而合危也。”
>
> 《礼记·礼器》“……孔子曰:‘礼,不可不省也!礼不同,不丰,不杀。’此之谓也。盖言称也。礼之以多为贵者,以其外心者也。……礼之以少为贵者,……是故先生之制礼也,不可多也,不可寡也,唯其称也。……孔子曰:‘我战则克,祭则受福,盖得其道矣。’”
>
> 《礼记·郊特牲》:“……然后简其车赋而历其卒伍,而君亲誓社,以习军旅。左之右之,坐之起之,以观其习变也。而流示之禽,而盐诸利,以观其不犯命也。求服其志,不贪其得。故以战则克,以祭则受福。”
>
> 《礼记·杂记下》:“麻者不绅,执玉不麻。麻不加于采。国禁哭,则止朝夕之奠。即位自因也。童子哭不偯,不踊,不杖,不菲,不庐。孔子曰:‘伯母叔母,疏衰,踊不绝地。姑姊妹之大功,踊绝于地。如知此者,由文矣哉!由文矣哉!’”
>
> 《论语·乡党》:“朋友死,无所归,曰:‘于我殡。’”

上述《家语》两章,与《礼记》之《檀弓上》、《礼运》、《礼器》、《郊特牲》、《杂记下》等多处文字互见。另外,《论语·乡党》之记载亦与《家语》第二章中的“客死无所殡,夫子曰:‘于我乎殡’”相似。孙志祖于《家语》第一章说“此撮合《礼记》《檀弓》、《杂记》二条为一”,于《家语》第二章则说“此袭《论

① 从刊本此处作“恶有之,恶有之”,甚为不辞,显系讹误。

语》、《礼记·檀弓》兼采《礼器》之文”，范家相的意见基本相同，尤其强调《礼记》本无“背景”，如说“非子夏之所问”、“系夫子自言”。[①] 范、孙二氏基本上是一言带过，无丝毫论证。《檀弓上》之文，相对于《家语》，尚存“背景”——“子夏问”，但这样的“背景”显然没有《家语》完整；而且，“宾客至，无所馆”，更不见“子夏问”的情节。《杂记下》“伯母、叔母”云云者，完全以“孔子曰”引出，没有任何背景，而在《家语》中，它本是与“居君之母与妻之丧”事为同一章。同样，《礼器》之文的“礼，不可不省”、“我战则克”云云，也是直接以“孔子曰”出之，没有《家语》那样的“背景”，而在《家语》中，它们本来同属“客至无所舍”章的内容。由此来看，此例不仅《礼记》之“孔子曰”更为典型，其省略相关“背景”，而专取孔子的话也同样典型。

在证明《家语》的“背景”为本事，而《礼记》的“孔子曰”系节取之前，笔者想首先指出一点，即《家语》之文并非如范、孙二氏所言剿袭《礼记》，而是另有所本。《檀弓上》之文“子夏问诸夫子曰：居君之母与妻之丧，居处、言语、饮食衎尔”，子夏之“问”与夫子之“答”混杂在一起，显然是有问题的。子夏之问，缺明确的“问”，《家语》有“如之何”才是完整的。同样，夫子之答，也没有明确标示出，正义说“不云‘子曰’者，记人略也”[②]，果真如此，前面的“如之何”为何要略去呢？这只能说《礼记》的本子有残缺。陈澔说《礼记》“丧”之下当有“如之何，子曰”[③]，正与《家语》相合，也说明了《礼记》的问题。晚近诸家《礼记》译解之作几乎都采陈氏之说以“居君”句为子夏问，以“居处”句为孔子答语，但对《家语》的记载却绝口不提，这是有失公允的。另外，《檀弓上》孔子说“生于我乎馆，死于我乎殡”，但前面却只有“宾客至，无所馆”，显然也缺失“客死”一项内容，《家语》同样较为合理。如若《家语》袭《礼记》而来，怎么会出现这种差别呢？这两处《家语》都较为合理，其实已隐隐揭示出《家语》之文应为故事“本事”，而《礼记》不过是节略、转述。关于

---

① 参见孙志祖《家语疏证》，第253、254页；范家相《家语证伪》，第177页。

② 《礼记正义》，吕友仁整理，上海古籍出版社2008年，第325页。下引正义之文均据此书。

③ 孙希旦《礼记集解》，第226—227页。

这一点，我们试从其他方面再举例证明。

《家语》之首章，主要综合了《礼记》的《檀弓上》与《杂记下》两处文字。那究竟是《家语》“综合”得合理，还是《礼记》离析得合理呢？两书的“居君之母与妻之丧”，即郑君所谓“为小君丧”；而“衎尔”，郑注为“自得之貌”，亦所谓“恻隐不能至”，陈澔说得更直接：“恩义则浅矣”，即感情上比较疏离，因此在服丧时的哀戚之情上就大打折扣，这即是丧礼上所说的“服重情轻”例子：①依礼，为君之母与君之妻，都要服齐衰，仅次于斩服，可谓重矣，但毕竟君母与君妻与自己无血缘之亲，恩情疏浅，因此在居丧时的感情上就无须过于悲戚。我们再来看另一处“伯母叔母”句，这里实际上是把对“伯母叔母”与“姑姊妹”之丧服与哀戚之情进行了对比，而其主旨仍是在强调丧服与悲戚之情的差异：“伯母叔母”之“疏衰”重于“姑姊妹”之“大功”，但就悲戚之情上讲，“姑姊妹”由于与自己有血缘之亲，故致“踊绝于地”，前者仅是“踊不绝地”。孔子的“由文矣哉”，正是感叹这种丧礼仪节的细微差别。由此看来，就丧服与哀戚之情的轻重关系上讲，这两处所论主旨实有惊人一致。因此，《家语》作一章处理显然更合情理。尤其是，《家语》较《檀弓上》多出的“称其服而已”句，对于揭示为小君服丧仅重外在形式性的“服”，而情感上则可以“自得而适”，实有点题的作用，也是“衎尔”的绝佳解释。反观《礼记》分置两篇的处理，此二句在两篇的上下文语境下都难言合理：前一节在《檀弓上》篇中，前后分别为“成子高寝疾”章与“宾客至，无所馆”章，意思上均不相蒙；后一节在《杂记下》篇中，前面是“童子哭不偯”章，其中的“不踊”似和此节“踊不绝地”有关（《礼记》的编者可能正是据此将两章归并到一起），但该章下文还提到“不杖、不菲、不庐”，即童子居丧的礼制细节，这与本节孔子讲“伯母叔母”、“姑姊妹”服制与哀情之异可以说也没有什么关系。本节后面 “世柳之母死”章，主要讲相丧由左趋右之变，同样与本节没有什么关联。《礼记》两处文字在《檀弓下》、《杂记下》篇语言环境中前后并不相蒙的情

① 对于为“君母”、“君妻”的服丧原则，《杂记下》还说“比之兄弟”。而为兄弟服丧要怎么做呢？同篇还专门提到“亲丧外除，兄弟之丧内除”，一“外”一“内”，其悲戚之深浅一望可知。

形，与《家语》此章的主旨明晰、文义一贯恰成鲜明对比。比较而言，《家语》为本貌，而《礼记》系节取、错置，这才更符合实际情况。

《家语》第二章与《礼记》的《礼运》、《礼器》、《郊特牲》等几处互见，而且，即《礼记》一书中本身亦存在互见的问题，诸如《礼运》之“礼之不同也，不丰也，不杀也”与《礼器》之“礼不同，不丰，不杀”，以及《礼器》之“我战则克，祭则受福”与《郊特牲》之“以战则克，以祭则受福”。“不丰不杀”句，《礼器》中明云“孔子曰”，是孔子的话，而《礼运》中，从上下文来看，也应该是对孔子话的引用。对于《礼器》中之“不丰不杀”句，孙希旦说“愚谓此引《礼运》孔子之言以结上文”①，即以《礼运》中为原始材料。不过，《礼运》中却没有“礼不可不省”一句，故《礼器》所见非从《礼运》中引述是很明显的。这是《礼记》一书中的情形。既然《家语》第二章中亦有此语，“谁引谁”的问题仍然不能回避：究竟是《家语》为原貌，《礼器》的“孔子曰”只是从中“节取”呢，还是《礼记》为原貌，而《家语》据以牵合呢？孔颖达正义对于此句说：“记者引孔子语证上诸事也。”②也就是并不认为此处的孔子话是原始出处，而是从别处引用的。我们既已说过《礼器》不太可能从《礼运》篇引述，那是否即是从《家语》一书“节取”呢？《家语》此章主要讲诸如“客至无所馆”、“客死无所殡”的情况，对此，孔子都是古道热肠，勇于担当，以为己任。所以子夏很疑惑：“礼与？仁者之心与？”——到底是礼制的规定如此，还是仅仅出于孔子的仁爱热肠呢？孔子引老聃之言作答：“馆人，使若有之，恶有有之而不得殡乎？”招待别人，就希望对方宾至如归，使对方觉得如在己家、自己拥有似的。而既然是如在己家，怎么可能无法殡葬呢？夫子设身处地替客人着想，其待客之道确实突出一个“仁”字。其下文专门从“制礼”原则和精髓的角度作进一步申论，“不丰不杀”的话即从中引出：礼制之制定者均为宅心仁厚之人，因此其制礼之初衷和精髓，就需要时时省思：礼制之间的不同、相同，不多一

① 孙希旦《礼记集解》，第644页。

② 《礼记正义》，第977页。

点,不少一点,①其总的原则就是要合于“义”,这样的话才是最合适的。也就是说,孔子不主张机械地理解礼制细则,关键是要能因时制“义”,这样才能妥当、得“宜”。联系到上文孔子对“客至”、“客死”灵活又不乏人情味的勇于担当,不是正合于“义”,而且得“宜”吗?② 由此看来,《家语》此章子夏与孔子之间的问与答,可谓浑然天成、若合符节。要说《家语》系捏合《礼记》的《檀弓上》、《礼器》两处文字而成,如此地天衣无缝,实在让人难以相信。何况《家语》较之《礼记》尚有多出文句,而这些文句与《檀弓上》、《礼器》两处文字也是结合得严丝合缝,世间有这么巧的事吗?顺便说一句,《家语》此章还专门引老聃之言以申论之,“吾闻诸老聃曰”的语言习惯,与《礼记·曾子问》篇非常接近,③这恐怕也从一个侧面说明《家语》的记载肯定是来源有据的原始文献。不过,有学者可能会说,“不丰不杀”句在《礼器》篇中同样严丝合缝:上文讲礼有以多为贵、以少为贵、以大为贵、以小为贵云云,不正是“礼不同,不丰不杀”吗?但从上下文的语言环境看,前面所谓礼有尚多、尚少、尚大、尚小之类的不同标准,显然出自后人对礼制的总结,本非孔子原话,所以后面孔子的话虽然与它们主旨接近,那也只不过是缘于整理者有意在引孔子的话来做个小结,准此,前引孔疏的看法还是很有道理的,即孔子的话的确应该是“移来”的他处文字,与前文并非铁板一块。

最后再来看一下另一处“互见”:“我战则克,祭则受福”句。在《家语》中,承上义,此句的意思是说:如果在对待礼的问题上,能够做到不苛守教

① 《礼器》篇下文还说,“……是故先王之制礼也,不可多也,不可寡也,唯其称也”、“礼有大有小,有显有微。大者不可损,小者不可益,显者不可掩,微者不可大也”,与此类似。

② 孙志祖说《家语》“夫仁者制礼者也……”以下“皆与殡朋友之义无涉,盖杂凑成篇耳”(《家语疏证》,第254页),其实是对文义有失深察。另外需要提到的是,《礼器》篇还专门讲到礼制上的先后原则,即所谓“礼,时为大,顺次之,体次之,宜次之,称次之”,“称”属最末一级,比较好理解,即名实相副,有点类似我们这里讲的对礼制细则的机械遵守。但此处对“宜”也评价较低,似乎与《家语》此章所讲矛盾。其实,这里只是就一般的顺序大体言之。而且,此处认为最高原则依然是“时”。何谓“时”?其实就是《家语》本章突出强调的要因时应变,灵活处理。孔子勇于担当的古道热肠,正体现了这一原则。

③ 《礼记·曾子问》篇,共四章涉及引老聃的话,其中三章语例即为“吾闻诸老聃曰”,另外一章则是“吾闻诸老聃云”,非常接近。

条，而是因时制“义”，举措得“宜”，这样的话无疑逢战必胜，祭也受福。后面还说成功的原因就在于“盖得其道”，得的是什么样的“道”呢？无疑是指对待“礼”的灵活原则，即不守教条，因时制“义”。而在《礼记》中，此句两次出现在《礼器》与《郊特牲》中，后者的文句略有差异，作“以战则克，以祭则受福”，显然是化用而来。正义于《礼器》篇此句说“又引《郊特牲》语结称也”①，主《礼器》所见属“次生”，显然是颠倒了主次。因为《礼器》明云“孔子曰”，依上面“不丰不杀”句的例子，此亦当是用孔子的原话来作总结，而《郊特牲》并非注明是孔子的话，故其当为引用、化用《礼器》中“孔子曰”无疑。然则，在《礼器》中，引孔子的话放在这里是否合适呢？此句之前，《礼器》的文字先是承上继续说“先王之制礼也，不可多也，不可寡也，唯其称也”，然后举守礼、失礼之典型，尤其是管仲、晏平仲的例子，说明君子之于礼“不可不慎”，接下来就是直接引孔子的话说“我战则克，祭则受福”云云。坦率地讲，孔子的话，丝毫不涉及“礼”字，故此句置于此，很让人摸不着头脑。没有一定背景的话，恐怕没人知道孔子此语是在说“礼”。孙希旦也说“然孔子未尝战，而云此者，盖以礼决之尔”②，“盖”字说明孙氏仅仅是推测，这愈加证明没有一定的“背景”，学者对此句与“礼”相涉，还是不明所以的。而如果参考《家语》这样的背景，我们就可以发现编者将孔子的话放在这里确实不是偶然的：《家语》中此句正是作为灵活、出色地对待“礼”的结果而出现的。准此，该句从类似《家语》的背景中“节取”应该是非常自然的。正义于“我战则克，祭则受福”句说：“……然此无战事，只应云祭受福，而此连言战者，彼为二句相连，故合引之也。”③正义对“战事”的困惑及“二句相连”的推测，也侧面说明此处孔子的这句话是从特定的语言“背景”中引述而来的。

既辨明《家语》与《礼记》之间的“原生”、“节取”关系，我们有必要再来看一下《礼记》具体的节取情形。《杂记下》、《礼器》中的三处“孔子曰”虽是

---

①《礼记正义》，第982页。

② 孙希旦《礼记集解》，第648页。

③《礼记正义》，第982页。

从类似《家语》这样的原始材料中“节取”，但它们在各篇中的出现，也体现了一定的组织意识。《杂记下》“孔子曰”中的话与前面讲丧礼的章多少有点相关性，而《礼器》中的两处“孔子曰”更是体现出明显的引孔子之言作总结的意识，其逻辑关系是很清楚的。照一般理解，即便是从原始材料中节取孔子的话进行总结，也应该同时收录原始材料。但实际上，《礼记》中已没有这样的原始材料，或者说“孔子曰”的真正背景材料已经失收，这充分证明《礼记》中这几处“孔子曰”确实多有“节取”性质，并非完貌。只不过，这样“节取”而来的材料，后来又有进一步的归并、整理。从《礼器》篇两例“孔子曰”与前文的密切关联看，这种“组织”意识明显的归并、整理是确实存在的。另外，《礼器》篇中“我战则克，祭则受福”虽然与上文说“礼”密切相关，但是把孔子这样一句话用来作总结，整理者一定要熟悉这句话像《家语》中那样的说“礼”背景，否则的话，就很难理解整理者也会这么巧地选用这句话来为上面的说“礼”之文作总结。这又说明，虽然今本《礼记》对“背景”性的材料已不收录，但这样的材料遗失也不是一蹴而就的：有些材料在一定的时段范围内还是存在的。这种情况恐怕也说明，如果说今本《礼记》真的来源于所谓的古文“记”，那这样的古文“记”材料也并非都是散乱、失序的，有的材料，尤其是某些“背景”性材料，应该也是可以辨识的。不过，《檀弓上》“居君之母与妻之丧”章相对《家语》的残损，也进一步说明当初古文“记”普遍的材料特征。另外，“宾客至”章前面“背景”相对《家语》的残缺，同样也可以印证这样的材料特征。但有意思的是，虽然“背景”不完整，但后面孔子的回答却是完整的：兼顾“客至”与“客死”两个方面。对照《家语》这样的原始材料，此章孔子的话显然是归并而成，这一方面说明整理者对孔子的话更为重视，另一方面说明整理者当初的确也是见过类似《家语》那样的更完整的“背景”材料的。最后还要指出的是，《家语》中此两章相距极近，中间仅隔一章。与此相应的是，《礼记・檀弓上》篇，“居君之母与妻之丧”章与“宾客至”章也是连续的两章；同样，《礼器》篇的两处“孔子曰”相距也不远。这种情况恐怕也不是偶然的，它再次表明《礼记》面貌与原始材料密切关联：虽然每每舍弃了“背景”，多有“节取”，但《礼记》的编者当初还是见过带有“背景”的原始材料的，但正如上文指出的，《礼记》一旦从原始材料中“节取”了“孔子曰”，对原始材料就不再收录，这倒是非常值得注意的。

另外，既然此例中《家语》第二章与《礼记》、《论语》同属“互见”，其实还有一个问题需要讨论。我们说该组“互见”中《家语》与《礼记》相关篇章之间属“原生”和“节取”的关系，那我们如何看待《论语·乡党》“客死无所殡，夫子曰：‘于我乎殡’”与《家语》第二章相似的记载？如果说《家语》是“原生”的，难道《论语》也是“节取”？然则，这样恐怕要颠覆很多人对于两书关系的认识。实际上，这一问题的提出，可以说直接触及了“互见”研究中的一个非常关键的问题，那就是：是否只要是“互见”的文献，两者之间就一定存在“文本”层面的关联关系？这种“文本”层面的关联关系主要是指上文提到的不同文本之间的线性对应或直接“因袭”，以及因之而来的“原生”、“次生”之别。总之，“互见”的两个文献之间在“文本”上明显是有着直接对应的近缘关系的。但实际上，诸书之间的“互见”是非常复杂的，有着多种形式，“互见”内容的多少也是参差不齐的。因此，有的“互见”并不能直接反映“互见”文献在“文本”上是直接关联的。所以，对于“互见”的文献作适当的类型区分是非常必要的，不能主次不分地把形形色色的“互见”文献放在一个水平线上等量齐观。此例中《论语·乡党》与《家语》、《礼记·檀弓》的“互见”正是需要区别对待的，它们之间“互见”的“客死无所殡，夫子曰：‘于我乎殡’”（《礼记·檀弓》文句略有残缺）其实只是“故事元素”而已，不同的文献可以据这种“故事元素”构拟完全不同的文本。我们上文之所以不厌其烦地对直接对应、有近缘关系的“互见”多次限定以“文本层面”，就是指这样的“互见”不再仅仅是“故事元素”，而是从语言组织到章句结构都大体雷同的“文本型”“互见”。这里提到的《论语·乡党》与《家语》的关联，它们“互见”的其实只是“客死无所殡，夫子曰：‘于我乎殡’”这样的“故事元素”而已，彼此的文本则全无联系。①

① 甚至“故事元素”本身也不尽相同。如《论语》说“朋友死”，《家语》则云“客死”。唯其不同，才正显示出这种“互见”只重视孔子勇于担当、古道热肠的“故事元素”而不太在意文本性表述的特质。

最明显的,《家语》中这样的“故事元素”是借子夏之口说出的,但其重心却是放在“礼与? 仁者之心与?”之间,而在《论语・乡党》中“故事”已不再是“元素”,而是直陈其事,或者说“故事”本身就是“文本”的全部,这与《家语》是完全不一样的。它们只是都利用了相同的“元素”,①但文本在语言组织、章句结构及叙述重心上全然不同。因此它们之间就并非“文本”层面的对应和因袭关系,把它们放在一个水平线上等量齐观是完全错误的。不分青红皂白地把所有的“互见”都当作“文本型”“互见”,势必会不适当地拉近两书之间的关系。上文提到的孙志祖对《家语》第二章的看法就存在这样的问题,他认为《家语》是剿袭了诸如《论语・乡党》、《礼记・檀弓》、《礼记・礼器》等多种文献——不只把《家语》与《礼记》的“原生”、“次生”关系完全弄颠倒了,更重要的是还把明显不属于“文本型”“互见”的《论语・乡党》的记载也拉进来,显得主次不分。在下文的论证中,我们将会发现这是孙氏《家语疏证》的一个普遍性问题,那就是对于与《家语》“互见”的文献,孙氏经常是不

① 这有点类似清代章学诚讲的“言公”(章书专列“言公”上、中、下三篇讨论这一问题,参仓修良编注《文史通义新编新注》,浙江古籍出版社 2005 年,第 200—220 页)。不过,章氏所说的“言公”范围是很广的,小到共用习语、格言,大到句段、篇章的相袭,可谓无所不包,可以说既涵盖了我们这里提到的“故事元素”类型,也包括“文本”“互见”的类型。晚近学者结合出土文献重探古书体例及形成问题,于章氏之说每多推阐,可参李锐《“重文”分析法评析》(《清华大学学报》2008 年第 1 期,后此文又改题《“对文”分析法评析》,收入氏著《新出简帛的学术探索》,北京师范大学出版社 2010 年)及刘娇《西汉以前古籍中相同或类似内容重复出现的研究——以出土简帛古籍为中心》(复旦大学 2009 年博士学位论文)。另外,邬可晶《〈孔子家语〉成书时代和性质问题的再研究》(复旦大学 2011 年博士学位论文),也单列一节讨论“利用相同或类似文句、段落、篇章的比较研究古书年代和性质的可行性”问题。李文所说的“重文”或“对文”与章氏的“言公”相类;刘文对古籍中“重复出现”内容的归类,包含了通行言辞、语句、段落及“故事”等,同样也是多种形式的“互见”。不过,对于传统上及目下学者习惯据“重文”在不同文献间进行年代排序的做法,李文提出明确质疑,认为“重文”只能说明它们“同出一源”,主张“重文”的功用仅限于校勘、训诂。今按,李文主张“重文”之间无法划出年代序列,针对某些案例或可信,但如果说“重文”之间全然无法做出年代序列的判断,则又嫌绝对(刘文则没有李文这么激进)。最明显的,《左传》与《史记》之间的“重文”,明显是《史记》袭用《左传》,它们之间的年代学序列是很清楚的,仅说它们“同出一源”,不但太保守,而且还给人一种要将两书等列而观的印象,其问题是显而易见的(邬文也指出李文有把“对文同源说”扩大化之嫌,参邬文第 18 页)。

厌其烦、尽其所知地开列一长串书单，哪怕与《家语》仅存在只言片语的相似也备列无遗，然后就说《家语》因袭了这么多文献（范家相则相对较为谨慎），论证简单而草率。由于孙志祖几乎没有对“互见”类型作等第或主次之分，我们可以说他对诸书之间“互见”问题的认识其实还是很粗糙的。

三

《孔子家语·曲礼子夏问》：“子夏问于夫子曰：‘凡丧，小功已上，虞祔练祥之祭皆沐浴。于三年之丧，子则尽其情矣。’孔子曰：‘岂徒祭而已哉。三年之丧，身有疡则浴，首有疮则沐。病则饮酒食肉，毁瘠而病，君子不为也；毁则死者，君子为之无子[①]。且[②]祭之沐浴，为齐洁也，非为饰也。’”

《礼记·曲礼上》：“居丧之礼，毁瘠不形，视听不衰。升降不由阼阶，出入不当门隧。居丧之礼，头有创则沐，身有疡则浴，有疾则饮酒食肉，疾止复初。不胜丧，乃比于不慈不孝。五十不致毁，六十不毁，七十唯衰麻在身，饮酒食肉，处于内。”

《礼记·杂记下》：“丧食虽恶必充饥，饥而废事，非礼也。饱而忘哀，亦非礼也。视不明，听不聪，行不正，不知哀，君子病之。故有疾饮酒食肉，五十不致毁，六十不毁，七十饮酒食肉，皆为疑死。”

“有服，人召之食，不往。大功以下，既葬适人，人食之，其党也食之，非其党弗食也。功衰食菜果，饮水浆，无盐酪。不能食食，盐酪可也。孔子曰：‘身有疡则浴，首有创则沐，病则饮酒食肉。毁瘠为病，君子弗为也。毁而死，君子谓之无子。’”

“非从柩与反哭，无免于堩。凡丧，小功以上，非虞附练祥，无沐浴。疏衰之丧，既葬，人请见之，则见，不请见人。小功，请见人可也。大功不以执挚。唯父母之丧，不辟涕泣而见人。三年之丧，祥而从政。期之

① 丛刊本脱“无子”，当据同文书局本补。

② “且”，丛刊本讹作“则”。

丧，卒哭而从政。九月之丧，既葬而从政。小功、缌之丧，既殡而从政。"

上举《家语》一章与《礼记》之《曲礼上》及《杂记下》划线句子属"互见"关系。范家相说《家语》"此采《杂记》，杂凑成文"，孙志祖也说"此袭《礼记·杂记》，而假为子夏问辞"，①二人都仅注意到《杂记下》的两处文字，而于《曲礼上》的记载则有所失察。② 而且，他们都认为系《家语》抄《礼记》，同样不承认《家语》为"本事"。《家语》与《礼记》直接"互见"的，虽仅为划线语句，但我们却不厌其烦地备列如上，主要就是想从上下文语言环境的角度看看，两书"互见"的语句究竟何者是"本事"，何者又是"节取"、杂凑。

从体例上说，《杂记》上下篇的文字多系礼制细则的麇集，并没有一贯到底的统一主题，这一点，观其篇名"杂"可知，故孙希旦谓"以其所记者杂，故曰《杂记》"③。以我们这里所见的《杂记下》三段而论，三段于该篇中虽是连续的，但各段之主旨实又微有不同。首段主要是讲丧食虽疏，但也要吃饱，"饥而废事"是不行的，尤其反对因为悲哀过度导致毁身伤体，④因此特定条件下"饮酒食肉"甚至都是可以的。《曲礼上》一段意思与《杂记下》此节大致相同，那就是既要保证仪文周到，又要满足人的基本需求，不能为了迁就仪文而致"毁瘠"，此观它们之间互见的"五十不致毁，六十不毁"可知。《杂记下》第二段则讲服丧情况下饮食方面需要注意的情况，请注意，这与前段所讲主旨已有明显不同，但最后"孔子曰"的话倒是又回到首段的主旨，观其"毁瘠为病"以及"毁而死，君子谓之无子"可知。孙希旦说"自'丧食虽恶，必充饥'至此，明居丧毁瘠节制之事"⑤，但从"有服"至"盐酪可也"，显与"居丧毁瘠节制"无关。不过，若单就"丧食"看，这两段之间还是多少有点联系

---

① 分别参见范家相《家语证伪》，第 177 页；孙志祖《家语疏证》，第 253 页。

② 陈士珂亦仅注意到《杂记下》中之两处文字，参《孔子家语疏证》，第 276—277 页。

③ 孙希旦《礼记集解》，第 1040 页。

④ 相关记载，还可见《礼记·檀弓下》"丧不虑居，毁不危身。丧不虑居，为无庙也；毁不危身，为无后也"，《礼记·丧服四制》"三日而食，三月而沐，期而练，毁不灭性，不以死伤生也"，《孝经·丧亲》章"孝子之丧亲也，三日而食，教民无以死伤生，毁不灭性，此圣人之政也"。

⑤ 孙希旦《礼记集解》，第 1101 页。

的。《杂记下》前两段也可以说是在就“丧食”进行有意识的以类归并，并且“孔子曰”中的“病则饮酒食肉，毁瘠为病”也可以说与此有关。这样的以类归并，只求有一点相关性即可，可以全不问各句话的出发点和落脚点。但第三段就更杂些，“疏衰之丧”至“不辟涕泣而见人”，主要讲服丧的情况下如何与他人相见的问题，正义所谓“明在丧与人相见之义”①。前面的“非从柩与反哭，无免于堩”，说丧冠的讲究，“凡丧”句说的又是服丧时是否“沐浴”的问题。而后面“三年之丧”以下，说的又是服丧阶段与何时从政的关系，可谓杂无主旨。

与《杂记下》杂无主旨不同，《家语》的记载则是中心明确，且终始一贯，主要讲丧时的“沐浴”问题：居丧之时，由于悲戚之切，“无沐浴”本为常情，故只有“虞祔练祥”等特定条件下方可，但也有变礼情况，即如“身有疡”、“首有创”以及“病”等特殊情况，因为在这种情况下，“沐浴”已成为正常生活，甚至安身立命之必需，如果这时还机械刻板地固守礼制，反而会走向“毁瘠为病”的弊端。全章最后的“沐浴为齐洁也，非为饰也”，具有点题作用：“沐浴”这时已是基本的卫生问题，而非为了作秀式的“饰”和仪文。所以说，《家语》全章的主题是终始一贯的，它始终都是在讲“沐浴”，甚至直到结语还说“沐浴为齐洁也，非为饰也”。范家相说《家语》系根据《杂记下》“杂凑成文”，果真如此，编者就必须在《杂记下》这样纷杂的材料中发现“沐浴”的相关性（但在《杂记下》的材料中，“沐浴”并没有什么特殊性，为何要据这一点而不是其他“杂凑成文”呢？），并据以“杂凑”，而且像《家语》这样“杂凑成文”的文章，文意相谐，逻辑严密，这也太过凑巧了吧？相比较而言，倒是《杂记下》更具备“杂凑”的特征，从我们上文所举其各段内部主旨的不同就可见一斑。学者可能会觉得第二段“孔子曰”中的话系总结前文，但上文已经提到，“孔子曰”中的话主要是讲居丧之时不可“毁瘠”，要适当权礼而行，就意思上讲应该与《杂记下》第一段文义一贯，而与第二段前面的“有服……盐酪可也”并不相蒙。换句话说，如果《家语》真的是据《杂记下》捏合，它应该是把“孔子

① 《礼记正义》，第1660页。

曰"中的话与第一段整合在一起，毕竟这两处文义最相近，但事实却并非如此，这亦说明上述范、孙二氏的意见不确。

实际上，对照《家语》的逻辑严密、终始一贯，《杂记下》之杂凑及语次混乱就更加明显。比如，即便我们承认《杂记下》前两段都与"丧食"有关，包括"孔子曰"中的"病则饮酒食肉"，但请注意，"孔子曰"是以"身有疡则浴，首有创则沐"开头，是讲居丧时的"沐浴"问题，这实在是很突兀的。这其实倒是暗示此处"孔子曰"必定是从特定的语言环境中截取出来的。第三段，虽然屡言"小功"、"大功"、"疏衰"、"小功、缌"，似乎是就丧服在做归并，但细察各句的落脚点，则或言"沐浴"，或言"见人"，或言"为政"，仍然并不统一。有学者也试图把《杂记下》的杂乱记载讲得更有逻辑些，且从前后"沐浴"的相关性入手，如说"非虞祔练祥，无沐浴"，"似补记'身有疡，首有创'之例外者而言"，[①]但这依然无法解释中间还杂以"非从柩与反哭，无免于堩"的问题。这再次说明了《杂记下》的杂凑性质，由此更彰显《家语》的中心突出，终始一贯。尤其是从"沐浴"一事看，《家语》为原初之载，而《杂记下》为"次生"、"节取"的性质，相信不带成见的人都容易觉察。

既明了《家语》、《礼记》间的原初、"次生"关系，我们再来具体看一下《礼记》的"节取"情形。《杂记下》第二段的"孔子曰"明显又是典型的"节取"，且省略了《家语》前面的"岂徒祭而已哉"句，又是不完整的"节取"。如前所述，《礼记》的编者之所以把孔子的话"节取"在这里，不过是因为其中的"病则饮酒食肉"可以断章取义地与上文的居丧"饮食"各句拉上关系，归并到一起。另外，尤其应该提到的是，"岂徒祭而已哉"句是明显带有"背景"意味的话，如果不省略它，就给人以明显横空截取的口实，就此来看，《杂记下》的不完整节取，似乎也是有意识的。另外，《杂记下》的"凡丧，小功以上，非虞附练祥，无沐浴"，《家语》作"凡丧，小功已上，虞祔练祥之祭皆沐浴"，虽然意思都一样，但《杂记下》是从反方向说，实际上等于是转述。如果《礼记》是

---

① 王梦鸥《礼记今注今译》，第371页。

直接从《家语》这样的原始材料中“节取”，那么“节取”之后似乎没有必要连原文也舍弃掉，这说明《礼记》的“节取”实有不得不然的因素。什么样的因素呢？那就是我们上文提到的《礼记》的编者面对的材料本来就是散乱失序且残缺不全的，整理者面对这样散乱失序的材料，从急功近利的角度，当然是单刀直入以取孔子的话为主。联系到西汉陆续所出古文“记”的情况，及当时学者对它们的整理，应该说这是完全可能的。关于《礼记》材料的散乱失序，还有一个证据。那就是《杂记下》的“孔子曰”及“凡丧……”两句，相对于《家语》，次序正好颠倒，但距离又非常近，在《家语》中本属有机的一章中之材料，到了《礼记》中却被错置两处，尤其是相距如此之近，却最终无法恢复，只能说明整理者面对的材料是比较散乱的。任铭善先生曾举该篇“成庙则衅之”以下与《大戴礼·诸侯衅庙》文不尽合；另外，“其他如奔丧之礼”云云，而《奔丧礼》在逸三十九篇中，证《杂记》多有古文“记”之文，[①]所说非虚。王梦鸥氏亦指《杂记》篇“盖为丛残古记之零简被附辑于篇末，次序甚为散漫”[②]。他们的说法对我们理解汉人在整理古文“记”时所面对材料的残缺和散乱，都是很好的参照。

四

《孔子家语·曲礼子夏问》：“子贡问于孔子曰：‘殷人既定而吊于圹，周人反哭而吊于家，如之何？’孔子曰：【A】‘反哭之吊也，丧之至也，反而亡矣，失之矣，于斯为甚，故吊之。死，人卒事也，殷以悫，吾从周。殷人既练之，明日，而祔于祖，周人既卒哭之明日，祔于祖，祔，祭神之始事也，周以戚，吾从殷。’”

《孔子家语·曲礼子夏问》：“子罕[③]问于孔子曰：‘始死之设重也，何

---

① 任铭善《礼记目录后案》，《无受室文存》，第97页。

② 王梦鸥《礼记今注今译》，第351页。

③ 丛刊本作“子罕”，误。

为?'孔子曰:【B】'重,主道也,殷主缀重焉,周人彻重焉。'请问丧朝,子曰:'丧之朝也,顺死者之孝心,故至于祖考庙而后行。① 殷朝而后殡于祖,②周朝而后遂葬。'"

《孔子家语·曲礼公西赤问》:"子游问于孔子,曰:【C】'之死而致死乎,不仁,不可为也;之死而致生乎,不智,不可为也。凡为明器者,知丧道矣。备物而不可用也,是故竹不成用,而瓦不成膝,琴瑟张而不平,笙竽备而不和,有钟磬而无簨。其曰明器,神明之也。哀哉,死者而用生者之器,不殆而用殉也。'"③

《孔子家语·曲礼公西赤问》:"子游问于孔子曰:【D】'葬者涂车刍灵,自古有之。然今人或有偶,是无益于丧。'孔子曰:'为刍灵者善矣,为偶者不仁,不殆于用人乎?'"

《礼记·檀弓上》:"【C】孔子曰:'之死而致死之,不仁,而不可为也;之死而致生之,不知,而不可为也。是故,竹不成用,瓦不成味,木不成斫,琴瑟张而不平,竽笙备而不和,有钟磬而无簨虡,其曰明器,神明之也。'"

《礼记·檀弓下》:"丧礼,哀戚之至也。节哀,顺变也。君子念始生之者也。1 复,尽爱之道也,有祷祠之心焉。2 望反诸幽,求诸鬼神之道也,北面,求诸幽之义也。3 拜稽颡,哀戚之至隐也。稽颡,隐之甚也。4 饭用米贝,弗忍虚也。不以食道,用美焉尔。5 铭,明旌也,以死者为不可别已,故以其旗识之。爱之,斯录之矣;敬之,斯尽其道焉耳。6【B】重,主道也,殷主缀重焉,周主重彻焉。7 奠以素器,以生者有哀素之心

① 从刊本"考"讹作"者"。

② 从刊本脱"后"字。

③ 此章今本多附于"原思言于曾子曰"章后为一章,乃误合(孙志祖《家语疏证》,第257页),实当独立。范家相《家语证伪》作两章处理(第181页),是正确的。另外,从刊本此章错乱尤甚:"知丧道矣"以上属《曲礼子夏问》篇,且与"原思言于曾子曰"章误合为一,又误夺"季桓子死"章之"夫子始死,……汝何疑焉"。"备物而不可用"以下属《曲礼公西赤问》篇,但又误窜入"孔子之母既丧"章。

也。唯祭祀之礼,主人自尽焉尔,岂知神之所飨,亦以主人有齐敬之心也。7 辟踊,哀之至也,有算为之节文也。8 袒、括发,变也,愠,哀之变也,去饰,去美也,袒、括发,去饰之甚也,有所袒,有所袭,哀之节也。9 弁绖葛而葬,与神交之道也,有敬心焉。周人弁而葬,殷人冔而葬。10 歠主人、主妇、室老,为其病也,君命食之也。11 反哭升堂,反诸其所作也;主妇入于室,反诸其所养也。【A】反哭之吊也,哀之至也。反而亡焉,失之矣,于是为甚。殷既封而吊,周反哭而吊。孔子曰:'殷已悫,吾从周。'12 葬于北方北首,三代之达礼也,之幽之故也。13 既封,主人赠,而祝宿虞尸。既反哭,主人与有司视虞牲,有司以几筵舍奠于墓左,反,日中而虞,葬日虞,弗忍一日离也。是日也,以虞易奠。卒哭曰成事。是日也,以吉祭易丧祭,明日,祔于祖父。其变而之吉祭也,比至于祔,必于是日也,接不忍一日末有所归也。【A】殷练而祔,周卒哭而祔。孔子善殷。14 君临臣丧,以巫祝桃茢执戈—— 恶之也,所以异于生也。丧有死之道焉,先王之所难言也。15【B】丧之朝也,顺死者之孝心也,其哀离其室也,故至于祖考之庙而后行。殷朝而殡于祖,周朝而遂葬。16【C】孔子谓:为明器者,知丧道矣,备物而不可用也。哀哉!死者而用生者之器也。不殆于用殉乎哉?其曰明器,神明之也。【D】涂车刍灵,自古有之,明器之道也。孔子谓:为刍灵者善;谓为俑者不仁,不殆于用人乎哉?"

《礼记·坊记》:"子云'宾礼每进以让,丧礼每加以远。浴于中溜,饭于牖下,小敛于户内,大敛于阼,殡于客位,祖于庭,葬于墓',所以示远也。【A】'殷人吊于圹,周人吊于家',示民不偕也。子云【A】'死,民之卒事也,吾从周',以此坊民,诸侯犹有薨而不葬者。"

上举《家语》四章,又同时互见于《礼记》的《檀弓上》、《檀弓下》、《坊记》等多处文字,为了使读者能更方便地看清两书之间的"互见"内容,笔者专门在"互见"文句的前面标以英文字母以示两书的对应关系。我们之所以把《家语》四章同列讨论,因为它们与《礼记》之"互见"相对集中,尤其以《檀弓下》一大段最为典型。《檀弓下》此一长段，主要内容是关于丧礼的诸多方面的仪节，但零散、琐碎，并无逻辑和层次可言，简直像一堆大杂烩。我们依丧事之不同细目，在其前面标以数字，读者自可见其琐碎、无序。而且，其文体又与上下文绝不类，其为自成体系之独立板块，是很明显的。明清之际王夫之、近人王梦鸥都以此一大段为独立一章，①是很有眼光的。当然，唐孔颖达之正义于该节之首亦云“此一节记人总论孝子遭丧，所为哭踊、复魄、饭含、重主、殡葬、反哭之事”②，依正义所说遭丧之细目，也几乎可以涵盖此一大段。③ 孙希旦于该段之首说：“愚谓下文所言，自复至于虞、祔，皆历据丧礼而释其义，而此节则总释丧礼之意义。”④于下文“丧之朝”句下则说：“自‘丧礼，哀戚之至也’以下至此，凡十六条。第一条总言丧礼，其下十五条，似皆据丧礼之成文而释其义。……然此十六条文体相似，又首以‘丧礼’发其端，而以下逐节释之……”⑤孙氏以此一大段止于“丧之朝”句，与我们微有差异，但其看出“丧礼，哀戚之至也”以下整体上自成体系、不必析分，与我们则是一致的。晚近的《礼记》注解之作于此均有大同小异的处理。⑥

不过，上述学者虽看出此段自成体系，却又认为此段组织严整、较有条理。如王夫之就说：“右第十七章。此章总论丧礼，发明其义，以见哀之必至，变之必顺……”孙希旦的“首以‘丧礼’发其端，而以下逐节释之”更从逻

---

① 分别参见王夫之《礼记章句》（岳麓书社 2011 年，第 231—239 页。王氏以此一大段为第十七章）及王梦鸥《礼记今注今译》，第 80—83 页。

② 《礼记正义》，第 364 页。

③ 正义对这一大段止于何处没有明言，但下文“周人弁而葬”，正义说“此一节论尊者夺孝子之情之法”，然则，正义以为上述大段止于“周人弁而葬”以上乎？但正义所说细目中有“反哭”事，而“反哭”事恰在“周人弁而葬”以下，则这里正义所谓的“此一节”似非是新一大段的起始。考正义下一处“此一节”又在“君临臣丧”句下，而学者也多以为“丧礼，哀戚之至也”至此方为一大段，则正义之意，很可能亦以此段至此而止。

④ 孙希旦《礼记集解》，第 252 页。

⑤ 孙希旦《礼记集解》，第 264 页。

⑥ 王文锦《礼记译解》（中华书局 2001 年，第 119—120 页）以及吕友仁、吕咏梅《礼记全译/孝经全译》（第 143—144 页）于“丧礼……孔子善殷”一大段也未作析分，但是对于后面的“君临臣丧”、“丧之朝”、“孔子谓为明器”还是逐节作解。今按，其实后面的这三节与前面性质还是一样的，仍属杂凑丧礼细则，如王梦鸥氏般合并其实更合理，今从之。

辑上主张此段为严整的总分关系。不过，即便我们承认前面的“丧礼，哀戚之至也”句有总括的性质，但要说下文的丧礼细目也组织有序，实在是难以服人的。前引孔颖达说此段“总论孝子遭丧，所为哭踊、复魄、饭含、重主、殡葬、反哭之事”，也是主此段为总分逻辑，但请注意，孔氏所说的细目基本上是按照丧葬之礼的正常顺序来说的，而这样的正常顺序落实到此段中，以细目对应的数字而论，则应该是 7、1、4、6、12、13、11，可以看出，除了 12、13 属正常次序外，大部分可以说是杂乱无序的。这样的错乱无序尤其表现在：11 为“反哭”，竟置于 12、13 的“葬”之前，后面的 15 又在讲“丧之朝……朝而遂葬”，尤为不合理；另外，很多学者主张的该段总体上属总分关系，其实也是牵强的。按照前引王夫之说，该段都是讲“哀之必至，变之必顺”，但实际上，其中的“望反诸幽”、“饭用米贝”、设“铭”、“重”，何关于“哀之必至，变之必顺”？它们其实不过是丧礼的一些细碎节目而已。这一段自成体系又逻辑错乱，说明《礼记》编者在此仅仅只是简单地裒集丧礼细则，却较少董理。我们说《檀弓下》此段是杂乱无序和零散的，就已经暗示了《家语》这样整饬的四章是不太可能袭《礼记》而来。以《家语》的文从句顺为参照，更可反衬《檀弓》此段的错乱之甚。这种错乱尤其表现在讲“明器”的内容分属《檀弓》上下篇，①文意隔断且嫌重复（“其曰明器，神明之也”两次出现）。当然，对此，范、孙这样的辨伪者是不会承认的，他们同样认为《家语》袭《礼记》，尤其是《家语》妄造弟子与孔子答问这样的背景。② 今为进一步证明我们的看法，再补充以下几条证据。

首先应该指出的是，此例《礼记》本身同样也存在“互见”问题，那就是《檀弓下》与《坊记》中的 A 部分：《檀弓下》关于殷、周“吊”法之异，说“殷既封而吊，周反哭而吊”，这显然就是《坊记》的“殷人吊于圹，周人吊于家”，而且两篇还都引到孔子的评价，《檀弓下》是“孔子曰：‘殷已悫，吾从周’”，《坊

---

① 《檀弓》虽为两篇，当初其实本是一宗材料，只是因为“简策繁重”，才分作上下篇，所以这样的“篇”只具有相对意义。

② 可参范家相《家语证伪》，第 180、181 页；孙志祖《家语疏证》，第 254、256、257 页。

记》则是“子云：‘死，民之卒事也，吾从周’”，俱言“吾从周”，《檀弓下》与《坊记》这里涉及的，显然是同一事。[①] 至于孔子的评论有“殷已悫，吾从周”与“死，民之卒事也，吾从周”的微小差异，其实恰恰说明《坊记》所见又不是直接引述《檀弓下》，或者说它们的背后还当有更完整的文本。循此我们再来看《家语》的文本，可以说文从字顺，辞意畅达，尤其是《家语》较《檀弓下》多出的“死，人卒事也”置于“殷以悫，吾从周”之前，前面说“死是民之终卒之事，宜须送终备具”(《礼记・坊记》正义语)[②]，后面再接以“殷以悫，吾从周”的比较和选择，逻辑上尤为明顺。比较可知，《家语》所见才正是《檀弓下》、《坊记》背后更完整的文本，这也能很好地解释《檀弓下》、《坊记》两篇所引文句的细微差异：它们其实不过是各有侧重，或者说彼此都对孔子的话作了简省而已。如果说是《家语》的编者将《礼记》两处捏合成文，那他首先就要面对《檀弓下》那样一大段纷繁芜杂的丧礼材料，要将“吊”法的内容从中钩辑出，还要到另一篇《坊记》中找到同样相关的内容，然后再据以捏合，还要捏合得这么好，这同样是很难让人相信的。另外，《檀弓下》A 部分之文字分属两处，即便没有《家语》一书，我们还是可以看出两部分的高度相关性：均就殷、周比较，而且还都提到孔子之选择。这样具有高关联度的两部分却分置两处，亦可反证《檀弓下》此一大段的错乱无序。另外，与《家语》比较可知，无论是《檀弓下》还是《坊记》文字与《家语》之文都不尽相同，或为语句顺序互乙，或为文句增减。像《家语》之文就没有《坊记》的“示民不偝也”，如若《家语》承《坊记》而来，为何要舍此句而不录？事实已经足够清楚：不是《家语》据《檀弓下》、《坊记》捏合，而是《家语》才系此事更完整的“背景”或“本事”，《檀弓下》、《坊记》均承之而来。实际上，细味上述孙希旦的评论，《礼记》背后必有所本已经是呼之欲出的结论，如孙氏说《檀弓下》此段“似皆据丧礼之成文而释其义”、“似其所据者乃《仪礼》之一篇”，所谓“皆

① 前人对《坊记》中之“子云”有谓非孔子言者，即便不据《家语》，仅以《檀弓下》孔子所说的“殷已悫，吾从周”而论，其为孔子语是无疑的。关于此一问题，亦可参虞万里《上博馆藏楚竹书〈缁衣〉综合研究》(武汉大学出版社 2009 年)，第七章之相关讨论。

② 《礼记正义》，第 1973 页。

据”、“所据者”均可说明《礼记》所见绝非“本事”。但孙氏以为《檀弓下》所本乃《仪礼》之一篇，则纯属臆测，囿于经学成见，他不会想到《檀弓下》所本，其实即是为学者所轻、顶着“伪书”帽子的《家语》一书。

其次，《礼记》本身的另外一处“互见”可能比较短，但却也透露出重要的信息。那就是“其曰明器，神明之也”，在《檀弓》上下的C部分两次出现。然则，此二句更原始的位置应该是哪里呢？显然应该是《檀弓上》。因为该篇中此二句之前的“竹”、“瓦”、“木”、“琴瑟”、“竽笙”、“钟磬”之类皆为明器，故接以“其曰明器，神明之也”，就非常自然。而在《檀弓下》中，此二句前却是“哀哉！死者而用生者之器也。不殆于用殉乎哉”，给人的感觉是文意阻隔，无的放矢。尤其是，前文已经说“凡为明器，知丧道矣”，此处仍说“其曰明器”，有重复之嫌（此亦可算《檀弓下》此段文句错乱的一大例证）。这都昭示了此二句的原始位置绝不可能在此。我们看《檀弓上》相对《家语》中间少了“凡为明器者，知丧道矣。备物而不可用也”句，但这部分实不能少，尤其是其中的“备物而不可用也”之“不可用”与下文的“竹不成用，瓦不成味，琴瑟张而不平，笙竽备而不和，有钟磬而无簨”之“不成用”、“不成味”、“张而不平”、“备而不和”、“无簨”密相衔接，逻辑上属总分的关系。少了这句，《檀弓上》的“是故”就显得非常突兀。两相比较，还是《家语》更为合理，说《家语》袭《礼记》，完全是把事情的真相搞颠倒了。这里还要提到一个更为关键的证据。那就是法藏敦煌写卷佚名类书“明器”条对《檀弓》此处的称引，今为论述方便计，将其全文俱录如下：

> 《礼记·檀弓》：“孔子曰：瓦（凡）明器者，知丧之道矣。备物不可用也。是故竹不成用，**谓边之无缘也**。瓦人（不）成沫，**沫，靧**琴瑟张而不平，笙竽备而不和，有钟磬而无簨？其曰明器也。哀哉！死者而用生者之器，不殆于用殉乎？**煞人以从死曰殉。所谓明器，近于煞人以从葬，异乎？**”

可以看出，此写卷“备物不可用”句、“竹不成用……”句的位置与《家语》全同，却异于今本《礼记》，但写卷又明题“《礼记·檀弓》”，那就说明其时《礼记》的本子与今本不同，或者说今本《礼记》有明显的错乱。① 《家语》的文句顺序与此写卷全同，亦说明此书确实所来有据，其非如辨伪学者所说袭自今本《礼记》是无疑的。

最后，从两书异文的角度，亦可证明《家语》别有所本，非袭《礼记》而来。如《家语》“殷人既定而吊于圹”，《礼记》“定”作“封”，郑注：“封当为窆，下棺也。”《礼记·檀弓上》“县官而封”郑注亦同。《说文·土部》“堋”：“丧葬下土也。《春秋传》曰‘朝而堋’，《礼》谓之‘封’，《周官》谓之‘窆’。”准此，则《家语》之“定”当系“窆”之形近致讹无疑，其不与《礼记》简单雷同，间接说明《家语》定是别有所本的。另外，《家语》“瓦不成膝”，《礼记》作“瓦不成味”，郑注：“味当作沬。沬，靧也。”②正义：“味犹黑光也。……瓦不善沬，谓瓦器无光泽也。……靧谓靧面，证沬为光泽也。”③郑注及正义解“沬”指“靧”，引申为光泽，似较迂曲。其实，《礼记》之“味”读如本字即可，所谓“不成味”，即谓不足以成饮食也。④ 而“味”与“沬”，“沬”与“漆”，“漆”与“膝”均形近，这可能正是《家语》辗转讹作“膝”的原因。⑤ 《礼记》非为原文我们还能从其表述上的细微之处看出，如《檀弓下》C、D部分，引孔子的话不称

① 此写卷与《家语》一书的关联，系复旦大学邬可晶博士首先发现（参见邬可晶《〈孔子家语〉成书时代和性质问题的再研究》，第200页。）。但邬氏鉴于此写卷与今本《礼记》明显不同，怀疑此为引《家语》文字。不过，邬氏也注意到此本注文与今《家语》王肃注多有差异。实际上，既然此本明题“礼记”，其不可能是《家语》是很明显的。至于其文字与今本《礼记》不同，只能说明其时《礼记》的本子与今本是不同的。关于古今《礼记》文本的不同，还可以举一旁证。《白虎通义·三教》“论三代祭器明器之义”文，颇与《檀弓》篇此处文字类似。值得注意的是，《白虎通义》之文在“竹器不成用……”后面即接以“悬示备物而不可用也”，与上文提到的总分关系似乎正相反。但就《白虎通义》看出“备物”句与“竹器不成用……”的密切关联看，说明《家语》的记载确实较有来历。至于两句的位置关系《白虎通义》与《家语》不同，不排除是《白虎通义》没有忠实地引述原文。如果此处《白虎通义》所据非《家语》一书，而系《礼记》，只能说明当时《礼记》之文与今本确实是颇有不同的。

② 上揭《白虎通义》所引此句正作“沬”。

③ 《礼记正义》，第306页。

④ 萧旭《〈家语〉“瓦不成膝”校正》（复旦大学出土文献与古文字中心网站，http://www.gwz.fudan.edu.cn/SrcShow.asp? Src_ID=2169）一文有详细举证，可参。

⑤ 参上举萧旭文及邬可晶《〈孔子家语〉成书时代和性质问题的再研究》，第201页。

“孔子曰”，而是“孔子谓”，还有“孔子谓为刍灵者善”、“谓为俑者不仁”，这么多的“谓”，明显非直引其语，而系评论性的转述，其背后有原始文本作为“背景”也是很明显的。而一旦我们了解了《檀弓下》之文有类似《家语》这样的文本作为“背景”，则其中的“孔子善殷”，显然也是对《家语》“吾从殷”的转述。孙志祖既主张《家语》袭《礼记》，于《家语》之“周以戚，吾从殷”下就说：“案《檀弓》但云‘孔子善殷’，王肃合两条为一，以此对上文‘殷以悫，吾从周’耳。”①在孙氏看来，倒是《家语》的“吾从殷”抄袭了《礼记》的“孔子善殷”，这是把材料的“原生”、“次生”关系完全搞反了。《家语》的“周以戚”与《礼记》的“殷以悫”确实正相对，但这到底说明了《家语》的原貌之真呢？还是暴露了它的伪造之迹呢？王肃于此注云：“戚，促也。”那就是认为周的祔祭太过急促，间隔太短。而我们注意到郑玄对《檀弓下》“殷练而祔，周卒哭而祔，孔子善殷”注云“期而神之，人情”，也认为殷代一年以后再祔祭是较合情理的，言下之意也认为周太过急促了。然则，郑、王二氏于此的看法可谓完全一致。如果说《家语》的“周以戚”是王肃刻意造出，但这样的处心积虑却并非与郑君立异，这与《家语》“伪书”说基本的理论支点——王肃“作伪”的初衷岂不就矛盾了？

《檀弓》此例中的内容与《家语》相比较，可发现很多内容也多是孔子的话，这里有明署“孔子曰”者，如“殷已悫，吾从周”；有暗示为孔子话或与孔子之主张者，如“孔子谓：为明器者，知丧道矣……”、“孔子善殷”，等等；其他虽未标明，但从《家语》来看，也多是孔子的话。依前揭几例分析，我们觉得《檀弓下》此段又属一超大型的“同类归并”，系拼合多宗孔子的关于丧礼的话而成。事实只能是《家语》才是“本事”，而《檀弓上》的面貌只不过又是“节取”而已，这种“节取”不但只取“孔子曰”后孔子的话，而且也同样不求与原文严格地文字一致，故其有时省去类似“凡为明器者，知丧道矣。备物而不可用也”这样的话也是可以理解的。另外，就《礼记》“节取”的原因和形式来讲，像《檀弓下》这么一大段组织较为无序的内容，似乎又给人以简策错

① 孙志祖《家语疏证》，第 254 页。

乱的印象。不过,鉴于《檀弓》的内容往往都是恰好"节取"了孔子的话,特别是"孔子谓"、"孔子善殷"之类明显属转述、概述的内容,我们认为当初的编者应该还是见过类似《家语》这样的原始材料的,然则《檀弓》此例的面貌恐怕又是类似上文提到的纯粹的"节取",而置更完整的原始材料于不顾,这的确是令人非常惊异的。

五

《孔子家语·曲礼子夏问》:"孔子食于季氏,食祭,主人不辞;不食,客不饮而餐[①],子夏问曰:'礼也?'孔子曰:'非礼也,从主人也。吾食于少施氏而饱,少施氏食我以礼:吾食祭,作而辞曰:"疏食不足祭也。"吾餐,而作辞曰:"疏食,不敢以伤吾子之性。"主人不以礼,客不敢尽礼;主人尽礼,则客不敢不尽礼也。'"

> 《礼记·玉藻》:"孔子食于季氏,不辞,不食肉而飧。"
>
> 《礼记·杂记下》:"孔子曰:'吾食于少施氏而饱。少施氏食我以礼。吾祭,作而辞曰:"疏食不足祭也。"吾食,作而辞曰:"疏食也,不敢以伤吾子。"'"

以上《礼记》中《玉藻》、《杂记下》的两处记载,"互见"到《家语》中则是孔子与子夏关于"食礼"问对的完整一章。究竟是《家语》捏合《礼记》两处为一章?还是《家语》原系故事本貌,而《礼记》对其进行割裂和"节取"呢?传统辨伪学者是力主前者的。范家相说:"此合为一。"[②]孙志祖亦谓:"此撮合《礼记·玉藻》、《杂记》二条为一。"[③]事实真如范、孙二氏所说吗?前提是我们必须弄明白《礼记》两处记载为何意。对于《玉藻》所记,郑注说"以其待己及馔非礼也",那就是暗示孔子此处是针锋相对地以"非礼"对"非礼"。然

① 丛刊本作"亦不饮而飡"。

② 范家相《家语证伪》,第187页。

③ 孙志祖《家语疏证》,第254页。

则,孔子如何"非礼"呢？对此,古今学者存在两种意见,一种意见是正义倡其始,正义云:"凡客将食兴辞,而孔子'不辞'者……"[①]那就是把《玉藻》之"不辞"、"不食肉而飧"的主语都理解为孔子。后来清孙希旦及今人杨天宇都持这种看法。[②] 另外一种意见则认为"不辞"的主语当为季氏,而"不食肉而飧"的主语才是孔子。[③] 也就是说,孔子行"食祭"的时候,季氏没有依礼谦辞,故致孔子"不食肉而飧",这其中有明显的因果关系。今按,前说当非,而后说为是。因为《玉藻》上文还有"客祭,主人辞曰'不足祭也';客飧,主人辞以疏",宾主之间祭——辞、飧——辞的程序极明显,亦合于《杂记下》孔子所云在少施氏处所受礼遇。如果说"不辞"的主语是孔子,下文又"不食肉而飧",那就是孔子从头到尾都失礼。尤其是,说孔子是将食"不辞",那也就是在开始吃饭时就失礼,那所针对的季氏失礼的行为还要在其前,那就和本次宴客之事无关了,尤不合情理。事实只能是宴客开始之后,季氏有怠慢之举,然后孔子也针锋相对地未饱而飧。

了解了《玉藻》此处记载的准确内涵之后,我们就会发现《杂记下》的记载与之有高度的相关性:《杂记下》讲"食礼"的一般规则,客该如何,主人又该如何,孔子因为在少施处正是受到这样的礼遇,故能"饱"。《杂记下》所载虽是礼制之常,但比观《玉藻》所记,无疑是有明显针对性的。郑注于《杂记下》说"时人倨慢,若季氏则不以礼矣",也可看出这种相关性。孙希旦也说"则少施氏之待孔子者,乃礼之所当然,而非有所过也",甚是。诚然,这么平平常常的事为何要拿出来专门说呢？孙氏谓"但时人知礼者少,故孔子于少施氏而善之"[④],这却流于想当然。从孔子食而饱,且强调少施氏食其以礼,

---

① 《礼记正义》,第 1237 页。

② 孙希旦说"愚谓孔子于季氏,降等之客也,礼宜执食兴辞,今孔子不辞"(《礼记集解》,第 826 页);杨天宇说是孔子自己没行推辞礼(《礼记译注》,2004 年,第 382 页)。

③ 王文锦说季氏没有谦辞,还没吃肉就赞美(参《礼记译解》,第 427 页);王梦鸥也说季氏没辞,孔子没吃肉就赞美(参《礼记今注今译》,第 275 页)。吕友仁引王夫之说季氏没辞,孔子尚未吃肉就说饱了(参《礼记全译/孝经全译》,第 456 页)。

④ 孙希旦《礼记集解》,第 1125 页。

尤其是少施氏于“祭”、“飧”时的反复兴辞来看，这样把平常的仪节拿出来反复强调，都说明孔子的话应该是有特定“背景”的，这也正说明其与《玉藻》所记有高度相关性。最可能的“背景”，无疑应当是孔子面对着宾主就食“失礼”的情形。而《玉藻》的记载，正是“失礼”的情形，尤其是“不辞，不食肉而飧”正关涉《杂记下》的“祭”、“飧”两个环节。所以，上述两部分虽分属《礼记》两篇，但显然彼此应该是有关联的，其所述本为一事应无可疑。孙志祖仅简单说“撮合”，范家相说“合为一”，他们对《玉藻》、《杂记下》这两部分的高度关联性却绝口不提，这是不够客观的。上述范、孙二氏都说是《家语》“捏合”《礼记》两部分而成，那这样的“捏合”也太过凑巧了：《玉藻》的记载讲孔子失礼之行，守礼如孔子者为何在饮食这样的小节上反而如此莽撞？《杂记下》的记载则说依礼“食礼”该如何，所谓客祭而主人辞，客飧而主人辞，由此反衬季氏之失礼之行，再辅以“主人不以礼”云云，则原来夫子之举是事出有因的——可谓首尾完整，逻辑严密！如果说《玉藻》、《杂记下》的记载本系毫无关系的两部分，《家语》如何能捏合得这么天衣无缝？真相只能是《家语》所见才是“本事”，它正是《玉藻》、《杂记下》两处记载之所本。

实际上，我们还可以从《家语》与《礼记》两书异文的角度看出《家语》的记载确有可靠的来源，绝非“捏合”《礼记》而来。我们上文说到《玉藻》之“不辞”，依礼其主语当为季氏，而《家语》此处不光多出“食祭”这样的背景环节，而且明确说“主人不辞”，显亦以季氏为主语，两相比较，感觉《家语》的记载要详尽得多，而《礼记》则过于简略，导致指代不明，很容易造成误会。另外，《礼记》之“不敢以伤吾子”，《家语》作“不敢以伤吾子之性”，多出“之性”，何者为是？此句本意是谦称自己食物粗劣，怕伤害了客人的身体。准此，则《家语》有“之性”为优，因“性”与“生”可互训，故《家语》亦可作“不敢以伤吾子之生”。《家语》这样的说法，也是经典中的常见表述。《礼记·檀弓下》：“丧不虑居，毁不危身。”郑注“毁不危身”为“谓憔悴将灭性”，即以“灭性”训“危身”，《礼记·丧服四制》、《孝经·丧亲》章径谓“毁不灭性”亦是此义。可知《家语》之“性”确来源有据。《檀弓下》之下文还进一步说“毁不危身,为无后也”,即不能因为亲丧过度悲伤,否则自身性命堪忧,也是不孝,“为无后也”,言之甚明。《礼记·杂记下》说得更明白:“毁而死,君子谓之无子。”“毁而死”,益证《家语》伤某人之“性”,可训为伤害性命。两书的另一处异文是《玉藻》之“不食肉而飧”,《家语》作“客不饮而餐”,丛刊本作“亦不饮而飡”。“飡”为“湌”晚出俗体,而“湌”《说文·食部》列入“餐”之或体,而“餐”与“飧”亦常混用,①其本字当从《玉藻》作“飧”。不过,《玉藻》之“不食肉”与《家语》之“客不饮”或“亦不饮”却明显不同。不过,仔细分析,其实两者并不矛盾。关键是对于《玉藻》之“飧”的理解,郑玄在注《玉藻》前文“客祭,主人辞曰‘不足祭也’;客飧,主人辞以疏”时说,“飧者,美主人之食也”,也就是礼节性的客套,赞美主人之食。但这样的客套是说出来的还是做出来的呢?从“飧”此字从“食”来看,显然是做出来的。《玉藻》“君未覆手,不敢飧”,郑注:“飧,劝食也。”这个“飧”也不是简单地说话劝,而是要有行动的。《玉藻》下文云“君既食,又饭飧”,郑注“不敢先君饱”,也就是说,“君”“既食”之后(饱),臣下还要礼节性地再吃一点,因为总的原则就是在时序上臣下的“食竟”要落在“君”后面(如果是“君”后吃饱无疑就彰显“君”更贪食),此即《礼记·少仪》“燕侍于君子,则先饭而后已”之“后已”。而臣下的“食竟”居其后,客观上也可以凸显对主人饭食的欣赏,即有赞美意。另外,《礼记·杂记下》正义解释“吾飧”时说“谓孔子食后而更飧,而强饭以答主人之意”②,也是很准确的。所谓“强饭”,即谓吃饱后礼节性地再吃一点,以表示对主人食品的欣赏。孙希旦谓“飧是已饱犹食,美故也”③,甚是。然则,“强饭”之举具体如何操作呢?《玉藻》“君未覆手,不敢飧”,正义

---

① 段玉裁力辨“飧”、“餐”之异,未察其常可混用,而桂馥则举出不少“飧”、“餐”混用之例。参段玉裁《说文解字注》,成都古籍书店 1990 年影印版,第 232 页;桂馥《说文解字义证》,齐鲁书社 1987 年,第 431 页。

② 《礼记正义》,第 1688 页。

③ 孙希旦《礼记集解》,第 825 页。学者或解释为“再吃上几口”(杨天宇《礼记译注》,第 381 页)、“多吃几口”(吕友仁、吕咏梅《礼记全译/孝经全译》,第 456 页),亦当。

解释云"飧,谓用饮浇饭于器中也"[①],即是指用水浇饭(俗谓水泡饭)再吃一点。了解了"飧"之准确含义,《家语》的记载就好理解了。《家语》"不食,客不饮而餐",丛刊本作"不食,亦不饮而飡",都有"饮"字,当即与"用饮浇饭"有关。《家语》保留此字,非常宝贵,正可见其独立来源。但前面的"不食"颇为不辞,依《玉藻》,《家语》此处当脱"肉"字,如此,则丛刊本似更优。然则,《家语》此处本当作"不食肉,亦不饮而餐",也就是说孔子此处失礼,一则在"不食肉",一则在"不饮而餐"。之所以说是失礼,因为所谓"礼食"有严格的次序,即正义所谓"先食胾,次食肴,乃至肩。至肩则饱,乃飧"[②]。也就是说孔子没先吃肉,而是直接吃饭,吃饭也没有浇以"饮",[③]《家语》的记载明显又是较《礼记》为详尽。由此看来,此处《家语》与《礼记》虽存在异文,但意思上两者并不矛盾,《家语》的记载尤要较《礼记》为详,其非袭自《礼记》是很清楚的。上述范、孙二氏说《家语》"捏合"《礼记》两处而成,但无法解释这样的问题:既然《家语》是袭《礼记》而来,为何两书之间有那么多的异文呢?而且,这些异文往往又说明《家语》的记载是来源有据的,问题的答案不是呼之欲出的吗?

《家语》此处记载较为详尽的特征与上文提到的相对《礼记》多出的"食祭"、"主人不以礼"云云更属一致,其为故事原貌而《玉藻》为"节取"性的概述,同样也是很清楚的。而《杂记下》所见,就是更典型的只节取"孔子曰",而对"背景"不太重视的例子,其对"孔子曰"的急功近利,又添一证。不过,由《玉藻》的"孔子食于季氏",也不能说"背景"完全没有,但由于其过于简略,必须要有上文的繁琐考证才能恢复两者本为一事的真相。尤其是,本为一事的记载,《礼记》一在《玉藻》,一在《杂记下》,分属两篇,更容易导致后人的误会,这也说明当初《礼记》的编定者可能已不知道他们本属一事的背景,因此在面对这些零散、"节取"的材料时误把同一章的材料分属两篇。从

---

① 《礼记正义》,第1195页。

② 《礼记正义》,第1237页。

③ 看来由于季氏失礼在先,导致孔子对此次宴请已无兴趣和耐心,因此便草草了事。

《玉藻》表述的概述特征看，概述者明显是见过更为完整的原始文本的，但既然见过更为原始的文本，《礼记》这样两部分却一在《玉藻》，一在《杂记下》，分置异处，而且，这两处尤其是《杂记下》中之内容置于该篇与上下文俱不相蒙，并没有什么分置的坚强理由，这更表明后来的编者似乎已不知道它们本属一章的事实。如此看来，《礼记》这样的概述或"节取"，以及组合成篇，看来并非一次性完成的，而是有着一定的时间差。另外，《杂记下》之"节取"，还漏掉了"主人不以礼"云云，这再一次证明了我们上文提到的《礼记》"节取"之片面和不完整性。

最后要提到的是，此例中《杂记下》、《玉藻》之文之为"节取"、杂凑，其实从两篇的内容构成上也能获得一些启示。《杂记下》篇名之"杂"字，已明著其拼合、杂凑之性质，而《玉藻》一篇，前人的看法也大体相同，孙希旦说此篇既有"天子诸侯衣服、饮食、居处之法"，又有专记"服饰之制"，而且"其前后又杂记礼节、容貌、称谓之法"，[1]可谓庞杂无序。任铭善也说："此篇乃杂采缀辑而成，故文理或不属。"[2]这些针对两篇内容构成的看法，对于说明此例中《礼记》之文的属零散之"节取"，恐怕也是有力的旁证。

六

《孔子家语·终纪解》："既葬，有自燕来观者，舍于子夏氏，子贡谓之曰：'吾亦人之葬圣人，非圣人之葬人，子奚观焉？昔夫子言曰："【C】<u>吾见[3]封若夏屋者，见若斧矣，从若斧者也，马鬣，封之谓也</u>。"今徒一日三斩板而以封，尚行夫子之志而已，何观乎哉？'"

《孔子家语·曲礼公西赤问》："孔子之母既丧，将合葬焉，曰：'古者不

---

① 孙希旦《礼记集解》，第 774 页。

② 任铭善《礼记目录后案》，《无受室文存》，第 83 页。

③ 丛刊本作"见吾"，非。

祔葬，为不忍先死者之复见也。《诗》云“死则同穴”，自周公已来祔葬矣。【A】故卫人之祔也，离之，有以间焉；鲁人之祔也，合之，美夫，吾从鲁。’【B】遂合葬于防，曰：‘吾闻之，古者墓而不坟。今丘也，东西南北之人，不可以弗识也。【C】吾见封之若堂者矣，又见若坊者矣，又见若覆夏屋者矣，又见若斧形者矣，吾从斧者焉。’【D】于是封之，崇四尺。孔子先反虞，门人后。雨甚至，墓崩，修之而归①。孔子问焉，曰：‘尔来何迟？’对曰：‘防墓崩。’孔子不应，三云，孔子泫然而流涕曰：‘吾闻之，古不修墓，及【E】二十五月而大祥，②五日而弹琴不成声，十日过禫而成笙歌。’”③

《礼记·檀弓上》：“【E】孔子既祥，五日弹琴而不成声，十日而成笙歌。”

《礼记·檀弓上》：“【B】孔子既得合葬于防，曰：‘吾闻之，古也墓而不坟。今丘也，东西南北，人也，不可以弗识也。’【D】于是封之，崇四尺。孔子先反，门人后，雨甚，至，孔子问焉，曰：‘尔来何迟也？’曰：‘防墓崩。’孔子不应。三，孔子泫然流涕曰：‘吾闻之，古不修墓。’”

《礼记·檀弓上》：“孔子之丧，有自燕来观者，舍于子夏氏。子夏曰：‘圣人之葬人与？人之葬圣人也，子何观焉？’昔者夫子言之曰：‘【C】吾见封之若堂者矣，见若坊者矣，见若覆夏屋者矣，见若斧者矣。从若斧者焉。’马鬣封之谓也。今一日而三斩板，而已封，尚行夫子之志乎哉！”

《礼记·檀弓下》：“【A】孔子曰：‘卫人之祔也，离之；鲁人之祔也，合之，善夫。’”（此为该篇最后一章，前章“岁旱，穆公召县子而问然”与此完全没有关系。）

以上《家语》的两处文字，互见到《礼记》中，则是《檀弓》上下篇的四

① “归”字同文书局本脱漏，当据丛刊本补。

② 同文书局本无“大”字，当据丛刊本补。

③ 丛刊本此章多有错讹，更有内容窜入前《曲礼子夏问》篇，当从同文书局本为是。

章。为了使读者能够更容易地看出两者之间的“互见”关系，我们也专门给两书的具体文句标上了英文字母序号。以《家语》为参照看，《礼记》E、B、D、C、A的顺序可以说已完全打乱。尤其是《家语》第二章“孔子之母既丧”章，非常整饬，故事有始有终，情节清晰，结构完整，《礼记》与之对比则明显散乱无序，甚无逻辑。当然，传统辨伪学者对两书的不同面貌，有着自己的理解。他们多认为《礼记》这样的零散和无序才是原貌，而《家语》的整饬反而是王肃组织、捏合的结果。① 现在看来，这种看法同样是大有问题的。

首先应该指出的是，两书“互见”的C部分，《家语》有两处，分别是《终纪解》篇子夏谓“自燕来观者”章，②以及《曲礼公西赤问》篇“孔子之母既丧”章，也就是说于此《家语》自身也存在“互见”的问题。当然，前一章相对后者稍有简略（少了前面的“若堂”、“若坊”两项）。而《礼记》则只有一处，即《檀弓上》的“自燕来观者”章。如果说《家语》抄袭了《礼记》，怎么会把《礼记》的一处弄成了两处？另外，《家语》的两处实为两件事，“自燕来观者”为孔子之丧，而另一处则为孔母之丧，《礼记》等于只有“孔子之丧”，而孔母之丧的部分，则散为多处，且未再见C部分。《家语》“孔子之丧”的C部分，措辞是这样的“昔夫子言曰”，《礼记》作“昔者夫子言之曰”，两者大同小异，“昔者”云云，说明此处夫子关于“封之”形若的议论，并非原始出处，而是引述过来的。那么原始出处在哪呢？《家语》中孔母之丧章同样有C部分，而且孔母之丧相对孔子之丧，不正是“昔者”吗？这也说明孔母之丧章，才更可能是C部分的原始出处，或者说《家语》两章的面貌明显较《礼记》为合理。《礼记》之孔母之丧章散为多处，尤其是《檀弓上》“孔子既得合葬于防”章只有B、D两部分，唯独缺少了C。那么究竟C处应该如《家语》般有呢？还是如《礼记》般没有更合理？从逻辑及上下文语境看，B处说“古者墓而不坟”，但孔子为了便于识别，还是决定立坟，即“封之”，至于坟筑成什么形状，则是接下

---

① 参见范家相《家语证伪》，第180页；孙志祖《家语疏证》，第256页。

② 《家语》“子贡”当为“子夏”之讹，这一点孙志祖亦已指出。

来 C 处讨论的问题。在孔子选定“若斧”之后,D 处紧接着就说“于是封之……”,B、C、D 三处可谓步骤清晰、逻辑严密。反观《礼记》,缺少 C 部分,没有“封之”何形的议论,在“不可以弗识也”后径接以“于是封之”,非常突兀,远没有《家语》来得合理。如果说王肃抄袭了《礼记》或者据《礼记》捏合,那首先这么做的动机就让人非常费解:捏合得逻辑如此严密,但又与郑、王之经学争论毫不关涉,煞费苦心有何益?而且,所谓王肃抄袭自《礼记》的“自燕来观者”章,《家语》竟然也有,也就是说王肃剽窃了该章的“封之”何形的议论并重组成 B、C、D 这样一个逻辑序列,但却没有对原始出处的“自燕来观者”章“毁尸灭迹”,反而要授人以口实,这也是很难解释的。这么多的不合情理,其实倒是说明《家语》一定是有独立来源的,绝不可能是简单捏合《礼记》而来。

实际上,仔细分析《家语》“孔子之母既丧”章,其实先后经历了三个选择性的主题,即是否祔葬(合葬)、是否筑坟(封之)、是否修墓。这三个主题从时序上说是不可逆的,由此更显出《礼记》的散乱无序。尤其是,《礼记》的 A 部分,竟然置于《檀弓下》篇末,其前为“岁旱,穆公召县子而问”章,可以说毫无关系,更可见其简策之散乱。而从逻辑及语境上看,A 部分是一定要前置的,而且 B 部分肯定是直接针对 A 的,主要的证据是《礼记》B 部分开头说“孔子既得合葬于防”,作为一个完成的时态或动作,用“既”就可以了(如上文的“孔子既祥”),为何还要加上个“得”?这其实正反映了关于是否祔葬当时是有争论的。孔子作为守礼之人,必须要给自己的选择找个理由,所以 A 部分关于是否祔葬的议论是一定要前置的,否则这里的“得”就成无的放矢了。因此,A 部分前孔子关于祔葬历史的追溯,也不能视为无中生有,它是 A 部分必要的逻辑铺垫。何况,关于古不祔葬之说,《檀弓上》“季武子成寝”章还引武子之话说“合葬非古也,自周公以来,未之有改也”,这与此处孔子所说“古者不祔葬,……自周公已来祔葬矣”也完全相合。或许有人又会认为此处又是王肃捏合了“季武子成寝”章,其实《家语》所见与“季武子成寝”章只是都利用到了“古不祔葬”这样一个公共知识背景而已,它们的论述重点是不太一样的(“季武子成寝”章落脚点在“吾许其大而不许其细,何居”),

从诸书“互见”的角度说,它们其实只是利用了共同的知识背景,即所谓“公言”[①],而并非“文本”层面的“互见”关系。有点相似就说王肃又“捏合”了某处,最终就会发现所谓王肃“捏合”的范围几乎是无限大的。“捏合”之处越多,实际上就越增加王肃事实上“捏合”的难度,从而这种“捏合”的动机和必要性就更加让人生疑,最终这种“捏合”理论的有效性也将被消解于无形。

另外,《家语》非袭《礼记》而来,其实还有两处明显的异文证据。其一为《家语》“孔子先反虞”,《礼记》无“虞”字,但郑注云“当修虞事”,与《家语》正合,说明郑玄的理解是对的。此处《家语》无疑更为详备,《礼记》可能系脱漏,两者的不同正说明《家语》袭《礼记》之说不确。不过,对于《家语》与郑注的相合,辨伪学者可能又有自己的说辞,他们习惯认为这是王肃参考郑注对《家语》做了修改。[②] 这种说法其实已非平心静气、全面的推理,而只是回护己说的本能反应。试想,《家语》“伪书”说的全部立论基础就是王肃要另造新书与郑君立异,如何能想象他会吸取郑说来造己书?换句话说,如果此处真的是王肃利用了郑注来改《家语》,那么这样的《家语》不是反倒证明了郑君的先见之明吗?这就等于摧陷了《家语》“伪书”说的全部基础,因此,此说的信口开河和荒唐是显而易见的。两书的另外一处异文是《家语》的“十日过禫而成笙歌”,《礼记》无“过禫”二字。了解经学史的人都知道,郑、王关于三年之丧的丧期是有明显分歧的,而其症结就在于郑君主祥、禫间隔一

---

① 本书“公言”之含义与章学诚之“言公”不尽相同,它并不包括“文本型”“互见”,仅指文献之间存在的“只言片语”的雷同,或者说某些语词、句子甚至典故已固化为习惯用语或共同的知识背景,成为“公共”色彩浓厚的“言”,关于这一点,本书最后一部分在讨论《家语·五仪解》等十一篇“互见”文献时还有专门涉及,读者可以参见。近来诸书“互见”的研究中,学者多借用章学诚在《文史通义》中提到的“言公”一语来概括文献之间的“互见”或雷同现象。但在笔者看来,“言公”一词无论在章学诚那里还是学者对它的使用上,都失之笼统,尤其是面对“互见”类型学区分时,更觉粗糙,故而本文用“公言”一词以与之适当区分。

② 如《家语·哀公问政》“饩廪称事”,《礼记·中庸》“饩”作“既”,郑注“‘既’读作‘饩’”,因此孙志祖认为是王肃据郑注将《家语》改成这样,参见《家语疏证》,第214—215页。

月，而王肃主祥、禫同月。[①] 因此，对《家语》此处多出“过禫”，孙志祖就牵连郑、王二人的经学分歧大做文章，尤其是指王肃“复增‘过禫’二字，以曲证其祥、禫同月之说，何其妄也”[②]，简直将《家语》的“过禫”看成了王氏伪造此书的铁证。但笔者想指出的是，其实即使《礼记》没有“过禫”，也不妨碍它是指禫之后才“成笙歌”的，对于这点郑、王本没有分歧，他们的争论主要在于祥、禫是间月还是同月，所以有无“过禫”其实并不能扯上郑、王的争论。虽然王肃于此注云“孔子大祥二十五月，禫，故十日逾月而歌也”，但就《家语》本文“二十五月而大祥，五日而弹琴不成声，十日过禫而成笙歌”来看，“十日过禫”并不一定是“二十五月禫”的意思，因为如依《曲礼》“丧事先远日”的原则，大祥在二十五月下旬，那么“十日”之后显然已经“逾月”，[③]这明显不利于王说。如果此处王肃真的是想对《礼记》之文做手脚，以合于自己的经学主张，完全可以一步到位，直接改成“二十五月而大祥、禫”，没有必要弄出一个模棱两可的“过禫”，自己还要在注中再牵强附会地往自己的经学主张上作解。这只能说明，此处的“过禫”绝非王肃妄加。何况，就时间上讲，特别是“丧事先远日”的原则，《家语》的“过禫”倒更接近郑君的“间月”，而非王氏的同月，[④]亦合于《檀弓上》的“是月禫，徙月乐”[⑤]。

通过上面的考证，已充分证明《家语》绝非抄袭《礼记》而成，它是有着自

---

① 在后人所辑王肃《圣证论》中，此条均赫然在列。参见马国翰《玉函山房辑佚书》、皮锡瑞《圣证论补评》。

② 孙志祖《家语疏证》，第 256 页。

③ 孙希旦亦据此认为“祥、禫之不得同月”，参《礼记集解》，第 181 页。

④ 不过，无论是《家语》的“十日过禫成笙歌”还是《礼记》的“十日而成笙歌”，“十日”仅能表明“逾月”，即祥、禫不同月，却不一定是祥、禫间月。如大祥在下旬，“逾月”的话，禫祭倒更有可能在二十六月，与郑说亦不合。

⑤ 此条往往被讲成王肃祥、禫同月的铁证，因为上文还有“祥而缟”，接着就说“是月禫”，所以倾向王说的就把这里的“是月”理解成“祥”之月。其实，从上下文看，并非如此。“祥而缟；是月禫，徙月乐”，其实主要是比较祥、禫二祭时服“缟”与用乐的安排：一个同月，一个异月。因此，其中的“是月禫”之“是月”就不能承上理解成“祥”之月。关于这点，其实孔颖达的正义已经说得很清楚了：“二者各自为义”，是不能承上理解的。在祥、禫关系上，笔者以为郑君之说较之王肃还是有更多文献支持的。

己独立的材料来源的。就材料的特征上看,《家语》较《礼记》反而拥有更加完整的面貌。既然我们上文已经多次提到《礼记》“节取”的特征,那此例《礼记》材料是否也具有这一特点呢? 回答是肯定的。最明显的就是《檀弓下》的 A 部分“孔子曰:‘卫人之祔也……’”,没有丝毫的对话背景,又是单取“孔子曰”。而且,上文已提到,在《檀弓下》篇中,该章前面为“岁旱,穆公召县子”章,两者毫无关联,此处的“孔子曰”简直成了孤零零的语录,这也是“节取”的常见特征。当然,以《家语》为参照看,这里的“孔子曰”对孔子话的“节取”仍不完整,前面的“古者不祔葬,为不忍先死者之复见也”云云者,就弃之不顾。但此句连带下文的引《诗》,颇显拖沓,远没有“卫人之祔也……”来得整饬,而且对仗工整,颇具格言的条件,故而《礼记》的“节取”从此入手,也就容易理解。尤其要指出的是,《礼记》的编者为了这则“孔子曰”对仗工整,还专门省略了“离之”后的“有以间焉”①,这更可以看作是《礼记》选择性“节取”的绝佳例子。《檀弓》其他几处“互见”于《家语》的文字,虽然未再见类似的“节取”,但这有客观条件的限制使然: 或者是本无孔子的话,只是情节性的叙述;或者孔子的话都比较简短,而且没有一般格言所需的教化意义。但像“孔子既得合葬于防”一节漏失 C 部分,这也印证了我们上文一再提到的《礼记》材料残缺的特点。

既然《礼记》材料相对于《家语》颇具“节取”的特点,从史源学上说,《家语》无疑更原始,而《礼记》的“节取”则透出明显的“二手”性。这种“二手”材料的性质,从此例《礼记》的表述特点上就可以看得更清楚。最明显的一点就是《礼记》的表述,往往都类似事后的追记,或者系对材料的概述,缺乏《家语》那样的“现场感”。像“孔子既祥”之于《家语》的“及二十五月大祥”;“孔子既得合葬于防”之于《家语》的“遂合葬于防”,都有这样概述或追记的特点。这一点,与我们上文提到的多例概述而非直记也颇一致。它们明确地传递出这样一个信息,那就是《礼记》的表述方式确实离“现场感”有一定的距离,颇似立足于原材料的概述或转写。但既然是“立足于原材料”的概

---

① 从刊本《家语》“间”作“闻”,当系形近致讹。

述或转写,那又说明当初的概述者还是见过原始材料的。但既然见过原始材料,《檀弓》却又把孔母之丧时序极明晰的几件事组织得杂乱无章,恐怕再次说明《礼记》这些概述材料以及汇编整理,并不是一次性完成的。

七

上文通过《孔子家语》与《礼记》的几组"互见",已充分说明,在这些"互见"中,《礼记》往往只对孔子的话更感兴趣,表现出明显有目的"节取""孔子曰"的倾向,因此每每省略掉孔子说话的"背景"。相反,与之"互见"的《家语》往往更为完整:不只人物说话的"背景"具在,而且很多时候连故事的情节也交待得耐心而完整。这几乎成了非常有规律性的现象。我们的论证,从前贤已有的分析和评论到上下文逻辑的考察,再到他书的参证,应该说是有充分理据的。实际上,《家语》与《礼记》之间类似的"互见"还有不少,为了使本文的篇幅不至于太过冗长,本节中笔者将把《家语》与《礼记》类似上述的"互见"继续列出,但论证尽可能简省,读者依上文揭示的两书之间"互见"的"规律性"现象,对下列诸例中《礼记》的"节取"性质,相信不难有公正的认识。

1.《孔子家语·曲礼子贡问》:"公父穆伯之丧,敬姜昼哭,文伯之丧,昼夜哭。孔子曰:'季氏之妇,可谓知礼矣。爱而无私,上下有章。'"

> 《礼记·檀弓下》:"穆伯之丧,敬姜昼哭;文伯之丧,昼夜哭。孔子曰:'知礼矣。'"

此例也应该是《礼记》有所"节取",只不过是另一种"节取"的方式:前面的"背景"尚保存,但孔子的话,其实还是前面提到的"不完整节取":只取重点,并非全部保留。此事还同见于《国语》、《列女传》:

> 《国语·鲁语下》:"公父文伯之母,朝哭穆伯,而暮哭文伯,仲尼闻之曰:'季氏之妇,可谓知礼矣。爱而无私,上下有章。'"
>
> 《列女传》:"敬姜之处丧也,朝哭穆伯,暮哭文伯。仲尼闻之曰:'季

氏之妇可谓知礼矣,爱而无私,上下有章。’”

试看《家语》、《礼记》、《国语》、《列女传》四书,其中孔子语部分,《礼记》之为“节取”是很明显的。

2.《孔子家语·曲礼子贡问》:“孔子在齐,齐大旱,春饥。景公问于孔子曰:‘如之何?’孔子曰:‘凶年则乘驽马,力役不兴,驰道不修,祈以币玉,祭事①不悬,祀以下牲,此则②贤君自贬以救民之礼也。’”

《礼记·杂记下》:“孔子曰:‘凶年则乘驽马,祀以下牲。’”

此例《礼记》所见又是典型的省略了“背景”,而单取“孔子曰”的例子。《杂记下》该章前面是君子有“三患”、“五耻”章,后面则是“恤由之丧”章,两不相蒙。考虑到《杂记》篇庞杂无序的体例,则此处为对孔子话零星的“节取”应该也是没有问题的。不过,相对于《家语》看,《礼记》对于“凶年”国君的“自贬”之举,只有“乘驽马”和“祀以下牲”,分别是《家语》的首句和尾句,显然也是不完备的,又当是“不完整节取”。

此外,《礼记·曲礼下》云:“岁凶,年谷不登,君膳不祭肺,马不食谷,驰道不除,祭事不县。大夫不食粱,士饮酒不乐。”③又,《礼记·玉藻》云:“年不顺成,君衣布本,关梁不租,山泽列而不赋,土功不兴,大夫不得造车马。”其中划线部分,均与《家语》所见相合。④ 但相对于《礼记》,它们与《家语》的“互见”关系都只能是间接的,并非直接对应。《曲礼下》属总述“岁凶”条件下之变通安排,而且出发点也不限于国君,亦包括大夫、士;《玉藻》篇情形与之类似。因此它们的记述与《家语》不同,是不奇怪的。如上文所言,它们与《家语》的“互见”严格说来同样也不能算“文本”层面的“互见”关系。

---

① 从刊本“事”作“祀”。

② 从刊本无“则”字。

③ 孙志祖说《家语》“撮合”《曲礼》、《杂记》两处记载,且“造为齐大旱春饥事”,是不能服人的(见孙志祖《家语疏证》,第250页)。范家相仅说“‘凶年乘驽马’二句见《杂记》,余未知所本”(参范家相《家语证伪》,第173页),稍谨慎。

④《礼记·玉藻》又云“年不顺成,则天子素服,乘素车,食无乐”,与此精神实质亦相类。

3.《孔子家语·曲礼子贡问》:“子贡问曰:‘管仲失于奢,晏子失于俭,与其俱失矣,二者孰贤?’孔子曰:‘管仲镂簋而朱纮,旅树而反坫[1],山节藻棁,贤大夫也,而难为上。晏平仲祀其先祖,而豚肩不揜豆,一狐裘三十年,贤大夫也,而难为下。君子上不僭下,下不逼上。”

> 《礼记·杂记下》:“孔子曰:‘管仲镂簋而朱纮,旅树而反坫,山节而藻棁。贤大夫也,而难为上也。晏平仲祀其先人,豚肩不掩豆,贤大夫也,而难为下也。君子上不僭上,下不逼下。’”

相对于《家语》,此例也当是《礼记》省略了“背景”,而典型“节取”“孔子曰”的例子。而且,《杂记下》篇中该章前后都是讲丧礼的内容,又是两不相蒙,与上例类似,此又是零散的对孔子语的“节取”。

另外,《礼记·礼器》云:“……是故君子大牢而祭,谓之礼,匹士大牢而祭,谓之攘。管仲镂簋朱纮,山节藻棁,君子以为滥矣。晏平仲祀其先人,豚肩不掩豆。浣衣濯冠以朝,君子以为隘矣。是故,君子之行礼也,不可不慎也。众之纪也,纪散而众乱。”《礼记·檀弓下》云:“曾子曰:‘晏子可谓知礼也已,恭敬之有焉。’有若曰:‘晏子一狐裘三十年。’遣车一乘,及墓而反。国君七个,遣车七乘,大夫五个,遣车五乘,晏子焉知礼?”划线句子亦明显与上述《家语》、《礼记》的“互见”内容有关,但相对于《杂记下》的记载,这里显然是在引用,不是直接对应,故亦非“文本型”的“互见”关系。孙志祖不分青红皂白地说《家语》袭《礼记》之《礼器》、《杂记》,[2]失之于滥;范家相也说《家语》本《礼记·杂记》,[3]虽仍未脱“伪书”说的思维定式,但庶几较孙氏稍显谨严,这是二人对“互见”问题看法的细微不同。实际上,范氏的谨严又隐隐触及我们在上文中已经提到的问题,那就是在“互见”关系研究中必须要对“互见”的类型和性质有一个准确的界定。另外,《韩非子·外储说左下》云:“管仲相齐,曰:‘臣贵矣,然而臣贫。’桓公曰:‘使子有三归之家。’曰:‘臣富

---

① 同文书局本此字作“玷”,当系“坫”之形讹,此据丛刊本改。
② 孙志祖《家语疏证》,第250页。
③ 范家相《家语证伪》,第173页。

矣,然而臣卑。'桓公使立于高、国之上。曰:'臣尊矣,然而臣疏。'乃立为仲父。孔子闻而非之曰:'泰侈逼上。'一曰:管仲父出,朱盖青衣,置鼓而归,庭有陈鼎,家有三鼎。孔子曰:'良大夫也,其侈逼上。'孙叔敖相楚,栈车牝马,粝饼菜羹,枯鱼之膳,冬羔裘,夏葛衣,面有饥色,则良大夫也。其俭逼下。"划线句亦与此例相关,只不过《韩非子》的表述方式和重点,亦与《家语》不同,同样不能算"文本型"的"互见"关系。从《礼器》、《檀弓》、《韩非子》的记载来看,它们仅仅只是利用了类似管仲、晏子(孙叔敖)这样奢、俭的故事"素材"而已(甚至《论语·八佾》讲管仲的"三归"、"反坫"亦属此类),或者说这样的"素材"已经凝固成广为人熟悉的知识背景,因此是都可以采用的"公言"。这再次说明,在"互见"关系的研究上,必须分清"互见"的性质:是"文本型""互见",还是仅仅有个别语词相关的"公言"?只有在这个前提下,我们才能对诸书之间的史源学层级有相对准确的把握,并进而探讨它们之间的年代学问题。

不过,《家语》的"君子上不僭下,下不逼上",《礼记》作"君子上不僭上,下不逼下",从文意来看,显然《礼记》是对的:管仲太奢,晏子太俭——太奢的为难到了上级,太俭的也为难到了下级,《家语》此处当系传写讹误,而其前面"难为上"则是正确的——这正与《左传》襄公十年王叔之宰讽伯舆"筚门闺窦"以下陵上是"难为上"之语例正合,《韩非子》的"其侈逼上"、"其俭逼下"亦可证。① 从此处来看,尽管我们说《礼记》属"节取",省略了"背景",在原貌的保持上不如《家语》,但并不是说所有的问题都以《家语》为优。这一方面说明两书各有独立来源,《家语》并非因袭《礼记》,另一方面这提醒我们,在"互见"关系的研究上,一定要分清楚:一书的优长到底是哪方面的优长,而这种优长在两书的价值比较中又居于何种地位,是仅具校勘的价值,还是足以判定文本之间的"原生"和"次生"关系。

4.《孔子家语·曲礼子贡问》:"卫公使其大夫求婚于季氏,桓子问礼于孔子。子曰:'同姓为宗,有合族之义,故系之以姓而弗别,缀之以食而弗殊,

① 邬可晶亦指出此点,参《〈孔子家语〉成书时代及性质问题再研究》,第193页。

虽百世婚姻不得通,周道然也。’桓子曰:‘鲁卫之先虽寡兄弟,今已绝远矣,可乎?’孔子曰:‘固非礼也,夫上治祖祢,[1]以尊尊之;下治子孙以亲亲之;旁治昆弟,所以敦睦也,[2]此先王不易之教也。’”

《礼记·大传》:“牧之野,武王之大事也。既事而退,柴于上帝,祈于社,设奠于牧室,遂率天下诸侯,执豆笾,逡奔走,追王大王亶父、王季历、文王昌,不以卑临尊也。上治祖祢,尊尊也。下治子孙,亲亲也。旁治昆弟,合族以食,序以昭缪,别之以礼义,人道竭矣。……同姓从宗,合族属;异姓主名,治际会。名著而男女有别。其夫属乎父道者,妻皆母道也。其夫属乎子道者,妻皆妇道也。谓弟之妻妇者,是嫂亦可谓之母乎?名者,人治之大者也,可无慎乎?四世而缌,服之穷也。五世袒免,杀同姓也。六世,亲属竭矣。其庶姓别于上,而戚单于下,昏姻可以通乎?系之以姓而弗别,缀之以食而弗殊,虽百世而昏姻不通者,周道然也。”

此例《礼记·大传》全无对话“背景”,《家语》则系之以孔子答季桓子之问。《礼记》虽未见“孔子曰”,但对应的话在《家语》中又都是孔子的话。《大传》一篇,多记宗法、丧服之事,而文理逻辑颇散乱。但划线的句子整合到《家语》中,则可谓文从句顺,尤其是与卫公求婚于季氏这样的“背景”密合无间。范家相还提到“《孔丛子·杂训》篇有季孙问同姓百世不绝亲一事,疑即此事”[3]。今按,范说甚为有见。所说内容见《孔丛子·杂训》篇之“鲁人有同姓而弗吊者”章,[4]此章子思针对“同姓而弗吊”一事有所评论,其中专门引到孔子的话,其云:“昔者季孙问于夫子曰……”这样的“背景”与《家语》此章季氏因卫公之求婚而问礼于孔子暗合,尤其是下文孔子答语中的“同姓为宗,合族为属”、“缀之以食,序列昭穆,万世婚姻不通”云云者都与

① 同文书局本漏“治”字,当据丛刊本补。
② 丛刊本“敦”作“教”。
③ 范家相《家语证伪》,第176页。
④ 参傅亚庶《孔丛子校释》,中华书局2011年,第112页。

《家语》及《礼记·大传》惊人一致。“昔者季孙问于夫子曰”这样的话，说明子思的材料来源就是类似《家语》此章的内容，因为论题接近(《杂训》此章讲“同姓而弗吊”)，故而子思才引到了这里孔子的话，①益证《礼记·大传》这样毫无“背景”，且零散、割裂的面貌肯定不是原始面貌。综合上述因素，我们认为《家语》才是《礼记》划线句的原始出处，《礼记·大传》仍只是对孔子话的有目的“节取”，只不过同时又存在简策错乱，导致划线句子分置两处，相隔甚远。当然，也不排除这样的可能，那就是《大传》一篇，本是就宗法、丧服之类内容所做的同类归并，《家语》划线句子在此篇的出现，只是引用而已。但从《礼记》已无《家语》这样的原始材料看，我们认为前一种可能当更为近理。

5.《孔子家语·正论解》:“定公②问于孔子曰:‘二三大夫皆劝寡人使隆敬于高年，何也?’孔子对曰:‘君之及此言，将天下实赖之，岂唯鲁哉。’公曰:‘何也? 其义可得闻乎?’孔子曰:‘昔者，有虞氏贵德而尚齿，夏后氏贵爵而尚齿，殷人贵富而尚齿，周人贵亲而尚齿，虞夏殷周，天下之上王也，③未有遗年者焉。年者贵于天下久矣，次于事亲，是故朝廷同爵而尚齿，七十杖于朝，君问则席，八十则不仕朝，君问则就之，而悌达乎朝廷矣;其行也，肩而不并，不错则随，斑白之老不以其任于路，④而悌达乎道路矣;居乡以齿，而老穷不匮，强不犯弱，众不暴寡，而悌达乎州巷矣;古之道，五十不为甸役，颁禽隆之长者，而悌达乎搜狩矣;军旅什伍⑤，同爵则尚齿，⑥而悌达乎军旅矣。夫圣

① 虽然内容类似，但《杂训》此章与《家语》所见，仍非“文本型”的“互见”关系，因为子思仅属“引用”，且针对的事即“背景”也有不同。由此例来看，在“互见”关系上弄清是“文本”型的“互见”还是仅属“引用”，对于我们分析不同文本之间的史料学层级问题的确是非常重要的。

② 丛刊本“定公”作“哀公”。

③ “上王”，丛刊本作“盛王”，与《礼记》同。

④ “之老”，丛刊本作“者”，与《礼记》同。“路”，丛刊本作“道路”。

⑤ “什伍”，同文书局本作“伍什”，此据丛刊本改。

⑥ “同爵”，同文书局本作“同齿”，此与后“尚齿”明显重复，今据丛刊本改。

人之教，[①]孝悌发诸朝廷，行于道路，至于州巷，放于搜狩，循于军旅，则众感以义，死之而弗敢犯。’公曰：‘善哉，寡人虽闻之，弗能成。’”

> 《礼记·祭义》：“昔者，有虞氏贵德而尚齿，夏后氏贵爵而尚齿，殷人贵富而尚齿，周人贵亲而尚齿。虞夏殷周，天下之盛王也，未有遗年者。年之贵乎天下，久矣，次乎事亲也。是故，朝廷同爵则尚齿，七十杖于朝，君问则席。八十不俟朝，君问则就之，而弟达乎朝廷矣。行，肩而不并，不错则随。见老者则车徒辟，斑白者不以其任行乎道路，而弟达乎道路矣。居乡以齿，而老穷不遗，强不犯弱，众不暴寡，而弟达乎州巷矣。古之道，五十不为甸徒，颁禽隆诸长者，而弟达乎獀狩矣。军旅什伍，同爵则尚齿，而弟达乎军旅矣。孝弟发诸朝廷，行乎道路，至乎州巷，放乎獀狩，修乎军旅，众以义死之，而弗敢犯也。”

《礼记》此篇不见“鲁哀公问”的背景，直接以“昔者……”开始。虽未见“孔子曰”，但与《家语》比较就可以看出，《祭义》所见也完全是孔子答哀公“隆敬于高年”的问话。范家相、孙志祖等均以《礼记》为是，而《家语》袭之而来，[②]其实依前面这么多例子来看，恐怕事实正相反：《家语》才是原始面貌，《礼记》所见又当是对孔子的话作了专门的“节取”，考虑到《祭义》篇庞杂、零散的体例，《家语》为原貌，《礼记》为“节取”就更为可能。[③] 另外，《祭义》篇中此章之前的“乐正子春下堂而伤其足”章和之后的“祀乎明堂……”都是关于“孝”的，《礼记》的编者应该又是在对孔子话作了“节取”的情况下，围绕着“孝”的论题，将它们以类归并到一起。不过，就两书文字来说，

---

① “圣人”，丛刊本作“圣王”。

② 范家相《家语证伪》，第171页；孙志祖《家语疏证》，第249页。

③ 关于《祭义》篇的庞杂和零散，下文还会提到如“子曰：立爱自亲始……”一节本系《家语·哀公问政》篇的内容，而错置于此篇；“文王之祭也，事死者如事生……”亦系《家语》同篇“宰我问于孔子曰吾闻鬼神之名”章的内容，而错置于此篇。《礼记·祭义》亦见“宰我问于孔子曰吾闻鬼神之名”章，但却与“文王之祭也，事死者如事生……”分置两处，相隔甚远，正说明其错简的情形。他如《祭义》的“郊之祭也，丧者不敢哭，凶服者不敢入国门，敬之至也”、“郊之祭，大报天而主日，配以月”本属《家语·郊问》的内容而同样错简于此，尤可证。

《礼记》多出的“见老者则车徒辟”,以及“老穷不遗”较之“老穷不匮”,都显然更胜,也无疑体现了《礼记》的价值。在整章的原始面貌上尽管不及《家语》,但个别词句却胜之,这一方面说明《家语》、《礼记》各有独立来源,辨伪学者机械指《家语》袭《礼记》而来是错误的;另一方面也再次提醒我们:文本比较上的“优”,一定要分清是何种性质——是个别词句的优长,还是整体文本上的“原生”、“次生”关系。而且,这两方面的优长彼此也不具有“一荣俱荣”的决定性:某一文本个别词句上的优长,并不代表该文本在史源学层级上就一定是“原生”的;同理,某一文本虽然在史源学层级上是“原生”的,也并不意味着它所有的文句都能够保持原初的面貌。归根结底,文本之间各自独立的流传统系是造成上述两方面优长彼此不具有决定性的真正原因。

6.《孔子家语·曲礼子夏问》:“子夏问于孔子曰:‘记云,周公相成王,教之以世子之礼,有诸?’孔子曰:‘【A】昔者成王嗣立,幼未能莅阼,周公摄政而治,抗世子之法于伯禽,欲王之知父子君臣之道,所以善成王也。【B】夫知为子者,然后可以为父;[①]知为人臣者,然后可以为人君;知事人者,然后可以使人。是故抗世子法于伯禽,使成王知父子、君臣、长幼之义焉。凡君之于世子,亲则父也,尊则君也,有父之亲,有君之尊,然后兼天下而有之,不可不慎也。【C】行一物而善者[②],唯世子齿于学之谓也,世子齿于学,则国人观之。’曰:‘此将君我而与我齿让,何也?’曰:‘有父在则礼然,然而众知父子之道矣。’其二[③]曰:‘此将君我而与我齿让,何也?’曰:‘有臣在,则礼然,而众知君臣之义矣。’其三曰:‘此将君我而与我齿让,何也?’曰:‘长长也,则礼然,然而众知长幼之节矣。’故父在斯为子,君在斯为臣,君子与臣之位,所以尊君而亲亲也。在学,学之为父子焉,学之为君臣焉,学之为长幼焉,父子君臣长幼之道得,而后国治。语曰:‘乐正司业,父师司成,一有元良,万国以

① 丛刊本“子”、“父”分别作“人子”、“人父”。

② “善者”,丛刊本作“三善皆得”,与《礼记》同。

③ 丛刊本“二”作“一”,显非。

贞,世子之谓。’【D】闻之曰:‘为人臣者,曰杀其身有益于君,[①]则为之,况于其身,以善其君乎,周公优为也。’”

《礼记·文王世子》:“仲尼曰:‘【A】昔者周公摄政,践阼而治,抗世子之法于伯禽,所以善成王也。【D】闻之曰:“为人臣者,杀其身有益于君则为之。”况于其身,以善其君乎,周公优为之。欲王之知父子君臣之道,【B】是故知为人子,然后可以为人父;知为人臣,然后可以为人君;知事人,然后能使人,成王幼,不能涖阼,以为世子则无为也。是故抗世子法于伯禽,使之与成王居,欲令成王之知父子、君臣、长幼之义也。君之于世子,亲则父也,尊则君也。有父之亲,有君之尊,然后兼天下而有之,是故养世子不可不慎也。【C】行一物而三善皆得者,唯世子而已,其齿于学之谓也。故世子齿于学,国人观之。’曰:‘将君我而与我齿让,何也?’曰:‘有父在,则礼然。然而众知父子之道矣。’其二曰:‘将君我而与我齿让,何也?’曰:‘有君在,则礼然,然后众著于君臣之义矣。’其三曰:‘将君我而与我齿让,何也?’曰:‘长长也,然后众知长幼之节矣。’故父在斯为子,君在斯谓之臣,居子与臣之节,所以尊君亲亲也。故学之为父子焉,学之为君臣焉,学之为长幼焉,父子君臣长幼之道得而国治。语曰:‘乐正司业,父师司成,一有元良,万国以贞,世子之谓也。’”

此例《礼记》的“仲尼曰”,又是典型的略去“背景”,而专门“节取”孔子话的例子。我们在“互见”的文句前面,同样标以英文字母,这样读者更可以清晰地看到两者之间的关系。前人已多有指出《文王世子》一篇包含多种内容,颇有杂糅之迹。[②] 这种杂凑、拼合尤其体现在“周公践阼而治,抗世子法于伯禽”云云者前后两次重复出现。[③] 现在既明了此节“仲尼曰”的“节取”

① 丛刊本此句作“杀其身而有益于君”,从上下文分析,丛刊本当是。

② 孙希旦曾说“此篇合众篇而成”(《礼记集解》,第551页),王梦鸥谓“此篇是辑合若干篇而成”(《礼记今注今译》,第179页),任铭善也说此篇杂记了“文王、武王、成王诸为世子之法……又周公践阼、世子之记二节皆异篇复出,当由后人依类拼合”(《礼记目录后案》,《无受室文存》,第77页),任氏“依类拼合”之说可谓最得此篇之旨。

③ 王梦鸥干脆对今本的章序进行了调整,直接将两部分拉到了一起,参见王书第180—181页。

性质，可以说又为这种杂糅增加了新的证据。另外，《礼记》与《家语》相比，文句顺序也稍有不同，《礼记》将《家语》的D部分提前到A、B之间，以文理求之，《礼记》似较《家语》为优，《家语》似系错简，说《家语》抄袭《礼记》是没有根据的。《礼记》文句上的个别“优长”及整体上的“节取”，再次印证了我们上文提到的“互见”古书于这两方面特征的互不决定性。

八

关于《礼记》有意识、有目的地单对孔子言论垂青，我们还有另一个观察视角，那就是人物对话中起承转合的语句的有无。《礼记》既多有“节取”的特征，与此相应，它也往往省略掉人物对话中起承转合的语句而直取“孔子曰”——某种意义上，这种情况可算是从属于上面省略掉“背景”的情况，只不过大“背景”尚在，省略掉起承转合的语词只是略去了小“背景”而已。兹再举《礼记》与《家语》几处“互见”为例：

1.《礼记·礼运》篇“孔子曰：‘於呼哀哉！我观周道，幽、厉伤之……”一节，前面没有出现何人发问，只孤零零地说“孔子曰”，很让人奇怪。因为该篇前文基本都是言偃问，孔子答，此处却无问话，让人生疑。《礼运》此节又见《家语·礼运》，而《家语》该篇“孔子曰”前则有“言偃曰：今之在位，莫知由礼，何也？”这样转承的语句，就非常合理。尤其是“今之在位，莫知由礼”，正与下面孔子所说的“舍鲁何适”及“鲁之郊及禘皆非礼，周公其已衰”相合。对于《礼记》的无言偃之问，学者或以为佚失，[①]从本文的讨论及下面的例子看，说它是有意识的简省和对“孔子曰”的“节取”恐怕更为可能。

2.《礼记·仲尼燕居》大部“互见”于《家语·论礼》之首章，两相对比，《仲尼燕居》篇省略起承转合之语，而机械地只关注孔子话的特点，同样是非常清楚的。两书“互见”的这部分内容，其实条理非常清晰，那就是孔子在子

---

① 虞万里《上海图书馆藏稿本〈礼记订讹〉初探》，《中国经学论集》，陕西人民出版社2009年。

贡、子游、子张三位弟子侍侧的情况下，分别与他们关于礼制进行问答与讨论。这种条理的清晰尤其体现在《家语·论礼》中当不同弟子出场与夫子问答时，均有起承转合的句子"某人退，某人进曰"。《仲尼燕居》前面子贡、子游与夫子的问答，这样起承转合的语句还是有的，但唯独子张与孔子对话的过渡却没有，而是直接以"子曰"把孔子的答语引出。依照辨伪学者的看法，《礼记》般零散的"（孔）子曰"才是原貌，而《家语》则多系"捏合"成一章。但试看，前面孔子答子游的部分说："以之居处有礼，故长幼辨也；以之闺门之内有礼，故三族和也；以之朝廷有礼，故官爵序也；以之田猎有礼，故戎事闲也；以之军旅有礼，故武功成也。……"而下一章"孔子曰"中的话亦有"是故以之居处，长幼失其别，闺门三族失其和，朝廷官爵失其序，田猎戎事失其策，军旅武功失其制，……"，一正一反，明显前后相承，故它绝不可能是单独一章，而是和前文是有机联系的。孔颖达的正义将此段与上一段都看成孔子与子游的对话，可以说是明显错误的。[1] 由此我们也更应该珍视《家语·论礼》的面貌，《礼记》子张出场过渡文句的缺失，当又是缘于编者有意无意的简省，而只功利性地保存"（孔）子曰"。

关于《礼记》编者对"孔子曰"急功近利的态度，《仲尼燕居》篇下文还有非常特殊的表现。该篇在孔子依次回答三位弟子关于"礼"的问题之后，夫子还犹有未尽，因此更进一步说："慎听之，汝三人者，吾欲汝：犹有九焉，大飨有四焉……"其下夫子便详细论述，直至"薄于德，于礼虚"。有意思的是，《仲尼燕居》篇将孔子这段话后面的"礼也者，理也。……薄于德，于礼虚"专门分出，前面又加上"孔子曰"，似乎这部分是孔子专门另说的。其实，前文孔子屡言"礼乐"，所谓"序其礼乐"、"以礼乐相示而已"，而这部分又说"礼也者，理也；乐也者，节也。……不能诗，于礼缪；不能乐，于礼素"，文义上它们明显是一贯而下、密相关联的，再单分出个"孔子曰"，容易让人误会是两次说的话，实在没有必要。不过，这也再一次让我们看清楚《礼记》编者对

① 王梦鸥说"《家语》于'子曰'之上，有子张问语，此记盖脱佚"，甚是，见《礼记今注今译》，第446页。今人王锷看法亦类似，参《〈礼记〉成书考》，第30页。

"孔子曰"的情有独钟和特殊关注的倾向。当然,这其中的原因也不排除是由于简编朽烂导致编者对该部分与前文的逻辑关系未能认清。这种简编朽烂的证据,还有下文的错简可以证明。《家语》该篇在孔子讲完"(礼)犹有九焉,大飨有四焉"之后,是子贡再问"夔其穷与",孔子再从礼乐的角度进一步申论。但有意思的是,孔子话中的"凡制度在礼,文为在礼,行之其在人也",《仲尼燕居》却错置于"薄于德,于礼虚"之后,而在子贡问话之前。更有意思的是,这三句话之前,《礼记》不厌其烦地又冠以"孔子曰"。今为更方便地比较两者在此处的异同,将两书所载具列如下:

《家语·论礼》:"……不能诗,于礼谬;不能乐,于礼素;薄于德①,于礼虚。"

"子贡作而问曰:'然则夔其穷与?'"

"子曰:'古之人与?上古之人也。达于礼而不达于乐谓之素,达于乐而不达于礼谓之偏。夫夔达于乐不达于礼,是以传于此名也,古之人也。凡制度在礼,文为在礼,行之其在人也?'"

《礼记·仲尼燕居》:"子曰:'……不能诗,于礼缪;不能乐,于礼素;薄于德,于礼虚。'"

"子曰:'制度在礼,文为在礼,行之,其在人乎!'"

"子贡越席而对曰:'敢问夔其穷与?'子曰:'古之人与?古之人也。达于礼而不达于乐,谓之素;达于乐而不达于礼,谓之偏。夫夔,达于乐而不达于礼,是以传此名也,古之人也。'"

两相比较,《仲尼燕居》的"制度在礼,文为在礼,行之,其在人乎"明显系错简。前文说"不能诗,于礼缪;不能乐,于礼素;薄于德,于礼虚",此处突然说"行之,其在人乎",很让人摸不着头脑。尤其是下面即接以子贡问"夔其

① 丛刊本作"于德薄"。

穷与",好像又转移了话题。[①] 比较而言,还是《家语》的安排更为合理:"制度在礼……"句置于对"夔"评价的后面,因为"夔"一方面为"古之人",另一方面又"达于乐而不达于礼"。而且,正因为夔"不达于礼",所以下文强调"行之在人"也就非常自然。尤其是,没有《仲尼燕居》篇这样把"制度在礼……"句横亘其中,《家语》"不能诗,于礼谬……"句就直接接以子贡的问话,逻辑上同样是非常明顺的:前面讲因为在"诗"、"乐"、"德"等方面的修养不够,导致于"礼"有失,后面子贡马上想到"夔"这样的反面典型而发问。如上所言,《仲尼燕居》篇不仅将"制度在礼……"句错置,又在其前题"孔子曰",这与前面"子曰:礼也者,理也……",以及更前面的"子曰:慎听之……"句子体例上虽然整齐划一,但却把本来对答有序、情节清晰的章节弄得条块分割、支离破碎。[②] 这说明,《礼记》编者对"孔子曰"情有独钟,虽然初衷可能是为保存孔子的话,但由于简策错乱或对文理失察,有时并不能起到好的效果。

3.《礼记·中庸》之"哀公问政"一节互见于《家语·哀公问政》篇之首章。《中庸》一篇此节只在开头有"哀公问政,子曰……"字样,下文则再无这样起承转合的语句,好像哀公一问之后,后面都是夫子絮絮叨叨地谈了那么多,从体例上看,这是很奇怪的。反观《家语·哀公问政》篇,中间则有三次明显的起承转合的过渡:第一处为"公曰:'子之言,美矣至矣。寡人实固,不足以成之',孔子曰:'好学近乎智,……'",第二处为"公曰:'为之奈何?'孔子曰:'斋洁盛服,非礼不动……'",第三处"公曰:'子之教寡人备矣,敢问行之所始',孔子曰:'立爱自亲始,教民睦也……'",有了这三处过渡,则此章哀公与孔子的对话就有了循序渐进的"情节",尤其是谁问谁答非常清晰,较

---

① 孔氏之正义说"前经孔子称唯人能行礼,子贡唯闻夔之善乐,不闻夔之达礼,……故越席而对夫子云敢问……",正义有尊经倾向,因此就把"行之在人"与子贡问夔之间也讲得严丝合缝,其实它们之间跳跃性是很大的,我们看不出有什么关联,倒是《家语》的语序更为顺畅。

② 关于"制度在礼……"句的位置,王锷也倾向于认为《家语》更合理,参《〈礼记〉成书考》,第30页。

之《中庸》此节的混沌不清明显合理。① 那是否这些过渡语句是体现了《家语》捏合得好,或者说本来就没有呢? 我们不这么看,主要是因为这些过渡语句中的话对于联系上下文起到了非常关键的作用。如第一处哀公谦称"寡人实固",下面就接以孔子说的"好学近乎智……",是非常具有针对性的。第三处哀公问"行之所始",孔子接以"立爱自亲始……",更是直接回答。这一处实际上还涉及《中庸》篇的另一重要问题。因为《中庸》篇在"择善固执之也"之后即接以著名的"博学之,审问之……"一段,下文则又是反复地在讲"诚"("自诚明,谓之性……"、"至诚之道……"),然后又接以连续两处"子曰",再下去就是"仲尼祖述尧舜,宪章文武……"一段,尤其是"仲尼祖述尧舜"这样的话,已不像哀公与夫子问答语气,而似后人追记。换句话说,如果仅看《中庸》篇的话,我们搞不清楚哀公、夫子的问答到底在何处结束。《家语·哀公问政》"择善而固执之者也"后是接以第三处哀公、夫子问答。值得注意的是,孔子所说的"立爱自亲始,教民睦也……"一段,又见于《礼记·祭义》篇,此篇中该段与上下文均不相蒙,但置于《哀公问政》篇却正契合,看来此段又是错简于《祭义》篇。而《哀公问政》篇在此段之后,即是此章结束性的话"公曰:'寡人既得闻此言也,惧不能果行而获罪咎'",可谓情节清晰,终始有序,明显要远胜《中庸》篇。② 当然,回过头来再看,《中庸》的

---

① 杨朝明《〈中庸〉成书问题新探》(黄怀信、李景明主编《儒家文献研究》,齐鲁书社 2004 年,第 262 页)及陈剑、黄海烈《论〈礼记〉与〈孔子家语〉的关系》(《古籍整理研究学刊》2005 年第 4 期),都注意到了《礼记·中庸》与《家语·哀公问政》在起承转合语句上的差异,而且也都认为《家语》的面貌明显要较《礼记·中庸》为合理。

② 杨朝明对《中庸》一篇的看法与我们相同,尤其认为"哀公问政"一节应该如《家语》般独立出来,确属有见(见上揭杨文)。但杨氏所举《家语·哀公问政》优于《礼记·中庸》的一些语词、文句方面的证据,也未必尽是,关于这一点,邬可晶曾有针对性批评(见邬可晶《〈孔子家语〉成书时代和性质问题的再研究》,第 171—174 页)。其实,两书语词、文句方面的差异,涉及的还只是微观层面,在古书处于不同流传系统的情况下,语词、文句这些微观层面的变异并不是同步的,故而这方面的差异及优劣对于我们判断古书之间的早、晚及因承关系就并不具有决定性。这也正是我们上文提到的古书文本之间文词上的个别"优长"与文本整体上的"原生"、"次生"关系互不具有决定性的特征。这再次提醒我们,对于探讨古书文本形成及彼此之间"原生"、"次生"关系这样的宏观命题,仅仅从校勘学的角度关注文词优劣这些微观层面还是很不够的,必须要兼顾文本之间宏观方面的一些特征。

情节不清和有头无尾，不只是由于错简（既包括把本属“哀公问政”的内容错入他篇，也包括把其他无关的内容阑入此处），其对上述起承转合的过渡性语句的舍弃，恐怕也是个重要原因。[①] 有意思的是，在上述《哀公问政》的三处过渡性语句中，第一处《中庸》篇虽没有哀公之问，但后面孔子的回答却又是冠以“子曰”，这又体现了我们一再提到的《礼记》对孔子言论“特殊关注”的“节取”特征。

自南宋朱熹将《中庸》从《礼记》抽出入“四书”以来，《中庸》一篇的地位可以说空前提高，甚至凌越本经。传统儒家学者的工作因此也多是出于膜拜心理的发挥义理，对其文本结构则鲜有怀疑。但晚近以来随着出土文献的大量发现，以及因之而起的对古书体例及形成问题认识的更新，学者渐已认识到今本《中庸》当初确非“铁板一块”，并陆续提出自己的“解构”方案。[②] 本文从《礼记》略去起承转合语句，专取“孔子曰”这样的材料处理特征入手，再次论证了今本《中庸》篇至少“哀公问政”一节当初应该是独立出来的一篇，而作为完整的一篇，它的“立爱自亲始，教民睦也……”一节又错入《礼记·祭义》篇。这都说明《中庸》一篇无疑存在着割裂，明显不如《家语》。今本《中庸》在文本结构上存在杂凑诸篇这样一个事实提醒着我们，义理的阐释或意义的解读，必须要建基于必要的文本结构分析之上。

九

以上我们区分了《礼记》相对《家语》这样的原始材料“节取”的两种形式：或为直接舍弃人物对话“背景”，而专取“孔子曰”；或为“背景”虽有所保留，但人物之间对话的起承转合语句被大量简省，而单单只关注其中“孔子曰”的情况。当然，兼具这样两种形式的“复合”式的“节取”模式也是存在

---

① 当然也不排除是古文“记”材料的残损，导致了《礼记》的编者看不到这些过渡性的语句。但正文没什么残损，而仅仅只残损了这些过渡性语句，也未免太凑巧了吧。

② 如郭沂、梁涛等均提出“二分法”处理，但具体分法又不尽相同，可参上揭杨朝明文。

的。这种“复合”式的“节取”虽为数不多，但对我们理解《礼记》的“节取”特征，无疑更为典型。兹试举一例。

《孔子家语·刑政》：“仲弓问于孔子曰：‘雍闻至刑无所用政，至政无所用刑。至刑无所用政，桀纣之世是也；至政无所用刑，成康之世是也。信乎？’孔子曰：‘圣人之治化也，必刑政相参焉，太上以德教民，而以礼齐之。其次以政言导民，①以刑禁之，刑不刑也。化之弗变，导之弗从，伤义以败俗，于是乎用刑矣。【A】颛五刑必即天伦。【B】行刑罚则轻无赦，刑，侀也，侀成也，壹成而不可更，故君子尽心焉。’”

“仲弓曰：‘【C】古之听讼尤罚丽于事，不以其心，可得闻乎？’孔子曰：‘【D】凡听五刑之讼，必原父子之情，立君臣之义以权之，意论轻重之序，慎测浅深之量以别之，②悉其聪明，正其忠爱以尽之③。【E】大司寇正刑明辟以察狱，狱必三讯焉，有指无简，则不听也④，附从轻，赦从重，【F】疑狱则泛与众共之，疑则赦之，皆以小大之比成也。【G】是故爵人必于朝，与众共之也，刑人必于市，与众弃之也。古者公家不畜刑人，大夫弗养也，士遇之涂，以弗与之言，屏诸四方，唯其所之，弗及与政，⑤弗欲生之也。’”

“仲弓曰：‘听狱，狱之成成何官？’孔子曰：‘【H】成狱成于吏，⑥吏以狱成告于正，正既听之，乃告大司寇。大司寇听之，⑦乃奉于王，王命三公卿士参听棘木之下，然后乃以狱之成疑于王，王三宥之以听命，而制刑焉，所以重之也。’”

“仲弓曰：‘其禁何禁？’孔子曰：‘【I】巧言破律，遁名改作，执左道与乱政者杀；作淫声，造异服，设伎奇器，以荡上心者杀；行伪而坚，言诈而辩，学非而

---

① 丛刊本“言”作“焉”。

② 此句同文书局本无“测”，且“浅深”作“深浅”，此据丛刊本改。

③ 同文书局本无“之”字，此据丛刊本补。

④ 同文书局本“也”作“其”，误。

⑤ 丛刊本“弗”作“不”，从上下文多处言“弗”看，丛刊本“不”字非。

⑥ 同文书局本此句本作“成狱于吏”，从上下文多言“狱之成”、“狱成”看，此处当从丛刊本作“成狱成于吏”。

⑦ 丛刊本无“大司寇”，当属脱漏。

博，顺非而泽，以惑众者杀；假于鬼神，时日卜筮，以疑众者杀。此四诛者，不以听。’”

“仲弓曰：‘其禁尽于此而已？’孔子曰：‘此其急者，其余禁者十有四焉。【J】命服命车，不粥于市；圭璋璧琮，不粥于市；宗庙之器，不粥于市；兵车旍旗，不粥于市；牺牲秬鬯，不粥于市；戎器兵甲，不粥于市；用器不中度，不粥于市；布帛精粗不中数，广狭不中量，不粥于市；奸色乱正色，不粥于市；文锦珠玉之器，雕饰靡丽，不粥于市；衣服饮食，不粥于市；实不时，不粥于市；五木不中伐，不粥于市；鸟兽鱼鳖不中杀，不粥于市。【K】凡执此禁以齐众者，不赦过也。’”

> 《礼记·王制》：“【G】爵人于朝，与士共之。刑人于市，与众弃之。是故公家不畜刑人，大夫弗养，士遇之涂弗与言也；屏之四方，唯其所之，不及以政，亦弗故生也……【E】司寇正刑明辟以听狱讼，必三刺。有旨无简不听。附从轻，赦从重。【A】凡制五刑，必即天论，【C】邮罚丽于事。【D】凡听五刑之讼，必原父子之亲，立君臣之义以权之。意论轻重之序，慎测浅深之量以别之。悉其聪明，致其忠爱以尽之。【F】疑狱，汜与众共之；众疑，赦之。必察小大之比以成之。【H】成狱辞，史以狱成告于正，正听之，正以狱成告于大司寇，大司寇听之棘木之下。大司寇以狱之成告于王，王命三公参听之。三公以狱之成告于王，王三又，然后制刑。【B】凡作刑罚，轻无赦。刑者侀也，侀者成也，一成而不可变，故君子尽心焉。【I】析言破律，乱名改作，执左道以乱政，杀。作淫声、异服、奇技、奇器以疑众，杀。行伪而坚，言伪而辩，学非而博，顺非而泽，以疑众，杀。假于鬼神、时日、卜筮以疑众，杀。此四诛者，不以听。【K】凡执禁以齐众，不赦过。【J】有圭璧金璋，不粥于市；命服命车，不粥于市；宗庙之器，不粥于市；牺牲不粥于市；戎器不粥于市。用器不中度，不粥于市。兵车不中度，不粥于市。布帛精粗不中数、幅广狭不中量，不粥于市。奸色乱正色，不粥于市。锦文珠玉成器，不粥于市。衣服饮食，不粥于市。五谷不时，果实未熟，不粥于市。木不中伐，不粥于

市。禽兽鱼鳖不中杀,不粥于市。关执禁以讥,禁异服,识异言。”

为方便读者了解两书的对应关系,笔者同样将具体文句标以英文字母。《家语》相对于《礼记》,不但有“仲弓问于孔子”这样的“背景”,而且整篇的结构基本上都是围绕“仲弓问”、“孔子答”来展开,层次和起承转合的过渡非常清晰。《礼记》不但毫无“背景”,更无一问一答这样的起承转合。将《礼记》的内容与《家语》比较来看,《礼记》除C处在《家语》中是仲弓的问话之外,其余各处均为孔子的话。因此,我们认为此例“互见”既符合《礼记》省略了“背景”,单取“孔子话”的情形,也基本符合《礼记》对起承转合语省略的例子。当然,传统辨伪学者对两书关系的看法,是与我们完全不同的。范家相曰:“此篇假为仲弓、夫子之问答,组织《王制》成篇。意以博士、诸生刺经集传以作《王制》,必有取于《家语》,后人固与从考其真伪也。”[①]孙志祖以为《家语》此篇开头“本《论语》而参以《尚书大传》、《孔丛子・刑论》”,“颛五刑必即天伦”以下“袭《礼记・王制》”。[②] 孙氏对“互见”文献的搜辑虽较范氏为多,但取舍不精,一概都说是《家语》“本”、“参”或是“袭”了他书,仍失之于滥。

首先,将两书比较可知,《家语》互见到《礼记》中,G为一部分,然后是E—J这样更集中、更大的一部分。如果说《家语》据《礼记》重组,那要在《王制》篇纷繁芜杂的内容中找出这两部分,而且还要进行次序重组,特别是还要重组得这么层次清晰、逻辑上井井有条,谁能做到这一点?退一步说,即便我们承认王肃能做到这一点,那我们必须要问一下这么做的动机。从两书的语句次序看,《家语》相对《礼记》,可以说完全改变,几无同者,这样剧烈重组的动机实在是值得追问的。因为我们知道,王肃也是经学大家,而且对《礼记》也曾作注。如果说是他把《王制》文句的顺序颠倒、重组成《家语》的模样,必定有特殊的动机,但我们现在却是看不出来,尤其是看不出这样的重组能支持作为《家语》“伪书”立说依据的郑、王经学分歧。另外,虽然《家

① 范家相《家语证伪》,第148页。

② 孙志祖《家语疏证》,第229页。

语》语句顺序与《王制》此节大为不同，但王肃之注却丝毫不涉及《家语》特殊语句顺序的“意义”之解释，这更说明王肃并没有把《家语》这样特殊语句顺序作为支持己说的重要依据。如果说《家语》的顺序系王肃刻意为之，这样做的必要性和动机就更令人费解。当然，王肃之经学论说，也有明显受此处《家语》影响者。《释文》曾提到《礼记》之“乱名改作”，王肃作“循名”，而此处《家语》作“遁名”，“循”当系“遁”之形讹。虽然王肃于此倾向《家语》之说，但此处的注文仅说“变言与物名也”（郑注：“变易官与物之名。”），并没有针对性指责《礼记》之“乱名”，这说明此处《家语》之“遁名”，并非王肃刻意造作以立异。不仅如此，我们从此节王肃为《家语》所作的注来看，不少内容还与郑君是基本一致的，如“颛（制）五刑必即天伦”、“尤（邮）罚丽于事，不以其心”、“必三刺（讯）”、“附从轻，赦从重”、“棘木之下”、“析（巧）言破律”等处，郑、王二氏之注均如出一辙，这同样证明所谓王肃重组之说是不确的。

其次，范、孙二氏都说《家语》剿袭《礼记》，但实际上两者之间存在不少异文，这也说明两书非线性的机械相袭，而是各有独立的流传统系。如《家语》“尤罚”，《礼记》作“邮罚”；《家语》“必三讯”，《礼记》作“必三刺”；《家语》“巧言破律”，《礼记》作“析言破律”；《家语》“圭璋璧琮”，《礼记》作“圭璧金璋”；《家语》“遁名改作”，《礼记》作“乱名改作”；《家语》“牺牲秬鬯”，《礼记》作“牺牲”；《家语》“戎器兵甲”，《礼记》作“戎器”；《家语》“兵车旍旗”，《礼记》无有；《家语》“文锦珠玉之器，雕饰靡丽”，《礼记》作“锦文珠玉成器”，无“雕饰靡丽”，且前句也略有不同。另外，《家语》“王命三公卿士参听棘木之下”，《礼记》作“大司寇听之棘木之下。……王命三公参听之”。两书这么多性质不同的异文，是很难用王肃故作不同以显其异来解释的，实际昭示了它们必然是来自不同的流传系统。再者，在上述这么多异文中，很多都明显以《家语》为优。如《家语》之“圭璋璧琮”，王引之早已证明要较《礼记》为优。[①] 另外，《礼记》“邮罚”，郑君解“邮”为“过也”，而《家语》之“尤”

---

① 参《经义述闻》卷十四，江苏古籍出版社 2000 年，第 331 页。

显系本字;[①]《家语》之“三讯”较之《礼记》之“三刺”也更直接,毕竟郑君也是用“三讯”作解;《家语》之“巧言破律”亦较《礼记》“析言破律”为胜,因为王肃、郑玄对此句的注释都是“巧卖法令”,故《家语》之“巧言”无疑更优,《礼记》之“析言”当系形近而误。另外,《礼记》“锦文珠玉成器”后无“雕饰靡丽”,也当属脱漏,而本该有之,有此句才能凸显器之过分奢靡,因此才要“不粥于市”。再者,参听“棘木之下”的,《礼记》是大司寇一人,但《家语》却是“三公卿士”,而且下文《礼记》说“王命三公参听之”,也没有“卿士”的位置,何者为是?《周礼·冬官·朝士》:“朝士掌建邦外朝之法。左九棘,孤、卿、大夫位焉,群士在其后。右九棘,公、侯、伯、子、男位焉,群吏在其后。面三槐,三公位焉,州长众庶在其后。”从这里来看,参听“棘木之下”的显非大司寇一人,尤其应该有“卿士”的位置,《礼记》文句显有错乱。还要提到的是,对于“四诛”后三诛之罪,《家语》分别是“以荡上心”、“以惑众”、“以疑众”,完全不同,但《礼记》一律作“疑众”,弊在重复,这是明显有问题的。像其中第二诛的“淫声”、“异服”、“奇器”之类,就不是一般的“众”能享受得起的,所以它们危害的对象显然应该是“在上位”者,因此,《家语》的“荡上心”就非常准确,是不能随便改成“疑众”的。

最后,我们已经指出,《刑政》的顺序相对《王制》可以说乾坤颠倒、改变剧烈,但以文理求之,《家语》的顺序又往往较《礼记》为优,或者更为近理,这不但说明《家语》不可能袭《礼记》,而是有独立来源的,也同样说明王肃重组说是站不住脚的。兹试举两例:

其一,F 部分的“疑狱,氾与众共之;众疑,赦之。必察小大之比以成之”的位置,也应该以《刑政》为是。因为前面说“大司寇正刑明辟以察狱,狱必三讯焉”,“三讯”即是为了释疑,所以又称“三刺”,即便这样,如果还有“疑狱”,则“与众共之;众疑,赦之”,可以说前后连接得非常好。但《王

① 邬可晶牵合《尚书·吕刑》把此处“尤(邮)罚丽于事”之“丽”理解为“丽刑”,明显错误。此“丽”字当解为“附丽”,即强调罪、罚要相当,也就是我们通俗说的“以事实为依据”。“丽”字此义在古代司法及狱讼文献中甚为常见,《周礼》司寇一职中更是所在有多,不劳烦举。

制》的E、F相隔甚远，中间杂以A、C、D，尤其是A部分"凡制五刑"云云，明显是总括之语，置于此可谓不前不后，进退失次，几不成读，当系错简。

其二，C、D的次序两书都一样，无疑应该是原貌。C部分说"尤(邮)罚丽于事"，实际上D中的"父子之情"、"君臣之义"正是"尤(邮)罚丽于事"的"事"，即应以事实为准绳，不能出自私心好恶，下文的"意论轻重"、"慎测浅深"同样是为了此，《家语》接以E，其中的"狱必三讯"，同样是这种慎重态度，逻辑上非常明顺。而且，先"凡听五刑之讼……"，再"大司寇正刑明辟以听狱讼……"，也是明显的总分关系，《家语》十分合理。《礼记》却把E部分置于前，尤其是在A部分明显有总括意义的"凡制五刑"前，甚为不类，前面都"正刑明辟以听狱讼"了，后文还说"凡制五刑……"，逻辑明显是错倒的。

通过上面的论证，已可充分说明《礼记・王制》此节词句讹脱、文句错乱，远较《家语・刑政》为甚。它们为各有独立来源，并非彼此机械相袭之文本是很明显的。更重要的是，《刑政》为仲弓与孔子有序之问答，《王制》不但毫无"背景"，且亦无起承转合之语句，而只是把孔子的话保留了下来，其为"节取"应无疑义。而且，就"节取"的方式上讲，《王制》此节可谓非常独特。当然，《王制》此节的"节取"方式也并非孤例。如果我们细加分析的话，《家语・郊问》与《礼记・郊特牲》的"互见"，亦可归入此类。① 《家语・郊问》为定公与孔子关于郊祭问答有序、情节清晰的完整一篇，而《礼记・郊特牲》不但无任何"背景"，而且也没有一问一答这样的情节，但其中内容又往往都是孔子的话(虽无"孔子曰")，这恐怕也不是偶然的。而且，《家语・郊问》之内容还有部分零散见于《礼记・礼器》、《礼记・祭义》篇者，此二篇仍然既无"背景"也无"情节"，但"互见"内容每每又是《家语》孔子的话，尤其是《礼器》中"诵《诗》三百，不足以一献"云云者，又是明属"孔子曰"，其为"节取"同样也是明显的。尤其是，《家语》为结构严整之一篇，《礼记》散为多篇，再联系上文我们多次提到的《礼器》、《祭义》等篇的杂凑性质，这对我们理解《礼记》某些篇材料的"次生"性，尤其

---

① 篇幅所限，我们拟另文详细讨论。

是散乱和无序都是极好的例证。

最后要提到的是,《王制》一篇在传统的儒家经学中处于崇高之地位(这一点与上举《中庸》篇情形类似),承载了儒家学者王道治世之理想,尤其是经晚清俞樾、廖平、皮锡瑞等人的解读和推阐,该篇成为所谓孔子"改制"之不二大法,影响至深且巨。① 但如上所述,《王制》此节的这样一种材料现状,恐怕是传统儒家学者们始料未及的。② 这再次提醒我们,对思想解读及研究而言,最基础的、对文本的前提性分析是何等地重要。

十

以上的举例及论证已充分说明:就这些《家语》与《礼记》"互见"的篇章看,总体上确实存在这样的规律,那就是《家语》有"背景"的内容,往往是故事"本事",为更原始的面貌;而《礼记》则每每只是"节取",只注意对孔子的话,特别是"孔子曰"后面的内容作针对性保存。就此而言,它们之间的"原生"、"次生"关系是显而易见的。但有人恐怕也会说:《家语》书中同样存在无任何"背景",只保存"孔子曰"的例子,是否同样也是"节取"呢?如果是"节取",那更原始的文本又在哪里呢?特别重要的是,如果这些"孔子曰"也是《家语》的"节取",那在总体上前述《礼记》那些"节取"可能就会因为有《家语》这些类似的例子而不具有个性和特别的意义,因此"《礼记》多'节取'"这样的结论可能就有点言过其实了。所以,作为"互见"研究中针对"背景"与"节取"的讨论,对《家语》中"孔子曰"的分析同样是这个论题下必不可少的内容。我们下面就对此作进一步的讨论。

据笔者统计,今本《家语》中无"背景"而只存"孔子曰"的情况共有23例。它们分别是《致思》篇2例:"孔子曰:'季孙之赐我粟千钟……'"、"孔

---

① 参王锷《〈礼记〉成书考》,第180—181页。

② 不过,《王制》整篇虽未见"孔子曰"这样的话,但以上举此节而论,其在类似《家语·刑政》篇这样的原始面貌中,却基本都是孔子的话。就此而言,廖平等人将其"知识产权"归诸孔子还是不错的。但孔子是否据此要苦心孤诣地"改制",则恐怕还需讨论。

子曰：‘王者有似乎春秋……’”；《三恕》篇3例：“孔子曰：‘君子有三恕……’”、“孔子曰：‘君子有三思……’”、“孔子曰：‘吾有所耻……’”；《好生》篇3例：“孔子曰：‘吾于《甘棠》……’”、“孔子曰：‘君子有三患……’”、“孔子曰：‘小辩害义……’”；《辨政》篇2例：“孔子曰：‘忠臣之谏君……’”、“子曰：‘道不可不贵也……’”；《六本》篇8例：“孔子曰：‘行己有六本焉……’”、“孔子曰：‘良药苦于口而利于病……’”、“孔子曰：‘无体之礼，敬也……’”、“孔子曰：‘回有君子之道四焉……’”、“孔子曰：‘以富贵而下人，……’”、“孔子曰：‘中人之情，……’”、“孔子曰：‘巧而好度必攻，……’”、“孔子曰：‘舟非水不行，……’”；《子路初见》篇1例：“孔子曰：‘君子以其所不能畏人，……’”；《困誓》篇1例：“孔子曰：‘不观高崖……’”；《本命解》篇1例：“孔子曰：‘礼之所以象五行也，……’”；《观乡射》篇1例：“孔子曰：‘吾观于乡，……’”；《问玉》篇1例：“孔子曰：‘入其国，其教可知也。……’”。这23例中，我们发现有多达19例“互见”到了其他文献中，也是毫无“背景”的“孔子曰”；有2例“互见”到其他文献中不但无“背景”，连“孔子曰”都没有，但依理推之，又应该是孔子的话，①它们当属于我们上文提到的“节取”得连“孔子曰”都没有加的情形；有1例属《家语》独

① 第1例《家语·好生》篇“孔子曰君子有三患”章互见于《礼记·杂记下》及《说苑·谈丛》，后两者中均无“孔子曰”，但《杂记下》该章前后多有记“孔子曰”之言（如孔子曰“管仲镂簋而朱纮……”、孔子曰“凶年则乘驽马，祀以下牲……”云云），故此处虽未题“孔子曰”，但仍然极可能也是孔子的话。《礼记》这种明系孔子语，却未属“孔子曰”的例子是很常见的，如《檀弓上》“食于有丧之侧，未尝饱也”，见于《论语·述而》却没题“孔子曰”，是为佳证。第2例《家语·本命解》“孔子曰礼之所以象五行也”章，互见于《大戴礼·本命》、《礼记·丧服四制》，后两者中亦无“孔子曰”，但其中有些话也明显是出自孔子。如所谓“三日而食，三月而沐，期而练，毁不灭性，不以死伤生”云云，和《孝经·丧亲》章的“三日而食，教民无以死伤生。毁不灭性，此圣人之政也”基本一致，而《孝经》此处即明题“子曰”。再如其中的“天无二日，国无二君，家无二尊”云云，和《礼记·坊记》的“天无二日，土无二王，家无二主，尊无二上”也基本一致，而《坊记》即明说“子云”。而且，《孟子·万章上》也说：“孔子曰：‘天无二日，民无二王。’”再者，《礼记·曾子问》：“曾子问曰：‘丧有二孤，庙有二主，礼与？’”孔子回答说：“天无二日，土无二王，尝禘郊社，尊无二上……”这都充分说明它们确实也是孔子的话。准此，虽然《大戴礼·本命》、《礼记·丧服四制》未题“孔子曰”，但看来《家语·本命解》此处说它们都是孔子的话，恐怕也是有根据的。

见,未找到“互见”的文献(《子路初见》之“孔子曰:‘君子以其所不能畏人,……’”);而只有1例,《家语》“互见”到其他文献中,变成了有“背景”的文字,那就是《辨政》篇的“子曰:‘道不可不贵也,……’”,又见于《说苑·权谋》。此章讲中行文子“倍(背)道失义”“亡其国”,然后“礼贤”“以活其身”。《家语》所载,是纯粹的孔子评论,但《说苑·权谋》所见,前面则有“中行文子出亡至边”及对待“啬夫”态度的前后不同。① 孙志祖说《家语》误合《说苑·权谋》两章(21、22),②无非是有鉴于《家语》“子曰”中还有“圣人转祸为福”一句,而这句属《说苑·权谋》前一章“齐桓公将伐山戎、孤竹”章的内容。但该章的背景“齐桓公伐山戎、孤竹”事与中行文子事毫不相涉,所以说《家语》误合《说苑》两章无疑是太简单了。值得一提的是,安徽阜阳双古堆汉墓所出说类残简第13节“中行文子出行至边”亦属此事,且同样是有“背景”的,③与《说苑》显为一系,看来《家语》此章确实是漏失了相关“背景”。考虑到《家语》此章中孔子的评论还杂有《说苑·权谋》“齐桓公将伐山戎、孤竹”章的文句,《家语》此章应该已远非原始面貌。④

就上面的统计看,《家语》虽同样存在23例无“背景”的“孔子曰”,但“互见”到其他文献中,则有多达21例也是无任何“背景”的,可以说占了绝大多数。换句话说,就现存“互见”到的文献看,《家语》这样的无“背景”,可能原来就是无“背景”的,《家语》并不存在明显“节取”的现象,这一点与我们上面提到的《礼记》的情况可以说是有着显著不同的。不可否认,虽然上述《家语》中的这些“孔子曰”及“互见”文献是无“背景”的,但孔子的话毕竟是在特定语言环境中说的,因此实景状态下,“背景”肯定是有的,只不过最初记录的时候,没有记载下来,而仅仅只是记了孔子的话,就好像《论语》中的很多“子曰”那样。这种最初记录状态下的无“背景”,与上举《礼记》某些

---

① 王肃注即援引《说苑》有背景的内容来作解。

② 参孙志祖《家语疏证》,第209页;向宗鲁《说苑校正》,第324—325页。

③ 参见胡平生《阜阳双古堆汉简与〈孔子家语〉》,《国学研究》第七卷,北京大学出版社2000年。

④ 参邬可晶《〈孔子家语〉成书时代和性质问题的再研究》,第66—67页。

章节把本来明明有“背景”的内容略去,而单取“孔子曰”的情况是明显不同的。不过,这也提示我们:《礼记》这种只专注于“孔子曰”的“节取”或整理方式,很可能是对《论语》“子曰”形式的一种“模拟”。毕竟单就形式上讲,《礼记》“节取”之“孔子曰”与《论语》之“子曰”非常接近,尤其是《论语》作为儒家著作中孔子言论的结集,其权威性更非他书可比,这两方面无疑构成了《礼记》编者对其“模拟”的现实依据。

《礼记》中“孔子曰”多系节取的事实,又使我们联想到《左传》一书非常多见的“仲尼闻之曰”,这并非无谓的联系,因为《左传》中很多的“仲尼闻之曰”也同时“互见”于《家语》。《礼记》、《家语》由于材料来源接近,因此要说《家语》较《礼记》为更原始,学者似乎还能勉强接受,但如果说《家语》材料(不是后来意义上的“书”)也是《左传》的史料来源之一,恐怕很多学者难以接受,因为这颠覆了我们对两书时序关系的一般理解。但有鉴于上文对《礼记》中“孔子曰”的讨论,我们认为《左传》中“仲尼闻之曰”之类评论的原始性也是有待讨论的,至少关于这个问题的讨论不应该成为禁区,孔子当初针对特定历史事件真的就仅仅说了如《左传》中的那么多话,还是《左传》中的“孔子曰”也是从更为完整的文本中节取出来的?《家语》所见,让我们觉得有必要认真考虑第二种可能性,关于这一点后文还有进一步讨论,就不在这里展开了。

结　　语

上文举证和分析了《家语》与《礼记》之间较典型的“互见”。所谓“较典型”,是指它们大多符合《礼记》中孔子的话常常是本无故事“背景”的单纯语录,而一旦“互见”到《家语》中则成了有“背景”,甚至有故事情节的首尾完整的篇章。清代辨伪学者范家相、孙志祖等对此种情况,往往视为《家语》据《礼记》添加“背景”而造作,①因此指《礼记》是“原生”的,《家语》是“次生”

① 范家相个别地方还稍谨慎,孙志祖则尤为激进,凡涉及《家语》与《礼记》互见的地方,基本上都认为是《家语》袭《礼记》而来。

的。但就本文的例证和分析看,其实恰恰相反:《家语》有“背景”、有情节的面貌反而是“原生”的,是“本事”,而《礼记》则每每是“节取”的样子,并非本貌。[①] 就此而言,范、孙二氏这样一种辨伪逻辑其实无异于已宣告破产。这也说明,近来学者根据范、孙二氏的这种逻辑推演的所谓《家语》往往据《礼记》等书“穿靴戴帽”式地增加“背景”或“结尾”来“造作”的推测同样也是站不住脚的。另外,与“背景”问题有关的是,《礼记》往往是分散异处、零散的章,而一旦“互见”到《家语》中,不但有“背景”,而且也多是整合为一、组织有序的章。我们既已证明《家语》有“背景”的反是本貌,其实也等于说《家语》这样整合为一体、组织有序的章才是本貌。因此,辨伪学者所构拟的从《礼记》之“零散”到《家语》之“整合”这样的“造作”逻辑同样也是不实的。这样的结论,应该说对我们思考《家语》与《礼记》之间的“互见”关系从总体上提供了可资参考的规范。比如,我们上文所举《家语》与《礼记》“互见”之例证多涉及“背景”问题,但实际上两书之间的“互见”还有一些并不涉及“背景”问题,却同样涉及章句分合的情况。传统辨伪学者同样以《礼记》的章次离散为真,而以《家语》的章次整合为假,现在看来,这个结论恐怕也是大有问题的。

上文我们还对《礼记》之“节取”的形式有了初步的分类和讨论:或为从原始材料中直接把“孔子曰”“节取”出来,或者是对孔子的话进行了概述或转述。这些“节取”的形式或是缘于简策散乱情况下的急功近利,或是为集结、归并相同礼制细则的需要而对原始材料中的孔子话进行了“节取”或概述。[②] 前一种因为是因陋就简,故而未见,因此也不保存类似《家语》那样的原始材料是非常正常的。但后一种情况,在“节取”或“概述”明显是见过类似《家语》这样的原始材料的情况下,仍然舍弃原始材料,只保存这些“二手

---

① 《礼记》对原始材料中的“孔子曰”,确实存在为数不少的“节取”,但这不等于说凡是孔子的话,都进行了节取,受制于材料性质、表述特点等因素,这种逆推理并不具有必然性。

② 《礼记·檀弓下》“丧礼,哀戚之至也……”一节,属拼合多宗孔子话而成,此是归并的绝好例子,类似研读《礼记》的总结。此类归并中或有直接节略成“孔子曰”者,当然也存在概述、转述甚至引用的类型。

货”,的确是非常令人诧异的。当然,就上文的分析看,这后一种情况的“节取”——“舍弃原始材料”的过程无论如何也不会是同时所为,而应该是有一定的时间差的：时过境迁之后,后来的编者可能已不知道原始材料的所在,而只关注这些二手的东西。我们认为,西汉经学学派内部的师徒授受可能是导致上述“节取”——“舍弃原始材料”过程的重要原因。经师为突出重点、简洁明快的需要,自然会对纷繁芜杂材料中那些孔子的言论有特别的“需求”。笔者认为这种对孔子言论的特别关注,与语录体的《论语》(多为“子曰”,且无“背景”)非常相似,因此不能排除《礼记》这样节取“孔子曰”是对《论语》模拟的可能。另外,为便于弟子掌握,连类而及,举一反三,因此也有对同类礼制细则归并、集结的需要。今之《礼记》,尽管也有类似《投壶》、《奔丧》这样记载了古礼仪节的篇目,但同样存在大量的明显属后人总结、归类的礼制之篇章,这其中就不排除我们这里提到的出于经学传授的需要。在最初做“节取”或归并的经师那里,由于原材料具在,因此对这些材料的出处当然是清楚的。问题是在经学一代又一代的传授中,弟子由于多是从经师那里接受这些经过整理、便于诵记掌握的二手的东西,因此与原材料接触的机会可能就越来越少,关系也愈加疏离。在原材料不真正进入传授过程,特别是由于经师的故去而人亡书失的情况下,后来的弟子们可能就完全不知道这些二手材料的来源,转而就把它们当作本来原始的东西了。

虽然就上文所举的例证看,《礼记》之“孔子曰”多系“节取”,而《家语》之有“背景”反而是原貌,即在这些章的总体面貌上,《家语》无疑较《礼记》更为原初,但《家语》也并非因此“一好百好”,《礼记》同样也并非“一无是处”。在具体的词句上,我们也经常发现两书之间实互有优劣。我们上文已经指出：这表明文本之间词句的优劣与文本总体上的“原生”、“次生”性质之间并不能相互决定,“原生”的文本并不能保证在流传中就没有文句的讹脱和衍误,“次生”之文本虽然系“节取”,但由于“节取”自较早材料,且与“原生”之文本属于不同的流传统系,处于不同的流传环境,故而“原生”文本在流传中所产生的讹误,“次生”文本也就不一定有。质言之,多线而非单线相袭的流传统系，是导致“原生”与“次生”文本之间在文句优劣这种微观问题上出现参差的主要原因。文本之间宏观优长与微观优长互不决定的这样一种特征，表明传统上那种仅仅“抽样”式地从某一文本中找出若干优点就率尔断言其为原初，甚至进而得出年代学上更早的结论，无疑是非常危险的。实际上，范、孙二氏对《家语》的辨伪之所以有很大的局限性，原因就在于他们于《家语》、《礼记》之间的文本比较，正是循着这样的思路进行的，只不过是从反方向着眼罢了：《家语》文本上哪怕是非常细小的一点劣势，马上就“上纲上线”到“其书晚出”，甚至就是王肃“作伪”，这无疑是把问题过于简单化了。①

当然，在上文的论证中，为了说明《家语》的价值及优长之处，笔者也多次举证了《家语》文本在文词上明显优于《礼记》的地方，但本文所提出的《家语》之有“背景”系本貌，而《礼记》为“节取”这样一个基本结论却并非直接据这些微观问题而来。笔者的这些举证只是想说明《家语》与《礼记》虽然有共同来源，但并非一系，《家语》尤其不是机械地袭《礼记》而来。而一旦我们颠覆了辨伪学者所构拟的《家语》与《礼记》之间这种单线相袭的作伪逻辑，无疑就证明了《家语》是自有源流的，而《家语》为“本貌”、《礼记》系“节取”的结论也只是从这个逻辑起点上推演的结果。

由于本文的核心问题是《家语》与《礼记》的“互见”关系，在上文的论证中，由讨论《家语》、《礼记》两书的“互见”，也连带涉及了古书“互见”关系研究所应遵守的方法和规范。传统辨伪学者如范家相、孙志祖等人的《家语》研究，以今天的眼光来看，其实也可算是“互见”研究的早期尝试。只不过，范、孙二氏成见先行，方法也过于单一，故在最后的判断上往往视《家语》为对《礼记》的机械相袭。先秦两汉古书之间的“互见”或重出现象，虽然前人

① 当然，《家语》优长的地方，也不往《家语》出身上联系，而总是在“有罪推定”的前提下解释：仍是作伪，只不过“改”得好而已。

早已注意到,①但对此现象的深入研究特别是将其与古书体例与古书形成研究相联系,则是晚近以来随出土文献的大量发现所催生的新趋势。就上文的讨论看,在目前古书“互见”关系研究向纵深推进的条件下,明确“互见”关系研究中的相关规范,可以说是非常迫切的事情。就本文的讨论看,首先应该明确,“两书”之间的“互见”其实是有不同形式的:有的“互见”从语言表述到内容主旨再到文本结构都是高度相似,有的“互见”仅仅是两者之间有零星的雷同文词或表述,有的“互见”则是两者所述的故事母题雷同,但表述上有明显差异。这些不同类型的“互见”,对于反映两书之间的关联度,其说明力是大不一样的。在上文中,我们把语言表述、内容主旨、文本结构等方面都高度相似的类型称为“文本型”“互见”,我们认为这一类“互见”才真正反映了不同文本间比较确定的密切关联:它们或者彼此相袭,或者有共同的来源。相反,如前文所述,仅有零星词句或故事母体雷同的“公言”式“互见”,要据以论证两个文本之间的关系则非常困难,作为论证取资的格言、习惯用语或轶闻掌故,此类“公言”可以为任何人在任何场合所使用,因此理论上它们可以出现在任何文本中。也就是说,真正“互见”的,是这些“公言”内容,但并不一定涉及它们所出的文本环境。换言之,尽管“公言”本身是确定的,但它们所处的文本环境却是很难确定的。这一点与前面的“文本”型“互见”有明显的不同。这提醒我们,在做古书“互见”研究时,这种“互见”性质的区分是非常重要的前提。

再回到《家语》辨伪学中范家相、孙志祖的工作。我们前面之所以说他们对《家语》的研究是“互见”的“早期尝试”,相对比较粗疏,一个很重要的表现就是他们往往没有对“互见”的性质作适当的区分。他们经常是一股脑地列出一长串与《家语》之文有或多或少联系的文本,然后就说《家语》“此

① 参郎瑛《七修类稿》卷二三“秦汉书多同”条(上海书店2001年)及前揭章学诚《文史通义》的“言公”三篇。另外,近代以来学者亦从目录学角度,对早期古书的这种“互见”、重出特点多有揭示。参赵争《由辨伪到知古:近代以来的古书体例研究与古书成书问题的新认识》(上海大学2012年博士学位论文)第二章对孙德谦、刘咸炘、余嘉锡等学者古书体例研究的介绍。

袭……”。我们需要问的是，这么多文本，《家语》都“袭”了，还是仅仅与其中个别的关系密切？传统辨伪学者尤其是孙志祖对此往往没有回答，实际上这样的研究是没有多少说服力的。当然，在晚近以来的“互见”研究中，这种“互见”性质的区分也没有得到充分的重视。由于连“公言”都算作“文本型”“互见”，就会导致把性质上明显有主次之分的“互见”类型不恰当地等量齐观，这样无形中就把“互见”的文本案例看得太多。相应地，“互见”现象也被理解得过于复杂，导致很多时候本来可以比较容易地看出两个“互见”文本之间的直接对应关系，但却因为这些“公言”、非“文本型”“互见”的干扰，反而弄得眉目不清了。因此学者往往下一个貌似谨慎的结论：它们有多头的来源，彼此之间非线性对应。这看似严谨，其实是目迷五色，把本来简单的事情弄复杂了。从《家语》与《礼记》的“互见”及汉代的学术史看，《礼记》之“节取”绝不是“节取”自别的什么文献，而就是从类似《家语》这样的文本中“节取”出来的。由于都是脱胎于广义的“语”类材料（包括形形色色的古文“记”）这样一个共同源头，《家语》与《礼记》之间可以说有着非常密切的关联。尽管它们后来在不同的流传环境中各自流传，但并没有太多的流传线索和中间环节，不能把事情的真相估计得过于复杂。

最后，细心的读者可能已注意到，就我们上文罗列的《家语》与《礼记》“互见”的例证而言，尽管散见多篇，有相当的覆盖面，但是相对来说，还是体现出明显“集中”的特征。以《家语》而论，出现频率最高的无疑是最后三篇题名“曲礼”的篇：《曲礼子贡问》、《曲礼子夏问》、《曲礼公西赤问》；以《礼记》而论，则以《檀弓》上下篇及《杂记下》为最多。两书之间这种典型“互见”相对“集中”于这些篇，引起我们很大的兴趣。这种现象使我们联想到与之有关的两个重要问题：

其一，今本《家语》后所附托名孔安国的后序中说，孔安国在整理《家语》之前，“家语材料”曾一度“与曲礼众篇乱简合而藏之秘府”。另一篇序又载安国孙孔衍的奏文称：“……又戴圣近世小儒，以《曲礼》不足，而乃取《孔子家语》杂乱者及子思、孟轲、孙卿之书以裨益之，总名曰《礼记》，今见其已在《礼记》者，则便除《家语》之本篇，是灭其源而存其末。”这两处文字都明确提到《家语》与《礼记》尤其是其中的“曲礼”关系密切。这两篇序历来也多有人怀疑,因此这样两处关于《家语》与《礼记》相关的议论也经常被视为王肃为自己“造伪”张目的“针对性”表述。① 但现在既然我们已经充分证明所谓《家语》“抄袭”《礼记》或据《礼记》“拼合”之说明显错误,那么这里两处关于《家语》与《礼记》关联性议论的价值就应该引起我们高度重视。② 第一处“与曲礼众篇乱简合而藏之秘府”的议论,其实主要告诉我们《家语》与《礼记》的“同源”问题,而且这一点也一再得到出土文献的证

---

① 参见范家相《家语证伪》,第186页。近年学者关于《家语》后序的看法,仍然严重对立。肯定者如张固也、赵灿良先生,基本认为后序是可靠的,尤其是认为后序中透露出《家语》编次的重要信息(参张固也、赵灿良《从〈孔子家语·后序〉看其成书过程》,《鲁东大学学报》2009年第5期)。否定者如邬可晶博士(参邬氏《〈孔子家语〉成书时代和性质问题的再研究》第三章的相关讨论),认为后序中存在不少的矛盾和疑点。有意思的是,他们两方都注意到了《家语》后序与今本《家语》篇次编排的密切关联,但张、赵据此指后序及《家语》可信,但邬氏恰恰认为后序这么写可能就是要为《家语》一书张目。因此这无异于又陷入《家语》研究的常见困境:同样的材料,“证伪”和“证真”两方各自有说(范家相、孙志祖与陈士珂方法基本相同,但却“同途殊归”,就是绝好的例子)。这再次表明《家语》成书问题的研究必须要开辟新的路径,狃于故辙是没有出路的。

② 今本《家语》王肃前序及其后所附两篇序文尽管在个别细节上与我们现有的认识存在矛盾,但是否因此就能认定它们全系妄说,并进而判定《家语》是伪书,其实是很成问题的。传统上对《家语》的辨伪,总体上是围绕两方面来进行:一为攻《家语》本文,一为攻《家语》序文(前序及后两篇序文)。攻《家语》本文的辨伪,实多可此可彼的两可之说,事实上如前所述,范、孙二氏对此也并没有多少坚实的论证。而对于《家语》序文尤其是两篇后序,倒很容易能轻松指出一些细节上的所谓问题,由于后序切关《家语》的“出身”问题,故辨伪学者有时是不自觉地在上述两方面进行倾斜:往往重攻后序之伪而轻对《家语》本文的“辨伪”,以为只要在后序中找到破绽,自然《家语》之为“伪书”就可以定案了。这种颠倒《家语》本文与后序在整个《家语》辨伪地位中主次的做法是有失偏颇的。应该看到,关于《家语》的材料来源及成书过程,几篇序文中所透露的信息,分别来自孔安国、孔衍、王肃,这其中除了孔安国序属“当事人”自述外,孔衍、王肃等人所说可以说都源于事后追忆或辗转相述。因此,从传播学信息流失及变异的角度上说,他们所述的某些细节与真相存在距离,是完全可以理解的,这在今天的口述史学看来也是再正常不过的。即“当事人”孔安国所讲,以我们现有的汉代经学史知识框架看,可能也不无龃龉。笔者以为,对于这些情况应该抱以“解释性”态度,尤其应该以《家语》本文的考辨为重,结合本文考辨的结果,对几篇序文中出现的所谓“矛盾”及溢出“常理”之处以“解释性”的眼光来看待。不能动辄由几篇序文中的所谓“矛盾”、“破绽”就轻率地断言《家语》“出身”上有问题。

明。笔者更是通过对《礼记·仲尼燕居》一条衍文的论证,进一步坐实了《家语》与《礼记》二书当初肯定是曾经“共处”或“杂居”过的。① 第二处议论的要点则是关于《礼记》之形成过程,以及随后的《家语》与《礼记》彼此分途的问题。“乃取《孔子家语》杂乱者”看来并非虚言,联系到我们上文已经一再证明的《礼记》之“节取”每每是鉴于简策错乱的无奈之举,此说应为可信。孔衍所说戴圣临时性地“取《孔子家语》杂乱者及子思、孟轲、孙卿之书”来充实“曲礼”,颇有急就章的意味。联系到我们上文一再证明的《礼记》急功近利的“节取”,此说看来也不为无据。尤其是,孔衍对戴氏如此操作所导致的《家语》与《礼记》间“源”与“末”的性质分别及评价,也与我们上文证明的它们之间“原生”与“次生”、“本貌”与“节取”之异基本一致。这再次说明孔衍之说当有实据。不过,孔衍对戴圣取《家语》以补《礼记》的做法颇有微词,但既然它们当初本有着共同的材料来源,或者本来就是同样一宗材料,那么戴圣的做法其实也是非常自然的。真正值得关注的,是戴圣对《家语》材料究竟是如何“取”的。如果本文所证实的《家语》与《礼记》间“本貌”与“节取”之异确实部分是因戴氏的工作所致,那么尽管它们当初同出一源,但因为这种不完整的“节取”,进入今本《礼记》中的这些材料无疑就与它们当初的材料来源有了“原生”、“次生”这样“代”的级差。

其二,《家语》“曲礼”诸篇与《礼记》的《檀弓》、《杂记下》等篇存在密切关联的事实,又向我们提出这样一个问题,那就是为何《家语》最后所谓“子贡问”、“子夏问”、“公西赤”这样三篇也可冠以“曲礼”之称?从形式及内容上看,最后三篇的各章都是依托一个个小故事来述“礼”的,这一点确实使它们与《家语》中其他的一些篇目区别开来。比如像《致思》、《三恕》、《好生》、《贤君》、《辨政》、《六本》、《辨物》、《颜回》、《子路初见》、《困誓》等篇,其中章的形式同样也是以一个个小故事为依托的,但它们在内容的主旨上比较

① 参本书“诸书‘互见’编”中《由〈孔子家语·论礼〉说〈礼记·仲尼燕居〉的一处衍文》一文。

驳杂，不像最后三篇这样多以述“礼”为中心。① 但“礼”则“礼”矣，为何偏偏称“曲礼”？“曲礼”之本义到底为何呢？进一步的疑问是，孔衍说戴圣从《家语》材料中抽出部分内容以补“曲礼”的不足，今本《礼记》也确有《曲礼》篇（上下），但我们发现今之《家语》后三篇与《礼记》互见较多的却是《檀弓》、《杂记下》等篇，然则，它们亦可称“曲礼”乎？《家语》后三篇称“曲礼”，以及“互见”到《礼记》中则为《檀弓》、《杂记下》的事实说明，古人对“曲礼”的理解是比较宽泛的，并不仅仅局限于《曲礼》篇中的那些仪则。这一点，也与“曲礼”之本义相合。《礼记·礼器》云“礼有大有小，有显有微……经礼三百，曲礼三千”，所谓“大、小、显、微”，循此，则与“经”相对的“曲”明有“小”、“微”义。②《礼器》郑注又云：“曲犹事也。”合而观之，则所谓“曲礼”，隐指依琐碎、零散之事以明“礼”之意，故学者说“经礼者，因仪以知数者也；曲礼者，

---

① 孔安国的后序说《家语》材料曾经“与曲礼众篇乱简合而藏之秘府”，此处之“曲礼”，当即包括今本后三篇之类内容。孔序此论，说明《家语》材料虽然当初与“礼”类材料混为一宗，但它们的区分也是很明显的：在今本《家语》的篇目结构上，“曲礼”三篇被放到一起，且置于最后，俨然独立的单元，恐怕不是偶然的。前揭张固也、赵灿良文注意到孔安国序与《家语》编次存在密切关联，尤其是认为最后三篇多言“礼”，与孔序中所说《家语》材料一度与“曲礼”材料相混颇合（但他们又将最后三篇讲“礼”之文与所谓“七十二弟子辞”当成一回事，则是明显失误。因孔序明言，所谓“七十二弟子辞”是得之吕氏旧藏，这批材料后来为官府所募，在“以付掌书”的情况下，才“与曲礼众篇乱简合而藏之秘府”。“七十二弟子辞”与“曲礼众篇”明显是两码事）。今按，张、赵二氏据孔序指出今本《家语》后三篇自成体系的性质是不错的，但他们的意思，似乎以为当初与《家语》材料错杂的“礼”类文献就是今本这样三篇，这无疑又太过拘执。孔序“曲礼众篇”一语，已说明当初这些“礼”类材料是很不少的，尤其是安国在编次的时候，还舍弃了部分篇次（如《曾子问礼》以及“本不存乎《家语》”、“已自有所传”的“诸弟子书所称孔子之言”），这更说明当初与《家语》材料相混的“礼”书绝不止今本后三篇。张、赵二氏以后序证《家语》之真的心情过于迫切，遂未加细辨，但其实这样往往正容易给“证伪”一方以口实。

② 郑玄谓“经礼”为《周礼》，非是。郑君尊崇《周官》太过，学界已有公论（参皮锡瑞《经学通论》卷三，中华书局 1954 年，第 5—6 页）。另外，《史记·天官书》：“此其荦荦大者，若至委曲小变，不可胜道。”刘知幾《史通·二体》：“《史记》者，纪以包举大端，传以委曲细事。”太史公之“大者”、“小变”之别，刘知幾之“大端”、“细事”之异，对于我们理解“曲”可训“小”、“微”，也是不错的例证。

因事以明义者也"[1],即是此意。准此,则"多是就事论事"[2]之论的《檀弓》等篇被古人归入"曲礼",是毫不奇怪的。学者有鉴于《家语》后三篇与《礼记》的关联,也说"今《家语》虽非旧本,然言必有据,其文又多与《檀弓》、《杂记》相类似,既蒙'曲礼'之名,则亦《曲礼》之遗篇也"[3],也肯定《家语》后三篇在古人看来当属"曲礼"无疑。只不过,后一"《曲礼》"加书名号则未必当,这很容易让人联想到狭义的今本《礼记》之《曲礼》篇,实则此处之"曲礼"含义较为宽泛,从《檀弓》等篇亦可归入来看,其实只要是"因事明礼"之类的内容,理论上应该都属于"曲礼"。前举孔安国序说《家语》材料曾经"与曲礼众篇乱简合而藏之秘府","曲礼众篇"一词,已明白说明古人理解的所谓"曲礼",绝非仅指今之《礼记》的《曲礼》一篇。

---

① 任铭善《礼记目录后案》,《无受室文存》,第 67 页。
② 吕友仁、吕咏梅《礼记全译/孝经全译》,第 67 页。
③ 任铭善《礼记目录后案》,《无受室文存》,第 67 页。

《礼记·丧服四制》篇形成研究

——兼说《孔子家语·本命解》的价值及“互见”的类型学问题*

引 言

古书之间“互见”或曰“重文”的研究晚近以来成为古文献及出土文献研究的热点，①对这一问题的探讨，不唯涉及最基础的文本校勘学，有时还可窥见古书之间的渊源关系甚至古书形成方面的线索。本文的讨论拟从《礼记·丧服四制》、《家语·本命解》、《大戴礼记·本命》三篇文献的比较入手，一方面探讨今本《礼记·丧服四制》一篇的形成过程，另一方面也试图指出《家语》相关记载的独特价值及可信性。

《礼记·丧服四制》一篇，大部分内容又同时“互见”于《孔子家语·本命解》、《大戴礼记·本命》。从篇名上就可看出，上述三篇文献之间的“互见”是不均衡的，就篇内所含章次的内容上看，大戴与《家语》更为接近，而《礼记·丧服四制》一篇才主要关注所谓“丧服四制”问题——但这仅是《大

* 本文曾以《从古书形成过程看诸书“互见”的类型学问题——以〈礼记·丧服四制〉篇形成为例》为题刊于《学术月刊》2015年第1期。但限于刊物刊文要求，刊出时大有删节，甚至包括一些主要的证据。对此有兴趣的读者请以本文为准。

① 李锐《“重文”分析法评析》，《清华大学学报》2008年第1期(后又改题《“对文”分析法评析》，收入氏著《新出简帛的学术探索》，北京师范大学出版社2010年)；刘娇《言公与剿说——从出土简帛古籍看西汉以前古籍中相同或类似内容重复出现现象》，线装书局2013年。

戴礼记·本命》与《家语·本命解》两篇之一部。依各章论述主题的不同,前人曾把《大戴礼记·本命》篇分为若干节,像中华书局版王聘珍的《大戴礼记解诂》就曾将该篇分为10节:1. 性命节;2. 人生而不具者节;3. 以阴阳论两性节;4. 总论礼节;5. "丧服四制"节;6. 论夫德节;7. 论妇德节;8. 女有五不取节;9. 妇有七去节;10. 大罪有五节。实际上,上述10节中有些节由于论题的关联,显然应该归并为一,如1、2、3节其实即是论人性命之本,从人之初生到两性耦合,我们可以依其篇名将其命名为"本命"节,6、7合为论夫妇之德节,8、9合为论女德之亏节,这样的话把上述10节进一步归并为6个部分,即:1. 本命;2. 总论礼;3. 丧服四制;4. 总论夫妇之德;5. 论女德之亏;6. 大罪有五节。与之相比,《家语》虽然多了哀公与孔子对话的背景,但内容与大戴基本接近,如不考虑背景,仅依人物所述内容而论,《家语》该篇的内容亦可分为几个部分,我们一同列出,并将其与大戴此篇对比如下:

《大戴》:本命——总论礼——丧服四制——夫妇之德——女德之亏——大罪有五

《家语》:本命①——夫妇之德——女德之亏——丧服四制(自为一章)

比较可知,大戴与《家语》两篇最主要的差异表现在两个方面:一是《家语》此篇未见"总论礼"及"大罪有五"节;二是各部分的次序不同,最明显的就是"丧服四制"部分大戴靠前,而《家语》此篇则将其置于最后,且自为一章。先来说《家语》未见"总论礼"及"大罪有五"节的问题。《家语》"丧服四制"节开头,有"礼之所以象五行也,其义四时也"这样的话,大戴亦有此语,但上述中华书局版大戴将这句话与总论礼部分合并为独立一节,②并与"丧服四制"节割裂开来,明显不合理,因为经此处理的"丧服四制"节以因果连词"故"字开头,显示其前面显然有被掠走的内容。因此,我们认为两书的

---

① 唯《家语》"本命"节中讲男女嫁娶之道部分,与大戴多异,论题关系,我们拟另文讨论。

② 方向东《大戴礼记汇校集解》(中华书局2008年)一书亦取此安排,参该书第1292页。

"丧服四制"节当如《家语》般所见,以"礼之所以象五行也……"云云开头。至于大戴之前的"礼义者,恩之主也……其文变也",则不见于《家语》,我们认为其本为独立一章,这将在下文有详细讨论。至于"大罪有五"节,虽不见于《家语·本命解》,但却见于其书的《五刑解》篇。有意思的是,《五刑解》篇中"大罪有五"节也是独立一章,①《五刑解》三章虽然都是讲"罪"与"刑",这是它们的共性,但具体关注的内容其实并不一致,但可能正是因为有上述共性,所以"大罪有五"作为独立的一章又被《家语》的编者归并到《五刑解》中,这其实只是说明不同编者重新组"篇"时对章次的归并有不同考虑而已。

至于两篇内章次次序的不同,主要即涉及"丧服四制"节,该部分主旨与所谓"本命"、"夫妇之德"之类均无甚关联,事实上可以独立,而实际上在《家语》该篇中,该部分正是独立成章的,《礼记·丧服四制》甚至单独成篇,足见该部分当初可能确实是独立的。过去,很多学者由于看到《大戴礼记·本命》、《家语·本命解》两篇在"丧服四制"节外,还包含"本命"之类的内容,因此指其驳杂,不如《礼记·丧服四制》篇单纯,并由此说《大戴礼记·本命》、《家语·本命解》都是抄《礼记·丧服四制》的。② 但既然"丧服四制"节在大戴、《家语》中都是独立的,那么所谓"驳杂"的问题其实并不存在。而且,下文将会提到,《大戴礼记·本命》、《家语·本命解》这样的"篇",与《礼记·丧服四制》这样的"篇"性质是很不一样的,实际上是"篇"与"章"的差异,因此把这样不同的文献"单位"放在一个水平线上来比较,也是不适当

① 有的版本如同文书局本将其与他章合并为一,非。

② 如任铭善认为"又《大戴礼记·本命》、《家语·本命解》皆有此文,而前后醇驳不类,盖皆取之此记"(任铭善《礼记目录后案》,《无受室文存》,浙江大学出版社 2005 年,第 127 页)。李学勤以大戴"丧服四制"节开头讲"九礼",此处专讲丧礼,显得不自然,因此主张大戴袭《礼记·丧服四制》(李学勤《郭店楚简〈六德〉的文献学意义》,《郭店楚简国际学术研讨会论文集》,湖北人民出版社 2000 年,第 17 页)。任、李二氏都是以"篇"为单位来讨论问题,显然过大。邬可晶博士赞同李氏《大戴礼记·本命》晚于《礼记·丧服四制》之说,而其理由,其实也是从大"篇"的角度考虑问题,参邬氏《〈孔子家语〉成书时代和性质问题的再研究》,复旦大学 2011 年博士学位论文,第 114 页。另外,王锷也认为大戴、《家语》抄袭《丧服四制》,参其著《〈礼记〉成书考》,中华书局 2007 年,第 157—160 页。

的。不过，由于大戴及《家语》都有“丧服四制”节，与《礼记·丧服四制》直接相关，这倒是可以比较的。我们也希望通过这种比较，一窥今本《礼记·丧服四制》篇形成的曲折过程。

一

上述大戴、《家语》中两个“丧服四制”节与《礼记·丧服四制》篇的“互见”，恐怕最惹人兴味的话题就是：是《礼记·丧服四制》篇从大戴、《家语》这样独立的节发展而来，还是大戴、《家语》将《礼记·丧服四制》篇重新归并到了新“篇”中？如前所述，很多学者持《大戴礼记·本命》、《家语·本命解》袭《礼记·丧服四制》篇，因为《礼记·丧服四制》篇并没有大戴、《家语》两篇中所谓“本命”、“夫妇之德”的内容。这么讲实际上就等于说两篇中的“丧服四制”节是袭《礼记·丧服四制》篇而来的，换言之，从史源学上说，《丧服四制》篇是“原生”的，而两个“丧服四制”节则是“次生”的。但下文将会提到，《礼记·丧服四制》篇相对两个“丧服四制”节增出了很多内容，如谓大戴、《家语》袭《礼记》，那就必须要对它们删去《礼记·丧服四制》篇那么多内容有合理的解释，但实际上此前的学者对此问题多未言及，因此他们的看法可以说仅系一种推测。由于有《家语》加入进来，很自然地又牵扯到与此书有关的辨伪学话题。清代视《家语》为“伪书”的孙志祖、范家相，当然不会认为其书所载是“原生”的。孙志祖只是轻描淡写地说《家语》“丧服四制”节“袭《大戴礼·本命》篇、《礼记·丧服四制》”①，但上面说过，大戴与《礼记》差别也很大，到底“袭”哪一个，孙氏语焉不详。范家相则谓：“此篇移改大戴记，较原文似较明顺。”②范氏是针对《家语·本命解》整篇而言，不限于“丧服四制”节。他的意见颇耐人寻味：一方面认为《家语》“移改大戴”，但

① 孙志祖《家语疏证》，《续修四库全书·子部·儒家类》第931册，上海古籍出版社2002年，第226页。

② 范家相《家语证伪》，第931册，上海古籍出版社2002年，第141—142页。

又认为这个改动的版本“似较明顺”。当然,范氏的意见还表明,他的范围比孙氏更小、更明确,只针对大戴。实际上,大戴此节较之《礼记·丧服四制》确实与《家语·本命解》更近,辨伪学者尽可以说《家语》此节袭大戴而来,但大戴此节又是怎么来的?因此,无视《礼记·丧服四制》篇的存在,从论证的角度看显然是不周延的。事实上,虽然《家语》与大戴更接近,但细加比较,两者其实也不尽相同。大戴与《家语》两篇“互见”的“本命”、“夫妇之德”等节的差异我们姑且不谈,仅就这里讨论的“丧服四制”节来看,还是存在不少不同的。今将三书中“丧服四制”节的重要差异表列如下,以兹比较:①

《大戴礼记·本命》	《礼记·丧服四制》	《孔子家语·本命解》
贵贵尊尊	贵贵尊尊	“**尊尊贵贵**”(丛刊本),“贵尊贵尊”(同文书局本,日本宽永本同)
三日而食	三日而食	“三日而食”(丛刊本、日本宽永本),“**三日而浴**”(同文书局本)
苴衰不补	苴衰不补	“**苴衰不补**”(同文书局本),“齐衰不补”(丛刊本、日本宽永本)
坟墓不**坯**	**坟墓不培**	“坟墓不修”(丛刊本、日本宽永本),“坟不修”(同文书局本)
同于丘陵	无	无
除之日	**祥之日**	除服之日
示民有终	**告民有终**	示民有终
无	**土无二王**	无
恩之杀也	恩之杀也	**哀之杀也**
以一治之	以一治之	**以治之**

由上表来看,三书所见实互有异文,并不尽同。各书都有一些自己的独特之处,如大戴之“同于丘陵”,小戴及《家语》均无,明为衍文。② 小戴之“土

① 此比较只涉及三书共有内容,不计《礼记·丧服四制》多出部分。
② 方向东《大戴礼记汇校集解》,第1297页。

无二王”,大戴及《家语》均无,似亦为衍文。小戴之“祥之日”,大戴作“除之日”,《家语》为“除服之日”,与大戴近。《家语》之“哀之杀”,大、小戴均作“恩之杀”,明显不同。《家语》之“以治之”,大、小戴均作“以一治之”,考虑到上文屡言“无二”,则《家语》显系脱漏“一”字。上述三书间差异,见于大、小戴之间者,我们很容易理解为二戴所传文本差异,但见于《家语》者,由于其过去“伪书”的身份,学者或理解为王肃自作故,或指其于二戴间巧于拣择,其实都是成见先行,先入为主。事实上,《家语》有的所谓“自我作故”,反而是最合理的,其不袭于二戴、自有来历是显而易见的。如大、小戴之“恩之杀”,《家语》作“哀之杀”。郑君于小戴此处无注,“恩之杀”本为丧礼尤其是服丧场合的常用语,主要指亲疏关系的不同,所谓“亲亲之杀”、“亲疏之杀”是也。正义也正是从这个角度解说的:“是恩渐减杀也。”但问题是“始死,三日不怠,三月不懈,期悲哀,三年忧”说的明显是至亲之丧,并没有亲疏远近的不同。而且,如果说随着时间的推移与父母的血缘就疏远了,这更不合理。古今注家于此虽然未对二戴之“恩”字表示异议,但在注解翻译时却无一例外地将“恩之杀”解释为悲哀之情的衰减,这才是最合理的。如王夫之释为“哀以渐而平也”①,王梦鸥说“此言人之感情因时间而冲淡”②,王文锦解为“哀情逐渐减弱”③,杨天宇说“悲哀的感情逐渐减轻了”④,吕友仁等说得更明确:“随着时间的流逝,丧亲的哀痛也跟着递减。”⑤由此来看,此处真正“杀”,即衰减的,并不是“恩”,而是“哀”,而《家语》正作“哀”,不正凸显了其价值吗?

由上可见,虽然大戴与《家语》之“丧服四制”节总体上更接近,但并不尽同,这显示《家语》也是有独立来源的,并非于二戴间巧于抉择,其“别本”的

① 王夫之《礼记章句》,岳麓书社 2011 年,第 1561 页。
② 王梦鸥《礼记今注今译》,新世界出版社 2011 年,第 560 页。
③ 王文锦《礼记译解》,中华书局 2001 年,第 953 页。
④ 杨天宇《礼记译注》,上海古籍出版社 2004 年,第 857 页。
⑤ 吕友仁、吕咏梅《礼记全译/孝经全译》,贵州人民出版社 2009 年,第 902 页。

价值是应该得到确认的。[①] 这样一来,我们就会发现,关于“丧服四制”节,《大戴礼记·本命》、《家语·本命解》、《礼记·丧服四制》等于为我们提供了三种不同的传本。这对于我们搞清楚今本《礼记·丧服四制》的形成无疑是非常有帮助的。

另外,《礼记·丧服四制》一篇,历来出身成疑。郑玄《目录》云:“名曰《丧服四制》者,以其记丧服之制,取于仁、义、礼、知也。此于《别录》旧说属《丧服》。”增一“旧说”,颇启人疑窦。因为依郑氏《目录》语例,“此于《别录》属……”,都明确指《礼记》某篇在《别录》中的归属,并不含糊。而于《丧服四制》却用了一个追溯源流的“旧说”,颇让人生疑。正义于此处云:“郑云‘旧说’,案《别录》无‘丧服四制’之文,唯旧说称此丧服之篇属丧服。”孔颖达是见过《别录》的,他明确指出《别录》无《丧服四制》,应该是没有问题的,“《别录》中没有叫‘丧服四制’的篇目无可怀疑”[②]。学者进而指出,“既然‘旧说’说《丧服四制》属于《别录》中的丧服,那么《别录》中应当有相应的文章,文章篇名不同而内容相同”,“由此看来《记》131 篇中应当有类似于《丧服四制》的文章,只是名称不同。这样,‘旧说’肯定类似于《丧服四制》的有关文章就在《别录》‘丧服’类”。[③] “旧说”属“丧服”,而在《别录》中又无其篇名,说明其作为独立一篇分出是相对较晚的事,其分出的时间,当在刘氏撰《别录》到郑玄之间,以前则是与其他篇章“归并”在一起。从《大戴礼记·本命》、《家语·本命解》两篇来看,“丧服四制”节虽然本为独立一章,但向有与他章归并组篇的传统。不过,就郑氏《目录》所说“旧说属‘丧服’”来看,

---

① 邬可晶博士亦注意到《家语》之文与大戴不尽一致,因此“还不能断定《家语》此篇即袭用《大戴礼记》之文(虽然这种可能性比较大)”,推测《家语》“也有可能是袭自《大戴礼记》所从出的材料”,所谓“所从出之材料”那就意味着《家语》之材料来源是比较早的,邬说见前揭邬文第 114 页。另外,《家语》后序还提到孔安国之孙,约略与戴圣并时的孔衍说小戴曾从《家语》中取材以编《礼记》,并主张《家语》应该“记录别见”,这应该也是《家语》之有“别本”价值的一个旁证。小戴取《家语》以编《礼记》,孰“源”孰“流”,可谓一目了然,但学者过去总习惯说这是王肃为自造之书自张其目,值得深刻反思。

② 丁进《今本大、小戴〈礼记〉编者误说清理》,《古籍整理研究学刊》2007 年第 2 期。

③ 同上。

《别录》时代，或者说刘氏父子所见之小戴系统，“丧服四制”一节可能已不像大戴、《家语》般与“本命”、“夫妇之德”之类的内容归在一起，而很可能是被以类相从地归入“丧服”类相关篇中。对“丧服四制”节来讲，这应该是革命性的变化，这一步对于今本《礼记·丧服四制》篇的形成是非常关键的：传统的章次组合，还顶着“本命”这样不能代表此节主旨的篇题帽子，而此节分出从属“丧服”诸篇，应该说是此节主体性“觉醒”的开始，因为此节主旨毕竟与“丧服”关系更密切，而这样的重新归并，至少对《丧服四制》这样的篇名确定是有决定意义的。这里还存在这样一个问题，那就是《别录》时《礼记》篇目已经是四十九篇，而《乐记》疏又提到《乐记》居第十九，与今本一致，学者于此大都认为《别录》时代《礼记》之篇目次序已与今本无二。如果说《丧服四制》在小戴系统中有一个从未分到独立自成一篇的过程，那最终篇目就应该是五十，而今本仍是四十九，此又何也？我们认为，如果说《别录》时此节还是附属于其他讲“丧服”的篇，并未独立，但后来独立成篇后，从篇数上说无疑就增加一篇，但《礼记》篇目却仍是四十九，那只有一种可能，即曾经的“丧服”类篇目看来又进行了一次微调或合并。关于这一微调的玄机，下文结合对《丧服四制》与《礼记》相关篇章的分析，还会有进一步讨论，此不赘。

二

本节我们就具体来看《大戴礼记·本命》、《家语·本命解》之“丧服四制”节与《礼记·丧服四制》的关系问题。为论述方便计，我们将三书之文俱列如下，且为了使读者能更清晰地看出三书中“丧服四制”节本文的关联，我们将它们“互见”的内容一律标以黑体字，并依文义不同，对所谓“四制”各标以英文字母顺序。

《大戴礼记·本命》：“礼义者，恩之主也。冠、昏、朝、聘、丧、祭、宾主、乡饮酒、军旅，此之谓九礼也。礼经三百，威仪三千，机其文之变也。其文变也。

礼之象五行也，其义四时也，故以四举，【A 有恩有义，有节有权。恩厚者，其服重，故为父斩衰三年，以恩制者】。【B 门内之治恩掩义，门外之治义断恩。资于事父以事君，而敬同，贵贵尊尊，义之大者也，故为君亦服斩衰三年，以义制者也】。【C 三日而食，三月而沐，期而练，毁不灭性，不以死伤生。丧不过三年，苴衰不补，坟墓不坯，同于丘陵。除之日，鼓素琴，示民有终也，以节制者也】。【D 资于事父以事母而爱同。天无二日，国无二君，家无二尊，以一治之也。父在为母齐衰期，见无二尊也。百官备，百制具，不言而事行者，扶而起；言而后事行者，杖而起；身自执事而后事行者，面垢而已。凡此，以权制者也】。【E 始死，三日不怠，三月不解，期悲号，三年忧，恩之杀也，圣人因杀以制节也】。”

《家语·本命解》：“孔子曰：‘礼之所以象五行也，其义四时也，故丧礼有举焉，【A 有恩有义，有节有权。其恩厚者其服重，故为父母斩衰三年，以恩制者也】；【B 门内之治恩掩义，门外之治义掩恩，资于事父以事君而敬同，尊尊贵贵，义之大也，故为君亦服衰三年，以义制者也】；【C 三日而食，三月而沐，期而练，毁不灭性，不以死伤生，丧不过三年，齐衰不补，坟墓不修，除服之日，鼓素琴，示民有终也，凡此以节制者也】；【D 资于事父以事母而爱同，天无二日，国无二君，家无二尊，以治之，故父在为母齐衰期者，见无二尊也；百官备，百物具，不言而事行者，扶而起；言而后事行者，杖而起；身自执事行者，面垢而已，此以权制者也】。【E 亲始死，三日不怠，三月不懈，期悲号，三年忧，哀之杀也，圣人因杀以制节也】。’”

《礼记·丧服四制》：“凡礼之大体，体天地，法四时，则阴阳，顺人情，故谓之礼。訾之者，是不知礼之所由生也。夫礼，吉凶异道，不得相干，取之阴阳也。丧有四制，变而从宜，取之四时也。【A 有恩有理，有节有权】，取之人情也。恩者仁也，理者义也，节者礼也，权者知也。仁义礼知，人道具矣。【A 其恩厚者，其服重，故为父斩衰三年，以恩制者也】。【B 门内之

治恩掩义,门外之治义断恩。资于事父以事君,而敬同,贵贵尊尊,义之大者也。故为君亦斩衰三年,以义制者也】。【C三日而食,三月而沐,期而练,毁不灭性,不以死伤生也。丧不过三年,苴衰不补,坟墓不培,祥之日,鼓素琴。告民有终也,以节制者也】。【D资于事父以事母,而爱同。天无二日,土无二王,国无二君,家无二尊,以一治之也。故父在,为母齐衰期者,见无二尊也】。 杖者何也?爵也。三日授子杖,五日授大夫杖,七日授士杖。或曰担主,或曰辅病,妇人童子不杖,不能病也。**【D百官备,百物具,不言而事行者,扶而起;言而后事行者,杖而起;身自执事而后行者,面垢而已】。** 秃者不髽,伛者不袒,跛者不踊,老病不止酒肉。凡此八者,**【D以权制者也】。【E始死,三日不怠,三月不懈。期悲哀,三年忧,恩之杀也,圣人因杀以制节】,** 此丧之所以三年,贤者不得过,不肖者不得不及,此丧之中庸也,王者之所常行也。

《书》曰'高宗谅闇,三年不言',善之也。王者莫不行此礼。何以独善之也?曰'高宗者武丁',武丁者,殷之贤王也,继世即位而慈良于丧,当此之时,殷衰而复兴,礼废而复起,故善之。善之,故载之书中而高之,故谓之高宗。三年之丧,君不言,《书》云'高宗谅闇,三年不言',此之谓也。然而曰'言不文'者,谓臣下也。

礼斩衰之丧,唯而不对;齐衰之丧,对而不言;大功之丧,言而不议;缌小功之丧,议而不及乐。

父母之丧,衰冠、绳缨、菅屦,三日而食粥,三月而沐,期十三月而练冠,三年而祥。

比终兹三节者,仁者可以观其爱焉,知者可以观其理焉,强者可以观其志焉。礼以治之,义以正之,孝子弟弟贞妇,皆可得而察焉。"

比较可知,上述三节的差异主要表现在两个方面:一是三书中"丧服四制"节开头的"帽子"不同:大、小戴前均有论礼一段,而文多异,但《家语》无;二是就"丧服四制"节本文来看,大戴与《家语》基本相同,并无大的差异,但《礼记·丧服四制》篇与它们却有较多不同。为论述方便计,我们想先来说第二个问题,最后再来讨论三节开头的"帽子"之是非。

三节"丧服四制"差异最直观的表现,就是《礼记·丧服四制》篇比大戴、《家语》增出很多内容,由此导致其在篇幅规模上较前二者大为膨胀。文中楷体字,且加以方框者都属《丧服四制》篇多出的内容。那现在的问题是,这些多出的内容是本来就有而被大戴、《家语》删去呢,还是本来没有,而《礼记·丧服四制》篇的面貌属后来增入?这两种截然相反的情况,必然导致对上述三篇文献的关系特别是它们的年代学特征之看法大相径庭。前述主张大戴、《家语》袭《礼记·丧服四制》的学者,实际上就等于承认这些内容本来就有而被大戴、《家语》删去。当然,他们对大戴、《家语》为何要无故删去这么多内容,是没有解释的。但在笔者看来,真实的情况可能与他们主张的正相反,即这些内容本来就没有,是后来才窜入《礼记·丧服四制》,这也意味着今本《礼记·丧服四制》篇的形成显然要较大戴、《家语》为晚,从史源学上说,显然是较次级的文献,下面我们重点对此试作分析。

首先,"四制"的 A、B、C、D 四个部分,多出内容最多的就是 D 部分,分别为"杖者何……"节,以及"秃者不髽……"节,因为多出了这两节,导致总结句"以权制也"与前面相隔遥遥,与其他几例太不成比例,以致正义误会"父在为母齐衰期"条属"前经",这是最大的问题。而且,"杖者何……"节,又见于《仪礼·服传》篇,明显属解释语,平铺直叙,实在无"权"可言。正义说"权制之中,所以先明杖者,以下有不应杖而杖,又有应杖而不杖,皆是权宜,故先举正杖于上",但对于什么是"不应杖而杖"和"应杖而不杖",他没有讲。但正义下文将"不应杖而杖"、"应杖而不杖"合起来列为八项"权"的第一项(见下表),既然"皆是""权宜",为什么只能作为一项呢?另外,如果它们作为第一项,那么依照逻辑,"下文"的"不应杖而杖"、"应杖而不杖"就应该是“扶而起”、“杖而起”了，但他又将“扶而起”、“杖而起”列为“权”制的第二、第三项，然则这一项与二、三项岂不是重复？无论如何，正义对于“杖者何……”一节存在之合理性的解释，以及后面“权”制“八者”的安排，都是矛盾的。

其次，《礼记·丧服四制》不但较之大戴、《家语》多出了“杖者何……”和“秃者不髽……”两节，而且后面总结时还多出了“凡此八者”，有明确的数字总结。但历来对“八者”之所指，学者的意见颇多分歧。我们权且列表比较：

	1	2	3	4	5	6	7	8
正义、杨天宇①	应杖不杖、不应杖而杖	扶而起	杖而起	面垢	秃者不髽	伛者不袒	跛者不踊	老病不止酒肉
王夫之②	父在为母齐衰期	扶而起	杖而起	不杖（面垢）	秃者不髽	伛者不袒	跛者不踊	老病不止酒肉
孙希旦③、吕友仁④	父在为母齐衰期	授杖有先后	妇人童子不杖	或扶或杖或面垢	秃者不髽	伛者不袒	跛者不踊	老病不止酒肉
郭嵩焘⑤	爵也，担主也，辅病也	扶而起	杖而起	面垢	秃者不髽	伛者不袒	跛者不踊	老病不止酒肉

由上表可以看出，这八者中的后四个，各家均无异议，因为最后的“秃者”、“伛者”、“跛者”、“老病”属排比关系，明显为四，分歧主要在前四个上面。前四个之中，实际上后三个也很容易确定，因为所谓“扶而起”、“杖而起”、“面垢”也是并列的排比关系，又居其三。这样真正有分歧的其实主要

① 杨天宇《礼记译注》，上海古籍出版社 2004 年，第 856—857 页。
② 王夫之《礼记章句》，岳麓书社 2011 年，第 1560 页。
③ 孙希旦《礼记集解》，中华书局 1989 年，第 1471 页。
④ 吕友仁、吕咏梅《礼记全译/孝经全译》，贵州人民出版社 2009 年，第 901 页。
⑤ 郭嵩焘《礼记质疑》，岳麓书社 1992 年，第 733 页。

表现在第一个上面,而分歧的实质,我们可以进一步概括为"父在为母齐衰期"是否能算第一个"权"的问题。对此,孔颖达的正义是持否定意见的。他认为应把"应杖不杖、不应杖而杖"列第一,而"父在为母齐衰期"不能算在内。正义的理由是:"今按经文为母期,乃属前经。郑于期下总注'三日而食,三月而沐'之事,是为母期之文,乃在节制之中,不得下属此经权制之例。又此经权制之科,乃载杖与不杖之条。此经末又总云八者,是总此经之八事。今乃不数此经杖条,便是杖文虚设。"他为了把"父在为母齐衰期"节排除出八个之外,竟然罔顾文理,硬说"父在为母齐衰期"属于"前经"(此句明显在"以节制者也"之后)。[①] 实际上,正义有此说,恐怕仍然是疏不破注在作怪,因为我们注意到,郑君于"凡此八者,以权制者也"后出注,正是从"五日、七日授杖"开始说的,根本没有把"父在为母齐衰期"算在内。

不过,正义也提到不同意见,即庾蔚云"父存为母,一也",不数杖与不杖之科(略同吕、孙),而且说皇、熊氏并据之说。但正义认为:"庾氏之说,恐未为善,听贤者择焉。"正义先入为主,说"权制"之科主要就是讲"杖与不杖",而且最后又总结说八个,如果不数杖,"便是杖文虚设"。"听贤者择焉"一语,说明正义于此甚为踌躇。其实,庾氏之说本来非常正确,因为"父在为母齐衰期",明在"以节制者也"后,不可能属于"前经"是很明显的。[②] 尤其是,依《仪礼·丧服》,一般来说为母可服齐衰三年,但条件是"父卒则为母"[③],现在仅为"期",即周年,有明显降低,肯定是有所考虑

① 郭嵩焘也有此误会,参《礼记质疑》,第732页。郭氏还说大戴本"资于事父以事母"一节在"三日而食"上,与今本不同,显非,未知何据。

② 朱彬引清人王懋竑说:"案父在为母期,正是以义制,若权制,则其节目之小者耳。"(朱彬《礼记训纂》,中华书局1996年,第914页)这个看法很"另类",那就是要把"父在为母期"提前至"四制"的第二项"以义制",这就不仅是于文理不合的问题了,简直要对原文动大手术。而且,依此篇所说,"权者知也"与"理者义也"并列,怎么"权"就比"义"小了呢?其实,经文明云"父在,为母齐衰期者,见无二尊也",这才是"权"制的精髓,王氏全无领会,纯属臆测。

③ 近人曹元弼于此曾有详辨,参其《礼经学》中"解纷第五下"之"父卒即为母服三年说"条,北京大学出版社2012年,第340—341页。且"父卒则为母"郑注"尊得伸也","父在则为母"传曰"屈也",一"屈"一"伸",期年与三年,正相照应。

的。那是什么样的考虑呢？即“父在”，对此《仪礼·服传》说得非常明确：“何以期也？屈也。至尊在，不敢伸其私尊也。”①也就是说因为父亲尚在，即“至尊在”，这样母亲的丧期只能低一格处理，这正是前文屡言“无二”的实质。由此看出，此等处理明显也是“权”，将其排除出“八者”之外，都是不明丧礼的曲说。其实，正义说如果不数杖，“便是杖文虚设”，实际上已经接触到一点问题的实质了：正是无中生有、凭空窜入的“虚设”“杖文”，才使得“凑数”的游戏左支右绌，这一点前面已经指出。杨天宇先生一方面采纳正义“八者”的构成，但也认识到“父在为母齐衰期”其实也是“权”，这样就有九个，明显矛盾。

孙希旦、吕友仁二氏将“父在为母齐衰期”列为“权制”第一，这无疑非常正确，但这样一来，前面四个就只剩下三个位置，还要把“杖者何……”节包括进去，于是只能将“或扶”、“或杖”、“或面垢”压缩为一，但这样尤为错误，可以说顾此失彼。郭嵩焘后七个同于正义之说，但将“爵也，担主也，辅病也”列为第一，实际上将“父在为母齐衰”剔除在外，此又于文理不合，而列“杖者何……”节为第一，但“爵也，担主也，辅病也”又何关乎“权制”呢？郭说也不合理。② 比较来看，我们认为王夫之之说才最为近理：既将“父在为母齐衰期”列为第一，照顾到了文理，又没有像孙希旦、吕友仁那样将或扶、或杖、面垢三者压缩的毛病。但王说合理的前提正是没把“杖者何……”节算在内，也就是说，这种最为正确的安排，恰证明了“杖者何……”节确实是正义所担心的“虚设”，根本就不应该有。这种情况下，如果我们再来看大戴、《家语》的记载，它们都没有“杖者何……”节，就绝不是偶然的。这也从侧面说明，“杖者何……”节系后来窜入的结论，其实还有校勘学方面最为便捷的证据，如果我们不是像传统经学家那样重视小戴而轻视大戴，或者诋斥《家语》为“伪书”的话。如果说《家语》为“伪书”不足信，但大戴也没

① 《仪礼注疏》（王辉整理本），上海古籍出版社 2008 年，第 906 页。

② 郭氏于此的态度其实也颇为踌躇，一方面他说“疑‘父在为母期’不得为权”，用了“疑”，另一方面又说“此须融贯经旨而后能辨而知之”，似以已说为未定之论，参郭嵩焘《礼记质疑》，第 733 页。

有,如何解释?简单说大戴删除,是不能服人的。上面我们提到,“杖者何……”节还见于《仪礼·服传》,前述李学勤先生虽以《大戴礼记·本命》、《家语·本命解》袭《礼记·丧服四制》,但鉴于《服传》、《礼记·丧服四制》都有类似的“杖者何……”节,也认为《礼记》此篇是袭《服传》而来,说《服传》至少有一部分早于《丧服四制》。“至少有一部分”,显然指“杖者何……”节,说得非常精确,那既然如此,“杖者何……”节在《丧服四制》篇的出现就不会是“原生”的,而《大戴礼记·本命》、《家语·本命解》两篇又恰恰没有“杖者何……”节,然则说它们袭《丧服四制》篇而来显然是不恰当的。另外,关于“杖者何……”节与《仪礼·服传》的“互见”,我们试列两者比较如下:

《仪礼·服传》:“杖者何也?爵也。无爵而杖者何也?担主也。非主而杖者何也?辅病也。童子何以不杖也?不能病也。妇人何以不杖也?不能病也。”

《礼记·丧服四制》:“杖者何也?爵也。三日授子杖,五日授大夫杖,七日授士杖。或曰担主,或曰辅病,妇人童子不杖,不能病也。”

两者除“三日”、“五日”、“七日”授杖外,基本相同。而且,细加比较,《礼记·丧服四制》明显是据《服传》约举、综括而来,比如《服传》说“无爵而杖者何也?担主也。非主而杖者何也?辅病也”,《丧服四制》直接说“或曰担主,或曰辅病”,概略述之;《服传》说“童子何以不杖也?不能病也。妇人何以不杖也?不能病也”,《丧服四制》则直接说“妇人童子不杖,不能病也”,兼举妇人、童子,这种约举、综括的特点,也是其“次生”的证据。就此而言,上举李学勤先生说《丧服四制》是对《服传》的修改,确实是很有道理的,读(注)者显然是在化用《服传》的话来为本文的“杖而起”提供解释性支持。这样说来,今本《礼记·丧服四制》篇的形成晚于《服传》是肯定的。当代礼家沈文倬先生曾比较《服传》中“旧传”与《礼记》相关的篇章,结论是《服传》袭用《礼记》,《服传》当作于《礼记》论礼诸篇成书之后。[①] 沈先生所举《服传》与《礼记》的关联确是事实,但这是否就一定能证明《服传》袭《礼记》并不具有必然性,从今天"互见"研究的实践来说,相反的可能性同样存在。丁鼎先生进而还举出即使是《礼记·服问》篇同样有引"传曰"的文字,其用意是不言自明的:不能简单以引"旧传"之说,即谓这里的"传"就一定是《礼记》诸篇,并进而判定《礼记》早于《服传》。[②] 以今天古书成书研究的实践来看,像《礼记》这样明显有"丛编"性质的古书在与其他文献进行年代学比较时,一定要非常慎重,比较的"单位"不宜太大,因为其中篇目的形成年代是参差不齐的。以今本《丧服四制》篇而论,无论是大戴、《家语》的校勘学证据,还是从它对《服传》的化用来看,其形成的年代相对是比较晚的。当然,我们知道,郑玄作注时明确提到"五日、七日授杖",说明早在郑玄之前,"杖者何……"节就已窜入《丧服四制》篇,而大戴、《家语》没有此语,则保存了更早的、相对原始的面貌。

上面我们证明《丧服四制》篇"杖者何……"节系后来窜入,既有立足于对"八者"之"权"的讨论,又有大戴、《家语》这样的别本作为参照。但一旦我们认定大戴、《家语》两篇作为"别本"的校勘价值存在,那就会产生连锁反应,因为《丧服四制》篇较之《大戴礼记·本命》、《家语·本命解》多出的远不止"杖者何……"节,别的且不说,即各家都无异议的"八者"最后四项"秃者不髽,伛者不袒,跛者不踊,老病不止酒肉",大戴、《家语》都是没有的,然则如何看待这一现象呢?笔者以为,这四句也当系后来窜入,当初本不在《丧服四制》篇,这么说也意味着《大戴礼记·本命》、《家语·本命解》两篇此处仍要较《丧服四制》为原始。然则这四句为何要窜入此篇呢?这四句又"互见"于《礼记·问丧》篇,我们试将两者比较:

《礼记·问丧》:"……然则秃者不免,伛者不袒,跛者不踊,非不悲

---

① 沈文倬《汉简〈服传〉考》,《宗周礼乐文明考论》(增补本),浙江大学出版社 2006 年,第 205—214 页。王锷先生采沈氏《服传》袭《礼记·丧服四制》之说,但又认为"《丧服四制》等应成篇于《仪礼》中丧礼诸篇之后"(参王著《〈礼记〉成书考》,第 156 页),此"丧礼诸篇"应该包括《服传》,但这却与其采信的沈氏之说相矛盾。

② 丁鼎《〈仪礼·丧服〉考论》,社会科学文献出版社 2003 年,第 101—102 页。

也,身有锢疾,不可以备礼也。”

《礼记·丧服四制》:“秃者不髽,伛者不袒,跛者不踊,老病不止酒肉。”

比较可知,两文虽有小异,但确实非常接近,所述旨意也基本相同。尤其是,“非不悲也,身有锢疾,不可以备礼也”说明《丧服四制》篇的四种情况确实是“以权制者也”,然则为何又说它们是后来窜入呢?其实,这四句的性质与银雀山汉简《孙子兵法·用间》相对今本多出的“燕之兴也,苏秦在齐”相类,那就是读(注)者在罗列更多与正文一致的例子,来支持正文的说法,虽然可能不是专门的作注,但性质及功能恰与注语相同。学者鉴于《问丧》、《丧服四制》此处的“互见”,认为“很难说是谁抄谁”,“可能是当时的共识”,[①]由于两者文有小异,因此非直接相袭而系引述共识的可能性确实是存在的,但由大戴、《家语》所见来看,“秃者不髽……”四句在《丧服四制》篇的出现确实应该是后来窜入,是“次生”的,无论它是引述共识还是直接“化用”《问丧》文句,这个事实应该是比较清楚的。而且,从时序上看,“秃者不髽……”四句的窜入正文,应该比“杖者何……”节为早,因为如上文所证,有此四句,而不用算上“杖者何……”节,才能恰好为“八者”之数。相反,如果没有此四句,而是先有“杖者何……”节,即便将“杖者何……”节列入其数,无论如何也是凑不成“八者”之数的。

由上可见,《礼记·丧服四制》与《大戴礼记·本命》、《家语·本命解》“互见”的D部分,其多出的“杖者何……”节及“秃者不髽……”四句均非本来所当有,而系后来窜入,其功能则与注语相类。这可以帮助我们思考他处《丧服四制》相对大戴、《家语》多出的内容。比如A部分,《丧服四制》亦有多出的“取之人情也。恩者仁也,理者义也,节者礼也,权者知也。仁义礼知,人道具矣”,我们同样认为它是后来窜入,大戴、《家语》所见亦为原貌。我们认为《丧服四制》窜入的这部分内容,同样有注语的性质,像所谓的“恩

① 王锷《〈礼记〉成书考》,第157页。

者仁也,理者义也,节者礼也,权者知也”,逐一疏解恩、理、节、权“四制”,其为典型的训诂语,不劳烦证。还要提到的是,《礼记·丧服四制》的“有恩有理”,“理”当从大戴、《家语》作“义”是,[①]因为下文“四制”中的“以义制”正作“义”,故“理”当为“义”之误无疑。准此,“理者义也”还兼有纠谬、校正之效。当然,从时序上说,应该是先有正文“义”讹为“理”,然后才有批注之文产生。

现在我们再来看一下《丧服四制》篇最后相对《大戴礼记·本命》、《家语·本命解》多出的“此丧之所以三年,……皆可得而察焉”。这一部分篇幅较长,从文义上看,主要分为两节,即“此丧之所以三年……议而不及乐”为一节,“父母之丧,衰冠、绳缨、菅屦,……皆可得而察焉”为另一节。前一节诠释、疏解之语可以说也是所在多有,这尤其体现在对“高宗谅闇,三年不言”的解释上,真可谓备极细致,不厌其烦:从高宗之为武丁,到武丁之为贤王,再到武丁“继世即位而慈良于丧”,还有“殷衰而复兴,礼废而复起”的背景,曲折款款,娓娓道来,但此于“四制”何关?简直可以说是跑题。其实,如果我们细看的话,此处从“此丧之所以三年”到“议而不及乐”,文义逻辑上明显是顶真的格式,说到王者三年之丧之制,于是想到解释殷之高宗,由殷高宗三年丧时的“不言”,又说到居丧之时的“言”的问题并引《间传》之文“礼,斩衰之丧唯而不对”云云以兹比较,等于是说到哪算哪,这昭示了此种顶真逻辑的弊端:虽然顶真相邻两个环节是关联的,但由于顶真环节的增加,到最后顶真逻辑的末端可能与起点就风马牛不相及了,其所以给人以“跑题”的印象,这是很重要的原因。过去,学者指《大戴礼记·本命》、《家语·本命解》相对《礼记·丧服四制》驳杂,其实多是误从大“篇”的角度上看问题,若是从“丧服四制”一节来看,《礼记》此篇可以说远较大戴、《家语》二书为驳杂。我们认为这部分也当是后来窜入的疏解语,不唯其解释“高宗谅闇”时的“善之也……何以独善之?……故善之。善之故载之《书》中而高之”有鲜明的训诂之风,多一问一答,逐句作解,颇与汉代章句训释之学体式相类,更

① 方向东《大戴礼记汇校集解》,第1295页。

重要的是，这种顶真式的文义逻辑，也是其为注释语的一大例证，笺注之语每每都是只管当下不顾其他，越到最后往往文义与前面就无甚瓜葛了。

至于“父母之丧，衰冠、绳缨、菅屦……”一节，其中“三日而食粥，三月而沐，期十三月而练冠，三年而祥”的次第，颇与正文E部分中的“三日不怠，三月不懈，期悲哀，三年忧”相仿佛，疑后来读者附记于此以兹比对。而且，前文已说“三日而食，三月而沐，期而练……”，这里再说“三日而食粥，三月而沐，期十三月而练冠”颇嫌重复，其不为此节原有内容势较显豁。古书中这种以“同文复出”的形式作注，并混入正文的例子是很常见的。[①] 另外，还应该提到的是，《礼记·杂记下》记载东夷之少连、大连善居丧，其情形为“三日不怠，三月不解，期悲哀，三年忧”，此语与上述正文最后的E部分可谓惊人一致。而且，《杂记下》此章的下一章还说“三年之丧，言而不语，对而不问”，亦与《丧服四制》篇最后增出的“斩衰之丧，唯而不对；齐衰之丧，对而不言”云云明显相关，[②]且《杂记下》此两章前后也多言丧礼，尤其是据郑玄《三礼目录》云，《杂记》在《别录》中原属“丧服”，而上文曾讨论过《礼记·丧服四制》在《别录》时代虽可能不曾独立名篇，但“旧说”也曾归属“丧服”，由此我们对此处增出之文与《杂记下》的关联是不是可以作出这样的推想：《别录》时代“丧服四制”节在小戴系统犹未独立为篇，但与大戴、《家语》的传统组合不同，该节很可能与《杂记》这样讲丧礼的篇章毗连、归并，故其内容与其他讲丧礼的篇章多有出此入彼之事实，因此，今《礼记·丧服四制》篇末相对大戴、《家语》多出的部分，除了笺注之文混入之外，其实也不能排除有裹挟自当初同归“丧服”的他篇文字之可能。

---

① 参见拙文《〈老子〉“同文复出”现象的初步研究》，《齐鲁学刊》2001年第4期；又收入拙著《〈老子〉“早期传本”结构及其流变研究》，学林出版社2006年。

② 另外，《礼记·三年问》“将由夫修饰之君子与，则三年之丧，二十五月而毕，若驷之过隙，然而遂之，则是无穷也。故先王焉为之立中制节，一使足以成文理，则释之矣”，所谓“立中制节”，与此处《礼记·丧服四制》多出的“贤者不得过，不肖者不得不及，此丧之中庸也”明显相关，且《三年问》在《别录》中亦属“丧服”，而且此篇在《礼记》中次序与上述《间传》、《问丧》等篇亦相邻。这些事实说明，今本《礼记·丧服四制》后面多出部分的由来与《别录》时代它的存在形态之间的关联，的确应该引起我们足够的重视。

然则,《礼记·丧服四制》后这些多出的内容是何时阑入此篇的呢?《白虎通·丧服》云:"丧礼不言者何?思慕尽情也。'言不文'者,指谓士民。不言而事成者,国君卿大夫,杖而谢宾。财少恃力,面垢作身,不言而事具者,故号哭尽情。"《白虎通》此处虽未明言引据何种文献,但从此处屡言"不言",且提到"不言而事成"、"面垢作身",其所据当正是"丧服四制"此节。但由其明确提到"言不文"来看,其所据又不会是《大戴礼记·本命》、《家语·本命解》中相对"干净"的"丧服四制"节,而就应该是《礼记·丧服四制》篇这样已经融合、汇入其他内容的"膨胀"版本。这充分说明,早在《白虎通》成书之前,在一部分习礼的学者(小戴系统)那里,这些内容当已混入"丧服四制"节。从不乏官方色彩的《白虎通》对其引用看,这种"膨胀"版本在当时应该是比较流行,甚至是广为人接受的。

"丧服四制"节本文的是非既明,现在我们再回过头来说说三节前的"帽子"问题。本文开头即已提到,三书的"丧服四制"节,前面都有貌似总括的话,主要内容是讲"礼"。就篇幅来说,这开头的"帽子"大戴与《礼记》都较长,《家语》则较少,而且《家语》的"礼之所以象五行也,其义四时也"也见于大戴(大戴无"所以")。兹将三书这部分的文字罗列比较:

> 《大戴礼记·本命》:"礼义者,恩之主也。冠、昏、朝、聘、丧、祭、宾主、乡饮酒、军旅,此之谓九礼也。礼经三百,威仪三千,机其文之变也。其文变也。礼之象五行也,其义四时也,故以四举:有恩有义……"
>
> 《家语·本命解》:"孔子曰:'礼之所以象五行也,其义四时也,故丧礼有举焉:有恩有义……'"
>
> 《礼记·丧服四制》:"凡礼之大体,体天地,法四时,则阴阳,顺人情,故谓之礼。訾之者,是不知礼之所由生也。夫礼,吉凶异道,不得相干,取之阴阳也。丧有四制,变而从宜,取之四时也。有恩有理……"

三篇开头都涉及言"礼",但大、小戴记尤其多,《家语》仅涉及一句"礼之所以象五行也……",且此一句也是与"丧服四制"节直接相关:先"五行",再"四时",然后再引出丧有"四举(制)"的问题,非常自然。当然,大戴也是有此句的，而小戴则无。此句之外，大戴还有“九礼”及“礼经三百，威仪三千”的一段话，小戴则有“礼之大体，体天地，法四时，则阴阳……”以及所谓“吉凶异道，不得相干，取之阴阳也”，给人的感觉都是过于空泛，和后面的“四制”缺少联系，近乎东拉西扯。有意思的是，小戴记中间还有一句情绪性的话“訾之者，是不知礼之所由生也”，似乎有点愤世嫉俗，但这么说，实际上等于是从本体论上强调“礼之所由生”这层意思，这与下文所讲的具体的“四制”就更不沾边了。笔者因此认为，和“丧服四制”节开头相关的“帽子”，最初可能就只有《家语·本命解》中的那么多，二戴记之前那么多涉“礼”的内容，本来可能都与“丧服四制”节无关。在小戴记中，这些本来无关的内容被与“丧服四制”节合并成新的一篇。至于大戴记，虽然传统上也多认为是合并的，毕竟它与后面的“丧服四制”节紧密相连，但前文已分析过，这其实很可能是个假象。诚如前文所述，大戴之《本命》一篇，其实不过是依习惯将一些独立的“章”归并成“篇”，其中的“本命”、“夫妇之德”、“丧服四制”、“大罪有五”章都是各自独立的，文义上也没有什么关联。既然如此，大戴“丧服四制”节前面论“礼”的内容，就不见得一定是与“丧服四制”节合并成一章的，而更可能是像“本命”、“大罪有五”等章那样是独立的内容，因为就文义上看，它与下文的“丧服四制”节实在没什么关联。

《家语》“丧礼有举焉”，大戴作“故以四举”，大戴之“四举”未标明“丧礼”，非常不合适。因为前文说“礼之象五行也，其义四时也”，接着就说“故以四举……”，难道这里的“四举”是针对所有的“礼”吗？显然不是，所以《家语》着“丧”字是非常合理的。小戴《丧服四制》篇虽然“举”作“制”，但“丧有四制”依稀还保留“丧”字，应该说多少还保存了一点原貌。但其篇名却作“丧服四制”，突出“服”，笔者认为这恰可能是小戴此节当初未独立时归属“丧服”的孑遗，因为尽管本节所谓“为父斩衰三年”、“为君亦服衰三年”、“父在为母齐衰期”说的是“丧服”，但所谓“三日而食、三月而沐……”、“杖而起”、“扶而起”之类均和“服”尤其是“服之制”无关。准此，小戴之“制”原文当如大戴、《家语》般作“举”是，有侧重、强调义，下文的“四制”正着眼于此，而小戴直接概括以“丧有四制”，虽更为直白显豁，其实不过是此节独立后对重要性“追认”的结果。

最后,让我们来总结一下《礼记·丧服四制》篇的形成过程。《丧服四制》在小戴《礼记》中为独立一篇,但其当初应该像大戴、《家语》那样仅为篇中之一章,而且这样的一章当初很可能也是依习惯,像大戴、《家语》那样与一些不太相关的章归在一篇中。二戴各自编选“礼记”篇目,形成不同的传本系统后,小戴系统对此章当进行过重新的归类处理,依主旨将其与其他讲“丧服”的篇归到一起。这是《丧服四制》成篇过程中非常关键的一步。向、歆父子校理群书时,此章虽与其他讲“丧服”的篇归在一起,但应该并未独立成篇,因为《别录》中并无其篇名。虽未独立为篇,但该章自入小戴系统之后,受重视程度当远胜以往,不唯依章旨对其进行更合理的归类(“丧服”),由此导致该章主旨更加突出,因此传习者日众,还由此导致不少笺注之文窜入正文。该章最后独立成篇应该是在西汉末至东汉中期之前,虽独立成新的一篇,但篇数上却依然保持《别录》四十九这样的总数,说明重新整理者对其他讲“丧服”的篇又进行了一定程度的微调。[①] 这种微调不仅将他篇进行了小幅的合并,还很有可能因为“丧服四制”节的独立成篇,而“裹挟”了其他一些内容,或者因该篇曾与其他讲“丧服”的篇归在一起,主旨相近,遂致读者在进行笺注时从材料上有了现成的选择。而宁可合并他篇也要让此“章”独立为“篇”的事实说明,“丧服四制”节的地位及受重视程度,可以说空前地提高了。另外,《礼记·丧服四制》篇居于全书之末,恐怕也不是偶然的。因为其出身成疑,且最终形成很晚,与《礼记》其他早已形成的“篇”可以说有明显的区别。其居于《礼记》之末,颇与一些古书中的外、杂篇相类。但这种篇第上的“叨陪末座”,仅说明其独立成篇在时序上较晚,而其受重视的

① 实施这种微调并使《丧服四制》最终独立成篇的,我们推测可能系马融、卢植等人,《经典释文·序录》云,“后汉马融、卢植考诸家同异,附戴圣篇章,去其繁重及所叙略而行于世,即今之《礼记》是也”(吴承仕《经典释文序录疏证》,中华书局 2008 年,第 91 页),“去其繁重”云云,似指它们对《礼记》篇目有所整理。《后汉书》卢植本传亦载卢氏上书云“臣少从通儒马融受古学,颇知今之《礼记》特多回冗……愿合《尚书》章句,考《礼记》失得,庶裁定圣典,刊正碑文”,马、卢师徒对《礼记》不满并起而整理,应该是完全可能的。

程度则并不低。

三

《礼记·丧服四制》相对大戴、《家语》多出的内容，其为注文窜入或误夺他篇文字已如上述，这益证明了大戴、《家语》的“别本”价值。实际上，大戴笺注之文窜入正文，可能也是存在的。像我们第一部分列表比较三本文字差异时提到的大戴之“同于丘陵”，《家语》及《礼记》均无，当属此类性质。① 实际上，如果我们不局限于“丧服四制”节，像大戴与《家语·本命解》篇“互见”的论“夫妇之德”两节，细加比较，大戴相对《家语》也有类似《礼记·丧服四制》篇那样的笺注之文窜入正文，如大戴所谓“男者，任也；子者，孳也”、“丈者，长也；夫者，扶也；言长万物也”、“女者，如也；子者，孳也”、“故谓之妇人。妇人，伏于人也”，这些文字《家语》一概没有，它们都明显属训诂、疏解的性质，其属于笺注之文混入正文，应该是很明显的。这样一来，我们就发现《礼记·丧服四制》、《大戴礼记·本命》、《家语·本命解》三篇注文窜入可谓渐次减少。有意思的是，我们同样发现这三部书流布与传播的范围也是渐趋局促。传小戴记的戴圣一派，在西汉中后期势力很盛，戴圣本人即两度为博士，并参加石渠阁会议，后来东汉初诸大师马融、卢植等也多是传的小戴之学。另外，我们上文也通过对《白虎通》“言不文”的讨论证明，其所据也是小戴的《丧服四制》篇，而非大戴或《家语》，这些事实可充分证明小戴一派在西汉后期以至东汉的强大势力。② 反观大戴，戴德虽然也选编《礼记》，但本人并未立于官学博士，且大戴治学“专事存古”、“固于专守”，导致其学不昌，③故大戴一派仅有其后来弟子徐良短期立过一段博士，入东汉后更形寥落，与小戴之风光相去甚远。再来看孔安国所传今本《家语》，

---

① 参方向东《大戴礼记汇校集解》，第 1297 页所引孙诒让校语。

② 王锷《〈礼记〉成书考》，第 321—324 页。

③ 孙显军《〈大戴礼记〉诠释史考论》，社会科学文献出版社 2011 年，第 76 页。

由今本《孔子家语·后序》来看，孔氏整理此本之后，并未受到重视（汉志所录“二十七卷”本与孔氏整理本非一①），所谓“各废不行于时”，孔衍因此对刘氏父子颇有微词，所以此本实际上长期秘藏孔家，形同离群索居，几乎没有什么流传。

《礼记·丧服四制》篇注文、他篇之文窜入如此之多，而《大戴礼记·本命》、《家语·本命解》反无，恰昭示了古书流传与形成过程中一个非常悖反的现象：古书传本日广，注者滋多，对该书之传播和留存无疑大有裨益，实际上，“丧服四制”一节从最初的“混沌未分”到后来独立成篇，应该正是这一形势造成的结果。从《礼记·丧服四制》篇混入这么多注文来看，它受重视的程度，已远非杂入《大戴礼记·本命》、《家语·本命解》两篇的“丧服四制”节可比；但流传渐广，读者日众，实际上又增加了诸如注文混入等手民之误的“风险”，遂致文本大失本貌。相反，《大戴礼记·本命》、《家语·本命解》两篇或由于乏人关注，或由于离群索居，但却“因祸得福”，长期保持相对原始之面貌，这恐怕也是很多人始料未及的，古人所谓“藏之名山，传之后世”，古书流传环境与原貌保持的悖反现象，应该说已经一再证明了“藏之名山”之“藏”的重要价值。②

另外，我们上文对《礼记·丧服四制》篇形成的研究，其与《大戴礼记·本命》、《家语·本命解》两篇“丧服四制”节的“互见”是一个基本的文本背景，而说到该篇的“互见”问题，笔者于此还想多说几句。前文我们曾提到，对于“互见”问题适当的“类型”区分是非常必要的，而此处三书之间的“互见”又呈现出一些新的特点。首先应该指出的是，三书于“丧服四制”节的“互见”，还只是最大“单位”即“顶层”的“互见”，除此之外，其内部文句与其他文献之间还存在不少较小单位的“互见”，为讨论方便计，兹将它们列表比较如下：

① 参本书“传本及版本编”《汉志论语类文献构成与〈孔子家语〉的相关问题》。

② 参见拙著《〈老子〉“早期传本”结构及其流变研究》，学林出版社2006年，第260页。

文献内容①	所属文献	"互见"文献
门内之治恩掩义，门外之治义掩恩	大戴、《家语》、《礼记》	郭店简《六德》
资于事父以事君……资于事父以事母	大戴、《家语》、《礼记》	《孝经》
三日而食，三月而沐，期而练，毁不灭性	大戴、《家语》、《礼记》	《礼记·丧服四制》同篇后增出内容
天无二日，国无二君，家无二尊	大戴、《家语》、《礼记》	《礼记·曾子问》、《礼记·坊记》、《孟子·万章上》
三日不怠，三月不懈，期悲号，三年忧	大戴、《家语》、《礼记》	《礼记·杂记下》
"杖者何……"节	《礼记》	《仪礼·服传》
"秃者不髽……"节	《礼记》	《礼记·问丧》
"高宗谅闇"节	《礼记》	《尚书·无逸》、《礼记·檀弓下》、《论语·宪问》
"言不文"	《礼记》	《孝经》
"礼，斩衰之丧唯而不对……"节	《礼记》	《礼记·间传》

上表中，"所属文献"一栏，是想观察"互见"的文句究竟属于《大戴礼记·本命》、《家语·本命解》、《礼记·丧服四制》三篇文献中的哪些文献，因为虽然三篇文献也属"互见"关系，但如上文所证明的，《礼记·丧服四制》比前两者多出不少内容。就上表来看，无论是三篇共有的部分，还是《礼记》增出的部分，都有不少内容"互见"于其他文献。三篇共有的部分，有五则文句"互见"于其他文献，如果把这五则去掉，则三篇共有的这部分文献几乎缩水一半，这还不包括"为父斩衰三年"、"父在为母齐衰期"这样属于常识但也见于其他文献(《仪礼》)的文句，如果把这些常识性的文句也去掉，那么共有部

① "文献内容"三书共见的部分，以《家语》为准。

分剩下的,即能称为其"原创"的,其实就不多了。而就《礼记·丧服四制》增出部分来看,其中五例清一色见于其他文献,而这五例所涉及的内容,又占《礼记·丧服四制》增出内容的绝大部分,这就等于说增出部分实际上罕有"原创"。这些事实印证了前人关于古书"互见"现象的一些基本判断:古人著书,并不以重复为嫌。像章学诚即谓"盖古人著书,有采取成说,袭用故事者"(《校雠通义·别裁第四》),"至理有互通,书有两用者,未尝不兼收并载,初不以重复为嫌"(《校雠通义·互著第三》)。章氏此说虽然立意在目录学上的"互著"与"别裁",但对于早期文献衍生原理及相关体例显然也是同样适用的。

由上表反映的《大戴礼记·本命》、《家语·本命解》、《礼记·丧服四制》三篇文献的"互见"情况看,这些"互见"实际上也呈现出不同的类型,而不同类型的"互见"对于反映文献之间的关系,显然也是不一样的。首先,我们可以注意到,上述"互见"存在一个明显的垂直统摄关系。三书中的"丧服四制"节,这可以说是最大一级的"互见",也是最顶层的"互见"。再往下,就是三节中内部文句与其他文献之间的"互见":或明引他书,或化用其他文献进行"二次创作",或仅系对常识的引用。这大、小两种"单位"的"互见"所反映的文献之间关系的性质也是不一样的:对于三书中"丧服四制"节这个最大单位的"互见",源头显然为一,但在后来的流传中却形成了不同系统的传本,正因为是不同系统的传本,所以我们看到它们之间从校勘学看多有差异。鉴于它们后来在不同系统中各自发展,因此说它们并非彼此相袭当然是对的,但它们源头为一,又决定了彼此之间还是拥有基本的共性,否定这一点,就无法说明白它们后来各自都有怎样的发展。就此而言,对于这种"顶层"的、较大"单位"的"互见",不唯谁抄谁、谁袭谁这样一元、单线条的解释流于简单化,即使是现在为较多学者接受的所谓"多头的来源"这样貌似对形势的复杂性有充分估计的解说也失之笼统和空泛:此说过于强调"多头"之间的"平行性",似乎它们之间永无"交集",但实际上从本文对三书中"丧服四制"节的讨论看,它们源头显然为一,后来之所以形成三个系统的不同传本,甚至被归入不同的"书"中而致壁垒森严,不过是由于不同学者(派)的编选。换言之,如果不存在不同学者(派)编选差异这样一个背景,这类

“顶层”、大“单位”的“互见”是否还能存在都是个问题。这提示我们,对于此类“顶层”的“互见”,除了要关注它们在不同系统中所形成的文本差异,也不应该忽视它们在文本源头上的共性。

至于三节中文句与其他文献的“互见”,则属小“单位”的“互见”。尤其是,三书中共有部分即其“原生”内容有“互见”,而《礼记·丧服四制》增出内容即“次生”内容同样有“互见”,而且还更多地“互见”。上述大“单位”对小“单位”的统摄关系,实际上只涉及“原生”部分的内容,至于“次生”部分,本来就是小戴系统在独立发展中衍生出来的东西,本与“原生”部分没什么瓜葛。至于小“单位”之间的“互见”,类型其实更复杂:有的明属对其他文献的引用,有的可能仅系对共同知识背景或“公言”的运用,其极端者,如对特定成语的使用等。关于引述其他文献,像上表中两处对《孝经》的引用:“资于事父以事君……资于事父以事母”,属暗引或化用;而“言不文”者,则是较为简捷、明确地引述《孝经》原文了。其他像“杖而何……”节对《仪礼·服传》的采借,“秃者不髽……”节对《礼记·问丧》的采借,“礼,斩衰之丧唯而不对……”节对《礼记·间传》的采借,它们的文献依据应该都是非常明确的。有意思的是,三书共有即“原创”的部分,“资于事父以事君……资于事父以事母”,仅系暗引或化用,并以此来构建虽然并不太多的“原创”,而《礼记·丧服四制》增出部分往往毫无顾忌地径引他书之文,而它们恰恰又多是增衍的笺注之文,几无“原创”,这对我们认识古人通过“同文复出”的形式笺释成注,是很好的例子。它也提示我们,在“互见”诸多类型中,有些明显是“次生”的,这对于我们认识诸书之间的史源学关系,是非常重要的。

关于对共同知识背景或“公言”的使用,像三书中的“门内之治恩掩义,门外之治义掩恩”,又见于郭店楚简《六德》[①]。李学勤先生主《丧服四制》文章有着有机的整体性,“门内”两句承上启下,而《六德》篇并未交代恩即是仁,所讲为父绝君等,只说了门内之治,没有说门外之治,这两句就显得突

① 《郭店楚墓竹简》,文物出版社 1998 年。

兀,因此主《六德》引用《丧服四制》。① 但既然今本《礼记·丧服四制》篇存在如上所述注文混入、误多他处文字等问题,则《六德》显然不会引用今本《礼记》此篇。那么是否是《六德》引用了如大戴、《家语》般较早的“丧服四制”节呢?恐怕也未必。《六德》对“门内”、“门外”两句的引用,是侧重于前一句,三书“丧服四制”节对这两句的引用,前面讲“恩”,后面讲“义”,这两句居中,如李学勤所说,确实承上启下。但两句中,“门外之治义斩恩”,是说“义”的原则要超过血缘之亲的“恩”,而“丧服四制”节下文是讲血缘之“恩”要推而及“君”,所以与“门外之治义斩恩”要强调的并不是同一层意思。实际上,郭店楚简《性自命出》及上博简《性情论》中的“门内之治欲其掩也,门外之治欲其斩也”显然与上述两句存在关联,但却不是讲“丧服”,因此学者倾向于认为:“‘门内之治’两句本来就不是专门为《六德》或《丧服四制》原创的,而是流传很广的成语,被《六德》和《丧服四制》的作者分别引用。”②我们认为这一分析是符合实际的。当然,这是一例非常特殊的“成语”。另外,如上文所言,像三书中“原创”部分的“为父斩衰三年”、“父在为母齐衰期”等又见于《仪礼》,却是非常特殊的“互见”,我们很难说它们是照抄《仪礼》的,而更有可能是由于《仪礼》的流传,这些有关“丧服”的规定实际上早已成为常识,因此就是共同的知识背景了。从知识来源上说,所谓共同知识背景或“常识”等,可能也是出于特定文献,但因为流传既广,颇为知名,时人可能就仅仅只记住了这个“公言”,而不太关心它的出处、来源。这么说就意味着,这时的“公言”实际上已经脱离了它当初的文本环境在流行,当古人要利用这些“公言”进行“二次创作”时,并不需要每次都“引经据典”地去查原始文献。所以,当这些“公言”与原始文献之间出现文字差异时,也并不总是意味着存在什么有价值的信息。

对于上述大“单位”的“互见”和“公言”式的“互见”,笔者认为值得关注的还不止上述几点。三书中的“丧服四制”节,作为“互见”的最大“单位”,

---

① 李学勤《郭店楚简〈六德〉的文献学意义》。

② 邬可晶《〈孔子家语〉成书时代和性质问题的再研究》,第113页。

它们之间的关联性是显而易见的——它们之间明显存在“历时性”发展关系，我们前文把这种“互见”称为“文本型”：它们从章句组织到结构甚至篇幅规模都大致相同。不过，当文献之间的“互见”仅系常识或共同知识背景式的“公言”的时候，这种相似性显然就远不足以说明它们所在的文本之间存在什么关联。因为“公言”作为论说素材或元素，理论上说可以被组织进任何的“文本”中，这让我们看到“公言”的相对活跃和自由，而它们所处的“文本”环境或形态则可能是千差万别的。实际上，前述“门内之治恩掩义……”之类的句子之所以性质成疑，恐怕正是因为这种“公言”对文本环境的高度适应而导致的灵活性。从“互见”研究本来的要求上说，其初衷就是试图探讨不同文献之间的“文本”关联，而类似这种仅有个别“公言”雷同的文献很难说“文本”上有什么关联。在“互见”研究上，如果不以“文本”关联作为限定和约束，就会把毫无关系的两个文本拿来比较，这样的“互见”研究就会淹没于貌似海量但其实很多是无聊的所谓“互见”案例而不能自拔。也正因为这些无关的、并非“文本型”“互见”的干扰，往往使得学者把诸书之间的“互见”情况估计得过于复杂，于是本来应该能够轻松辨明的两书之间的关系却反而弄得眉目不清了。由此可见，“互见”研究中对类型的适当区分是非常必要的，如要观察两个“互见”文献之间在文本上是否存在关联，关键还是要看它们之间在多大程度上构成“文本型”“互见”。而如果仅仅是共同知识背景式的“公言”类型，则恐怕是不足以说明问题的。不了解“互见”文献之间在类型上的这种复杂性，只要有点相似就不分青红皂白地把它们都堆到一起，①并“上纲上线”到“文本”高度的比较，不但无助于揭示文献之间的关系，有时甚至是非常可笑的。

① 清人《孔子家语》研究就明显有此弊，像《家语·三恕》篇最后“子路问孔子”一章，陈士珂未言文献出处，但范家相、孙志祖都注意到其中“被褐怀玉”语与《老子》第七十章“是以圣人被褐怀玉”近，范氏稍谨慎，说除此处之外，其他“未知所本”，但孙志祖直接就怀疑《家语》是据《老子》此章“影撰”。我们相信，陈士珂对《老子》此章不可能不知道，他之所以未把《老子》列出，恐怕正是由于在他看来《老子》所见与《三恕》此章雷同部分实在太少，仅系只言片语，即是我们这里讨论的“公言”，离“文本型”“互见”实在太远。范家相的谨慎还算清醒，孙志祖的率尔怀疑，就失之于滥，几近胡乱联系。

《礼记·檀弓上》“不诚于伯高”再议

——兼谈《孔子家语》的相关问题*

一

《礼记·檀弓上》:“伯高之丧,孔氏之使者未至,冉子摄束帛乘马而将之。孔子曰:‘异哉,徒使我不诚于伯高。’”

关于“不诚于伯高”,王引之述其父念孙说,以郑注有“礼所以副忠信也,忠信而无,礼何传乎?”且证以类书《白孔六帖》、《太平御览》,认为《礼记》中“诚”当初应作“诚礼”,且主“诚礼”应为“成礼”,①此为考据学上一个著名例子。王氏此处主《礼记》本有“礼”字,且《礼记》之“诚礼”应作“成礼”解,这都非常正确。但对于前一字,虽然《白孔六帖》、《太平御览》都作“诚”,而此字在郑玄的时代是否亦作“诚”,其实非常可商。另外,值得注意的是,虽然后来学者也多注意到了王氏的新见,但晚近的《礼记》训解之作却无一例外地还是将此处“不诚于伯高”之“诚”就字面解为“诚信”、“诚意”,②说明学者

---

* 本文原刊于《中国典籍与文化》2013 年第 3 期。

① 王引之《经义述闻》,江苏古籍出版社 2000 年,第 322—323 页。下引王说,俱出此书。

② 参见王梦鸥《礼记今注今译》,新世界出版社 2011 年,第 52 页;王文锦《礼记译解》,中华书局 2001 年,第 74 页;钱玄、钱兴奇等注译《礼记》,岳麓书社 2001 年,第 73 页;杨天宇《礼记译注》,上海古籍出版社 2004 年,第 69 页;吕友仁、吕咏梅《礼记全译/孝经全译》,贵州人民出版社 2009 年,第 90 页;陈戍国《礼记校注》,岳麓书社 2004 年,第 40 页。其中前二书及吕、陈二著都于注释中提到王氏“成礼”之新见(陈书肯定王氏之新见,但由于不涉翻译,故无从判断)。

对王氏"成礼"之新见的准确含义并没有真正理解,所以有必要对其作进一步申说。

王氏之所以认为郑玄所见亦作"诚",缘于其对此处郑注的看法。王氏指"郑以诚为忠信",因此说郑注的意思就是"不忠信礼于伯高",故斥郑说"颇为不词"。今按,王氏于此对郑注的理解明显有误,关键一点,是他对郑注作如此断句:"礼所以副忠信也,忠信而无,礼何传乎?"即以"忠信而无"为句,"礼"字属下读。[①] 这么断句是大有问题的,王氏大概将"忠信而无"之"而"理解成假设连词了。其实依郑注文义,"礼所以"云云者,重点是在"礼",而非"忠信",所以应该在"礼"、"何"之间断句,作:"礼所以副忠信也,忠信而无礼,何传乎?"[②]王氏"忠信而无"的断句,强调的是"忠信",而"忠信而无礼"的断句,则强调"礼",两种断句的不同,必然导致对郑注的理解大相径庭。王氏断句错误验之古书中的类似辞例应该说是很明显的。考郑注"礼所以副忠信也",明显是在讨论行礼过程中外在仪节与内心的关系,或者说形式与内容的关系,而依礼书文例,"副"字云云者,只能是强调内在情感也需依赖一定的外在"仪节"来实现,或"内容"也需要依赖一定的"形式"来实现,质言之,外在的"仪节"、"形式"才是强调的重点。[③]《白虎通·丧服》云:"丧礼必制衰麻何? 以副意也。服以饰情,情貌相配,中外相应,故吉凶不同服,歌哭不同声。所以表中诚也。"此处"副意"与郑注的"副忠信"义同,所谓"丧礼必制衰麻"、"吉凶不同服",其重在强调外在形式、仪节是很明显的。《白虎通·崩薨》又云:"赠襚何谓也? 赠之为言称也,玩好曰赠;襚之为

---

① 下文王氏说到正义对郑注的解释时,还专门对正义引郑注之"忠信而无礼"进行纠正:"旧本'无'下有'礼'字,乃后人不知句读而妄加之,今据上下文义删。"今按,《仪礼·聘礼》"币美,则没礼"贾疏恰引及《檀弓》伯高之丧章及郑注,而贾疏所见郑注明有"礼"字,王氏为迁就己说而擅改郑注,是不足为训的。

② 今北京大学出版社所出整理本《礼记正义》即作如此断句(北京大学出版社 1999 年,第 201 页),则是。

③ 辞例上,此与今之所谓"名副其实"或"名不符实"的成语相类:二者所侧重和强调的,仍是外在的"名"要如何与"实"相称的问题,而不是要求"实"要如何如何的问题。

言遗也,衣被曰禭。知死者则赠禭,所以助生送死,追恩重终,副至意也。”① “赠禭”虽然是外在形式,但也是表达“追恩重终”之情即“副至意”的必要载体,其表述之侧重,同样是清楚的。《汉书·礼乐志》亦谓:“哀有哭踊之节,乐有歌舞之容,正人足以副其诚,邪人足以防其失。”颜注:“副,称也。”即指外在的“哭踊之节”、“歌舞之容”应该与内心之“诚”相称。“正人足以副其诚,邪人足以防其失”,“副其诚”云云与郑注此处之“副忠信”直可互训,而“足以”一语,同样彰显了这些外在仪节的重要性。盖礼有质文,二者相协,方称完备,《礼记·礼器》所谓“先王之立礼也,有本有文”是也。夫子“礼云礼云”、“乐云乐云”之叹,系针对重仪文而轻内容而发,而此处郑注则系着眼于另一方面:如果仅有内容而没有形式,礼同样是难以为继的。《礼记·檀弓上》载:“弁人有其母死而孺子泣者,孔子曰:‘哀则哀矣,而难为继也。夫礼,为可传也,为可继也,故哭踊有节。’”“礼”之所以能“可传”、“可继”,不正是因为有了“哭踊有节”这样的仪文、操习吗?此处《礼记》之“可传”及“哭踊有节”,可以说是郑注应作“忠信而无礼,何传乎”断句的最好例证。鉴于夫子“礼云礼云”之叹,学者每论礼之文、质关系时,不免习惯性地总强调后者。其实夫子文、质相胜之论(“文胜质则史,质胜文则野”),已明道拘于一偏之弊,故文、质兼备方能得夫子礼学之真髓。又,《仪礼·聘礼》“币美,则没礼”,郑注:“币,人所造成,以自覆币,谓束帛也。爱之斯欲衣食也,君子之情也,是以享用币,所以副忠信。美之,则是主于币,而礼之本意不见也。”观郑注可知,就形式与内容之关系而言,此处所言则是与伯高之丧章相反的情况:如果过于强调形式(“币美”),则礼敬之意反失。② 郑注“是以享用币,所以副忠信”云云,与《檀弓》此章注“礼所以副忠信”义例皆同,说明其为郑君之典型表述方式,但侧重形式还是内容,则须随文就义,不可胶柱鼓瑟、执著于一也。综而论之,郑注的“礼所以副忠信也”,只能是强调作为“忠信”的

---

① 《白虎通·瑞贽》篇“臣见君所以有贽何?……王者缘臣子心以为之制,差其尊卑,以副其意也”,“朋友之际,五常之道,有通财之义,……故财币者所以副至意也”。所谓“副其意”、“副至意”,义例均同。

② 贾疏云:“若更美,则主意于财美而礼不见,故没礼也。”

必要载体,外在仪节的"礼"同样是不可缺少的。所以下文句读断作"忠信而无礼,何传乎"就顺理成章:仅仅心怀忠信,而不借助一定的仪节,礼敬之意也是无法传达出去的。《礼记·礼器》说礼是"无本不正,无文不行",所谓"无文不行",正与此处郑注"忠信而无礼,何传乎"义同,正义解"何传乎"为"不可传行",庶几得之。此处郑注既然是强调"礼"而非"忠信",则上述王氏的批评岂不陷于凿空乎?

其实,要明白郑注是侧重于强调仪节而非忠信,"成礼"一词的意涵是另一个非常关键的证据。上文提到,王氏主此处"诚礼"本当为"成礼",谓冉有"是使孔子不得成礼于伯高也",这是非常正确的。但王氏主要把功夫用在了"诚"、"成"互通之证上,而对于"成礼"之义则没有申说。今按,"成礼"或曰"礼成"乃先秦礼仪场合中惯用之语,主要指仪文周到、质文兼备或有始有终,没有缺失。《春秋繁露·玉杯》所谓"质文两备,然后其礼成",即属此义。《礼记·聘义》云"聘射之礼,至大礼也。质明而始行事,日几中而后礼成,非强有力者弗能行也",这是讲"聘射之礼"简直可说是"力气活",只有"强有力者"才能保证从天刚亮到接近中午这样一套完整行礼程序的完成,即"礼成"(或曰"成礼",下文即云"以成礼节")。《礼记·乡饮酒义》谓:"祭荐,祭酒,敬礼也。哜肺,尝礼也。啐酒,成礼也。"所谓"啐酒,成礼",即谓从"祭荐"至此方"成"主人献胙之"礼";[①]又,《仪礼·士冠礼》"乃醴宾,以壹献之礼",郑注:"献、酢、酬,宾、主人各二爵而礼成。"也就是说,"壹献之礼"要仪节完备即"礼成",必须具备献、酢、酬这样三个步骤。王国维还曾以《诗经·小雅·瓠叶》为例说明"壹献之礼"的完整过程:"首章云'酌言尝之',此泛言也;次章则云'酌言献之';三章云'酌言酢之';四章云'酌言酬之'。古人饮酒之礼,主人献宾,宾酢主人,人人酬宾,献酢酬一爵而礼成。"[②]亦用"礼成"指仪节完整。《礼记·曾子问》:"曾子问曰:'大夫之祭,鼎俎既陈,

① 参王夫之《礼记章句》,岳麓书社 2011 年,第 1521 页。

② 参王国维《东山杂记》卷一"诗纪制度风俗",收入《王国维学术随笔》,社会科学文献出版社 2002 年,第 10 页。

笾豆既设，不得成礼，废者几？’”此谓大夫之祭，虽祭器、祭品俱陈，但却最终没有举行祭祀，礼仪未行，即所谓“不得成礼”。丧礼方面，《礼记·檀弓下》云：“卒哭曰成事，是日也，以吉祭易丧祭。”丧、吉祭以“卒哭”作分界，也意味着到“卒哭”时，完整的丧礼方才完成，故曰“成事”，实际也是“成礼”。礼书中于礼节的这种求“全”责“备”，有时还以人体喻之，《礼记·礼器》所谓“礼也者，犹体也。体不备，君子谓之不成人”。“成人”与“成礼”良可互参。正因为“成礼”有仪文周到、有始有终之义，所以“成礼”又可谓“终礼”，《礼记·曾子问》“曾子问曰：‘诸侯旅见天子，入门，不得终礼，废者几？’……”、“曾子问曰：‘诸侯相见，揖让入门，不得终礼，废者几？’……”，所谓“不得终礼”与前“不得成礼”义同，即礼数不够完备之义。验之史实，如《左传》僖公三十三年：“齐国庄子来聘，自郊劳至于赠贿，礼成而加之以敏。”“礼成”亦即“成礼”，杜注：“迎来曰郊劳，送去曰赠贿。”也就是说，从迎来的“郊劳”到送往的“赠宥”，是为聘礼的完整仪节，因此至“赠贿”方可谓“礼成”，正义还专门引《聘礼》仪节以申杜注，尤可证。《左传》桓公十八年“来修旧好，礼成而不反”，此本针对鲁桓公死于齐而言，所谓“礼成而不反”，即指桓公如齐修好之仪节已经完成，但却没有返鲁。《史记·绛侯周勃世家》载，文帝赴细柳劳周亚夫军，亚夫军约法严明，军容齐整，故而亚夫见文帝曰：“介胄之士不拜，请以军礼见。”文帝也只好“改容式车”，最后文帝“成礼而去”，此处之“成礼”显然也是指“劳军”之礼的完成。

了解了“成礼”一词之意涵，我们再来看《礼记》伯高之丧一事。关于伯高之死，《檀弓上》紧接着“伯高之丧”章的，是“伯高死于卫，赴于孔子”章，此章详记孔子闻伯高之死后对于“哭诸”何处的议论。依丧事礼俗，既“哭”之后，还应该去死者家“吊问”，这样才能仪文周到，谓之“成礼”。从“伯高之丧”章“孔氏之使者未至”的情节来看，孔子随后也应该是有“吊问”之安排的。不意在孔氏使者到来之前，冉求自作主张“摄束帛乘马”而越俎代庖，实在是好心办坏事，这就无形中使孔子于伯高之丧这件事情上无法做到仪节完备，即所谓未能“成礼”，所以才有孔子的牢骚：“徒使我不成礼于伯高。"①今天看起来此事也许无足轻重,但对于守礼极严的孔子来说,这种外在仪文上的小节也是马虎不得的。《礼记·檀弓上》还记载:"孔子之卫,遇旧馆人之丧,入而哭之哀。出,使子贡说骖而赙之。子贡曰:'于门人之丧,未有所说骖,说骖于旧馆,无乃已重乎?'夫子曰:'予乡者入而哭之,遇于一哀而出涕。予恶夫涕之无从也。小子行之。'"哭得哀而出涕,说明内心之悲,但如果不辅之以合适的外在形式,在孔子看来也是不太正常的。"恶夫涕之无从"与此处孔子斤斤于小节之未周,可以互为参照。另外,关于《礼记》之"诚"本作"成礼",系着眼于仪节,非关"诚信",其实冉求的"将之"一词也是很好的证据。"将之"一词,王夫之解为"将命",即"奉命",晚近学者多从之。② 杨天宇先生则把"将"释为"致",因此谓"将之"即"致吊",隐有行礼之意。③ 笔者认为杨说显更胜。还可以进一步补充的证据是,礼书中"将之"一词,往往与"礼"相伴生。《礼记·乡饮酒义》:"仁义接,宾主有事,俎豆有数曰圣,圣立而将之以敬曰礼。""将之以敬曰礼","将之"与"礼"明显关联。前引《礼记·檀弓上》"孔子之卫,遇旧馆人之丧"章,亦见《孔子家语·曲礼子夏问》,"涕之无从",《家语》作"涕而无以将之",但意思都是一样的:孔子讨厌痛哭流涕却没有一定的礼物作赗赙。即不只要有内心的情感,还要辅以外在的仪节。因此,无论是《礼记》的"无从",还是《家语》的"将之",都是针对"礼"的,《家语》此处的"将之"也侧面说明它是非常有来历的。《礼记·王制》"天子赐诸侯乐,则以柷将之,赐伯、子、男乐,则以鼗将之",郑君解"将"为"执以致命",解"柷"、"鼗"为"所以节乐"。"执以致命"比较模糊,但既然"柷"、"鼗"能够"节乐",显

---

① 不难设想,虽然冉求越俎代庖替孔子做这件事,但于丧主之家他也要声明是为孔子而来。如果没有"使者未至"这样的事,也许别人都相信了冉子确为孔子之使,因此孔子仪节也是周到的。但问题是在孔子已经派出使节的情况下,冉求却抢先一步行吊,这就让孔子非常尴尬。正义说:"冉有代孔子行吊,是非孔子忠信,虚有吊礼。"其实夫子真正责怪于冉求的,并非是彰显了自己的不"忠信",而是冉求的多此一举,让夫子自己之使者不能卒事,因此就是夫子仪节失周,不能"成礼",这对于守礼极严的孔子来说,无疑是非常难堪的。

② 王夫之《礼记章句》,第160页。王梦鸥、王文锦、吕友仁等均采此说,分别参见《礼记今注今译》,第52页;《礼记译解》,第74页;《礼记全译/孝经全译》,第90页。

③ 参杨天宇《礼记译注》,第68页。

然应该遵循一定的礼数。同样,《孔子家语·冠颂》还提到“行冠事必于祖庙,以裸享之礼以将之”,又是“将之”与“礼”伴生。《左传》襄公九年载季武子的话与之类似:“君冠,必以裸享之礼行之。”虽未用“将之”,但仍主于“礼”则是相同的。再者,《孟子·万章下》:“……以君命将之,再拜稽首而受。其后廪人继粟,庖人继肉,不以君命将之。”其中的“将之”,一般都讲成“送给”①,其实不够准确,而应该理解为有着国君赐命之礼排场的赏赐,也就是说,这里的“将之”仍是与“礼”如影随形的。这么多“将之”的出场都与“礼”有关,对于“伯高之丧”章的“诚”本作“成礼”,无疑也是有力的佐证。

既然“不成礼”的意思是讲仪文未备,礼节不周,这不就与郑注“礼所以副忠信也,忠信而无礼,何传乎?”完全契合了吗?这说明,郑注“忠信而无礼”的注解,对于孔子“不成礼”于伯高一事,可以说是非常准确的。因此,上述王氏说郑注解“诚”为“忠信”,并说郑注的意思是“不忠信礼于伯高”,就是明显的误读,进而他对郑注“颇为不词”的评价也是错误的。不过,王氏对郑注的误读,当是受了正义的影响。正义解郑注云“忠信由心,礼在外貌。若内无忠信,礼何所施”,可以看出侧重点也是在“忠信”,而非“礼”,这与王说正同。“礼何所施”云云,恐怕正误导了王氏的断句。正义还说:“故云‘忠信而无礼’,谓无忠信也。”明明是“忠信而无礼”,怎么能说成是“无忠信”呢?正义的解释无疑是有严重问题的。它最后的结论是“故云空使我不得诚信行礼于伯高”,所谓“不得诚信行礼于伯高”明显是王氏“不忠信礼于伯高”之说的源头。我们上文提到,虽然王氏正确指出了《檀弓》此章本应作“成礼”,而且后来学者也多注意到了王氏的新见,但晚近的《礼记》训解之作依然还是将此处“不诚于伯高”之“诚”就字面解为“诚信”、“诚意”,恐怕还是凸显了正义之说的巨大影响。

还应指出的是,王氏据白帖等类书及郑注,主《檀弓》此章本作“诚礼”,而且认为“自唐石经始脱‘礼’字,而各本皆沿其误”,但是《仪礼·聘礼》“币美,则没礼”贾疏引《檀弓》此章仍作“不诚于伯高”,亦无“礼”字,这说明此

① 杨伯峻《孟子译注》,中华书局1960年,第246页。

字之脱失恐怕是很早的事，并非始自唐石经。或者说唐时《礼记》本就有别本存在，《五经正义》所据为无"礼"字之本，而类书所据则又系另一面貌。另外，王氏通过"诚"、"成"互通之例，证明此处当解作"不成礼"，最后这个结论无疑非常正确，但《檀弓》此章本来面貌是否即作"不诚礼"，恐怕也是有问题的。如前所述，王氏指郑注解"诚"为"忠信"，并误解郑注的意思为"不忠信礼于伯高"，但我们上面既已证明郑注的意思本来是说孔子"不成礼"，与王说其实并不矛盾，既如此，郑君所见完全有可能本就作"不成礼"，因为郑注毕竟是径就"不成礼"作解，而没有别作校勘。

二

上述《檀弓》一章还见于今本《家语·曲礼子贡问》篇，有意思的是，《家语》即作"不成礼于伯高"，与郑注及王氏之意见正合，由于牵扯到《家语》辨伪的相关话题，这同样有待重新讨论。撰《家语疏证》，主《家语》系伪书的孙志祖说此处《家语》"改作不成礼，非"[①]，今按，孙氏毫无证据，且囿于"伪书"成见，罔顾礼制，显误。王念孙在论证今本《檀弓》误脱"礼"字时，证据除了白帖、御览等类书，也提到了《家语》，这表明王氏对《家语》的记载也是重视的，但对于《家语》之"不成礼"与己说同，王氏并没有对《家语》表现出多少欣赏，而是说"故《家语》改'诚'为'成'"，原王氏之意，《家语》还是据《檀弓》而来，只不过"改"对了而已。也就是说，他并不承认此处《家语》记载的原创性，王氏此见明显受到了《家语》"伪书"说的影响。[②] 另外，关于伯高卒

---

① 孙志祖《家语疏证》卷六，《续修四库全书》第931册，上海古籍出版社2002年，第252页。

② 《经义述闻》于"不诚于伯高"下一条"哲人其萎"条中，专门提到"王肃作《家语》"，其于《家语》之态度可见一斑。另外，《经义述闻》卷十四考《礼记·王制》"圭璧金璋"条，王氏正确指出"金"当为"宗"之讹，本字当为"琮"，而且又引《家语·刑政》"圭璋璧琮"为证，此为《家语》优于《礼记》之又一例。此处王氏倒没有说《家语》之真系后人"改"得对。一方面认为《家语》系王肃伪作，但另一方面又不得不经常面对《家语》明显优于他书的地方，这也是诸如孙志祖等《家语》辨伪学者经常面临的"麻烦事"。

一事,《礼记·檀弓上》为前后相次的两章,而《家语》则为一章,它们之间的分合,也是《家语》辨伪学者关注的焦点。今为讨论方便计,将两书所载具列如下,以资比较:

《礼记·檀弓上》:"伯高之丧,孔氏之使者未至,冉子摄束帛、乘马而将之。孔子曰:'异哉!徒使我不诚于伯高。'"

"伯高死于卫,赴于孔子。孔子曰:'吾恶乎哭诸?兄弟,吾哭诸庙;父之友,吾哭诸庙门之外;师,吾哭诸寝;朋友,吾哭诸寝门之外;所知,吾哭诸野。于野,则已疏;于寝,则已重。夫由赐也见我,吾哭诸赐氏。'遂命子贡为之主,曰:'为尔哭也。来者,拜之;知伯高而来者,勿拜也。'"

《孔子家语·曲礼子贡问》:"伯高死于卫,赴于孔子。子曰:'吾恶乎哭诸,兄弟,吾哭诸庙;父之友,吾哭诸庙门之外;师,吾哭之寝;朋友,吾哭之寝门之外;所知,吾哭之诸野。今于野则已疏,于寝则已重,夫由赐也而见我,吾哭于赐氏。'遂命子贡为之主,曰:'为尔哭也,来者汝拜之。知伯高而来者,汝勿拜。'既哭,使子张往吊焉。未至,冉求在卫,摄束帛乘马而以将之。孔子闻之曰:'异哉!徒使我不成礼于伯高者,是冉求也。'"

比较可以看出,《檀弓上》的后一章基本对应《家语》前半部分,而《家语》"既哭"以下,又基本上相当于《檀弓上》之前章,只不过多出"使子张往吊"的情节。清陈士珂为了使读者能够看出《礼记》与《家语》的对应关系,还专门把《礼记》两章的次序按照《家语》的样子进行了颠倒。① 关于两书的关系,范家相说《家语》"合《檀弓》两节为一节,加子张往吊以连贯之"②;孙志祖谓"《礼记·檀弓》云'孔氏之使者未至',此即造一'使子张往吊'事,可谓

① 陈士珂《孔子家语疏证》,上海书店1987年影印版,第271—272页。

② 范家相《家语证伪》,《续修四库全书》第931册,上海古籍出版社2002年,第176页。范氏所据本《家语》同于《礼记》,作"不诚于伯高",非。

杜撰”[1]。范、孙都以《礼记》为本,认为《家语》之一章系捏合《檀弓》两章而来,同样不承认《家语》的原创性。[2] 实际上,《礼记》与《家语》互见重出之处甚多,而这种互见关系还每每表现为《礼记》为多章,而《家语》则合为一章的情况,故此种情况在两书的互见关系中就非常具有代表性。上述范、孙等辨《家语》之伪的学者,于此均主《家语》据《礼记》捏合、联缀,此为他们辨伪方法的常见逻辑。因此,我们不妨以伯高之丧一事为案例,尝试观察在“互见”关系中两书的材料来源问题。

首先,细读今传宋本王肃注《家语》,王氏作注的很重要一项工作就是同时进行文本校勘。因为《家语》之内容与他书互见重出甚多,而《家语》与他书之间词句之差异亦往往而在,所以王肃在注中经常进行语词的勘校,或辨《家语》之讹,或明他书之误,其中还尤以前者为多,其审慎持正可见一斑。关于这一点,孙志祖《家语疏证》一书倒是能平心静气地一一列出。如果说此处《家语》之“成礼”出自王肃之手,那就是率尔改字,这与其不厌其烦地在注中进行校勘而非擅改正文就判若两人,这是无法让人信服的。我们上文已提到,依郑注,郑君所见本极有可能本就作“不成礼”,与后来的唐本不同,如果说《家语》之“不成礼”即袭之而来,那说明这种“袭”之发生也是很早的,极有可能远在王肃之前,那就更不可能是王肃改的了。如果《家语》之“不成礼”非袭本来作“不成礼”的《礼记》,那就更说明它有独立的来源,无论哪种情况,都说明《家语》面貌的形成是很早的。因此,《家语》的“不成礼”绝非据《礼记》的“不诚礼”而改,认为《家语》仅仅是“改”得好,非有独立来源,实际上是囿于“伪书”说的成见,先入为主。一有风吹草动便往王肃“作伪”的方向去想,其实已陷入一种偏执。

另外,如上文所言,《家语》相对《礼记》多出了“使子张往吊”的情节,辨伪学者如上述范、孙二氏,均主王肃妄造以联属《礼记》的两章,其实并

---

① 孙志祖《家语疏证》,第252页。

② 邬可晶博士亦主《家语》一章系捏合《礼记》两章而来,且于“不成礼”亦附和孙志祖改窜之见,显未见王念孙之说,参邬氏《〈孔子家语〉成书时代及性质问题的再研究》,复旦大学2011年博士学位论文,第196页。

没有什么证据。相反,依礼制及史实,孔子倒确实是要派使者去的。我们上文已辨明,所谓“不成礼”,即指孔子于伯高之丧一事上仪文未周,因此,从仪节周到的角度考虑,孔子也是应该派人去吊问的,此为礼之常情。从上下文语境的角度看,《礼记》的“孔氏之使者未至”,也不能理解为孔子不派使者,而应该是“派了还没有到”。冉求在没有得到孔子授意的情况下,就径直替孔子做了这件事,更从一个侧面说明此处吊问之礼乃人情之常。王夫之认为冉求“亿孔子之必赙而先贷为之”①,所谓“亿孔子之必赙”,正说明此为时人都知晓的仪节。《礼记·檀弓上》云“死而不吊者三:畏、厌、溺”,而伯高之死均不属于这些情况,故自应属当吊之列。当然,这里的吊问也不用出自孔子本人,只需要派使者去就行了。不过,从“成礼”的角度上讲,这里的吊问者一定是要出自孔子本人之使。既然孔子遣使吊问自属当然,我们对于《家语》之“使子张往吊”的情节就不能率尔讥其生造。毕竟,如果没有《家语》一书,虽然《礼记》提及了“使者”,但对于“使者”为谁,任何其他文献都无载。尤其是,《家语》的“既哭,使子张往吊;未至,冉求在卫……”,时序及情节均极明晰,而《礼记》则比较模糊,但依礼俗及情理推之,《家语》所载又非常合理。所以,我们与其说《家语》的“详细”为造作,还不如说《礼记》的“简略”系对本来完整的材料进行了概述似更为合理,而《礼记》概述的叙事风格,于其行文的语气和口吻上就看得更清楚了。

从史实的角度讲,无论是《礼记》作两章,还是《家语》为一章,夫子关于“哭诸”何处的议论与冉求的越俎代庖,应该是时序相隔不久的两件事,但请注意:《礼记》述说这样时序很近的事,语气和口吻却是有着细微的不同:“伯高死于卫”章,写法是直叙原委,给人的感觉是离实景状态很近,尤其是人物对话的场景感也非常强,但“伯高之丧”章就不是这样,给人的感觉似乎是时过境迁之后对故事的概述或转述:像“伯高之丧”之于“伯高死于卫”,概述的意味就很明显,不是那么具体;另外,同是孔门弟子,“伯高死于卫”

---

① 王夫之《礼记章句》,第160页。

章，称“子贡”(赐)系其字，而“伯高之丧”章于冉求却称“冉子”，尊称的意味是很明显的。这种对孔门弟子称呼的不同，其实同样可以支持“直叙”与“转述”的差异。此外，“孔氏之使者未至”称“孔氏”而非“孔子”，也是有着明显概述或转述的意味。时序相距很近的两件事，竟然在叙述方式上有这么大的差异，这同样是不太正常的。再者，对于伯高之丧一事，从时序上说孔子是先“哭”然后再遣使吊问，但在《礼记》中，却是“使者”章在前，而“哭”章在后，这也是不太合理的。辨伪学者对于《礼记》、《家语》间的差异，总习惯说《家语》的一章系根据《礼记》进行捏合，如果真是这样，《家语》的编者既要将《礼记》时序颠倒的两章次序理顺，又要将两章的行文语气改成一律，还要把冉求之摄与孔子之使的时序及情节拿捏得很好，尤其还要对“不成礼”有如此准确的体悟，这只能说明《家语》的编者对史实极为熟悉或他所面对的材料更为原始和真实。但说到对史实的熟悉，连郑君都对伯高不太了解(所谓“未闻何国人”)，且也未具“使者”名姓，那就说明不太可能是郑玄以后的人所为；而如果是《家语》编者面对的材料更为原始和真实，那就明显不是据《礼记》而来，而是另外有独立来源的。无论如何，所谓《家语》据《礼记》捏合的说法都是不大站得住脚的，我们认为《家语》的面貌才更为原始，《礼记》两章的处理当系简编朽烂导致前后脱节，尤其是后一部分开头又光秃秃全无背景，而要把后一部分的事情原委交代清楚，就必须撮述或概述相关背景，这才是冉求之摄章必欲从“伯高之丧”事说起，而且叙事语气与口吻与另一章大不同的真正原因。

综上所论，我们认为关于伯高之丧一事，真实情况应该与传统《家语》辨伪学者所主张的正好相反：《家语》所载才是故事原貌，《礼记》作两章处理，其实源于简编朽断后的重新整理，因此才致两章之间在语气、文风上有明显差异。这种情况对我们思考他处《家语》与《礼记》的“互见”及分合关系也应该是颇具启发意义的。

【补记】邬可晶博士后来出版其博士论文时，对本文用了不小的篇幅作专门回应。[①] 可晶博士既不同意高邮王氏父子的校读，也不同意本文《家语》“成礼”才系本貌的意见，今两文俱在，有兴趣的读者将两文合观，自会有清醒的判断。因此，笔者不拟在此作过多回应，只想指出可晶博士误解拙文，但同时又是两文分歧至关重要的一点，那就是郑注的“何传乎”。首先应该指出，可晶博士也认为王氏把郑注断作“忠信而无，礼何传乎”有误，笔者最初读到此处时疑惑反而更重了：既然同意拙文的断句，那还有什么可讨论的呢？再者，可晶博士也同意拙文关于郑注“礼所以副忠信者……”是强调“礼”，即外在的“仪节”，然则，为何还会对郑注有不同理解呢？关键在于可晶博士将“何传乎”的主语理解为“忠信”，而且说“没有问题”，但这恰恰是大有问题的。看过拙文的读者不难发现，拙文通篇讨论郑注所涉及的主要问题是礼的“形式”与“内容”之关系。郑注“礼所以副忠信者……”，是强调“礼”的“形式”性的一面，换句话说，哪怕你有再多的热忱，没有一定的“形式”，你的好意也是“传达”不出去的。准此，“何传乎”的主语其实应该是行礼的人，而“何传”其实应该理解为“怎么传”：如果一点“仪节”都没有，行礼者怎么表达礼敬之意呢？正是由于昧于这一点，所以可晶博士一则指鄙意以“礼”为“何传乎”的主语，但又指笔者说无法传达出去的是“礼敬之意”，因此说拙文“随文释义”。这其实都是对拙文有意无意的误读。需要特别指出的是，伯高章此处郑君本系随手作注，且语言简略，如果真要按现代汉语语法的各种成分严格落实，就必须回到完整的语境和场景。可晶博士说“何传乎”的“主语承上一句而省”，没错，此处主语“省”则“省”矣，但是否是“承上一句而省”呢？所谓“承上”的一句就是“礼所以副忠信也”，翻译成今天的话就是“礼是用来承载或者说要和忠信匹配（即“副”）的”，既与“忠信”相对，这里的“礼”显然只强调形式的一面，而且“礼所以”云云者，诚如拙文所指出的，强调的是“礼”，即形式，并非“忠信”。换句话说，如果此句“忠信”是主语，是强调的重点，依

---

① 参见邬可晶《〈孔子家语〉成书考》，中西书局 2015 年，第 269—277 页。

郑君文例,他应该说"忠信所以……",而事实上却是"礼所以……",故"忠信"非为此句主语可谓至为显豁。接下来郑注即云:"忠信而无礼,何传乎?"翻译成今天的话就是"如果徒有忠信没有礼的形式,怎么传达忠信之意呢",这么翻译的话其实主语也是省略了的,而依文意显然其主语应该是行礼之人,而不可能是可晶博士理解的"忠信"。由此来看,郑注此处的前后两句,其主语已悄然转换,并非只有一个主语,邬文笼统地说"承上一句而省",是不准确的。按照可晶博士的理解,如果将"忠信"讲成主语,似乎此句就可翻译成:"忠信如果没有礼,怎么传?"这貌似就是以"忠信"为主语了,但果真如此吗?如果"传"的主语是"忠信",那就是"忠信"自己在"传"了,请问不需要人吗?当然,从纯粹的古汉语语法来看,"何传乎"之"何"还可以理解为疑问代词作宾语,宾语前置。如果是这样的话,该句的意思就是"传什么",但主语同样应该是"人",而不可能是"忠信",否则,"忠信传什么"就甚为不辞,而且也无法找到宾语,总不能说"忠信传礼"吧?无论如何,说此句的主语是"忠信"都是明显有违古汉语语法常识的。

笔者还想指出的是,可晶博士讨论"何传乎"的施事主语,唯独没有提到拙文所举《礼记·檀弓上》中的一条关键证据:"弁人有其母死而孺子泣者,孔子曰:'哀则哀矣,而难为继也。夫礼,为可传也,为可继也,故哭踊有节。'"此则材料之所以重要,是因为其中的"夫礼,为可传也"亦言"可传",这是我们理解郑注此章"何传乎"最为接近的辞例。孺子丧母而泣,孔子以为哀悲当然是应该的,但"为可传也,为可继也",也就是要具有"可操作性",就必须"哭踊有节",明显也是强调"仪节"。孔子"为可传也,为可继也"言论的背景是,如果遭父母丧而哀悲过度,那就是"毁瘠",反而是不对的(《礼记》之《曲礼上》、《杂记下》及《家语·曲礼子夏问》都有专门论述)。就字面意义上看,"夫礼,为可传也,为可继也",似乎"礼"(包括"形式"与"内容")就是"可传"、"可继"的主语,但孔子此处所谓的"可传",尤其是"可继",特别是"哭踊有节",为谁考虑呢?显然是孺子。丧母当然应该哀悲,但也需要"哭踊有节"这样的

“形式”来节制，否则呼天抢地、哀悲过度，乃至“毁瘠”（严重者甚至搭上性命），使得丧礼进行不下去，不正是难以为“继”的吗？综而言之，“可传”是说孺子需要一定的仪节来表达哀悲，也就是“怎么传”的问题；“可继”是说要有一定的仪节来节制哀悲，这样才能使丧礼得以进行下去，即拙文强调的“成礼”。它们一来都强调“仪节”，即拙文所一再申明的“形式”，二来又都是为“人”即孺子设计的——分别解决“怎么传”和“可持续”的问题，由此反观伯高章郑注的“忠信而无礼，何传乎?”该作何理解，不就很清楚了吗？顺便说一句，可晶博士回应之文用了绝大部分篇幅维护《礼记》“不诚于伯高”的表述，而对于《家语》之“不成礼”这样明显不同的异文，只是轻描淡写且不乏推测性地引孙志祖之说以为据（参邬著第275页，倒数第3段），这种工作重心的倾斜很难说是客观的。其实，只要细读拙文所举礼书及史书中“成礼”的记载，就可知道，《家语》“不成礼”这样的异文是绝不应该作如此草率处理的。

由《孔子家语·论礼》说《礼记·仲尼燕居》的一处衍文*

《孔子家语·论礼》之首"孔子闲居"章,又互见于《礼记·仲尼燕居》。主要内容是孔子对三位学生子贡、子游(言游)、子张进行礼制的说教。值得注意的是,与子贡对话的部分,两书相比有一处明显不同。今为讨论方便计,将相关内容具录如下:

> 《礼记·仲尼燕居》:"仲尼燕居,子张、子贡、言游侍,纵言至于礼。子曰:'居!女三人者,吾语女礼,使女以礼周流,无不遍也。'子贡越席而对曰:'敢问何如?'子曰:'敬而不中礼,谓之野;恭而不中礼,谓之给;勇而不中礼,谓之逆。'子曰:'给夺慈仁。'子曰:'师,尔过;而商也,不及。子产犹众人之母也,能食之不能教也。'子贡越席而对曰:'敢问将何以为此中者也?'子曰:'礼乎礼!夫礼所以制中也。'"①
>
> 《孔子家语·论礼》:"孔子闲居,子张、子贡、言游侍,论及于礼。孔子曰:'居!汝三人者,吾语汝以礼,周流无不遍也。'子贡越席而对曰:'敢问如何?'子曰:'敬而不中礼谓之野,恭而不中礼谓之给,勇而不中礼谓之逆。'子曰:'给夺慈仁。'子贡曰:'敢问将何以为中礼者?'子曰:'礼乎,夫礼所以制中也。'"②

其中,《仲尼燕居》划线部分为《家语·论礼》所无,此为两本之最大差

---

* 本文原刊于《中国典籍与文化》2012 年第 3 期。

① 参见《十三经注疏》(附校勘记及识语),浙江古籍出版社 1998 年,第 1613 页。

② 本文《家语》之文依同文书局本。

异。清孙志祖主张《家语》为王肃伪造之书,因此说:“案《礼记》此句下尚有‘子曰:师而过,而商也不及……能食之不能教也’云云,故子贡问将何以为此中者也。中字承上‘过不及’来,今王肃删去上数语,则中字无根矣。”①主张《礼记》为原貌,而《家语》则系妄删。不偏不倚的“中”字与前面的“过犹不及”确实文意一贯,但问题是,以王肃的水平,为何要删得如此“无根”呢?而且,此处《家语》与《礼记》之差异,和郑玄、王肃之经学争论毫无关系,实在看不出王肃有妄删的理由。另外,孔子此处论所谓“不中礼”,子张之“过”与子夏之“不及”,诚可谓“不中礼”矣,但“子产犹众人之母也,能食之不能教也”却实在看不出有什么“过犹不及”的意思,历代注家于此的解释都是不能令人信服的。郑玄说:“众人之母,言子产慈仁,多不矜庄,又与子张相反。子产尝以其乘车济冬涉者,而舆梁不成,是慈仁亦违礼。”郑君“慈仁亦违礼”之说,颇让人困惑,因孔子曾言“人而不仁,如礼何”(《论语·八佾》),而且“苟志于仁,无恶也”(《论语·里仁》),然则如何能说“慈仁”与“礼”矛盾呢?孔疏于此说:“‘子产犹众人之母也’者,言父义母慈,父能教而不能爱,母则能爱而不能教,言子产若众人之母,但能恩慈食之,不能严厉教之。”所谓“母则能爱而不能教”,也流于想当然,果如此,那么孟母何为者?另外,《论语·先进》篇孔子关于“师也过,商也不及”的评价,是回答子贡“师与商也孰贤”这样的问题的,请注意,无论是“过”还是“不及”,都是针对“贤”这一唯一标准的,是一条线上的两端,但无论是郑注的“慈仁亦违礼”(仁与礼)还是孔疏的“能爱而不能教”(爱与教),都必须要从两个方面着眼,换句话说,他们所谓的“仁”与“礼”、“爱”与“教”其实都不是同类概念。清孙希旦谓:“子产于其民,能食而不能教,犹母之于子,亲而不尊,盖于仁为过,而于义为不及也。”②孙希旦的解释也同样是从两个方面来立论,“盖于仁为过,而于义为不及也”,“仁”与“义”同样也不是同类概念。《论语·先进》之“过犹不及”从一个方面立论,而历代注家对此处子产所谓“过犹不及”的解释却往

---

① 孙志祖《家语疏证》卷三,《续修四库全书》第931册,上海古籍出版社2002年,第226页。

② 孙希旦《礼记集解》,中华书局1989年,第1268页。

往要从两个方面着手,窃以为这已经不是孔子“过犹不及”的原意,这都暗示这些解释其实都是牵强的。孙氏仅说“中”字上承“过犹不及”为合理,于此却无说,似有避重就轻之嫌。范家相也认为《家语》为伪书,对于上述二书记载说“无甚异同”①,明显失察。

上述学者出于尊经崇圣的心理,对《礼记》的记载是不敢轻易怀疑的,尤其是此处涉及的是《礼记》与所谓“伪书”《孔子家语》之间的对比,他们无疑更容易接受诸如孙志祖那样的看法。相反,倒是那些名气不太大、受传统儒家经学影响不太深的学者,反而能跳出经学桎梏,故多有平心静气之论。前几年,上海图书馆影印出版了其所藏部分清人著作稿本,其中有沈大本《礼记订讹》一书,就颇能参考《家语》,对《礼记》中之舛错多有校正。② 关于此处《礼记·仲尼燕居》与《家语·论礼》之间的不同,沈氏说:“‘子产犹众人之母’二句,在《家语·正论解》篇,错简在此。”③关于《家语·正论解》之相关内容,我们下文还会有详细讨论。沈氏此处明显赞同《家语》而指《礼记》系简策错乱,这对于那些正统经学家来说简直难以想象。但沈氏人微言轻,加上著作并未刊刻行世,故流传不广,所以沈说鲜有什么影响。但我们上文已经说过,“子产犹众人之母”之事,其实与“过犹不及”并不相谐,《家语》无此,反而更合理,故沈氏此说确属体会经文有得。近来,也有学者亦开始注意到其中问题,如王锷《〈礼记〉成书考》说:“从《仲尼燕居》上下文来看,子贡、子游、子张依次与孔子问答,顺序井然,在子贡问礼于孔子时,孔子突然有评价子张、子夏的文字,与上下文不协,《论礼》没有这二十五字,说明《仲

---

① 范家相《家语证伪》卷六,《续修四库全书》第931册,上海古籍出版社2002年,第142页。

② 参沈大本《礼记订讹》,《上海图书馆未刊古籍稿本》第十一册,复旦大学出版社2008年,第13—148页。沈氏参考《家语》校正《礼记》之错简情况,可参沈著前虞万里先生为之所撰“解题”。此“解题”又见虞氏《上海图书馆藏稿本解题四篇》,《传统中国研究集刊》,上海人民出版社2009年,第310—315页。另,虞氏后又以此“解题”之文为基础,专门增加数则以《家语》纠《礼记》错简之例,成《上海图书馆藏稿本〈礼记订讹〉初探》一文,收入《中国经学论集》(方光华、彭林主编),陕西人民出版社2009年。

③ 沈大本《礼记订讹》,第126页。

尼燕居》二十五字可能是衍文。"[①]王氏亦指《仲尼燕居》多出部分为衍文,与沈氏同,特别是从三位弟子与孔子问答体例入手,看出《仲尼燕居》多出部分置于此甚为突兀,以致上下文语义扞格。但对于衍文之所由来,则没有如沈氏般界定分明(错简)。

沈氏提到的"子产犹众人之母"事又见于《孔子家语·正论解》篇,相关内容是这样的:

> 子游问于孔子曰:"夫子之极言子产之惠也,可得闻乎?"孔子曰:"惠在爱民而已矣。"子游曰:"爱民谓之德教,何翅施惠哉?"孔子曰:"夫子产者,犹众人之母也,能食之,而不能教也。"子游曰:"其事可言乎?"孔子曰:"子产以所乘之车济冬涉者,是爱而无教也。"

如果说"夫子产者,犹众人之母也,能食之,而不能教也"在《礼记·仲尼燕居》中十分突兀、语义扞格的话,我们发现它在《家语·正论解》此章却是文从字顺,辞意畅达:子游问子产的"惠"如何,孔子认为"爱民而已",暗指其"惠"器局太小,但子游更疑惑:爱民可以称得上德教啊,为什么仅止于施恩惠呢,孔子才说了这句话:"夫子产者,犹众人之母也,能食之,而不能教也。"也就是说子产的问题在于只管让老百姓吃饱,却不关心对他们的教化,而这才是德教的重头戏。孔子下面还举子产用自己的船帮助老百姓过河的事,孔子认为这也只是小恩小惠,"是爱,而无教也"。

关于"子产以所乘之车济冬涉"一事,《孟子·离娄下》也有相关记载(前引郑注亦用此):

> 子产听郑国之政,以其乘舆济人于溱洧。孟子曰:"惠而不知为政。岁十一月,徒杠成;十二月,舆梁成,民未病涉也。君子平其政,行辟人可也,焉得人人而济之?故为政者,每人而悦之,日亦不足矣。"[②]

---

① 王锷《〈礼记〉成书考》,中华书局 2007 年,第 29—30 页。

② 另外,《说苑·政理》载"景差相郑"章,亦与此相类,只不过此事主人公和评论人换成了景差和叔向而已。参陈士珂《孔子家语疏证》,上海书店 1987 年,第 257 页。

孟子所批评子产的“惠而不知为政”，简直与孔子所说的如出一辙。看来当初关于子产为政好施小惠的典故，[①]流传颇广，故《孟子》、《家语》均引以为论证之取资。所以，上述一句置于此章，要比在《仲尼燕居》中文义允洽得多。但《正论解》此章在《家语》辨伪学者那里，同样是被怀疑的。范家相对《家语》此章评价说：“‘子产犹众人之母’两语本《礼记》，‘以乘舆济涉’本《孟子》，牵合成文。”[②]孙志祖谓：“此袭《孟子》、《礼记·仲尼燕居》。”[③]他们的意见一致：《家语》是把《孟子》、《礼记》两书内容拼凑成文的。但问题是，这拼凑而成的文章文义允洽，而在号称原初的《礼记》中却顿显突兀难通，因此范、孙二氏的看法就很让人生疑。还要提到的是，由于《家语》的内容与多种古书互见重出，所以范、孙二氏辨伪的常见逻辑就是，找出其他文献中与《家语》对应的部分，然后就说《家语》的面貌系“因袭”或“拼凑”其他文献而成。但应该指出的是，《家语》与其他文献之间的对应，他们经常能找出整章对应，文字也大致不差，但对《正论解》此章，他们其实并未在其他文献中找出完整对应的章，而仅仅是只鳞片爪地在《孟子》、《礼记》中找出类似的语句。事实上，在《孟子》中，虽则也批评子产的“惠”，但落脚点是放在“徒杠成”、“舆梁成”这样的政之大体，而《正论解》孔子答子游之问却是强调要“教”，所以两者的侧重点和论述方向并不一致。[④] 它们只不过恰巧都利用到了子产好施小惠这一典故而已，所以严格说来《孟子》书中所述其实与《家语·正论解》此章并不能算前文提到的

---

① 《论语·公冶长》孔子评子产有“君子之道四”，其中之一即“其养民也惠”，《宪问》篇也说子产“惠人也”，《家语·辨政》更说子产“于民为惠主，于学为博物”，《汉书·五行志》“子产任政，内惠于民”，凡此均可证子产治民以“惠”；但为政仅有“惠”是不够的，所以孔子于此又有所批评，此与《荀子·大略》篇孔子评“子产，惠人也，不如管仲”亦相合，《韩非子·难三》于子产施政“不亦无术乎”之讥，也是切中其短，故《汉书·古今人表》子产仅列“中仁人”，可谓良有以也。

② 范家相《家语证伪》卷九，第171页。

③ 孙志祖《家语疏证》卷五，第249页。

④ 前引郑注亦失察于这种不同，所以简单牵和《孟子》作解。

“文本”层面的互见关系。[①] 正因如此，我们就应该重视《家语》记载的独特价值，轻率地说它“牵合”、作伪是不能服人的。何况，在《礼记·仲尼燕居》中，“子产犹众人之母”一句与上下文明显文义阻隔，甚为难通。所以，此句的原始位置，就应该是《家语·正论解》此章，而《礼记·仲尼燕居》所见，只不过是错简的结果。

但问题是，《家语》与《礼记》本系两书，《家语》的文句为何能错简入《礼记》中？于此，沈大本倒没有进一步追问，这背后其实恰恰有重要的讯息。从内容构成上说，《礼记》、《家语》二书当初本有共同的材料来源。结合晚近发现的出土材料，可以看出，当初“语”类材料曾经大量存在，《家语》、《礼记》两书相当一部分材料即来源于此，[②]它们都属于汉志的“《记》百三十一篇”或《别录》所谓的古文记“二百四篇”中之内容。因此，所谓“孔子家语”，其实也不过是“语”类材料的“孔家”传本而已，所以，“孔子家语”，严格说来应读成“孔子家”“语”，而非“孔子”“家语”。传统经学家特别是《家语》“辨伪”学者囿于正统成见，每遇《礼记》、《家语》互见者，总习惯说《家语》因袭或抄自《礼记》，现在在出土材料大量发现，特别是古书体例研究日新月异的情况下，这种有明显“尊经”味道的看法早就该被摒弃了，从材料出身上说，《礼记》中很多内容当初其实并不像后来那么“神圣”。就此处来说，可以肯定，当初在《礼记》材料中也当有《孔子家语·正论解》之子游问子产事一章，

① 前人对先秦、两汉古书之间的“互见”、“重出”现象已多有提及，晚近出土文献的大量发现也更加证明了这一点，对此现象的研究已成为古书成书或古书体例研究的热门话题。但现在的问题是，学界对“互见”、“重出”的定义还是比较模糊的，导致在具体的研究中往往过于随意，缺少一定的标准。学者经常是在两类文献之间仅仅发现了“只言片语”的雷同或相似就说它们是“互见”，这很容易导致不适当地拉近两书的关系。事实上，这也正是范家相、孙志祖等《家语》辨伪学者的典型做法，甚至主《家语》不伪的陈士珂在搜辑与《家语》内容相关者时也是如此操作。今天建立在出土文献实证基础上的古书体例研究，显然应该在方法论上有所超越。

② 关于《礼记》与《家语》的关联，今本《家语》后托名孔安国的序中说《家语》材料曾经“与曲礼众篇乱简合而藏之秘府”，其孙孔衍之奏文还称戴圣编《礼记》时，曾取《家语》以补《礼记》之不足。今本《家语》后所附两篇序文个别细节或未足尽信，但此处所述《礼记》与《家语》之关联，与出土文献所证实的，确实若合符节。

这样才会有错简的材料保证。只不过,此则材料很早的时候就从《礼记》中散失了。郑玄所见,已是今本的样子,这说明这则材料至少在郑玄之前,就已经从《礼记》中散失。这一事实更说明王肃伪作《家语》或所谓《家语》成书于魏晋时期说是不能成立的。比如辨伪学者总说《家语》与《礼记》对应的部分,为袭《礼记》而来,即便此说真能成立,《家语·正论解》此章也不会是因袭今本《礼记》(因为今本《礼记》并无此内容,甚至郑玄所见也不是今本的样子),而只能是因袭"古本"《礼记》材料,换句话说,如果说真的是《家语》"因袭"了《礼记》,那这样的"因袭"也应该是很早发生的,至少在郑玄之前,这与辨伪学者常说的这样的"因袭"系由后来的王肃实施或《家语》成书于魏晋,岂不是矛盾的吗?

"子产犹众人之母"一句的是非既明,我们回过头还想说说《礼记·仲尼燕居》前面的"师而过,而商也不及"。既然我们说"子产犹众人之母"一句系错简于《仲尼燕居》中,本不该有,但我们知道,相对于《家语》,《仲尼燕居》还多出了"师而过,而商也不及",然则此句亦为错简乎?前述沈氏即是把此句与"子产犹众人之母"一句通通看成《家语·正论解》之错简的,但问题是《正论解》此章并无"师而过,而商也不及"句,故沈氏之说就失之笼统。而且,说"师而过,而商也不及"一句为衍文,很多人更不会同意。因为正如上面孙志祖所言,"师而过,而商也不及"与前面反复申说的"不中礼",文义畅达,密合无间,若是错简,很难理解会错得这么巧。反过来,我们再来看《家语·论礼》。它相对于《仲尼燕居》少了"师而过,而商也不及;子产犹众人之母也,能食之不能教也",后一部分已经辨明是错简,确实当删;而我们同样发现,如果删去前面的"师而过,而商也不及",同样于文义无损。前面反复申说种种的"不中礼",甚至孔子还说"给夺慈仁",接下来子贡就问:"敢问将何以为中(礼)者?"即如何做才算是不偏不倚、恰到好处的"礼"呢?——依然是逻辑严密、衔接紧凑。这样,情况就非常明晰了:"师而过,而商也不及"一句有它不嫌多,无它也不嫌少,因此可以说,它是可有可无甚至是多余的。看来此一句同样有问题。事实真是如此吗?我们试从文理再分析之。

从上下文看,"师而过,而商也不及"虽说也是讲"不中礼",但置于孔子答子贡的问话中，其实并不是很合适。首先，《仲尼燕居》从“子曰：敬而不中礼，谓之野”到“子曰：师而过，而商也不及……”，是连续三个“子曰”，而综观上下文，基本上都是弟子和老师问、答交替出现，连续三个“子曰”等于是孔子一直是不问自答，虽说于情理亦常所不免，但终觉得比较奇怪，尤其与下文孔子与子游、子张的答问明显不协调。

其次，如果通读《仲尼燕居》及《论礼》此章就可以知道，它们的主要内容就是子贡、子游、子张三位弟子侍坐时，与孔子关于礼的问对。孔子的回答主要也是围绕礼制本身的各种问题展开，但像答子贡之问说“师而过，而商也不及”，突然涉及人事评价，这同样也是比较奇怪的。另外，所谓“过犹不及”的典故，我们都知道它出于《论语·先进》篇：

> 子贡问：“师与商也孰贤?”子曰：“师也过，商也不及。”

可以想象，这次子贡与孔子的谈论，应该是发生在子张与子夏不在场的情况下，子贡就两位同门的才德高下向老师打听。但请注意，在《仲尼燕居》中，侍坐的是子贡、子游、子张，这时子张是在场的，在这种情况下孔子还说“师而过”，等于面责其过，虽说孔子教弟子也义在不辞，但终觉于情于理还是不太可能。尤其是，假如我们相信孔子这次确实是当着子张的面说了这句话，但有意思的是，下面子张的问话，对老师的这句批评，竟然没有丝毫的回应，而仍只是自顾自地说：“敢问礼何谓也?”这在形式上也与上面子贡、子游的问话基本一致，好像孔子对他的批评根本不存在似的，这同样是非常奇怪的。所以，鉴于上述三位弟子与孔子问对的形式整齐划一，而且内容都是关涉礼制本身，上面孔子直接批评子张的内容出场就不太合理。

既然“师尔过，而商也不及”在《仲尼燕居》中出现并不合适，但从意思上讲它又与“不中礼”非常契合，然则如何界定它的性质呢？笔者以为此句当为后人的注文误混入正文。当初的读者大概读到“敬而不中礼，谓之野；恭而不中礼，谓之给；勇而不中礼，谓之逆”时，觉得意思上颇与《论语》中孔子讲的“过犹不及”义近，遂附记于旁，后人辨之不察，遂抄入正文。正因为它是注语，当然也就与前文在意思上密合无间，所以如果仅从文义上看，它是很难让人生疑的。但是如果从上下文的对话环境、孔子与三位弟子谈话的形式及内容，尤其是与《家语·论礼》的互勘来看，我们认为它是衍文也是无疑的。

另外，由《礼记》、《家语》在材料来源上的“交集”及本文讨论的错简现象，笔者还想附带就与《家语》辨伪学相关的问题再多说几句。传统上《家语》的辨伪之法，主要就是遍搜群籍，找出与《家语》互见者，辄谓王肃或《家语》的编者袭之而来；如果实在找不到出处，学者依然会说，王肃或《家语》的编者还是抄袭自他书的，只不过这些书早已亡佚罢了。如《家语·颜回》篇“叔孙武叔见未仕于颜回”章下，孙志祖说：“此篇所引颜回语，多不详其来历。盖王肃所据先秦诸子书，今已亡佚也。”[①]姑且不论此说成见之深，必欲指《家语》为“抄袭”，单从论辨的角度讲，它的确是非常周密的，等于堵住了对方最佳的突破口：《家语》所载找不到出处也不能成为其有独立来源的证据，完全有可能《家语》所抄之书均已亡佚。这样就既判定了找得到的文献，也堵住了找不到的文献。此说于论辨巧则巧矣，但事实如何呢？所谓“所据之书亡佚论”，从道理上讲，确实是存在这种可能的。但问题是，辨伪学者又常说《家语》袭自他书系王肃或魏晋时人完成的，这样的时间定位就意味着“亡佚”只能发生在王肃或魏晋以后，而如果“亡佚”在王肃或魏晋之前发生，这种推论即宣告破产：王肃或魏晋时人都看不到，何来相袭（恰如上文我们讨论的古本《礼记》材料中子游问了产事）？因此，所谓“所据之书亡佚论”的适用，是应该有严格限度的。辨伪者如果提出此论，从举证责任上说，等于又给自己增加了这样一项工作：必须要证明这里的“亡佚”一定发生在王肃或魏晋以后。

在上述辨伪学者的话语系统中，对所谓《家语》“袭”他书，均认定为“非法”，认为系王肃剿袭他书而成。上面已提到，先秦两汉之书，彼此之间“互见”、“重出”现象极为普遍，但我们显然不能说它们之间是谁抄了谁，并课之以“作伪”的价值评判，因为这本是彼时古书的常见体例，本无足怪。即如我

① 参上揭孙志祖《家语疏证》，第217页。

们上文讨论的,《礼记》、《家语》由于有共同的材料来源,因此它们之间出现诸多“互见”、“重出”之内容,亦属必然,我们同样不能戴着有色眼镜说是《家语》“剿袭”了《礼记》,因为一旦“剿袭”认定,随之而来的就是“伪书”的认定。但既然彼时古书之间“互见”、“重出”乃正常现象,也就无关什么“作伪”的问题。就此而言,如果说“所据之书亡佚论”有适用限度的话,辨伪学在这里同样有个适用限度问题:秦汉及以前书中的“互见”、“重出”,其实已不适合用传统辨伪学的标准讨论问题。需要指出的是,中国经典辨伪学的标志性案例——伪古文《尚书》之辨伪一事,其实是《家语》辨伪学方法论的源头,关于这一点,王国维在做今本《竹书纪年》辨伪时已明白揭橥:“昔元和惠定宇征君作《古文尚书考》,始取伪古文《尚书》之事实文句,一一疏其所出,而梅书之伪益明。仁和孙颐谷侍御复用其法,作《家语疏证》,吾乡陈仲鱼孝廉叙之曰:‘是犹捕盗者之获得真赃。’……乃复用惠、孙二家法,一一求其(笔者按:即今本《竹书纪年》)所出,始知今本所载殆无一不袭他书……”[①]由于伪古文《尚书》辨伪所取得的巨大成功,[②]其方法遂具有了辨伪学上的“范式”意义,被一再运用到诸如《家语》、今本《竹书纪年》等书的辨伪中。其实,伪古文《尚书》之作成以及后来对其辨伪的展开,严格说来很大程度上是个辑佚学领域的问题。表面上看,伪古文与诸书引文之间的确存在“互见”之问题,但这种“互见”与《礼记》、《家语》因有共同材料来源所致的“互见”显然有本质的不同。遗憾的是,从孙志祖到王国维,对此不同均未察觉,因此也就认识不到传统辨伪学方法论的“限度”问题。从这个角度上讲,今天的古书成书及古书体例研究对于辨伪学方法论之革新是有着重要意义的。

【补记】与上一文一样,最近邬可晶博士出版博士论文时对本文也

① 王国维《今本竹书纪年疏证序》,方诗铭、王修龄《古本竹书纪年辑证》,上海古籍出版社 1981 年,第 188 页。

② 新近公布的“清华简”,尤其是其中的《尹诰》、《说命》等篇,益证梅氏所献古文《尚书》确系“伪书”。

有专门回应。① 可晶博士之文依然维护《礼记·仲尼燕居》为原貌的看法,不同意笔者关于"师尔过,而商也不及"为旁注混入,"子产"句为错简的意见。归纳起来,邬文的理由主要有三,而这三方面其实都有问题。

其一,可晶博士认为"子产"句共15字,远不足战国秦汉一简的字数,因此"错简"说不可信。今按,可晶博士以为"错简"就必须一定要"错"整简的字数,这甚违于近代以来简牍学乃至今天简帛学研究的常识,可置不论。

其二,邬文极申"中礼"与"为中"的不同,即"合乎礼"与"无过无不及"的差异,因此说《家语》抽掉"子曰师尔过"一句,就使得前面的"中礼"与后文的"为中"短兵相接,并认为这"才真正是'语义扞格'"。不过,既然邬文也承认"师尔过"句也是讲"为中"的,难道让该句与前面讲"中礼"的部分短兵相接就是合理的吗?又,孔子前面三个"不中礼",确如可晶博士所说是讲"不合乎礼"的,但下文子贡的反问"将何以为此中者也"(《礼记》文),其实应该译作"那怎么才能做到这样合乎礼呢",也就是说,这里的"为此中"其实不劳邬文那样一定要理解为不偏不倚的"中"。倒是《礼记》前面一旦窜入了"子曰师尔过"一句,那倒真的变成了不偏不倚的"中"了,与"合乎礼"微别。邬文还称举杨天宇等学者将"子曰师尔过"以下另行分段,如此论证,笔者以为恰愈加说明了"师尔过"句与前文在语义上是有差异的。邬文还指责《家语》子贡的话"此中礼"的表达,是"不顾在动词性的'中礼'前加一'此'字而造成语法上的不通"。今按,邬文所据《家语》"此中礼"之文当系据丛刊本,而同文书局所据玉海堂影宋本、《四库全书》本,甚至范家相所据本均径作"中礼",并无"此"字(拙文所据亦无"此"),邬文以"此中礼"系《家语》本貌的说法尚须提供坚实证据。另外,《礼记》子贡此处的话作"何以为此中",而《家语》作"何以为中礼",倒是《礼记》多了"此"。邬文必欲将

① 参邬可晶《〈孔子家语〉成书考》,中西书局2015年,第329—331页。

《礼记》"为此中"之"中"理解为不偏不倚的"中",这其实不过是刻意要为"师尔过"一句张本,而依上文的理解,下文的表达无论是《礼记》的"何以为此中"还是《家语》的"何以为中礼",其中的"中"都不嫌理解为"合乎礼",因此,邬文刻意要找的所谓不偏不倚的"中"的证据,除了性质成疑的"师尔过"句外,其实并不存在,这不更说明问题吗?最后应该指出的是,可晶博士于"中礼"、"为中"之类问题不惜笔墨,而对拙文所提针对"师尔过"句存在合理性的疑问如"过犹不及"系一个标准下的两端,而"子产犹众人之母"事后人评价却往往从两个标准上立论;"师尔过"句孔子等于直斥子张之过,这在子张在场的情况下其本人却无任何反应,颇为蹊跷等,却一无回应,笔者以为恰恰是这些方面才是真正需要认真对待的。

其三,可晶博士指子产以乘舆济冬涉事袭用《孟子·离娄下》,因此说《家语·正论解》批评子产"爱而无教""似乎文不对题"。今按,此处所涉及问题牵扯到当前"互见"研究的关键一点,即"互见"要不要区分类型?是否两书之间只要有点滴"互见"就马上可以上升到"文本"因袭的高度?对此,本书的"诸书'互见'编"尤其是其中通过对《礼记·丧服四制》成篇的研究已有充分讨论。具体到此例"互见",笔者认为子产以乘舆济冬涉事只是故事"素材",是"公言",理论上可以被组织进任何文本中。可晶博士以《离娄下》为原始出处,那就是说除了孟子别人都不知道这个故事,或者说只要有这个故事就只能袭孟子,这显然是无法服人的。晚近出土文献的发现已多次使我们对当初古书辨伪的很多"默证"推理大呼上当,其中的方法论教训是值得认真记取的。再回到此例,可晶博士说《离娄下》为原创,而指《家语·正论解》"文不对题"(尽管前面用了"似乎"),其实通观《家语》此章,主要是子游与孔子之间关于子产"惠"的议论,子游认为"惠"不是很好吗,但孔子认为止于"惠"是不行的,还必须能"教",正是在此背景下才引到了子产以乘舆济冬涉事,这怎么就"文不对题"了呢?而且,拙文还举了自古在子产能"惠"一事上,古人确有共识,其中《论语》两例明在《孟子》之前,然则,我们有什么理由指《孟子》就一定是原创？事实的真相只能是：作为子产“惠”之标签的“以乘舆济冬涉”事，是流传颇广的故事“素材”，是“公言”。因此，它一则被类似《家语·正论解》这样的文献取资，用来讲单纯“惠”是不够的，还要“教”；另外，它又被《孟子》取资，用来讲为政不能停留在施小惠，更应该做些一劳永逸的事情如“徒杠成”、“舆梁成”之类。《家语》与《孟子》关注的共同点在子产的“惠”，但论说的重点一在“教”，一在“徒杠成”、“舆梁成”之类。这正是上文所说的，作为“公言”的“互见”，理论上可以被组织进任何文本中。这一则说明“公言”是相对活跃和自由的，另一方面也说明其所处的文本环境有时又是千差万别的。如果对“互见”问题不进行类型学的区分，有点相似就动辄上升到“文本”因袭的高度评价，我们的认识等于还止于清人，包括孙志祖、范家相，甚至主《家语》不伪的陈士珂等人的水平。

《孔子家语·五仪解》等十一篇“互见”文献的综合研究

——兼谈诸书“互见”研究中的类型学问题

引　言

本文所关注的《家语·五仪解》等十一篇，主要是指《家语》中的《五仪解》第七、《致思》第八、《三恕》第九、《好生》第十、《贤君》第十三、《辨政》第十四、《六本》第十五、《辨物》第十六、《子路初见》第十九、《在厄》第二十、《困誓》第二十二等十一篇。我们之所以把这十一篇放在一起讨论，主要是由于两方面的原因：一是这十一篇中各章之内容，形式上较有一致性，它们都是些“掌故短章”，各章所谈多为独立的历史掌故或故事，篇幅也较简短，它们与《王言解》、《儒行解》、《郊问》、《礼运》等“长篇大论”明显有别；二是从诸书“互见”的角度上说，这十一篇中之内容也往往都与《说苑》等文献集中“互见”，①加上这十一篇在篇序上具有相当的连贯性和整体性，这就使得这十一篇在整部《家语》书中构成了相对独立的“门类”，因此我们可以把它们放在一起讨论。还要提到的是，这十一篇从规模上看恰好占到了今本篇

① 《家语》一书中类似这十一篇中“掌故短章”的还所在多有，但由于它们往往并不集中与《说苑》“互见”，因此并不在我们的讨论范围之内。像《正论解》一篇，多与《左传》、《国语》“互见”，就显出明显的不同。最后三篇“曲礼”多见于《礼记》，亦显出特殊之处。另外，《颜回》一篇篇序上正处于此十一篇中，且此篇亦偶有“互见”于《说苑》者，但该篇绝大多数章次却并未找出与他书明确“互见”者，这成为《家语》所有篇次中非常特殊的一篇，故亦不在我们的讨论范围之内。

目的四分之一,已经是不小的比重,它们代表了《家语》材料中之一大宗。因此对它们的研究,将使我们对《家语》一书的材料来源特别是与其他文献之间的关系有更为准确的认识。

一、《家语·五仪解》等十一篇"互见"文献的统计与分析①

五仪解第七

《家语》章次	"互见"文献
1	《新序·杂事四》、《荀子·哀公》、《大戴礼记·哀公问五义》
2	《说苑·尊贤》、《荀子·哀公》、《韩诗外传》卷四
3	《说苑·指武》
4	《说苑·君道》
5	《说苑·敬慎》
6	《说苑·杂言》、《韩诗外传》卷一、《文子·符言》

此篇6章,除了零散的互见于《荀子》、《大戴礼记》、《韩诗外传》、《文子》等书外,与《家语》最集中的互见就是《说苑》,共计5章,考虑到《新序》一书性质与《说苑》相类,我们甚至可以说《家语》该篇全部内容都与《说苑》之类材料相关,这充分显示了两部文献之间的材料渊源。

---

① 此处"互见"文献的统计,主要的基础是清范家相《家语证伪》、孙志祖《家语疏证》、陈士珂《孔子家语疏证》三部书。另外,邬可晶《〈孔子家语〉成书时代和性质问题的再研究》对上述三人的工作亦时有补苴,其确有理据者本文亦有采纳,但为行文简省计,恕不一一列出。另外,由于本文主要关注《家语》这十一篇与传世文献的关系,故这十一篇中所"互见"的出土文献,不列入统计范围,特此说明。

致思第八

《家语》章次	“互见”文献
1	《说苑·指武》、《韩诗外传》卷七、《韩诗外传》卷九
2	《说苑·反质》
3	《说苑·贵德》
4	《说苑·至公》、《韩非子·外储说左》
5	《说苑·杂言》、《孔丛子·记义》
6	《说苑·君道》
7	《说苑·谈丛》
8	《说苑·臣术》
9	《说苑·善说》
10	《说苑·敬慎》、《韩诗外传》卷九
11	《说苑·建本》、《荀子·劝学》、《尚书大传·略说》
12	《说苑·建本》
13	《说苑·尊贤》、《韩诗外传》卷二
14	《说苑·杂言》、《列子·说符》
15	《说苑·杂言》
16	《说苑·辨物》
17	《说苑·辨物》
18	《说苑·政理》
19	《说苑·政理》、《吕氏春秋·察微》、《淮南子·道应》
20	《说苑·政理》

该篇20章与《说苑》清一色对应，也就是说，即便某些章在偶有“互见”于《韩诗外传》、《韩非子》、《吕氏春秋》等文献的情况下，它们也同时“互见”于《说苑》。而且，“互见”于《说苑》的章次，还表现出相对集中的倾向，如11、12章同见于《建本》篇，14、15章同见于《杂言》篇，16、17章同见于《辨物》篇，18、19、20章同见于《政理》篇。

三恕第九

《家语》章次	"互见"文献
1	《荀子·法行》
2	《荀子·法行》
3	《晏子春秋·内篇问下》
4	《说苑·敬慎》、《荀子·宥坐》、《韩诗外传》卷三、《淮南子·道应》、《文子·十守》
5	《说苑·杂言》、《荀子·宥坐》、《大戴礼记·劝学》
6	《荀子·宥坐》
7	《荀子·宥坐》
8	《荀子·子道》
9	《荀子·子道》
10	《说苑·杂言》、《荀子·子道》、《韩诗外传》卷三
11	陈士珂未找到出处，范家相、孙志祖注意到《老子》"圣人被褐怀玉"与此章接近

该篇11章，除1章未找到明确"互见"文献外，其余10章，有9章都"互见"于《荀子》，亦体现出相对"集中"的特点，这是该篇的独特之处。当然，"互见"于《荀子》之外，某些章还同时"互见"于《说苑》，计有3章，其他零散并见于《韩诗外传》、《大戴礼记》者亦时或有之。

好生第十

《家语》章次	"互见"文献
1	《荀子·哀公》、《尚书大传·略说》
2	《史记·陈杞世家》(独邬可晶找出)
3	《说苑·反质》、《吕氏春秋·壹行》
4	《说苑·贵德》

（续表）

《家语》章次	"互见"文献
5	《说苑·贵德》
6	《说苑·至公》
7	《说苑·至公》
8	《说苑·权谋》
9	《说苑·权谋》
10	《说苑·君道》、《尚书大传》、《诗·绵》毛传
11	《说苑·谈丛》
12	《荀子·哀公》
13	未见"互见"文献
14	《说苑·谈丛》、《礼记·聘义》
15	《说苑·谈丛》、《礼记·杂记下》
16	《诗·巷伯》毛传
17	《说苑·谈丛》、《淮南子·泰族训》
18	《太平御览》卷八〇二引《墨子》佚文

该篇18章,有12章互见于《说苑》,亦相对"集中",而且见于《说苑》者又相对"集中":4、5两章同见于《贵德》,6、7两章同见于《至公》,8、9两章同见于《权谋》,11、14、15、17四章同见于《谈丛》。其他零散互见于《荀子》者2章,且亦"集中"(《哀公》篇),《史记》1章,毛传1章(第10章"互见"于《说苑》的同时,又见于毛传,这样单从"互见"毛传的角度看,实际是2章)。

贤君第十三

《家语》章次	"互见"文献
1	《说苑·尊贤》
2	《说苑·臣术》、《韩诗外传》卷七

（续表）

《家语》章次	“互见”文献
3	《说苑·敬慎》、《尸子·君治》
4	《说苑·敬慎》
5	《说苑·敬慎》
6	《说苑·尊贤》
7	《说苑·尊贤》
8	《说苑·尊贤》、《史记·孔子世家》
9	《说苑·政理》
10	《说苑·政理》、《吕氏春秋·先己》、《尸子·处道》
11	《说苑·政理》

此篇清一色“互见”于《说苑》，所以范家相说“无一不本《说苑》”①。

而且“互见”于《说苑》者，又具有相当的“集中性”：3、4、5 章见于《敬慎》，1、6、7、8 章同见于《尊贤》，9、10、11 章同见于《政理》。另外，“互见”于《说苑》的同时，又偶尔并见于《韩诗外传》、《史记》、《吕氏春秋》等书。

辨政第十四

《家语》章次	“互见”文献
1	《说苑·政理》、《韩非子·难三》、《尚书大传·略说》
2	《说苑·正谏》、《白虎通·谏争》
3	《说苑·权谋》、《韩非子·说林下》
4	《说苑·正谏》、《淮南子·道应》、《战国策》
5	未见“互见”文献
6	《说苑·辨物》

① 范家相《家语证伪》，第 114 页。

（续表）

《家语》章次	"互见"文献
7	《说苑·政理》、《韩诗外传》卷八、《史记·仲尼弟子列传》
8	《说苑·政理》
9	《韩诗外传》卷六(简略)

该篇9章,7章见《说苑》,仍为最多。其他1章见于《韩诗外传》,1章似未见明确对应的文本。此外,"互见"于《说苑》者,又往往见于《韩诗外传》、《韩非子》、《史记》、《尚书大传》、《白虎通》等书,体现了与前面几篇一致的特点。

六本第十五

《家语》章次	"互见"文献
1	《说苑·建本》、《墨子·修身》
2	《说苑·正谏》
3	《说苑·立节》、《吕氏春秋·高义》
4	《说苑·权谋》
5	《说苑·修文》、《礼记·檀弓上》、《诗·素冠》毛传
6	《说苑·修文》、《尸子》
7	《说苑·敬慎》
8	《说苑·敬慎》
9	《说苑·建本》
10	《说苑·建本》、《韩诗外传》卷八
11	《说苑·尊贤》
12	《说苑·杂言》、《列子·仲尼》、《淮南子·人间训》
13	《说苑·杂言》、《列子·天瑞》、《孝经·圣治》
14	《说苑·杂言》

（续表）

《家语》章次	"互见"文献
15	《说苑·杂言》
16	《说苑·杂言》、《荀子·大略》、《晏子春秋·内篇杂上》
17	《说苑·杂言》
18	《说苑·杂言》
19	《说苑·杂言》、《荀子·仲尼》
20	《说苑·杂言》
21	《说苑·杂言》

此篇又是清一色互见于《说苑》，故孙志祖说"《说苑》此篇文义几于掇拾殆尽"①，而且"互见"于《说苑》的也相对集中，如5、6章同见于《修文》，7、8章同见于《敬慎》，1、9、10章同见于《建本》；尤其是，12—21章共计10章同见于《杂言》，最能说明问题，其他《正谏》、《立节》、《权谋》各1章。

《家语·辨物》第十六

《家语》章次	"互见"文献
1	《说苑·辨物》、《国语·鲁语下》、《韩诗外传》佚文、《史记·孔子世家》
2	《说苑·辨物》、《国语·鲁语下》、《史记·孔子世家》
3	《说苑·辨物》、《国语·鲁语下》、《史记·孔子世家》
4	《左传》昭公十七年
5	《左传》定公十五年
6	《左传》哀公三年、《史记·孔子世家》
7	《左传》定公九年、《史记·鲁周公世家》
8	《左传》哀公十二年

① 孙志祖《家语疏证》，第212页。

（续表）

《家语》章次	“互见”文献
9	《左传》哀公十三年
10	《左传》哀公十四年、《公羊传》哀公十四年、《孔丛子·记问》

该篇共10章，其中“互见”于《说苑》者仅3章，其他多达7章“互见”于《左传》，尤其要提到的是，“互见”于《说苑》的3章，又同时并见于《国语》，也就是说该篇所有章次都互见于《左传》、《国语》这样的史传，这与十一篇中其他多见于《说苑》的篇次明显不同，是该篇的特异之处。笔者还想指出的是，其他篇在多“互见”于《说苑》的同时，还往往并见于《韩诗》、《荀子》、《韩非子》、《吕氏春秋》之类的文献，但我们发现该篇此类并见的文献非常少见，这又是该篇的特异之处。

子路初见第十九

《家语》章次	“互见”文献
1	《说苑·建本》
2	《说苑·杂言》
3	《说苑·政理》
4	《说苑·政理》
5	《韩非子·外储说左下》
6	《左传》宣公九年
7	《史记·孔子世家》
8	《韩非子·显学》、《史记·仲尼弟子列传》
9	各家均未找出
10	《说苑·杂言》

该篇共10章，其中5章见于《说苑》，占到了二分之一，其他则零散“互见”于《韩非子》、《史记》等书，还有1章未找到“互见”文献。另外，下文将

会提到,依我们的标准,如果把《韩非子》、《史记》看作二手文献的话,该篇很多章等于是没有"互见"一手的"文本型"文献,仅有二手文献,这是非常值得注意的。

《在厄》第二十

《家语》章次	"互见"文献
1	《说苑·杂言》、《荀子·宥坐》、《韩诗外传》卷七、《史记·孔子世家》
2	《说苑·杂言》、《荀子·子道》
3	《说苑·立节》
4	《吕氏春秋·任数》

该篇4章,"互见"于《说苑》者3章,占绝大多数。另外,"互见"于《说苑》者,往往又同时并见于《荀子》、《韩诗外传》等文献,这亦与其他多见于《说苑》的篇次情形一致。

《困誓》第二十二

《家语》章次	"互见"文献
1	《荀子·大略》、《韩诗外传》卷八、《列子·天瑞》
2	《说苑·权谋》、《孔丛子·记问》、《史记·孔子世家》
3	《荀子·子道》、《韩诗外传》卷九
4	《说苑·杂言》、《庄子·让王》、《吕氏春秋·慎人》
5	《说苑·杂言》、《韩诗外传》卷六
6	《说苑·杂言》
7	《说苑·臣术》、《韩诗外传》卷七、《荀子·尧问》
8	《韩诗外传》卷九、《史记·孔子世家》、《白虎通·寿命》、《论衡·骨相》
9	《史记·孔子世家》
10	《新序·杂事一》、《新书》、《大戴礼·保傅》、《韩诗外传》卷七

该篇10章,"互见"于《说苑》者5章,占到一半,如果算上性质类似的《新序》,则还要更多。另有2章见于《荀子》(第7章既见于《说苑》也见于《荀子》)。当然,"互见"于《说苑》、《荀子》的章,往往又并见于《韩诗外传》、《史记》等文献,这一点与他篇类似本不足奇,但值得注意的是,这并见的文献中《韩诗外传》共6见,数量不少,非常特殊。

综合上面的统计来看,《家语》这十一篇中各章"互见"频率最高的文献就是《说苑》,具体言之,《五仪解》的5/6、《致思》20章全部、《三恕》的3/11(9章见于荀子,1章未找到"互见"文献)、《好生》的12/18(部分章次未找到"互见"文献)、《贤君》11章全部、《辨政》的7/9、《六本》10章全部、《辨物》的3/10(其他多见于《左传》、《国语》)、《子路初见》的5/10、《在厄》的3/4、《困誓》的5/10都"互见"于《说苑》,总的比重是84/119,也就是说,"互见"于《说苑》的占到了71%,更加凸显这十一篇内容与《说苑》有关联。尤其是,《致思》、《贤君》、《六本》三篇全部"互见"于《说苑》,更可见两书之间的材料渊源。另外,我们前面在讨论八角廊汉简《儒家者言》以及阜阳汉墓木牍章题时已经提到,与这两批材料关系最为密切的《家语》篇目,是《困誓》、《六本》、《子路初见》三篇,这三篇不但恰好在此十一篇之中,其中章次也同样多见于《说苑》,包括《六本》这样全篇见于《说苑》者,这都说明它们是性质非常接近的一类材料。前述两种出土材料最初问世之时,学者或指其为"竹简《家语》",若此说成立,那就意味着彼时《家语》在材料构成上似乎与今本还是不太一样的。因为今本《家语》除了这十一篇中多与《说苑》"互见"的这些"说"类短章,毕竟还有不少"长篇大论",而这在两宗出土材料中均未见,这恐怕不是偶然的。

另外,这十一篇形式上的相对统一("掌故短章"),以及多达七成的内容"互见"于《说苑》,甚至有的篇全部"互见"于《说苑》,提醒我们应该对此类文献的体裁与材料性质要有充分的重视。以前学者讨论与《家语》关系密切的阜阳汉墓简牍时已经指出,简牍材料以及《家语》一定程度上代表了古代非常普遍的“说”类文献，[①]此十一篇绝大多数“互见”于《说苑》，这恐怕不是偶然的。所谓“说”者，即指言谈论议、“嘉言善谋”之类的内容，当然它们也并非全无依傍，像其中的历史掌故，往往是言说之所由出。这样一类体裁使我们又要重提晚近以来因出土文献大量发现所致的古代“语”类文献的研究热潮。[②] 现在学者在讨论“语”类文献时，多要提到《国语·楚语上》申叔时所讲的对贵族子弟“教之《语》”，说明这样一类体裁或文本在古代是非常普遍的。它们多以教化、历史知识普及为目的，因此很多时候都是以历史上较有影响或有教化意义的历史掌故作为主要内容。一个值得思考的问题是，为何《家语》称“语”而不是别的什么名称？考虑到其书中的“掌故短章”最初本是脱胎于“语”类文献，问题的答案应该是不言自明的。学者或将“语”类文献分为“言”类之“语”和“事”类之语，[③]其实，无论是“记言”为主还是“记事”为主，其称为“语”，恐怕主要是从形式及篇幅上着眼：它们每一则都不是太长，但便于记诵，利于传播，对于历史知识的普及可以起到短平快的作用。这种“语”类文献由于形式的灵活性和主题的相对突出，对于历史知识普及来说，显然比正统史传拥有更明显的优势。比如，《韩诗外传》这样的文献，从史源学的角度上说它明显是“二手材料”（本文第四部分有详细论证），而它的材料来源，更可能就是《说苑》、《家语》中的这些“掌故短章”，而不大可能是直接来源于正统的史乘。

不过，虽然广义上同属“语”类文献，但就形式上讲，《国语》与《家语》这十一篇中的这些“掌故短章”还是有明显不同：《家语》更为齐整，篇幅也都不是太长，与之相比，《国语》就较为参差，虽然以记言为主，但有时篇幅却又较长，并不像《家语》这样齐整、短小。再者，《家语》虽也记言（当然重在孔子言论），但它很多时候也记事，只不过，与《左传》这样较为“纯粹”的史书比起来，《家语》的记事有明显综括、概述的特征，简要介绍事件过程、原委及结果

① 胡平生《阜阳双古堆汉简与〈孔子家语〉》，《国学研究》第七卷，北京大学出版社2000年。

② 俞志慧《古“语”有之——先秦思想的一种背景与资源》，华东师范大学出版社2010年。

③ 同上。

等，关键还是为了引出后面的议论，就这一点而言，这些“掌故短章”与马王堆汉墓所出《春秋事语》非常相近。而《国语》对事件的原委、过程倒不是特别在意，虽也有记事，但这种记事也只是后面“言论”的“由头”，而且“言论”一旦登场，“记事”的成分就被大为挤压，甚至都不再有“记事”的兴趣，给人一种为“言论”而“言论”的印象。《国语》这样的特点，是与《家语》、《说苑》中的“掌故短章”所代表的文体明显不同的，它们之间实际上体现了“语”类文献文体进化的“历时性”差异。从上文所做的统计看，诸子之书的《荀子》、《韩非子》、《吕氏春秋》等书中亦有不少篇幅以此“掌故短章”作为主要的文章形式。实际上，我们前面也提到，如果不以“互见”《说苑》为限的话，《家语》一书中更多篇的内容其实都是类似这样的“掌故短章”模式。① 再联系到出土文献的八角廊汉简《儒家者言》、阜阳汉墓简牍等，这些情况说明，像《国语》这种“语”类文献的早期形态，后来已逐渐发展、固化为类似这种“掌故短章”的比较成熟的文体形式，这成为那个时代历史知识普及和道德教化的经典文本样态。《家语》书中很多篇幅以这种“掌故短章”的文体形式出现，对我们思考该书的性质是一个很好的启示。

二、章次分合问题

在本书“出土文献及新材料编”中，我们通过出土文献与《家语》的比较研究，已经指出《家语》存在不少将原来独立章次合并的现象，而通过对《家语》这十一篇“互见”文献的分析，我们同样发现多处《家语》合并本来独立章次的情况，兹试举几例（前面讨论过者不再列举）。

《家语・五仪解》首章虽为独立一章，但从《荀子・哀公》、《新序・杂事四》来看，后面的论“知哀”、“知忧”、“知劳”、“知惧”、“知危”似本来独立，《家语》把它们与前面讲“五仪”的内容合并，且为求圆通，还专门增加了“恐不足以行五仪之教”、“君既明此五者，又少留意于五仪之事……”等文句，其

① 其中尤以多“互见”于《左传》、《国语》的《正论解》以及最后三篇“曲礼”为典型。

捏合两章的动机是很明显的。①

《家语·六本》第16章,分别对应《说苑·杂言》之36、45两章,②另外《荀子·大略》、《晏子春秋·内篇杂上》都有与之类似的记载(《荀子》较简,《晏子春秋》则更详细)。从《荀子》及《晏子春秋》看,它们只有类似《说苑》的36章,未见45章,《家语》又是把《说苑》独立的两章合并。不过,36章最后讲"居必择处"、"游必择士"(此部分《荀子》无,而《晏子》有),但《说苑·杂言》45章讲"依贤"、"依富"才能"不困"、"不穷",两者确实有一定的相通性。

《家语·六本》第18章,对应《说苑·杂言》第37、39章。《家语》又是合并了《说苑》两章,不过,我们感兴趣的是,为何《家语》单单合并了这两章?我们注意到37章有所谓"以防乱之源"之说,而39章也说"以为乱源",《家语》的编者大概有鉴于这种统一性,才将两章捏合,但其实两章所讲的"乱"源是不一样的:37章讲行事要有节、有度,否则会成为"乱"源;39章却是讲做事欲速反不达,因此如果"急断"、"意使"就会成为"乱"源,可以说两者完全不同,所以《家语》的合并就很生硬。③

《家语·六本》第19章,"孔子曰巧而好度必攻"章,分别对应《说苑·杂言》之38、43章及《荀子·仲尼》篇。《家语》此章等于是把《杂言》之43章横插进38章中间,但从文义来看,两章确实也没什么联系。所以范家相、孙志祖都批评《家语》生硬合并,④《荀子·仲尼》篇同于《杂言》之38章,中间也没有穿插43章,看来范、孙二氏看法确有道理。

除此之外,《家语》的合并还有以下两例:

《家语·六本》第17章,"孔子曰:以富贵而下人……",对应《说苑·杂言》分别是41、42章,而且,从章序上看,《说苑》两章前后相次。《说苑》两章在文义上确实有相通性,都是讲身处"富贵"的情况下与别人的关系。

---

① 邬可晶《〈孔子家语〉成书时代及性质问题的再研究》,45—52页、155页,邬氏前面一处未举《新序》。

② 本文《说苑》文本据向宗鲁《说苑校正》,中华书局1987年。

③ 邬可晶《〈孔子家语〉成书时代及性质问题的再研究》,第167—168页。

④ 同上,第168页。

《家语·六本》第21章,“齐高庭问于孔子……”,对应于《说苑·杂言》之57、40两章。学者以前章是讲“事君之道”,后章讲为人要“恐惧”、“恭敬”,因此说两章文义上并无联系。① 其实前章的“事君之道”,正是突出了要谨慎、持敬,与后章并非无联系。《家语》的合并可能就是有鉴于两处文义上的关联性。

以上两例《家语》的合并,仅“互见”于《说苑》一书,没有第三方文献进一步支持,但从上面讨论的有更多文献支持的《家语》合并看,此两例似亦当视《家语》的合并为晚出。不过,从《说苑》两部分往往文义密合来看,我们也不能完全排除相反情况,那就是《家语》这样的一章才是本貌,《说苑》作两章的处理或者由于简编朽烂才致前后异处,或者因仅系节取其中孔子的话而致零散。事实上,虽然在《家语》与《说苑》的“互见”中,《家语》合并《说苑》多章的例子为常见,但《家语》独立、《说苑》合并的情况也是存在的。即如《家语·致思》第15章讲“楚王渡江得萍实”事,②《家语·辨政》第6章讲“齐有一足鸟”事,但《说苑·辨物》则合并了两章,而且《说苑》此章明显有综合的特征,后面结尾部分甚至还有一些对两事的总结,所谓“故圣人非独守道而已也,睹物记也,即得其应矣”,所以它的合并显系晚出,《家语》反倒更为原始。③ 这说明《家语》的材料还是有自己的独立性,并非直接因袭《说苑》,④而它们之间在内容上的大范围“互见”,只能说明当初两书在材料来源上有巨大“交集”。

三、分篇问题

《家语》上举十一篇不但多达七成与《说苑》“互见”,而且我们还经常发

---

① 邬可晶《〈孔子家语〉成书时代及性质问题的再研究》,第168页。

② 同文书局本此章缺失,当据丛刊本及全书本补。

③ 邬可晶也认识到此点,参邬著第223页。

④ 孙志祖于此处依然说《家语》袭《说苑》(孙志祖《家语疏证》,第200、209页),实受成见左右而未加深考。

现与《说苑》的"互见"有时还相对"集中",较多地"互见"于《说苑》的某一篇中。比如其中有 7 章内容同见于《说苑·敬慎》,有 11 章内容同见于《说苑·政理》,最值得注意的是,其中更是有多达 22 章的内容同见于《说苑·杂言》,尤其是《六本》篇 12—21 章连续 10 章都见于《说苑》。《家语》与《说苑》之间"互见"的这种相对"集中性",一方面再次向我们提示了两书之间在材料来源上的"交集",另一方面,既然两书的"篇"都是积"章"而成,那么这种"集中性"是否反映了在分篇上两书之间也存在某种关联呢? 下面的事例证明我们这种推测还是有一定道理的。如《家语·辨物》篇前 3 章都见于《说苑·辨物》篇,而且在《说苑·辨物》篇中它们的篇序分别是 20、18、19,也是相连的。尤其是,两书篇名也一样,这非常值得注意。再如《家语·贤君》11 章,有多达 4 章同见于《说苑·尊贤》,其篇名"贤君"、"尊贤",可谓高度相似。对于两书之间篇名上的这种相似或雷同,辨伪学者从《家语》"剿袭"《说苑》的角度出发,可能又倾向于认为篇名上《家语》同样对《说苑》多有"模拟",但这可能也是有问题的。需要指出的是,如果我们放眼先秦秦汉,古书之间在篇名上的这种相似或雷同是很普遍的。如《荀子》、大戴、《新书》都有《劝学》篇,《说苑》、《新书》都有《君道》篇,《吕氏春秋》、《新书》都有《审微》篇,且《新语·慎微》也与之相近。再比如《家语》有《辨政》篇,《说苑》也有《政理》,二者亦非常接近。另外《吕氏春秋》有《贵公》篇,《说苑》也有《全公》篇;《吕氏春秋》有《高义》,《说苑》有《立节》,《新序》还有《节士》。上述诸书中,这些多有雷同的"篇"很多时候都是积"章"而成,这也意味着这些"篇"的形成其实多是整理者根据"章"义以类归并的结果。这些"章"在文义主旨上的共通性,必然导致整理者对它们的看法也是相近的,故而它们经常就被归类在一个大致相同的篇名之下。所以,上述《家语》与《说苑》在篇名上的近似或雷同其实就应当作如是观,而不能据此认为《家语》又是"剿袭"《说苑》。还应指出的是,尽管在成"篇"归类时整理者对某些"章"之文义的看法大致相同,但对于有些"章"主旨的认识有时也见仁见智,由于角度和侧重点的不同,也经常会导致彼此对相同的章有不同的归类。比如《家语·辨物》共十章,但其中只有第1、2、3章见于《说苑·辨物》,也就是说其大部分内容反而没被归入《说苑·辨物》篇。同样,《说苑·辨物》多达32章,其中只有上述3章见于《家语·辨物》,也就是说虽然两书篇名相同,但《说苑·辨物》中的章次反而绝大多数不见于《家语·辨物》篇。有意思的是,这些不见于《家语·辨物》的章次却见于《家语》其他篇,如31章"子贡问死人有知无知"见《致思》篇,29章"孔子晨立堂上"见《颜回》篇,21章"楚昭王渡江"见《致思》和《辨政》篇(《说苑》捏合《家语》独立两章)。同样的章次却被《说苑》、《家语》归入不同的篇次,一方面说明虽然两书的材料很接近,但也并非完全相同;另一方面,这种现象也说明彼此归类的标准也是不尽相同的。清范家相以《说苑》为准,说上述"楚昭王渡江得萍实"章也当入《家语·辨物》篇,①其实就是对分篇归类过于拘执。

另外,由《家语·六本》篇连续10章都同见于《说苑·杂言》,以及讨论出土材料时我们已经提到过的出土材料章序每每与《说苑》、《家语》(当然,《家语》多将其合并)密合的现象,笔者还想指出的是,鉴于这些古书之间材料来源上的"交集"现象,《家语》某篇中一些章同时"互见"于《说苑》同一篇的情况,也并非全出于归并成篇过程的"不约而同",有时可能更多地反映了一种习惯的组合,后来的整理成篇其实只是将这种习惯组合继承而已。虽然上述讨论的《家语》的篇多是积章而成的,但由某些篇中不少章的组合亦存在对习惯章序继承的现象,笔者还想进一步强调一点,那就是《家语》中某些篇也并非积章而成,而是约定俗成的,甚至篇名也是早已有之的。这种约定俗成的"篇",在《家语》与他书之间的"互见"中同样多有表现。比如《礼记》、《家语》两书同有

---

① 范家相《家语证伪》,第102页。孙氏还说"《家语》一本此条入《辨物》篇"(《家语疏证》,第200页),孙氏所说的"一本",当系明何孟春《孔子家语注》本,何氏未见宋本,只是凭个人感觉就率尔在《家语》篇次之间进行章次挪移,其实是闭门造车。关于这一点,可参本书"传本及版本编"中对复旦大学图书馆藏《家语》版本的讨论。

《礼运》、《儒行(解)》篇,《大戴礼记》与《家语》同有《王言(解)》篇。① 持《家语》"伪书"说的学者,或又谓王肃并篇名而袭之,其实非是。在古书最初本多分篇别行且分合无定的情况下,相同的篇目被收进不同的古书中是很常见的,像《大戴礼记》、《新书》还同有《保傅》,《大戴礼记》、《荀子》并有《劝学》,我们显然不能率尔指其中何者为伪,这本来是彼时古书的常见体例。但请注意,既然这些"篇"本来是"别行"的,那就意味着这些"篇"早就成形,经过了一定时期的独立流传,甚至早有定名。因此当其最终被收入不同书中的时候,这些篇名也就顺理成章地得以保留。所以,上述《家语》与他书之间篇名的雷同即当作如是观,同样不应该被看成作伪的证据。

最后需要指出的是,细心的读者可能已注意到,上述诸书中"互见"的雷同篇目,它们的篇名多有这样一个特征,那就是这样的篇名多可以概括一篇之主旨,我们可以将其称为"综括型"。如《礼运》一篇,紧扣"运"字,主要讲"五帝三王相变易,阴阳旋转之道"(郑玄语);而《王言》一篇通篇也是围绕着"王言",在曾参和孔子之间往复问对。正因为主旨统一,往复论证,所以这样的"篇"往往是"长篇大论",而不是像《家语》上述十一篇那样积"章"而成的。② 正因为是"长篇大论",具有一定的篇幅规模,这样的"篇"才具有相对独立性,才有"别行"的条件和可能。由此我们再来看《家语》这十一篇中篇名的特点,一方面,其中也有"综括型",如"辨物",无论在《家语》还是在《说苑》中都可以概括整篇主旨。但我们上面也提到,篇名虽相同,但这只不过是由于《家语》、《说苑》两书的编者在章次归类上的"不约而同",这样的"篇"却绝非早就"别行",而是需要后天集"章"而成的。这一点我们从两个

---

① 大戴此篇讹作"主言",清戴震、王引之、孙诒让均证"王言"为是,孙志祖《家语疏证》亦同(第196页),但学者亦有指《家语》之"王言"为非(范家相《家语证伪》亦持"主言"说,参范书第90页),其实还当是受了《家语》"伪书"说的影响,如持"主言"说的王聘珍即明言王肃"盗窃此篇"以成《家语》,上述争论可参方向东《大戴礼记汇校集解》,中华书局2008年,第1—2页。

② 严格说来,这样的"篇"下是不分"章"的(独立单位,非汉代章句之学中为训释的需要而进行的分章析句),或者说这种"篇"就是一个超大型的"章",这种情况下的"篇"、"章"区分其实只具有相对意义。参见拙作《〈老子〉"早期传本"结构及其流变研究》,学林出版社2006年,第88—90页。

《辨物》篇虽篇名相同，但篇内所含章次却差异很大的事实就可以获得很好的证明：这种“篇”内章次组合上的巨大差异与前述“综括型”的“别行”之篇，在成熟性与稳定性上显然是有区别的。也正因为此，《家语》这十一篇从形成的角度上说，才能与其书中那些“长篇大论”明显区分开来。由此笔者还想进一步指出的是，尽管这十一篇中偶有《辨物》这样的“综括型”，但绝大多数篇名的命名，其实就是拈取首章中之语词，我们权且称其为“首章语词型”。如《致思》篇名，显系拈取首章中“于斯致思”一句而来，而绝不能概括整篇之大义，实际上整篇也没有什么统一的大义。《三恕》篇因为首章开头有“君子有三恕”句，《好生》篇因为首章中有“好生而恶杀”语，《六本》篇因首章开头有“行己有六本”语，《子路初见》篇首章开头就讲“子路见孔子”（我们怀疑当初就应该叫“子路初见”），等等，这种篇名的形成一如《论语》的篇名，有很大的随意性。当然其中也有貌似“综括型”的，如《五仪解》、《辨政》、《在厄》三篇，但这仅能“综括”首章而已（“五仪”、“辨政”、“在厄”分别针对三篇之首章），而和其他章则关系不大，这一点倒是与“首章语词型”非常相类了。笔者还想指出的是，由于存在对首章的“综括”，首章可能因为有属于自己的章名而走向独立、“别行”。如《家语·五仪解》篇又“互见”于《荀子·哀公》和《大戴礼记·哀公问五义》，《荀子》该篇除“五仪”章外还包括多章，这一点与《家语》类似，但大戴《哀公问五义》篇却只有“五仪”章，这就表明由于“五义（仪）”之名就是针对该章的，当《荀子》、《家语》这种还有一定“杂糅”性质的篇被重组进大戴一书时，该章就因为有“专属”自己的章名而脱离其他无关的章并走向独立。再比如《家语》的《大婚解》，同时“互见”于大、小戴记中，但两书都是《哀公问》这样的篇名。《家语》该篇中“大婚”章是独立成篇的，因此这样的篇名明显是“综括型”，而大、小戴记中，《哀公问》篇除了“大婚”章，前面还有“哀公问孔子大礼何如”章，有明显的“杂糅”性质，所以“哀公问”这样的篇名其实就是随意性较强的“首章语词型”，远不能概括一篇之主旨。依照上述“五仪”章由杂糅走向独立的过程，《家语·大婚解》篇的独立成篇相对大、小戴记的杂糅显然也是“次生”的，这应该反映了《家语》成书过程中重新构篇的努力。与此相应的是，大、小戴记中的“哀公问孔子大礼何如”章我们发现亦见于《家语》,只不过被归在《问礼》篇。该篇除了此章,还有“言偃问夫子之极言礼”章,两章确实都是关于“礼”的,由此可知“问礼”这样的篇名显然也是以类相从的“综括型”,这一点与前述《辨物》篇的性质类似。但虽同为“综括型”,上述“礼运”这样的篇名出现,显然要较“问礼”为早,“问礼”这样的篇名同样应该反映了《家语》重新构篇的努力。有意思的是,“言偃问夫子之极言礼”章,《礼记》在《礼运》篇,而《家语》归入《问礼》篇,越来越多的学者已经看出,该章从文义上讲本来是独立的,只不过后来被《礼记》收入《礼运》,被《家语》收入《问礼》而已。① 鉴于《礼运》篇主旨统一且久已独立“别行”的事实,我们认为《家语》中不含“言偃问夫子之极言礼”章当是该篇本来面貌,《礼记》中阑入此章,不过是编者有感于此篇中亦有言偃与夫子讨论“礼”的记载而以类相从,但这样一来却使《礼运》篇这样本来纯粹、原始的“综括型”变得“杂糅”了。归纳来看,《家语》的《五仪解》、《礼运》两篇相对大、小戴记是相对原始的,而《大婚解》、《问礼》的成篇则相对是“次生”的,这表明《家语》的分篇兼具“滞后”与“超前”两种特质,是参差不齐的,而这恐怕也从另一个方面说明了,从材料来源上说《家语》具有相对独立性,并非简单因袭大、小戴记而来。

上面我们用了不小的篇幅讨论《家语》分篇的不同类型,主要目的即是为了准确界定上述十一篇的性质,并进而弄清《家语》一书的材料来源和价值。当然,由于论题的彼此牵连,我们的考察范围已远远超出这十一篇。但就其“互见”于诸书之间来看,它们又有共通性。而我们明确《家语》及“互见”文献之间在分篇及篇名形成上的上述复杂类型,对我们分析“互见”研究中与分篇相关的问题也是非常有帮助的。如前所述,《家语·致思》的篇名,显然系拈取首章中的“于斯致思”句而来,但《家语》此章又见于《说苑》、《韩诗外传》,但在此两书中却并无此句。学者对《说苑》、《韩诗外传》均无“致

① 虞万里《上海图书馆藏稿本〈礼记订讹〉初探》,《中国经学论集》,陕西人民出版社 2009 年。邬可晶《〈孔子家语〉成书时代和性质问题的再研究》,第 205 页。

思”句，说是《家语》为凑合篇名而妄改的，[1]其实是逻辑颠倒。因为“致思”这样的篇名并非是“综括型”的，而仅仅是拈首章语词的，既然这样，那就说明《家语》此章肯定本来就有“致思”一语，这恰恰反映了《家语》材料是非常原始的，绝非简单因袭《说苑》而来。

四、诸书“互见”的类型学问题

尽管《家语》这十一篇“互见”于《说苑》为最多，但我们也经常可以看到，“互见”于《说苑》的同时，《家语》这十一篇的内容又往往同时“互见”于《荀子》、《韩诗外传》、《韩非子》、《淮南子》等文献，当然其中还有非常特殊的例子，那就是《三恕》大部分见于《荀子》，见于《说苑》反而是少数；《辨物》大部分见于《左传》、《国语》，见于《说苑》的同样很少。《家语》同时“互见”于这么多文献，也向我们提出了这样一个问题，那就是与《家语》同时“互见”的这些文献，它们与《家语》的关系是否都是一样的呢？显然不是。这一点只要我们仔细比对它们与《家语》各章之间在行文上的异同，就可以看得很清楚：某些文献与《家语》非常接近，但有些文献虽然在故事主要内容上与《家语》大致相同，但各章在具体的语言表述上却又往往存在或多或少的差异。尤其要提到的是，有些文献虽然“故事”的母题还在，或者“故事”的基本架构还在，但这些文献的抱负，或关注的重心却并不止于此，或者说在这些文献中，这些“故事”仅仅是说理的依据或推论的前提而已，因此见之于文字表述往往多有参差，并非“惟妙惟肖”。这一点，我们可以《韩诗外传》为例。我们前文在讨论上博简《民之父母》时已经指出过：《韩诗外传》行文自有其独特体例，即前面铺叙历史掌故，后面引《诗》为证，而又以后面的引《诗》为重点。所以，《韩诗外传》前面的叙述，即“故事”成分，每多节取之例，并不求文全义丰、作过多纠缠，因为其后面援《诗》以证理才是重点。因此，准确地说，这些“故事”在《韩诗外传》中的出现，说白了就是服务于说理

① 邬可晶《〈孔子家语〉成书时代和性质问题的再研究》，第 155 页。

的"引用",从史源学上说,它们显然是二手材料,这一点与《说苑》、《家语》相关章次仅仅关注"故事"本身,还是有明显的不同。从理论上说,尽管也不能排除《韩诗外传》中有的章次"故事"的文本表述与《说苑》、《家语》基本一致的情况,但从《韩诗外传》一书的性质上说,"故事"文本的高度完整性并不是非达到不可的要求。类似的情况还有《史记》。作为一部"厥协六经异传,整齐百家杂语"而重新写就的"新书",司马迁对文献的利用可以说是海量的。虽然太史公于"引用"不可能如今日般明白标著,但我们今天仍然可以非常确定地指出它的一些材料来源,如周初史事多依《尚书》、《逸周书》,春秋史多据《左传》、《国语》之类,这在今天已经成为学界的共识。既然如此,我们在《史记》中看到的史实,其实也是"二手材料",受制于《史记》一书的性质、叙事体例和目标,这些材料其实也只是其取用的史料或证据而已,因此它的抱负同样不会是津津乐道地去保存某个"故事"的原始文本结构,故而行文上与原始文本存在差异也是完全可以理解的。当然,《史记》中"故事"文本在表述上与原始文本基本一致的地方可能也时或有见,但从《史记》一书的性质上来说,这同样并不是首要的、非达到不可的目标。就此来看,尽管《家语》这十一篇多有内容与《史记》"互见",但《史记》所见,性质其实与《韩诗外传》类似,同样与《说苑》、《家语》中重在关注"故事"本身的内容不在同一史料级别上。[1] 另外,如果我们仔细比对原文的话,同样可以发现上举与《家语》"互见"的《庄子》、《韩非子》、《文子》等子书,甚至毛传、《尚书大传》等经书传说("故事"在这两部书中的出现,本来即是为解说《毛诗》或《尚书》而存在的,因此它们也是"二手"的),性质上都与《韩诗外传》、《史记》相类,而像《新序》、《荀子》所见,则由于更多地关注"故事"本身,并非仅仅将其作为论据,因此才与《家语》、《说苑》属同一类别。清代范家相、孙志祖、陈士珂等人的《家语》研究,以及时下的诸书"互见"研究,学者为了说明某一文献与"互见"他书之间的文本关系,往往备列各种文献在一起比较,而没有在诸书之间进行史源学上"原生"、"次生"的考量,这样的比较有时就缺

---

① 《说苑》中内容也早晚不一,其中甚至有西汉时事,则另当别论。

少说服力。由于《韩诗外传》、《史记》文本的性质决定了它们并不格外在意保存完整的“故事”文本结构，因此我们并不能因这些“二手材料”文本表述上与《家语》、《说苑》的不同，就率尔断言它们依据的文本是如何如何的。这种情况说明，在“互见”研究的文本比较之前，对文献进行史源学关系上的考量是非常必要的。或者说，一旦某些文献之间的史源学关系是比较确定的，那么在它们之间进行的“互见”文本比较尤其是文本渊源关系的考察有时就要“适可而止”，否则，有些文本比较就会失去意义，甚至是可笑的。比如，因为《史记》与《尚书》、《左传》之间的雷同或相似，就把《史记》这样的“二手文献”与《尚书》、《左传》放在一起比较它们所谓文本上的差异，到底有什么意义呢？同理，《史记》与《汉书》之间“互见”、“重出”亦所在多有，后者对前者的袭用或“移置”已属史学史常识，将它们等列齐观地比较也是不恰当的。当然，读者可能也注意到，即便是同属关注“故事”本身的《家语》、《说苑》一类，在具体的语言表述上也偶有不尽一致的地方，尤其是我们上文曾提到的彼此之间在章次分合上的差异。不过，尽管它们之间也偶有不同，但总体上说，它们关注的仍是“故事”本身，而并非作为论据来使用，或者如《史记》般作为修史的“素材”，这一点与上举《韩诗外传》、《史记》等文献还是有明显的区别。还要指出的是，此处对文献之间史源学关系预作考量的要求，实际上与前述我们在讨论《礼记·丧服四制》篇形成时指出的该篇因为存在不少后人援引他书笺释成注从而衍生出许多“互见”而致整篇性质“次生”的推论，从“互见”研究的逻辑程式上说恰好悖反：前者是由文献之间确定的史源学关系进而辨明它们之间“互见”的类型或性质，后者则是由辨明“互见”的类型或性质入手，进而判断文献之间的史源学关系。在“互见”研究中，这两种逻辑程式都是我们要经常面对的。

上文从史源学角度对与《家语》“互见”的文献初步作了“原生”、“次生”的类型区分，这使我们又要重提前文在讨论《家语》与《礼记》“互见”关系时所提到的问题，那就是“互见”文献虽然很多，但在它们之间进行“类型”或“等第”的区分，也是非常必要的。不分青红皂白地把有点相似的文本都找出来，而且放在一起等列齐观，不但非常不科学，也不利于揭示文献之间的密、疏关系。上举《家语》、《说苑》以及《荀子》中部分篇次之内容，由于主要关注“故事”本身，尤其是“故事”文本结构的原始性和完整性，实际上它们就是我们在讨论《礼记》与《家语》“互见”时所提到的“文本型”，而在《韩诗外传》、《史记》等文献中，由于“故事”仅仅是推理的前提或言说的“背景”，或者是史书宏大叙事的某一环节，这些成为共同知识背景的“故事”，在文本表述上就不见得“锱铢必较”，有所简省是很正常的，如前所述，文本语言表述上的完整性并不是这些文献非达到不可的要求。从史源学上来说，这些明显带有“二手材料”色彩的文献，其中的“故事”文本我们可以称之为“文本亚型”，它一方面是脱胎于《家语》、《说苑》这样的“文本型”，尤其是“故事”总体的结构模式并未改变，这就使人一望可知它的材料出处，但同时它又对“故事”文本自身的完整性没有刻意的要求，因此在语言表述上又经常与“文本型”存在或多或少的差异。从理论上说，“文本型”相对于“文本亚型”是更为初始的材料，因此它们可以说是“文本亚型”的材料来源，否则“文本亚型”就成为无源之水了。认清这一点，对我们解释上述“互见”案例中的某些现象是非常有帮助的。比如在上述“互见”中，尽管以《家语》“互见”于《说苑》这样的“文本型”为多数，但也有不少章只见于《韩诗外传》这样的“文本亚型”，如果不是其他的“文本型”亡佚的话，我们必须承认《家语》这样的“文本型”就是《韩诗外传》之类二手文献的材料源头，否则它们就成为无源之水了。而像《三恕》篇多见于《荀子》，以我们上面的归类看，该书对应内容多为“文本型”，而《家语》也是“文本型”，那也就意味着该篇的“互见”文献少见《韩诗外传》、《史记》这样的“二手材料”，如果不是由于类似的“二手材料”多有亡佚的话，那只能说明这些“文本型”所涉及的掌故应用率相对较低，或者普及性是不太高的。

我们这里区分了“互见”类型中的两种模式，即“文本型”与“文本亚型”。但正如我们在前面讨论《礼记》与《家语》“互见”关系时所指出的，在“文本型”之外还有个“公言”类型，即“故事”总体的文本结构已无法继续维持，所能保留的，可能仅仅是“故事”中的某些核心“元素”，如情节、人物、评论等，这样的例子乍一看似曾相识，其实细看的话原来“文本”总体的叙述结构已经不存在。也就是说,“故事”中的这些核心“元素”已经成为“公共”的知识来源或背景,因此我们可以名之为“公言”。不过,如前所述,当文献之间雷同的部分仅仅表现为核心“元素”的“公言”,甚至只有个别的人、事或语句相似的时候,这种雷同或相似显然远不足以说明它们所在文本之间的关系。虽然从成因上说,有的“公言”可能也是对“文本型”或“文本亚型”的凝炼或简约,但如果没有充分的证据,当我们面对“文本(亚)型”对“公言型”,或“公言型”对“公言型”时,是不宜在它们之间进行文本关联的判断的。正如前文所指出的那样,因为“公言”作为论说素材或元素,理论上说可以被组织进任何的“文本”中,这让我们看到“公言”的相对活跃和自由,而它们所处的“文本”环境或形态则可能是千差万别的。具体到本节讨论的“互见”案例,如《子路初见》第6章,讲陈灵公宣淫与泄冶事,学者多注意到《左传》宣公九年有类似记载,但其实两书除了陈灵公与泄冶的情节及孔子评价这样的核心“元素”外,大部不同:《左传》侧重于“宣淫”及劝谏、招诛等史事原委(这显然是由左氏一书“述史”的性质决定的),而《家语》则侧重于论证泄冶之非。既然如此,它们能否还算“文本型”的“互见”呢?我们前文已经指出,从“互见”研究本来的要求上说,其初衷就是试图探讨不同文献之间的“文本”关联,而类似这种仅有个别“公言”雷同的文献很难说“文本”上有什么关联。在“互见”研究上,如果不以“文本”关联作为限定和约束,就会把毫无关系的两个文本拿来比较,这样的“互见”研究就会淹没于貌似海量但其实很多是无聊的所谓“互见”案例而不能自拔。就像我们前面讨论《礼记》与《家语》“互见”所指出的那样,因这些无关、并非“文本型”“互见”的干扰,往往使得学者把诸书之间的“互见”估计得过于复杂,于是本来应该能够轻松辨明的两书之间的关系却反而弄得眉目不清了。比如,如果上述陈灵公与泄冶事算“文本型”“互见”的话,那《说苑·君道》“陈灵公行僻而言失”章是否也算?可是此章其实与上述两书差异更大,连孔子的评论都没有,而重在讲泄冶的谏言,但就陈灵公与泄冶事这样的“核心”元素来说却是相同的。如果以此为“文本型”“互见”,这样的“互见”研究无疑就走向了歧途。比如在“出土文献及新材料编”中我们曾讨论上博竹书《民之父母》与《礼记·孔子闲居》、《家语·论礼》之间的文本联系。三篇文献都提到了“三无”，但实际上关于“三无”，《家语·六本》第6章又有记载：“孔子曰：‘无体之礼，敬业；无服之丧，哀也；无声之乐，欢也。’……”类似记载还见于《说苑·修文》及《尸子》。① 不过，读者读完此章当不难发现，《六本》此章虽然亦讲“三无”，但实际上它有自己的论述重点和方向，这种论述重点和方向是与《民之父母》、《礼记·孔子闲居》、《家语·论礼》完全不同的。如果我们因为它们都提到了“三无”一词就率尔把《六本》此章列入与上述三篇文献的“互见”，显然是非常可笑的。

从上面《六本》此章的例子来看，所谓“三无”其实已固化为一种“成说”或“格言”，因此在不同的语言或文本环境中都是可以使用的。如果非要说“互见”，那也仅仅是这些“公言”，“文本”之间可能并没有什么联系。这一点在前人尤其是清范家相、孙志祖，包括陈士珂的研究中都缺乏足够的认识，但现在却是应该明白指出的。而且，上述对“互见”所作的“类型学”区分，也可以使我们对清人如范家相、孙志祖、陈士珂等人的《家语》“互见”文献搜辑工作水准，有一个恰当的评价。三人《家语》研究的一项重要工作，就是搜辑与《家语》“互见”的其他文献。“互见”文献搜辑的多少，一方面可能反映了彼此的文献功底和搜辑工作的完善程度，但另一方面“互见”文献搜辑多少上的差异可能恰恰反映了，他们之间对于“互见”类型的区分以及是否算“文本型”“互见”在认识上是存在分歧的。如《辨政》第7章“孔子谓宓子贱”，孙志祖说该章袭《说苑·政理》、《史记·仲尼弟子列传》、《韩诗外传》卷八，但范家相未举《韩诗外传》、《史记》，陈士珂也未举《史记》。范、陈二氏不可能对相关文献不知道，他们之所以有所取舍，恐怕就在于他们要举出与《家语》最为接近的，最好就是类似我们提到的“文本”型。范氏选《说苑》而舍《韩诗外传》、《史记》，这里的取舍与我们前面从史源学上对它们所作的“文本型”与“文本亚型”的区分恰好吻合，陈氏把《韩诗外传》也算在

① 《尸子》之文，见于《太平御览》卷五七五所引，为陈士珂检出，范家相、孙志祖均未注意到，邬可晶只说范书未检出（参邬著第165页），不够全面。

内,那是由于他过于关注"韩诗外传"形式上与《家语》的一致性(侧重"文本型"),而没有认识到从史源学上说二者是有本质不同的。再如《三恕》篇最后"子路问孔子"一章,陈士珂未言文献出处,①但范家相、孙志祖都注意到其中"被褐怀玉"语与《老子》第七十章"是以圣人被褐怀玉"近,范氏稍谨慎,说除此处之外,其他"未知所本",但孙志祖直接就怀疑《家语》是据《老子》此章"影撰"。② 我们相信,陈士珂对《老子》此章不可能不知道,他之所以未把《老子》列出,恐怕正是由于在他看来《老子》所见与《三恕》此章雷同部分实在太少,仅系只言片语,即是我们上文指出的核心"元素"或者"公言",离"文本型""互见"实在太远。范家相的谨慎还是比较清醒的,孙志祖的率尔怀疑,就失之于滥,几近胡乱联系。再如《辨政》第5章"子贡问于孔子夫子之于子产晏子",各本其实都未找到明确对应的文献,但陈士珂、孙志祖还是举《史记·仲尼弟子列传》"孔子之所严事"晏平仲、子产的记载,范家相也提到《孔丛子》的记载(即《杂训》篇"悬子问子思"章"子之先君见子产时,则兄事之"云云③),④当然,他们都没下定论,还算谨慎。其实,无论是《史记》还是《孔丛子》,它们与《家语》相合的部分仍是"只言片语",其实也就是"公言",而"文本"表述上的差异则非常大,如果把这些"公言"式的"互见"也归入"文本型",恐怕会不胜其烦,也分不清主次。

当然,我们还想指出的是,即便同属"文本型"或"文本亚型",它们之间的不同,也并不总是反映了它们所据文本是存在明显差异的。因为,从《韩诗外传》、《史记》对某些"故事"素材的利用看,这些素材可能早已成为流传较广、广为受众熟悉的知识背景,实际上也类似于核心"元素"式的"公言",既如此,论者在把它们作为论据来使用时,就不见得每次非要去查原始文本,完全有可能是直接凭记忆把这样的故事梗概大致述出。这种情形反映

---

① 陈士珂《孔子家语疏证》,第60页。

② 分别参见范家相《家语证伪》,第104页;孙志祖《家语疏证》,第202页。

③ 傅亚庶《孔丛子校释》,第111页。

④ 分别参见陈士珂《孔子家语疏证》,第91页;孙志祖《家语疏证》,第209页;范家相《家语证伪》,第115页。

了“互见”上述三种类型之间的互动关系：一方面由于流传渐广和深入人心，“文本型”或“文本亚型”都有滑向“公言”的趋势和可能；另一方面，当论说者仅据“公言”来重新讲述“故事”过程时，无疑也形成了新的“文本”，尽管它相对于原始的“文本”是衍生的，当然也是“次生”的。上举《家语·正论解》“卫孙桓子侵齐”章，此章讲仲叔于奚因救孙桓子而得赏，但其辞邑而求“曲悬之乐，繁缨以朝”，卫人许之，孔子感叹“唯器与名不可以假人”。此事又见《左传》成公二年，但《家语》此章如“纪事本末体”，首尾完整，且结构连贯、紧凑（如对孔子获知此事途径的交代：“书在三官”、“子路仕卫，见其故”），《左传》则属述史，各有侧重。有意思的是，此事贾谊《新书·审微》篇亦有提及，但贾谊只是在论述用乐制度时顺便言及，所以明显不是照搬文本而来，最典型的证据是连孔子的评论都是以自己的话重新组织，而不与《左传》、《家语》中夫子之言“酷肖逼似”。此例说明，仲叔于奚因赏求乐这样的历史典故，已广为普及、播在人心，实际上已经成为我们上面提到的核心“元素”式的“公言”，当后人要把这种“公言”的委曲过程“如此这般”地重新复述时，就不见得非要“照本宣科”，而更可能就是各人凭借记忆独自复述，因此最后产生的“文本”必然是千差万别的。再如《家语·致思》首“孔子北游于农山”章“互见”于《韩诗外传》的就有两种版本，一在卷七，一在卷九，①但细加比较就可以发现，两处所载其实文字表述上与《家语》此章都多有差异。不过，相对而言，卷九与《家语》更为接近，这类似“文本亚型”，但其文字表述上与《家语》的不同之处，可能即源于凭记忆重新组织。所以，它虽然接近“文本亚型”，但却并非在手头有“文本型”的情况下“照本宣科”。卷七所见与《家语》则差异更大，除了夫子与子路、子贡、颜回问答这样的“故事”架构外，各弟子所述与《家语》所载甚少同者，只是言论主旨上比较接近。我们认为此章夫子与子路、子贡、颜回问答这样的“故事”架构就类似核心“元素”的“公言”，而《韩诗外传》卷七所载其实就是利用这样的“公言”在未参照原始“文本型”的情况下，重新组织文本，只不过“重组”的成分更大

---

① 邬可晶《〈孔子家语〉成书时代及性质问题的再研究》，第155页。

些罢了。有意思的是,《韩诗外传》两处所载,文字上还有不少的共通性,而这些共通性却往往又是与《家语》不一致的地方,这再次说明,该书的编者在编写这样两章时并非严格参照《家语·致思》这样的原始“文本型”,而仅仅是凭记忆写出大概。但仅凭记忆而非严格依据文本的引用,在准确性上无疑要相应地打折扣,这恐怕也是造成上述二手文献在“故事”素材的表述上有较多差异的原因。以上情形提醒我们,在“互见”研究中,类型学的区分诚然非常重要,但我们同时也应对诸类型之间的衍生关系有足够的重视。

还应指出的是,由于古书最初多单篇别行以及成书过程的历时性,今天我们看到的某本古书,其中内容可能既有“文本型”,又有“文本亚型”,同时又有“公言”类型,并不纯粹。我们对上述文献的归类主要是依据它们与《家语》这十一篇“互见”的内容而论,并非针对整部文献。即如其中的《荀子》,我们发现该书与《家语》这十一篇“互见”的,多限于《宥坐》、《子道》、《法行》、《哀公》、《尧问》等篇,而前人早已指出,这五篇多系“记传杂事”,与《荀子》其他篇区别明显,因此是自成体系的。① 我们对其“文本型”的归类,显然也只针对这几篇。

五、由《家语》与《左传》、《国语》的“互见”说其材料来源问题

我们上面已经指出,这十一篇中很多章与《说苑》“互见”,但也存在特例,分别是《三恕》篇多“互见”于《荀子》,而《辨物》篇多“互见”于《左传》、《国语》。《荀子》中的内容我们已指出它们与《家语》、《说苑》相类,也是“文本型”的,那么《左传》、《国语》呢?于此还需要专门讨论。虽然从数量上说,《家语》这十一篇与《左传》、《国语》的“互见”并不算多,但从整部书来说,其与二书的“互见”为数并不少(尤以《相鲁》、《正论解》二篇最为集中),故亦

---

① 邬可晶《〈孔子家语〉成书时代及性质问题的再研究》,第51页。《家语》又何尝不是这样呢?

可看成一大门类。论题所限，在此不可能对《家语》与《左传》、《国语》的“互见”作全盘考察，只能就与《左传》、《国语》“互见”最为“集中”的《辨物》篇试作讨论，权作引玉之砖。

从体裁上说，《左传》、《国语》一为编年记事，一主记言，它们应该不属于同一类型。我们先来看《左传》，《辨物》一篇也以“互见”于该书为最多。首先可以肯定的是，《左传》既非“文本型”，亦非“文本亚型”，因为它对“故事”的处理不是像《家语》“掌故短章”那样首尾完整且自成“单元”，而是服务于编年叙事的需要，把时序因素交代得非常详尽，相反，《家语》却多有总括、概述的特点，尽量省去史事的时序情节，而更突出最后孔子对此事的评论。如《辨物》篇第 4 章郯子朝鲁事，《左传》更详，《家语》很多地方一笔带过，还有总括特征；第 5 章邾隐公朝鲁事，《家语》与《左传》虽然高度相似，但《家语》此章开头仍有撮述风格，而《左传》则是标准的史传记事，时间、人物等因素详细交代。另外，讲邾、鲁君失礼的下场，《左传》在时间上也更详细，具体到壬申，《家语》则无；《家语》总括的风格还体现在把邾、鲁二君的下场都交代全了，尤其是邾隐公出奔要到哀公十年，离邾隐公朝鲁已逾十年。不过，《家语》也有较《左传》更详尽的例子。如第 6 章言孔子在陈预言桓僖庙灾一事，此事又见《史记·仲尼弟子列传》，但《左传》、《史记》都非常简短，《家语》则曲折详尽。第 8 章季康子问孔子冬有螽事，《家语》首尾情节完整，《左传》非常简单。此二例《家语》与《左传》的繁、简之别虽然与前例正相反，但体现出二书的特点则是一致的：《左传》服务于编年叙事，可长可短，《家语》则紧紧围绕一“历史掌故”，首尾情节完整，形成一具体而微的“单元”，尤其是孔子后面的评论，其借助“掌故”表达教化意义的目的是很明显的。所以，准确地说，两书的“互见”其实只是历史掌故、孔子评论这样的“公言”，“文本”层面则很难说有什么关联。

那么，《家语》与《左传》两书中这种“公言”式的“互见”，到底反映了两书什么样的关系呢？有清辨伪诸家，遇《家语》与《左传》“互见”者，辄谓《家语》抄袭《左传》，但如果我们事事都以《左传》为准，就无异于说《左传》是古人历史知识的全部和唯一的来源，只要出现与之相似的文献，都要以《左传》

为源头,实际上,这是很成问题的。且不说左氏之外还有公、谷两传,就是《国语》与《左传》所载也不尽相同,这都说明古人历史知识的来源是很丰富的。何况,《左传》背后还有一部《春秋》经,①尤其是,《春秋》经如此之简,《左传》如此之繁,那些近乎海量的历史细节,那些所谓的"无经之传",左氏是如何知道的?显然他还见到了大量的历史文献。可为旁证的是,《国语》所载,多有不见于《左传》者,即如《辨物》前三章只见于《国语》而不见于《左传》,我们能因为它们不见于《左传》就说其本系子虚、乃《国语》生造吗?受制于叙事体例,尤其是对《春秋》经的依附,《左传》的记事必定是有所取舍的,绝不可能囊括全部历史细节。另外的证据是,1973 年马王堆汉墓出土的帛书《春秋事语》虽大部见于今本《左传》,但仍有部分内容(既包括史实也包括评论)未见于任何传世文献,我们能说见于《左传》的就是信史、不见于《左传》的就是古人生造的吗?再如清华简《系年》,虽然很多内容见于《左传》,但同样也有不少历史细节为左氏一书失载。再以《家语》与《左传》"互见"而论,《家语·正论解》篇是"互见"于《左传》最多的一篇(共 27 章,见于《左传》者 20 章),但我们也发现正是在这样"密集""互见"于《左传》一书的同时,其中讲"苛政猛于虎"的第 13 章却未见《左传》,只见于《礼记·檀弓上》,我们同样也不能由《左传》无有,就断言此事不可信。这些事例都说明古人能够利用的历史资料是很多的,远非左氏一书所能限。文献历经两千多年的流传散亡,保存至今者不能说是"硕果仅存",至少也是"冰山一角",我们显然不能根据这"冰山一角"就妄下论断。

笔者以为,在今天出土文献充分开阔了我们史料视野的情况下,对于《家语》与《左传》之间的"互见"关系,同样要跳出过去辨伪学的狭隘"剿袭"论。应该认识到,《家语》一书同样是有其独立来源的。我们上面已通过两书之间若干"互见"事例说明,两书之间的某些文本架构和叙述重点并不一

① "春秋"学上关于左氏是否解经,一直存在争论,但要说《春秋》经是《左传》的材料来源之一,恐怕是没有疑义的。

样,有些仅仅是核心"元素"雷同而已,是"公言",并不能上升到"文本""互见"的高度。况且,从性质上说,《左传》作为史书,也有个取用史料重新编成的问题,它相对这些史料显然也是二手的。即如其书中的"仲尼(孔子)曰",就像我们在讨论《礼记》一书的"孔子曰"时所指出的那样,《左传》肯定是从特定"文本"环境中节取出来的,不可能原来光秃秃地就只有孔子的话。而《家语》书中往往正包含了这些"仲尼(孔子)曰"的文本,既然这样,要说《左传》取材于类似《家语》这样的文献,看来也并非没有可能。我们这里用到了"类似《家语》这样的文献"的措辞,之所以有此称,是因为我们不想让读者误解成我们矫枉过正地又说是《左传》"剿袭"或取材于今本《家语》。在本书"传本及版本编"中,笔者曾多次指出,《家语》的成书是"历时性"的,在《家语》的流传史上存在"家语"材料、"汉志本"、今本这样几种形态,今本系孔安国整理,相对晚出,《左传》自然不可能取材于它,但当其尚未"成书"、仅仅是以零散"语"类材料状态存在时,要说《左传》取材于这样的材料,有什么可奇怪的呢?再从我们上文对《左传》与《家语·辨物》之"互见"的比较看,《左传》更多体现了史传的叙事风格,曲折详尽,《家语》则往往以某一历史掌故为中心,形成一个个首尾完整、自成体系的"单元",且尤重对"掌故"的评论。《家语》这样的特点其实与马王堆帛书《春秋事语》非常接近,帛书此篇同样以有名的"历史掌故"为中心,如三章讲韩、赵、魏灭知伯,四章讲鲁国东门襄仲杀嫡立庶,八章讲晋假道伐虢,十一章讲鲁公子翚与桓公合谋害隐公,十三章讲宋、楚泓之战,十五章讲鲁庄公临终谋嗣及庆父之事,等等,而且帛书尤其突出评论,这一点也与《家语》类似。目前关于帛书的性质有一种代表性的意见认为它系简化、改写《左传》而来,甚至是属于"《左传》学"的一部作品,[①]但果真如此的话,其中不见于《左传》的历史细节及评论是很难解释的。不过,早在帛书发现之初,唐兰先生就明确主张帛书"不是《左传》系统而为另一本古书是无疑的"[②]。近来随着研究的深入,越来越多的学者倾向

① 李学勤《〈春秋事语〉与〈左传〉的源流》,《简帛佚籍与学术史》,江西教育出版社2001年。

②《座谈长沙马王堆汉墓帛书》,《文物》1974年第9期。

于唐先生的看法。[①] 笔者以为将帛书的性质过于往《左传》上靠，恐还是囿于立足现存文献这“冰山一角”的思维，对古代文献流传形态的丰富性估计不足。[②] 考虑到《家语》与帛书《春秋事语》形式及内容上的类型性，尤其是上面举出的《家语》虽与《左传》“互见”，但两者有时论述重点甚至“文本”结构也并不一致的事实，我们认为《左传》当初从类似《家语》、《春秋事语》这样的“语”类材料中取材是完全可能的。既如此，它们之间就存在史源学上“原生”、“次生”的关系，故贸然将两者放在一起等量齐观也是不恰当的。

再来看《国语》。《辨物》篇只有前三章“互见”于此书，而这三章与《国语·鲁语下》所见基本一致，差别并不大。然则，《国语》亦系“文本型”乎？似又不然。实际上，整部《国语》与《家语》“互见”最集中者即是《鲁语下》篇，具体地说，就是《鲁语下》中那些引及孔子评论的章次。所以，要讨论《家语》与《国语》的关系，其实首要就是要探讨《家语》与《鲁语下》篇相关章次的关系。我们上文已经提到，从文体进化的角度看，作为广义的“语”类文献，《家语》十一篇中的这些“掌故短章”相对《国语》是较为成熟、稳定的类型，也就是说它们之间是有着时序差异的。所以，简单地把它们放在一起等量齐观并不合适。不过，尽管从文体角度看，类似《家语》中的这些“掌故短章”要较《鲁语下》所见为后出，但是否意味着《家语》就是直接因袭《鲁语下》而来，或者如前面讨论的《左传》那样，作为“语”类文献，《国语》就是《家语》这类文献的材料渊薮呢？这显然是有问题的。一个明显的事实是，《鲁

---

① 王莉《〈春秋事语〉研究二题》，《古籍整理研究学刊》2003 年第 5 期；李建军《帛书〈春秋事语〉考论》，《图书馆理论与实践》2006 年第 5 期。杜勇《论〈春秋事语〉与〈左传〉的关系》，《赵光贤先生百年诞辰纪念文集》，中国社会科学出版社 2011 年，第 440 页。

② 郭永秉先生晚近对《春秋事语》重有考订，但对其性质依然持李学勤先生的“《左传》学”说。其实，我们通过郭文对帛书《鲁庄公有疾》章的考订，已经看得很清楚，帛书虽与《左传》接近，但并非全同，郭文尤其提到帛书向我们展现了“我们过去所不了解的史实”，这“不了解的史实”，《左传》也没有，然则帛书何所依凭？显然其利用的史料有超出《左传》处，这种情况下再说其为“《左传》学”作品，恐怕是有欠妥当的。郭说见《马王堆汉墓帛书〈春秋事语〉补释三则》，《古文字与古文献论集》，上海古籍出版社 2011 年，247 页。

语下》中这些引及孔子评论的章次，绝大多数不见于《左传》。[①] 须知，《鲁语下》引及孔子的评论，形式上也是多与《左传》如出一辙的"仲尼闻之曰"云云，但这些孔子的评论却并不见于《左传》。这突出说明了，对于孔子言论，《左传》也同样没有穷尽，而是有选择的，主要还是服务于其写史的需要。同样的道理，《左传》一书中的孔子言论也大多不见于《国语》，说明《国语》虽以记言为职志，但对孔子的言论同样是有所选择的。由《左传》、《国语》在孔子言论上的互有取舍，我们又要重提两书关系这样一个老话题。依传统说法，《国语》与《左传》或俱出左丘明，或系一书割裂为二，但晚近以来，这些说法越来越多地受到怀疑，[②]学者已经以雄辩的研究证明，两书记述不但各有侧重，而且也是有不同材料来源的。[③] 既有不同的材料来源，那就说明彼时的史籍是非常丰富的，远非任何一书所能限，或者说任何一书所见都仅仅只是吉光片羽、"冰山一角"而已。明乎此，我们对《家语》一书中既不见于《左传》又不见于《国语》的孔子评论，就不能草率断其为后人生造。因为同《左传》、《国语》二书近似，《家语》也有个编辑、取舍的问题，彼此编辑、取舍的标准不同，就导致它们在内容上互有参差，这是很正常的现象。[④] 因此，与前面讨论《左传》时的道理类似，我们也不能由《家语》、《国语》的"互见"，就"冰山一角"地简单视《国语》为《家语》的材料来源，或者谓《家语》系因袭《国语》而来。

实际上，尽管《鲁语下》"互见"于《家语·辨物》的三章与《家语》基本一致，但其他与《家语》"互见"者却时有差异。这些差异有时表现为《家语》更

---

① 只有"季康子欲以田赋"章，孔子的评论部分与《左传》哀公十一年同。

② 相关研究可参杨向奎《论〈左传〉之性质及其与〈国语〉之关系》，《史学集刊》1936 年第 2 期；童书业《〈国语〉与〈左传〉问题后案》，《童书业史籍考证论集（上）》，中华书局 2005 年；张以仁《论〈国语〉与〈左传〉的关系》，《张以仁先秦史论集》，上海古籍出版社2010 年。

③ 详参张以仁《论〈国语〉与〈左传〉的关系》。

④ 比如《鲁语下》中那些非孔子的其他人之言论并未与《家语》"互见"，这就说明它们是《家语》的编者不感兴趣的。特别值得注意的是，《鲁语下》中"季康子问于公父文伯之母"章，引及子夏的评论，而子夏系出孔门"四科"，是孔门重要弟子，但该章《家语》依然没有收入，这对我们理解《家语》编辑、选材的标准是个很好的参照。

详细,《国语》则较为简略,甚至有明显转述的风格;而有时却又表现为《家语》更简略,有直奔主题、"单刀直入"的风格。前一种表现如《鲁语下》"公父文伯之母,季康子之从祖叔母"章,又见于《家语·曲礼公西赤问》篇,此章讲公父文伯之母能谨守男女之礼。《家语》对文伯之母守礼之行记述均较详细,尤其是孔子的评论"男女之别,礼之大经。公父氏之妇,动中德趣,度于礼矣",非常有针对性;相反,《鲁语下》此章孔子的意见则是"仲尼闻之,以为别于男女之礼","以为别于男女之礼"矣,泛泛而论,转述、概括的意味很明显,甚至有点随意,远不如《家语》有"原始感"。后一种表现如《鲁语下》"公父文伯退朝,朝其母,其母方绩"章,"互见"于《家语·正论解》篇,但《正论解》此章相对《鲁语下》大为简省,尤其省略了古者天子诸侯卿士朝夕修业明政一大段,而只取与文伯母"方绩"联系紧密的"王后亲织玄统……"一段,此条又说明《家语》绝对是从类似《国语》这样的文本化来,而不是相反。再如《鲁语下》"季康子欲以田赋"章,同时"互见"于《家语·正论解》和《左传》哀公十一年,三本不同主要在孔子答冉有部分,但结尾基本一致(言季孙[①]若想守法,有周公之典在;若欲犯法,就无须咨询了),差异主要在前半,但有意思的是,我们发现如果把《左传》、《国语》的前半合并(分别为"君子之行礼,必度于礼……"一段和"先王制土,籍田以力……"一段),就大致是《家语》前半的面貌。这种情况可以解释为《家语》"综合"了类似《左传》、《国语》这样的两种文本,当然也可以解释为《左传》、《国语》都只是"节取"自《家语》这样的完整本子。不过,考虑到上面文伯母方绩章,《家语》以冗长为嫌而以精简为尚,此处《家语》似不会嫌《国语》不够,又去兼并《左传》,如此则说明《家语》为原貌的可能性更大。无论如何,以上情况都说明《家语》一方面确实利用了类似《国语》这样的材料,但另一方面它的材料也有不同于《国语》的独特性,这再次说明《家语》也是自有其材料来源的,并非简单抄袭自《国语》。

---

① 《家语》讹作"子孙",当据《左传》、《国语》改正。

结　语

本书的研究，正如上文所见，主要围绕“出土文献及新材料”、“传本及版本”、“流传及学术史”、“经学及理论”、“诸书‘互见’”五个方面展开，这五个方面也分别针对着《孔子家语》研究中若干非常关键的问题。上文的研究，根据目前所掌握的材料，结合学界相关的研究进展，对有关问题进行了新的探索，形成了一系列重要认识，归纳起来，主要有如下几个方面：

一、《孔子家语》“伪书”说主要针对今本系统，并不涉“汉志本”，而今本孔猛所献、王肃所注的“出身”，一方面属“横空”而出，非自古相沿的传承，故多启人疑窦；另一方面，该书与王肃的关涉，决定了对它的怀疑从一开始就有明显的经学论争的背景。但在与王肃并时的马昭那里，虽对《家语》亦有轻视，但并未简单斥之为“伪书”。唐修《五经正义》，由于多依六朝旧疏，对《家语》的态度也是依违、疑信并见，“伪书”之说亦并未凝固。宋人疑古之风渐炽，遂有王柏对此书的全盘否定，这在《家语》“伪书”说的演成历程上是重要一环，但即便如此，同样有朱子等学者对《家语》抱有较正面的评价，故“伪书”说依然不具有全局性的影响。有明一代的大部分时间里，宋本王肃注《家语》流传极稀，世间仅有王广谋的“句解”本较为流行，而王广谋本系“节略”本，并非全貌。在未见完整宋本的情况下，学者多忙于搜辑、重建《家语》之完貌，对王广谋之“句解”本一则惜其残，二则又不满于其注解之浅陋，但由于因缺就简，故对完整之宋本反而并没有怀疑。明清之际，以毛晋访得宋本《家语》为契机，王肃注《家语》十卷本重又大行于世。但有意思的是，《家语》“伪书”说却正是在这一时期重又抬头，并在清中期以前迅速凝固，并浸淫学界。尤耐人寻味的是，我们发现《家语》“伪书”说的最终演成，在时序及论证的逻辑上，与伪古文《尚书》的辨伪一案几乎呈惊人的前后相沿及因果关系。这清晰表明，《家语》“伪书”说明显是受伪古文《尚书》一案影响而形成的，是经典辨伪学“范式”扩大化的产物，而就《家语》“伪书”立说本身的证据上讲，不但基础很弱，而且其间充斥着经学上的门户之见和封建皇权正统观。

二、阜阳双古堆汉墓与“说”类材料密切相关的木牍章题多见于今本《家语》，以及《家语·五仪解》等十一篇多达七成的内容“互见”于《说苑》，说明就材料来源上看，今本《家语》与《说苑》一书存在巨大“交集”，或者说两书当初都可能取材于大致类似的“语”类材料。这样的材料是今本《家语》内容构成上的一大主要门类，而孔子“家语”这样的书名，决定了此书从最初的“语”类材料中独立出来并与《说苑》分途，其实就是孔子或孔门师生言论不断“集约”、麇集的过程。另外，从阜阳双古堆木牍章题及八角廊汉简《儒家者言》与今本《家语》的比较看，今本《家语》在与上述出土材料“互见”的章次中，确实存在不少整理、重组的地方。这些整理和重组一方面非常具有系统性，另一方面又非常突出对孔子的尊崇和维护，这与今本《家语》后附孔安国序中所讲孔氏整理《家语》的初衷和若干细节大致是相合的。这表明孔序所言今本《家语》源出孔安国整理，大体可信。班固汉志所载源出刘歆《七略》，刘氏所见当是融合了未经孔安国整理的民间与中秘所藏《家语》材料，故“汉志本”与今本其实非一。从史源学上说，“汉志本”当比经由孔安国整理的今本系统更为原初。目下的《家语》研究中，颇有将今本与“汉志本”径行对接者，其实是反“伪书”说的矫枉过正，这不唯无法解释两者篇卷格局上的巨大差异，也与《家语》形成过程的诸多细节不合。

三、传统《家语》辨伪学者，遇《家语》与其他文献“互见”者，辄谓《家语》袭自某书，论证逻辑过于单一，对文献之间“互见”情况的估计也过于简单化。从前文的研究看，我们有充足的理由认为《家语》一书的材料来源是相对独立的，与我们熟知的《礼记》、《荀子》、《说苑》、《韩诗外传》等任何一书都并不完全一致。在《家语》与其他文献的比较研究中，我们多次看到这样的例子：尽管《家语》与他书高度相似，但它们之间始终在个别地方依然存在差异，这些差异，有些虽然不排除是孔安国重整《家语》所为，有些确是反映了他所根据材料的原始面貌，并非造伪者处心积虑刻意“立异”。尤其是《家语》不少地方虽与他书异、但却更为合理和本真的事实，就更加证明了其材料上的独立性。另外，正如上文对《礼记》、《家语》的比较研究所指出的那样，两书之间个别语词方面的“微观”优长，与文本结构、“背景”有无等“宏观”优长并不能连带决定，这恐怕也从另一个角度证明了《家语》与《礼记》各自独立的流传统系。最后要指出的是，鉴于《家语》、《说苑》以及古礼“记”类文献（《礼记》一书之所从出）在材料来源上的交集现象，《家语》材料来源的独立性还体现在：它与《说苑》、《礼记》等书走向分途是很早的事。不但分途早，而且后来孔安国的整理本还长期密藏孔家，并未进入流传之途，形同离群索居，这等于无形中又强化了其材料来源上的独立和特异现象，这与《礼记》材料长期浸染流传之途，尤其是在儒家师徒间迭相授受、广有研习还是很不一样的。这两种不同的流传环境，无疑也对各自的材料品质尤其是史源学特征有重要影响。

四、《家语》一书尽管拥有相对独立的材料来源，但从对材料原貌的保持上说，该书总体上又呈现出明显的“二元特征”：从与八角廊汉简、阜阳双古堆汉墓章题木牍、上博竹书《民之父母》的比较来看，《家语》不唯改动剧烈，[①]甚至材料本身的品质有时也颇为逊色；但从与《礼记》“互见”较多的后三篇“曲礼”来看，《家语》却往往又保存了更为原始、完整的面貌。也就是说，如果我们承认孔安国确实对《家语》材料进行重组的话，“互见”于上述《礼记》中的那些章次，却反而改动较少，而更多地保存了原貌。这或者反映了孔安国重组工作的相对不均衡，或者反映了《家语》的材料源出也并非单一的。值得注意的是，从文体形式上说，后三篇“曲礼”也属于与《五仪解》等十一篇类似的“掌故短章”。不过，虽然文体形式类似，但两者呈现的史源学品质却有明显区别，这恐怕愈加说明《家语》一书在材料来源上是“多元”的。

---

① 当然有些是后人重建“宋本”时据他书妄改，关于这一点，孙志祖在其书中已多次引唐、宋类书所引《家语》证“今本”之误，细心的读者自可发现。

今本《家语》在史源学及材料来源上所体现的这种“二元”特征，实际上与该书后所附孔安国序中所述若合符节。孔序中提到汉初吕氏被诛亡之后，本归吕氏所藏的《家语》材料就“散在人间”，由是进入流传之途，因此也就免不了“好事者亦各以意增损其言”。后来这些早已进入流传之途的材料重又被收归官府，而且最后是“与曲礼众篇乱简合而藏之秘府”（今本后面三篇均题“曲礼”应该不是偶然的）。由最后这三篇往往较好地保存了原貌的事实看，孔序中所说的“曲礼众篇”，应该只是中秘旧藏，因此倒没有“散在人间”。因为远离流传之途，故而能较多地保存原貌。孔氏的牢骚也只是针对“散在人间”的这些材料而发，因此他的整理可能也是以此为重，而对于中秘旧藏之“曲礼众篇”，由于较多地保存了原貌，因此可能就较少改动，这恐怕是造成该书内容史源学品质“二元”差异的主要原因。既明了《家语》一书在材料来源上的“多元”化，以及因此导致的内容在史源学品质上的“二元”特征，这就提醒我们，对此书无论是“证伪”还是“证真”，都不能“盲人摸象”地根据当下所接触到的局部材料，率尔对全书的真伪下判断，必须要有较为全局性的眼光和视野，尤其要呼应该书材料来源上的“多元”和成书过程的“历时”特征，以动态的古书形成观来看待问题。

五、在上面的研究中，除了《家语》本身所涉及的问题外，一些研究方法的重要性也日益凸显出来。在这些方法中，有些已经不是细枝末节或局部性的，而是在《家语》一书的研究中明显具有全局的意义，研究者对这些方法的态度和立场，实际上也直接决定了其《家语》研究的成效和水准。在这些方法中，我们认为最值得重视的，一是诸书“互见”研究的方法，另一个则是如何处理《家语》本文与诸序研究之间的关系问题。对于前者，它甚至已经不仅是《家语》研究本身的问题。由于诸书“互见”现象在先秦两汉文献中大量存在，甚至是古书之间的常见“体例”，这一问题已经成为带有普遍意义的课题，因此我们就应该充分重视诸书“互见”研究领域相关结论的通约性。以《家语》研究而言，回溯清人对该书的探讨，我们现在有充分的理由指出它们在诸书“互见”研究问题上是流于简单化的，这一点不唯“证伪”一方的学者如此，即“证真”一方的学者可能也没有对诸书“互见”问题有一彻底、全面的认识。当然,对于辨伪学者而言,这方面的失误就尤为明显。首先一点,他们对诸书“互见”现象的性质是缺乏正确认识的。虽然他们也不否认“互见”现象在更广泛的范围内存在,但具体到《家语》一书,他们往往缺乏平和的心态。尤其应该指出的是,他们把伪古文《尚书》的辨伪逻辑错误地向《家语》研究移植,并以此看待《家语》与他书之间的“互见”现象,这造成了他们在《家语》“互见”问题上的根本性失误,这也是制约着他们的研究向更高层次迈进的关键因素。既有此失误,也就不能奢望他们还能对“互见”问题作出“类型学”区分。同样,“证真”一方对此问题的认识也是模糊的。虽然晚近出土文献的大量发现,使得“互见”研究的重要性日益为学界所认同,并在一定范围内形成研究的热潮,但对“互见”的类型学区分应该说仍然缺乏足够的自觉。本书从《家语》研究的实例出发,通过对前人提出的相关概念的吸收和改造,提出诸书“互见”的三类型区分模式,即“文本型”、“文本亚型”、“公言”。不同类型下“互见”文献之间的关系也是不一样的,如果要立足于考察“互见”文献之间文本上的关联,关键是要看它们是否或在多大程度上属于“文本型”或“文本亚型”。作为共同知识背景的“公言”,理论上可以出现在任何“文本”环境中,即相对活跃和自由,基于这种类型的“互见”要判断所在文献之间的关联就缺乏说服力,因此要非常慎重。另外,无论是“文本型”还是“文本亚型”,都有滑向“公言”的趋势和可能,而后人仅据“公言”来重新组织“文本”,又在事实上产生了许多新的“文本”,尽管相对“公言”从出的文本它是“次生”的。诸书“互见”的类型复杂如此,这就提醒我们:不分青红皂白地把有点相似的文献都堆到一起等量齐观,是不分主次、不辨来源,因此也无助于揭示文献之间的真实关系。至于如何处理《家语》本文研究与诸序研究之间的关系,我们认为以往的辨伪学者时有向《家语》诸序倾斜的苗头,换言之,在《家语》本文研究本多两可之论的情况下,他们往往是通过对《家语》诸序的“吹毛求疵”,来求得在《家语》全书的辨伪上“立竿见影”或者更为简捷的效果。实际上,《家语》诸序非成于一时,亦非出于一手。道听途说、辗转相传,遂有后来者之所述,颇有与传播学常见之信息变形及流失情况相仿佛。因此,我们认为正确的方法是,不宜简单地用诸序的研究去否定或肯定全书，而应该是以《家语》本文的研究为基础，再来重新审视诸序中所述内容，这样其中“合理”与“怪异”之处倒可能会获致一个相对合理的解释。

六、回顾《家语》的研究历史，无论“证伪”还是“证真”，都要等到清代才有专门之书。相对今天的研究，清人可以说是先行者，他们的著作也是我们今天无法绕开的，因此在上文的研究中，我们对他们的工作也顺便有所评价。首先，我们认为清代范家相、孙志祖、陈士珂等人的《家语》研究，最大的功绩就是对与《家语》“互见”文献的查找与搜辑，这也为我们今天重新研究该书提供了很大的便利。其次，他们尤其是范、孙二家对《家语》之文若干细节的考证（陈氏无考证），犹如抽丝剥笋，论证精详，虽然他们抱着辨伪的目的，但这样的工作对我们准确认识《家语》一书的材料特质无疑也是有益的。最后，他们对《家语》问题的关注也是全方位的，其触角所及，几乎涉及了《家语》从形成到流传各个环节的问题（范书后所附《读〈家语〉杂记》一文可为佳证），因此无疑对后来的研究从问题和方向上进行了规范。当然，上面已经提到，范、孙二氏对《家语》的辨伪，从时间上看，恰在伪古文《尚书》一案渐成定论之时，因此他们对《家语》的态度也难免受此一大案的“裹挟”。这表现在他们对《家语》的研究，实际上都是成见先行，对于《家语》与他书之间的“互见”往往视前者剿袭（范氏相对谨慎，孙氏则几乎全视《家语》抄袭他书）其他文献。有此成见，导致《家语》一书与他书之间的任何不同，他们几乎都要习惯地以“作伪”眼光来看，甚或去追问所谓的作伪动机，这显然是有欠公允的。另外，前文提到，虽然他们包括陈士珂都对与《家语》“互见”的文献勤于搜辑，也卓有成效，但对于“互见”类型的区分却是模糊的。范、孙二氏有“伪书”成见，因此可能“先天”就没有对于“互见”的分类意识，以为只要找出与《家语》或多或少相合者，即为抓到了作伪的所谓“真赃”实据。但即便主《家语》不伪的陈士珂，对“互见”作类型区分的意识同样也是缺乏的。没有对同时“互见”于《家语》一书的诸多文献进行必要的类型区分，实际上就无法准确揭示这些文献与《家语》之间的真实关系：究竟是“文本型”还是“文本亚型”，抑或是仅仅属于“公言”？这些情况不明，我们就不能对《家语》一书的材料来源问题有一个准确的认识。从这个角度上说，对“互见”文献的搜辑还只是比较初级的工作，而对“互见”的类型学区分则是更高、更关键的要求，否则“互见”文献搜得再全也是没有多少说服力的，而事实上“互见”问题之所以能为“证伪”、“证真”双方同时利用，这恐怕也是非常重要的原因。

参 考 文 献

典籍类

《十三经注疏》，浙江古籍出版社 1998 年。
司马迁《史记》，中华书局 1959 年。
班固《汉书》，中华书局 1962 年。
阎若璩《尚书古文疏证》，上海古籍出版社 1987 年。
陈寿祺辑《尚书大传》，《四部丛刊》本。
孙诒让《周礼正义》，中华书局 1987 年。
王夫之《礼记章句》，岳麓书社 2011 年。
孙希旦《礼记集解》，中华书局 1989 年。
钱玄、钱兴奇等注译《礼记》，岳麓书社 2001 年。
王文锦《礼记译解》，中华书局 2001 年。
杨天宇《礼记译注》，上海古籍出版社 2004 年。
陈戍国《礼记校注》，岳麓书社 2004 年。
王梦鸥《礼记今注今译》，新世界出版社 2011 年。
吕友仁、吕咏梅《礼记全译/孝经全译》，贵州人民出版社 2009 年。
方向东《大戴礼记汇校集解》，中华书局 2008 年。
陈戍国《诗经校注》，岳麓书社 2005 年。
程树德《论语集释》，中华书局 1990 年。
杨伯峻《孟子译注》，中华书局 1960 年。
秦蕙田《五礼通考》，文渊阁《四库全书》本。
黄以周《礼书通故》，中华书局 2007 年。

王先谦《诗三家义集疏》,中华书局 1987 年。

王引之《经义述闻》,江苏古籍出版社 2000 年。

黄怀信、张懋镕、田旭东《逸周书汇校集注》,上海古籍出版社 2007 年。

欧阳询《艺文类聚》,上海古籍出版社 1999 年。

徐坚《初学记》,中华书局 1962 年。

李昉等《太平御览》,中华书局 2006 年。

郭忠恕、夏竦《汗简·古文四声韵》(李零、刘新光整理),中华书局 1983 年。

顾实《汉书艺文志讲疏》,上海古籍出版社 1987 年。

方诗铭、王修龄《古本竹书纪年辑证》,上海古籍出版社 1981 年。

阎振益、钟夏《新书校注》,中华书局 2000 年。

王先谦《荀子集解》,中华书局 1988 年。

向宗鲁《说苑校证》,中华书局 1987 年。

石光瑛《新序校释》,中华书局 2001 年。

许维遹《韩诗外传集释》,中华书局 1980 年。

苏舆《春秋繁露义证》,中华书局 1992 年。

陈立《白虎通疏证》,中华书局 1994 年。

吴则虞《晏子春秋集释》,中华书局 1982 年。

傅亚庶《孔丛子校释》,中华书局 2011 年。

郎瑛《七修类稿》,上海书店 2001 年。

黄永武《敦煌宝藏》,台湾新文丰出版公司 1985 年。

范家相《家语证伪》,《续修四库全书·子部·儒家类》,上海古籍出版社 2002 年。

孙志祖《家语疏证》,《续修四库全书·子部·儒家类》,上海古籍出版社 2002 年。

陈士珂《孔子家语疏证》,上海书店出版社 1987 年影印版。

孙志祖《读书脞录》,光绪十三年醉六堂刻本。

版本目录类

《孔子家语》十卷,明覆宋刊本,《四部丛刊》收录,上海商务印书馆缩印江南图书馆藏本。

《孔子家语》十卷,明万历中新安吴勉学校刻本,上海图书馆藏。

《孔子家语》十卷,明万历三十六年(1608 年)金陵吴继武重校刻本,上海图书馆藏。

《孔圣家语图》十一卷,明吴嘉谟撰,明万历刻本,上海图书馆藏。

《古本孔子家语》,日本宽永十五年(1638 年)风月堂刊本,日本早稻田大学图书馆藏。

《孔氏家语》十卷,明毛氏汲古阁刻本,第一页书口处题"汲古阁毛氏正本",上海图书馆藏。

《孔子家语》十卷,(日)冈白驹补注,日本元文二年(1737 年)风月堂刻本,上海图书馆藏。

《孔子家语》十卷,《四库全书》本。

《孔氏家语》十卷(附札记一卷),清光绪二十四年(1898 年)贵池刘氏玉海堂影宋蜀刻本(玉海堂影宋丛书)四册,上海图书馆藏。

《孔氏家语》十卷,清光绪间上海同文书局石印本,上海图书馆藏。

何孟春《孔子家语注》,《四库存目丛书·子部·儒家类》,齐鲁书社 1994 年。

姜兆锡《家语正义》,《四库存目丛书·子部·儒家类》,齐鲁书社 1994 年。

陈际泰《孔子家语宪》四卷,《四库未收书辑刊》第三辑,北京出版社 1998 年。

萧穆《跋宋本孔氏家语》,《敬孚类稿》卷五,《续修四库全书·集部·别集类》第 1561 册,上海古籍出版社 2002 年。

萧穆《跋影栞宋椠孔氏家语》,《敬孚类稿》卷五,《续修四库全书·集部·别集类》第 1561 册。

卢文弨《重刻何注孔子家语序》,《抱经堂文集》卷六,中华书局 1990 年。

永瑢《四库全书总目提要》,中华书局 1997 年。

瞿镛《铁琴铜剑楼藏书目录》,上海古籍出版社 1995 年。

傅增湘《藏园群书经眼录》,中华书局 1983 年。
傅增湘《藏园订补郘亭知见传本书目》,中华书局 1993 年。
叶德辉《书林清话》,上海古籍出版社 2008 年。
孙启治、陈建华编《古佚书辑本目录附考证》,中华书局 1997 年。
王仁俊《玉函山房辑佚书续编三种》,上海古籍出版社 1989 年。

出土文献类

《信阳楚墓》,文物出版社 1986 年。
《阜阳双古堆西汉汝阴侯墓发掘简报》,《文物》1978 年第 8 期。
《河北定县 40 号汉墓发掘简报》,《文物》1981 年第 8 期。
《定县 40 号汉墓出土竹简简介》,《文物》1981 年第 8 期。
《〈儒家者言〉释文》,《文物》1981 年第 8 期。
《马王堆汉墓帛书(壹)》,文物出版社 1980 年。
《郭店楚墓竹简》,文物出版社 1998 年。
马承源主编《上海博物馆藏战国楚竹书(二)》,上海古籍出版社 2002 年。
《清华大学藏战国竹简(二)》,中西书局 2011 年。
《清华大学藏战国竹简(三)》,中西书局 2012 年。
韩自强《阜阳汉简〈周易〉研究——附〈儒家者言〉章题、〈春秋事语〉章题及相关竹简》,上海古籍出版社 2004 年。
商承祚编著《石刻篆文编》,中华书局 1996 年。
王重民《敦煌古籍叙录》,中华书局 1979 年。

其他论著

C

崔述《洙泗考信录》卷二,顾颉刚编订《崔东壁遗书》,上海古籍出版社 1983 年。
陈智超编注《陈垣史源学杂文》(增订本),三联书店 2007 年。
陈槃《谶纬溯源》,《中央研究院历史语言研究所集刊》1944 年,第 11 本。

陈成国《中国礼制史·先秦卷》，湖南教育出版社2002年。
陈伟《上海博物馆藏战国楚竹书（二）零释》，简帛研究网（2003年3月17日）。
陈剑《上博简〈民之父母〉"而得既塞于四海矣"句解释》，《上博馆藏战国楚竹书研究续编》，上海书店2004年。
陈剑、黄海烈《论〈礼记〉与〈孔子家语〉的关系》，《古籍整理研究学刊》2005年第4期。
程金造《史记索隐引书考实》，中华书局1998年。
曹玮《西周时期的禘祭与祫祭》，《考古学研究（六）》，科学出版社2006年。
常金仓《二十世纪古史研究反思录》，中国社会科学出版社2005年。
仓修良《文史通义新编新注》，浙江古籍出版社2005年。

D

段玉裁《说文解字注》，成都古籍书店1990年影印版。
邓莹《〈孔子家语〉研究》，中央民族大学2011年博士学位论文。

F

傅斯年《战国文籍中之篇式书体——一个短记》，《史学方法导论》，中国人民大学出版社2004年。

G

桂馥《说文解字义证》，齐鲁书社1987年。
顾实《重考古今伪书考·自序》，上海大东书局1926年。
顾颉刚《中国上古史研究讲义》，中华书局1988年。
顾颉刚《秦汉的方士与儒生》，上海古籍出版社1998年。
郭沂《郭店竹简与先秦学术思想》，上海教育出版社2001年。
顾颉刚、刘起釪《尚书校释译论》，中华书局2005年。
郭善兵《中国古代帝王宗庙礼制研究》，人民出版社2007年。

郭永秉《帝系新研》,北京大学出版社 2008 年。

郭永秉《阜阳汉简考释两篇》,《文史》第 93 辑,中华书局 2010 年。

H

惠士奇《礼说》卷七,《清经解·清经解续编》第 2 册,凤凰出版社 2005 年。

何直刚《〈儒家者言〉略说》,《文物》1981 年第 8 期。

胡平生《阜阳双古堆汉简与〈孔子家语〉》,《国学研究》第七卷,北京大学出版社 2000 年。

何琳仪《沪简二册选释》,简帛研究网(2003 年 1 月 14 日)。

郝虹《王肃经学研究》,山东大学 2001 年博士学位论文。

韩自强、刘海超、韩朝《西汉汝阴侯一号木牍〈儒家者言〉章题释文》,"百年来简帛发现与研究暨长沙吴简国际学术研讨会"会议论文,2001 年 8 月。

郝虹《〈孔子家语〉是否王肃伪作问题新探——从汉魏思想史角度的辨析》,《孔子研究》2011 年第 1 期。

何树环《西周锡命铭文新研》,台湾文津出版社 2007 年。

黄人二《上博藏简(五)〈君子为礼〉与〈弟子问〉试释——兼论本篇篇名为〈论语弟子问〉与〈论语〉之形成和主要编辑时间》,《中国国家博物馆馆刊》2011 年第 6 期。

J

金榜《礼笺》卷三,《清经解·清经解续编》第 4 册,凤凰出版社 2005 年。

金荣华《敦煌俗字索引》,台湾石门图书公司 1980 年。

蒋伯潜《诸子通考》,浙江古籍出版社 1985 年。

金镐《〈孔子家语〉版本源流考略》,《故宫学术季刊》(台湾)第二十卷第二期(2002 年)。

贾素华《〈孔子家语〉王肃注研究》,浙江大学 2009 年硕士学位论文。

L

李慈铭《越缦堂读书记》,中华书局 2006 年。

李学勤《缀古集》,上海古籍出版社 1998 年。

李学勤《简帛佚籍与学术史》,江西教育出版社 2001 年。

李学勤《竹简家语与汉魏孔氏家学》,《简帛佚籍与学术史》,江西教育出版社 2001 年。

李学勤《解读清华简:从〈系年〉看〈纪年〉》,《光明日报》2012 年 3 月 2 日。

李零《〈孙子〉古本研究》,北京大学出版社 1995 年。

李零《李零自选集》,广西师范大学出版社 1998 年。

李零《简帛古书与学术源流》,三联书店 2004 年。

李零《兰台万卷——读〈汉书·艺文志〉》,三联书店 2011 年。

李振兴《王肃之经学》,台湾嘉新水泥公司文化基金会出版,1980 年。

刘笑敢《从竹简与帛书本看〈老子〉的演变——兼论古文献流传过程中的聚集与趋同现象》,《郭店楚简国际学术研讨会论文集》,《人文论丛》特辑,湖北人民出版社 2000 年。

李启谦《孔门弟子研究》,齐鲁书社 1987 年。

李传军《〈孔子家语〉辨疑》,《孔子研究》2004 年第 2 期。

李建军《帛书〈春秋事语〉考论》,《图书馆理论与实践》2006 年第 5 期。

李锐《"重文"分析法评析》,《清华大学学报》2008 年第 1 期,后此文又改题《"对文"分析法评析》,收入氏著《新出简帛的学术探索》,北京师范大学出版社 2010 年。

刘汝霖《汉晋学术编年》,华东师范大学出版社 2010 年。

刘雨《西周金文中的祭祖礼》,《考古学报》1989 年第 4 期。

刘源《商周祭祖礼研究》,商务印书馆 2004 年。

刘巍《〈孔子家语〉公案探源》,清华大学 2013 年博士学位论文。

廖名春、邹新明校点《孔子家语》,新世纪万有文库,辽宁教育出版社 1997 年。

廖名春、张岩《从上博简〈民之父母〉"五至"说论〈孔子家语·论礼〉的真伪》,《湖南大学学报》2005 年第 5 期。
刘娇《西汉以前古籍中相同或类似内容重复出现现象的研究——以出土简帛古籍为中心》,复旦大学 2009 年博士学位论文。

M

马楠《西周“五门三朝”刍议》,《出土文献》(第一辑),中西书局 2010 年。
马楠《〈金滕〉篇末析疑》,《清华大学学报》2011 年第 2 期。
末永高康《〈孔子三朝记〉初探》,《南京师范大学文学院学报》2011 年。

N

宁镇疆《〈老子〉“早期传本”结构及其流变研究》,学林出版社 2006 年。
南泽良彦《中国与日本〈孔子家语〉的流传与评价初探》,《2012 东亚儒学国际学术研讨会论文集》,上海师范大学哲学学院编,2012 年 9 月。

P

皮锡瑞《圣证论补评》,收入《师伏堂丛书》,山东省图书馆藏清光绪二十五年刻本。
皮锡瑞《经学通论》,中华书局 1954 年。
皮锡瑞《经学历史》,中华书局 2004 年。
彭林《周代禘祭平议》,《西周史论文集》,陕西教育出版社 1993 年。

Q

钱穆《先秦诸子系年》,商务印书馆 2005 年。
钱穆《两汉经学今古文平议》,商务印书馆 2001 年。
钱玄《三礼通论》,南京师范大学出版社 1996 年。
裘锡圭《文字学概要》,商务印书馆 1988 年。
裘锡圭《说“亦纪先王之由道”》,《中国古代文明研究与学术史——李学勤教授伉俪七十寿庆纪念文集》,河北大学出版社 2006 年。

濮茅左《关于上海战国竹简中“孔子”的认定——论〈孔子诗论〉中合文是“孔子”而非“子上”》,《中华文史论丛》第67辑。

R

任铭善《礼记目录后案》,《无受室文存》,浙江大学出版社2005年。

S

孙诒让《〈孔子家语〉校记》,《籀庼遗著辑存》,齐鲁书社1987年;又见于《孙诒让研究》,杭州大学语言文学研究室1963年编。

孙星衍《问字堂集、岱南堂集》,中华书局1996年。

孙殿起《贩书偶记》,上海古籍出版社1999年。

单承彬《论语源流考述》,吉林人民出版社2001年。

沈文倬《菿闇文存》,商务印书馆2006年。

沈建华《初学集——沈建华甲骨学论文选》,文物出版社2008年。

沈大本《礼记订讹》,《上海图书馆未刊古籍稿本》第十一册,复旦大学出版社2008年。

孙楷第《包公案与包公案故事》,《沧州后集》,中华书局2009年。

邵东方《竹书纪年研究论稿》,高等教育出版社2011年。

史应勇《郑玄通学及郑王之争研究》,巴蜀书社2007年。

史应勇《尚书郑王比义发微》,华东师范大学出版社2011年。

T

唐晏《两汉三国学案》,中华书局1986年。

童书业《〈国语〉与〈左传〉问题后案》,《童书业史籍考证论集(上)》,中华书局2005年。

土圣叹(此为博主名)《题江青旧藏乾隆刊本〈家语疏证〉》,http://blog.sina.com.cn/s/blog_51d956da0100brkt.html。

W

王国维《殷卜辞中所见先公先王考》,《观堂集林》第 2 册,中华书局 1959 年。

王国维《史记所谓古文说》,《王国维遗书》第 1 册,上海书店 1983 年。

王国维《东山杂记》卷一"诗纪制度风俗",收入《王国维学术随笔》,社会科学文献出版社 2002 年。

王志平《〈孔子家语〉札记》,《学术集林》卷九,上海远东出版社 1996 年。

王志平《中国学术史 · 三国两晋南北朝卷》,江西教育出版社 2001 年。

王承略《论〈孔子家语〉的真伪及其文献价值》,《烟台师范学院学报》2001 年第 3 期。

王莉《〈春秋事语〉研究二题》,《古籍整理研究学刊》2003 年第 5 期。

王锷《〈礼记〉成书考》,中华书局 2007 年。

王利器《古书引经传经说称为本经考》,《晓传书斋集》,华东师范大学出版社 2007 年。

王祎《〈礼记 · 乐记〉研究论稿》,上海人民出版社 2011 年。

吴晓峰《先秦嫁娶季节新论》,国学网,http://www.guoxue.com/lwtj/content/wuxiaofeng_xqjqjjxl.htm。

邬可晶《〈孔子家语〉成书时代和性质问题的再研究》,复旦大学 2011 年博士学位论文。

X

徐复观《两汉思想史》,华东师范大学出版社 2001 年。

谢维扬《二十一世纪中国古史研究面对的主要问题》,《历史研究》2003 年第 1 期。

萧敬伟《今本〈孔子家语〉成书时代新考——从语言及文献角度考察》,香港大学 2004 年博士学位论文。

萧敬伟《论清代〈孔子家语〉研究专著》,《东方文化》(香港)第 41 卷第 2 期(2008 年 8 月)。

萧旭《〈家语〉"瓦不成膝"校正》(复旦大学出土文献与古文字中心网站,

http://www.gwz.fudan.edu.cn/SrcShow.asp? Src_ID=2169)。
许华峰《〈孔子家语〉引〈尚书〉相关材料的分析》,《第三届儒道国际学术研讨会——魏晋南北朝》,台湾师范大学2007年。
夏德靠《先秦"家语"文献源流及文体嬗变》,《广西社会科学》2014年第1期。

Y

杨树达《词诠》,中华书局1965年。
余嘉锡《四库提要辨证》,中华书局1980年。
杨伯峻《列子著述年代考》,收入《列子集释》,中华书局1979年。
杨向奎《论〈左传〉之性质及其与〈国语〉之关系》,《史学集刊》1936年第2期。
杨向奎《裼袭礼与"礼不下庶人解"》,《中国社会科学院研究生院学报》1998年第6期。
杨朝明《〈礼记·孔子闲居〉与〈孔子家语〉》,《新出土文献与中国古代文明研究国际学术研讨会论文集》,上海大学出版社2003年。
杨朝明《〈中庸〉成书问题新探》,黄怀信、李景明主编《儒家文献研究》,齐鲁书社2004年。
杨朝明《〈孔子家语〉通解》,台湾万卷楼图书公司2005年。
杨朝明《〈孔子家语〉通说》,《孔子家语》,河南大学出版社2008年。
杨朝明、魏玮《〈家语〉"层累"形成说考辨》,《古籍整理研究学刊》2009年第1期。
杨天宇《经学探研录》,上海古籍出版社2004年。
杨华《楚简中的诸"司"及其经学意义(下)》,《中国文化研究》2006年第1期。
于省吾《泽螺居诗经新证》,中华书局2003年。
余嘉锡《古书通例》,《余嘉锡说文献学》,上海古籍出版社2001年。
虞万里《上海图书馆藏稿本〈礼记订讹〉初探》,《中国经学论集》,方光华、彭林主编,陕西人民出版社 2009 年。
虞万里《上博馆藏楚竹书〈缁衣〉综合研究》,武汉大学出版社 2009 年。
虞万里《以丁晏〈尚书余论〉为中心看王肃伪造〈古文尚书〉说——从肯定到否定后之思考》,台湾《中国文哲研究集刊》第三十七辑,2010 年。
虞万里《由清华简〈尹诰〉论〈古文尚书·咸有一德〉之性质》,《史林》2011 年第 2 期。
俞志慧《古"语"有之——先秦思想的一种背景与资源》,华东师范大学出版社 2010 年。
阎步克《服周之冕——〈周礼〉六冕礼制的兴衰变异》,中华书局 2009 年。
晏昌贵《巫鬼与淫祀》,武汉大学出版社 2010 年。

Z

张心澂《伪书通考》,上海书店 1998 年。
张固也、赵灿良《〈孔子家语〉分卷变迁考》,《孔子研究》2008 年第 2 期。
张固也、赵灿良《从〈孔子家语·后序〉看其成书过程》,《鲁东大学学报》2009 年第 5 期。
张涌泉《汉语俗字丛考》,中华书局 2000 年。
张以仁《论〈国语〉与〈左传〉的关系》,《张以仁先秦史论集》,上海古籍出版社 2010 年。
张岩《〈孔子家语〉之〈子路初见〉篇、〈论礼〉篇研究》,清华大学 2004 年硕士学位论文。
张岩《审核古文〈尚书〉案》,中华书局 2006 年。
郑良树《诸子著作年代考》,北京图书馆出版社 2001 年。
詹鄞鑫《神灵与祭祀——中国传统宗教综论》,江苏古籍出版社 1992 年。
钟肇鹏《谶纬论略》,辽宁教育出版社 1991 年。
周中孚《郑堂读书记》,上海书店 2009 年。
周晶晶《汲古阁刊本〈孔氏家语〉考——兼谈玉海堂影宋刻本》,《文献》2013 年第 3 期。

曾德雄《谶纬的起源》,《学术研究》2006 年第 7 期。

赵争《由辨伪到知古:近代以来的古书体例研究与古书成书问题的新认识》,上海大学 2012 年博士学位论文。

后　记

与《孔子家语》一书结缘，实属偶然。当初攻读博士学位时，论文选题为"《老子》'早期传本'结构研究"，在论证《老子》一书结构演变时，也注意到并利用了出土文献中与《孔子家语》相关之材料，但当时即感觉这些与《家语》相关之新材料亟待深入探讨的问题还有很多。2004 年我发表《八角廊汉简〈儒家者言〉与〈孔子家语〉相关章次疏证》，这成为我研究《家语》一书的第一篇文章。此后即一发不可收：由出土文献而传世文献，由版本而传本，由经学而史学。与之相应，对与《家语》相关问题的探讨范围也越拓越宽，自己在其中也越"陷"越深，离攻读博士学位时的专业方向——先秦史是越来越远了。不过，在这个过程中我先后获得全国高校古委会、国家社科基金青年项目、上海市教委"曙光"计划项目的资助，这又为研究的顺利开展提供了较好的条件。坦率地说，如果不是上述课题有结项的硬性要求，我还真不知道我的《家语》研究到何时才能"踩刹车"。总感觉越研究问题越多，实际上，即便是上述课题结项之后，我还发表了几篇论文，都是在此前研究中积累的"历史遗留问题"。现在课题虽都已结项，我深知《家语》一书亟待研究之问题还有很多，但我仍愿意把此前的《家语》研究结集成这样一本小书：一应晚近不少朋友向我抱怨的检文之劳，另外也算对过去研究的一个小结。

《孔子家语》由于其"伪书"的背景，长期以来少人关注，传统上无论是经学研究，还是史学研究，该书都很难入学者的法眼：或者因其为"伪书"而视为可疑，或者认为该书较之正统儒家经传不过是末技小道。因之，学术史上可资参照、利用的资料实在有限。书中有的文章断断续续写了有七八年之久，除了问题本身的难度，可资利用的材料之少也是个重要原因。即以现在学者在做《家语》研究时艳称的清代三书(范家相《家语证伪》、孙志祖《家语疏证》、陈士珂《孔子家语疏证》)而论,总体上讲还是比较粗疏的:除了孙书稍用力于考证外,范、陈二书主要工作不过是罗列“互见”文献让读者自己去比较。但正如我在书中提到的,仅仅注意到“互见”还是很不够的,因为理论上它可以为“证伪”和“证真”双方同时利用。事实上,范、陈二氏对《家语》一书的意见就是针锋相对的。因此现在如果重新来做《家语》研究,不只要对当前成为热点的出土文献重点关注,对于一些最基本的问题,如该书的版本流变、佚文、与该书有关之学术史、经学史上围绕该书之论争等问题也要进行系统的清理,因此,研究此书的难度实在是当初始料未及的。比如,为了调查该书唐以来的流传及今传宋本的可信性,我几乎翻遍了唐宋的重要类书,将其中所有《家语》引文与今本逐一比勘。至于版本调查,印象中有将近一学期的时间,我是整天都泡在上海图书馆的古籍阅览室里,彼时上海还没有地铁七号线,从上大新校区到上图甚为不便,路上要倒好几趟公交。但这样坚持了一个学期,大致摸清了《家语》一书的版本流变情况,自己还有意识地收集到不少《家语》版本。这类工作费时费力,在很多人看来“技术”、“发明”含量亦低,但却是《家语》相关研究之必需。

2011 年,作为校际交流项目,我被派往美国怀俄明州立大学进行为期半年的访问交流。怀俄明州在美国的地理位置和自然风貌,颇类中国的青海省,天高地远、冬天苦寒。这里不要说我们熟知的西方汉学,就连研究中国的学者都屈指可数。“交流”虽谈不上,但对我来说却获得了难得的清静和研究时间。先见之明的是,赴美时我把《家语》研究的一些基本资料都带了过去——到美国交流主要还是研究中国古书,这确实足够奇葩。怀俄明州冬天经常是大雪封门,而屋内暖气开得却只需穿一身“短打”,在这样的环境里读书做学问,却也有别一番乐趣。印象中,这本小书里的好几篇论文都是在那时完成构思或材料准备的。正是在美期间,我还趁着去华盛顿的机会,顺道访问了他们的国会图书馆特别是其中的东亚馆。记得光办证时间就花了近两个小时,但我在里面呆的时间不超过二十分钟:他们所藏的《家语》本子基本上都是国内较常见的版本,并没有有些人所说的什么孤本、珍本。

十余年来,《孔子家语》由过去乏人关注之书,到现在几乎也成为学界的研究热潮。就我的陋见所及,光博士论文就有好几部,或学术史,或经学史,或专注于文本考证,从深度和广度上说均远超以往。笔者也为能为这样研究热潮的形成“推波助澜”而深以为幸。当然,该书历史上“伪书”的背景以及学者围绕此问题所形成的对立立场,一定程度上也影响到了当下的《家语》研究,学者常不免于“选边站队”,而往往又不乏意气:“证真”一方极力强调该书的可信性,无视、甚至对该书中明显“晚出”的证据也曲为之辞;“证伪”(包括主其“晚出”者)一方则揪住其中“晚出”的证据,尤其是带着有色眼镜,批量地在《家语》书中继续“再造”这样的证据。其极端者,对于明显讲不通的事情,也昧心巧说——语曰:唤醒真睡的人容易,唤醒装睡的人难。信哉!学者或由于我前期在研究八角廊汉简、上博竹书时对《家语》材料的性质不太看好,而后期在研究《孔子家语》与《礼记》“互见”关系时转而推崇《家语》相关记载更为可信,认为我前后观点有所改变。我的回答是:我的研究只对看到的材料负责。在对《家语》一书的看法上,我无意去达成一个或“真”或“伪”的、“整体感”很强的认识,因为“整体感”很容易就会导向“选边站队”的“立场”选择。但《家语》一书中的材料就时序来说本来就是参差的,我们还是应该尽量摒弃心中先入之成见,客观地面对材料。对于该书学术史上由“伪书”一案所造成的“站队”“遗产”,我们还是不要继承了吧。

十余年来,我的《家语》研究得到过不少师友的支持和帮助。首先要感谢业师谢维扬先生。当初跟先生攻读博士学位时,专业方向是先秦史,但毕业十多年来,基本上都是在做《家语》一书的研究,此不唯离先秦史较远,甚至都不能算“正儿八经”的“历史”研究。但先生却不以为意,不但鼓励我继续把这项工作做下去,而且还以他特有的理论洞见提示我将这项研究与当前方兴未艾的古书形成研究结合起来。如果说我的这本小书对《家语》一书的研究还有点贡献的话,这当然是和先生的支持、鼓励、指导分不开的。尤其应该提到的是,先生还特意将此书列入他主持的国家社科基金重大项目子课题系列丛书的出版计划,这是更应该向先生表示特别感谢的。我还要向清华大学出土文献研究与保护中心的李学勤先生致以诚挚谢意。20世纪末，李先生首先撰文指出定州八角廊汉简对于《孔子家语》一书研究的重要意义，可以说宣告了《家语》研究新时代的到来，我本人从李先生的论述中即受益良多。因此当书稿列入出版计划时，我常常想如能请先生作序那是最理想不过的。但李先生名气太大，我甚至还没有和先生有过正面的交流，心中甚是没底。但没想到的是，友生程浩博士侧面转述我的愿望后，先生很快就答应下来。尤其让我感动甚至歉疚的是，事后得知，先生刚刚在医院做过小手术，而且是冒着酷暑完成了序文，这又让我甚觉不安。读先生序文，会感到先生虽年逾八秩，但依然思维缜密，洞见深邃，三言两语，即已将小书的主要特点道出。在此谨向先生致以深深的敬意，并衷心祝愿先生健康、长寿。我还要向清华大学廖名春先生、吉林大学吕文郁先生表示感谢，笔者曾就《家语》研究中之问题时常向廖先生请益，两位先生还曾为拙稿鼎力推荐，均所铭感。感谢老同学山东省图书馆雷辉女士为查阅《孔子家语》善本资料提供的帮助。清华大学出土文献研究与保护中心的程浩博士还在本科阶段时就在我的指导下整理过王肃的《圣证论》辑本，书中所收有关《圣证论》的一篇即为其心得结集，其所以要收入此篇，是因为想保证本书论题上的完整性，这是要特别作出说明并向程浩博士表示感谢的。我的研究生李红艳、徐薇等同学，当初为调查《家语》的版本曾与我一起暑期奋战在上图的古籍部。虽已毕业多年，但她们大概不会想到曾经帮老师做的工作直到现在才出版成书。中西书局李碧妍女士、邓益明先生先后为本书编辑付出不少辛劳，我的博士生史达宁同学曾悉心校对全稿，他们认真、细致的工作，使小书避免了不少错误。作者尤其要向他们表示特别的谢意。十余年来，蒙《古籍整理研究学刊》、《中国典籍与文化》、《历史研究》、《国学学刊》、《中国经学》等刊物不弃，本书中的论文得以陆续刊出。尤其是书中探讨《孔子家语》与《礼记》"互见"关系的一篇，长达七万余字，一般刊物几无发表之可能，幸赖《中国经学》不弃，一次性全文刊出，这也是要特别提出感谢的。《孔子家语》研究这一冷僻的、很难归入纯历史类的课题，先后得到国家社科基金、上海市“曙光”人才计划项目的支持，书中讨论《孔子家语》与《礼记》“互见”关系的论文，今年还有幸获得上海市社科一等奖，在此谨向各位不知名的识者君子致以由衷的敬意。

作　者

2016 年 10 月于北京旅次

图书在版编目(CIP)数据

《孔子家语》新证/宁镇疆著. —上海: 中西书局,2017.4

(中国国家起源研究的理论与方法丛书)

ISBN 978－7－5475－1222－7

Ⅰ. ①孔… Ⅱ. ①宁… Ⅲ. ①孔丘(前551—前479)—生平事迹②《孔子家语》—研究 Ⅳ. ①B222.25

中国版本图书馆CIP数据核字(2016)第314533号

本书出版得到上海文化发展基金图书出版专项基金资助

《孔子家语》新证

宁镇疆 著

责任编辑	邓益明
装帧设计	梁业礼
出　　版	上海世纪出版集团 中西書局(www.zxpress.com.cn)
地　　址	上海市陕西北路457号(200040)
发　　行	上海世纪出版股份有限公司发行中心
经　　销	各地新华书店
印　　刷	上海长城绘图印刷厂
开　　本	700×1000毫米　1/16
印　　张	30
字　　数	423 000
版　　次	2017年4月第1版　2017年4月第1次印刷
书　　号	ISBN 978－7－5475－1222－7/B·079
定　　价	108.00元